PROCOPIUS
III

LCL 107

PROCOPIUS

HISTORY OF THE WARS

BOOKS V–VI.15

WITH AN ENGLISH TRANSLATION BY

H. B. DEWING

HARVARD UNIVERSITY PRESS

CAMBRIDGE, MASSACHUSETTS

LONDON, ENGLAND

First published 1919
Reprinted 1953, 1961, 1968, 1993, 2000

LOEB CLASSICAL LIBRARY® is a registered trademark
of the President and Fellows of Harvard College

ISBN 0-674-99119-2

Printed in Great Britain by St Edmundsbury Press Ltd,
Bury St Edmunds, Suffolk, on acid-free paper.
Bound by Hunter & Foulis Ltd, Edinburgh, Scotland.

CONTENTS

HISTORY OF THE WARS

Book V. THE GOTHIC WAR   1
Book VI. THE GOTHIC WAR *(continued)*   287

INDEX   427

PLAN OF WALLS AND GATES OF ROME   455

PROCOPIUS OF CAESAREA

HISTORY OF THE WARS: BOOK V

THE GOTHIC WAR

ΠΡΟΚΟΠΙΟΥ ΚΑΙΣΑΡΕΩΣ

ΥΠΕΡ ΤΩΝ ΠΟΛΕΜΩΝ ΛΟΓΟΣ ΠΕΜΠΤΟΣ

I

Τὰ μὲν οὖν ἐν Λιβύῃ πράγματα τῇδε Ῥωμαίοις ἐχώρησεν. ἐγὼ δὲ ἐπὶ πόλεμον τὸν Γοτθικὸν εἶμι, ἐπειπὼν πρότερον ὅσα Γότθοις τε καὶ Ἰταλιώταις πρὸ τοῦδε τοῦ πολέμου γενέσθαι ξυνέβη.

2 Ἐπὶ Ζήνωνος ἐν Βυζαντίῳ βασιλεύοντος Αὔγουστος εἶχε τὸ ἑσπέριον κράτος, ὃν καὶ Αὐγούστουλον ὑποκοριζόμενοι ἐκάλουν Ῥωμαῖοι, ὅτι δὴ μειράκιον ὢν ἔτι τὴν βασιλείαν παρέλαβεν, ἥν οἱ Ὀρέστης ὁ πατὴρ διῳκεῖτο ξυνετώ-

3 τατος ὤν. ἐτύγχανον δὲ Ῥωμαῖοι χρόνῳ τινὶ πρότερον Σκίρους τε καὶ Ἀλανοὺς καὶ ἄλλα ἄττα Γοτθικὰ ἔθνη ἐς ξυμμαχίαν ἐπαγαγόμενοι· ἐξ οὗ δὴ αὐτοῖς πρός τε Ἀλαρίχου καὶ Ἀττίλα[1] συνηνέχθη παθεῖν ἅπερ μοι ἐν τοῖς ἔμπροσθεν

4 λόγοις ἐρρήθη. ὅσῳ τε[2] τὰ τῶν βαρβάρων ἐν αὐτοῖς ἤκμαζε, τοσούτῳ τὸ τῶν Ῥωμαίων στρατιωτῶν ἀξίωμα ἤδη ὑπέληγε, καὶ τῷ εὐπρεπεῖ

---

[1] Ἀττίλα Grotius and Maltretus : ἀντάλα MSS.
[2] ὅσῳ τε Scaliger : ὅτε MSS.

PROCOPIUS OF CAESAREA

HISTORY OF THE WARS: BOOK V

THE GOTHIC WAR

I

Such, then, were the fortunes of the Romans in Libya. I shall now proceed to the Gothic War, first telling all that befell the Goths and Italians before this war.

During the reign of Zeno in Byzantium the 474-491 power in the West was held by Augustus, whom the Romans used to call by the diminutive name Augustulus because he took over the empire while July 31, still a lad, his father Orestes, a man of the greatest 475 A.D. discretion, administering it as regent for him. Now it happened that the Romans a short time before had induced the Sciri and Alani and certain other Gothic nations to form an alliance with them; and from that time on it was their fortune to suffer at the hand of Alaric and Attila those things which have been told in the previous narrative.[1] And in proportion as the barbarian element among them became strong, just so did the prestige of the Roman soldiers forth-with decline, and under the fair name of alliance

---

[1] Book III. ii. 7 ff., iv. 29 ff.

τῆς ξυμμαχίας ὀνόματι πρὸς τῶν ἐπηλύδων
τυραννούμενοι ἐβιάζοντο· ὥστε αὐτοὺς ἀνέδην
ἄλλα τε πολλὰ οὔ τι ἑκουσίους ἠνάγκαζον καὶ
τελευτῶντες ξύμπαντας πρὸς αὐτοὺς νείμασθαι
5 τοὺς ἐπὶ τῆς Ἰταλίας ἀγροὺς ἠξίουν. ὧν δὴ τὸ
τριτημόριον σφίσι διδόναι τὸν Ὀρέστην ἐκέλευον,
ταὐτά τε ποιήσειν αὐτὸν ὡς ἥκιστα ὁμολογοῦντα
6 εὐθὺς ἔκτειναν. ἦν δέ τις ἐν αὐτοῖς Ὀδόακρος
ὄνομα, ἐς τοὺς βασιλέως δορυφόρους τελῶν·
ὃς αὐτοῖς[1] τότε ποιήσειν τὰ ἐπαγγελλόμενα
ὡμολόγησεν, ἤνπερ αὐτὸν ἐπὶ τῆς ἀρχῆς κατα-
7 στήσωνται. οὕτω τε τὴν τυραννίδα παραλαβὼν
ἄλλο μὲν οὐδὲν τὸν βασιλέα κακὸν ἔδρασεν, ἐν
8 ἰδιώτου δὲ λόγῳ βιοτεύειν τὸ λοιπὸν εἴασε. καὶ
τοῖς βαρβάροις τὸ τριτημόριον τῶν ἀγρῶν παρα-
σχόμενος τούτῳ τε τῷ τρόπῳ αὐτοὺς βεβαιότατα
ἑταιρισάμενος τὴν τυραννίδα ἐς ἔτη ἐκρατύνετο
δέκα.
9   Ὑπὸ δὲ τοὺς αὐτοὺς χρόνους καὶ Γότθοι, οἳ
ἐπὶ Θρᾴκης δόντος βασιλέως κατῴκηντο, ὅπλα
ἐπὶ Ῥωμαίους, Θευδερίχου σφίσιν ἡγουμένου,
ἀντῆραν, ἀνδρὸς πατρικίου τε καὶ ἐς τὸν ὑπάτων
10 δίφρον ἀναβεβηκότος ἐν Βυζαντίῳ. Ζήνων δὲ
βασιλεύς, τὰ παρόντα εὖ τίθεσθαι ἐπιστάμενος,
Θευδερίχῳ παρῄνει ἐς Ἰταλίαν πορεύεσθαι καὶ
Ὀδοάκρῳ ἐς χεῖρας ἰόντι τὴν ἑσπερίαν ἐπικράτη-
11 σιν αὐτῷ τε καὶ Γότθοις πορίζεσθαι. ἄμεινον γὰρ
οἱ εἶναι, ἄλλως τε καὶ ἐπ' ἀξίωμα βουλῆς ἥκοντι,

---

[1] ὃς αὐτοῖς Grotius : οἷς αὐτὸς MSS.

4

they were more and more tyrannized over by the
intruders and oppressed by them; so that the barba-
rians ruthlessly forced many other measures upon the
Romans much against their will and finally demanded
that they should divide with them the entire land of
Italy. And indeed they commanded Orestes to give
them the third part of this, and when he would by no
means agree to do so, they killed him immediately. July 28,
Now there was a certain man among the Romans 476 A.D.
named Odoacer, one of the bodyguards of the em-
peror, and he at that time agreed to carry out their
commands, on condition that they should set him
upon the throne. And when he had received the
supreme power in this way, he did the emperor no July 23,
further harm, but allowed him to live thenceforth as 476 A.D.
a private citizen. And by giving the third part of
the land to the barbarians, and in this way gaining
their allegiance most firmly, he held the supreme
power securely for ten years.[1]

It was at about this same time that the Goths also,
who were dwelling in Thrace with the permission
of the emperor, took up arms against the Romans
under the leadership of Theoderic, a man who was
of patrician rank and had attained the consular office
in Byzantium. But the Emperor Zeno, who under-
stood how to settle to his advantage any situation in
which he found himself, advised Theoderic to proceed
to Italy, attack Odoacer, and win for himself and the
Goths the western dominion. For it was better for
him, he said, especially as he had attained the sena-
torial dignity, to force out a usurper and be ruler

---

[1] Odoacer was defeated and shut up in Ravenna by Theo-
deric in 489, surrendered to him in 493, and was put to death
in the same year. His independent rule (τυραννίς) therefore
lasted thirteen years.

τύραννον βιασαμένῳ Ῥωμαίων τε καὶ Ἰταλιωτῶν
ἄρχειν ἁπάντων ἢ βασιλεῖ διαμαχομένῳ ἐς τόσον
κινδύνου ἰέναι.

12 Θευδέριχος δὲ ἡσθεὶς τῇ ὑποθήκῃ ἐς Ἰταλίαν
ᾔει, καὶ αὐτῷ ὁ τῶν Γότθων λεὼς εἵπετο, παῖδάς
τε καὶ γυναῖκας ἐν ταῖς ἁμάξαις ἐνθέμενοι καὶ
13 τὰ ἔπιπλα ὅσα φέρειν οἷοί τε ἦσαν. ἐπειδή τε
κόλπου ἄγχιστα τοῦ Ἰονίου ἐγένοντο, διαπορθ-
μεύεσθαι, νηῶν σφίσιν οὐ παρουσῶν, ἥκιστα
εἶχον· περιιόντες δὲ τὴν τοῦ κόλπου περίοδον
πρόσω ἐχώρουν διά τε Ταυλαντίων καὶ τῶν ταύτῃ
14 ἐθνῶν. τούτοις δὲ οἱ ἀμφὶ Ὀδόακρον ὑπαντιά-
σαντες μάχαις[1] τε ἡσσηθέντες πολλαῖς ἔν τε
Ῥαβέννῃ σὺν τῷ ἡγεμόνι σφᾶς αὐτοὺς εἶρξαν καὶ
ἐν τοῖς μάλιστα τῶν ἄλλων χωρίων ἰσχυροῖς
15 οὖσι. καθεστηκότες δὲ εἰς πολιορκίαν οἱ Γότθοι
τὰ μὲν ἄλλα χωρία ξύμπαντα τρόπῳ δὴ ὅτῳ
ἑκάστῳ τετύχηκεν εἷλον, Καισῆναν δὲ τὸ φρού-
ριον, ὅπερ σταδίοις τριακοσίοις Ῥαβέννης διέχει,
Ῥαβέννάν τε αὐτήν, ἔνθα καὶ Ὀδόακρον συμ-
πέπτωκεν εἶναι, οὔτε ὁμολογίᾳ οὔτε βίᾳ ἑλεῖν
16 ἴσχυον. Ῥάβεννα γὰρ αὕτη ἐν πεδίῳ μὲν κεῖται
ὑπτίῳ ἐς τοῦ Ἰονίου κόλπου τὰ ἔσχατα, δυοῖν
σταδίοιν διειργομένη μέτρῳ τὸ μὴ ἐπιθαλάσσιος
εἶναι, οὐκ εὐέφοδος δὲ οὔτε ναυσὶν οὔτε πεζῶν
17 στρατῷ φαίνεται οὖσα. αἵ τε γὰρ νῆες καταίρειν
ἐς τὴν ἐκείνη ἀκτὴν ἥκιστα ἔχουσιν, ἐπεὶ αὐτὴ
ἡ θάλασσα ἐμπόδιός ἐστι βράχος ποιουμένη οὐχ
ἧσσον ἢ κατὰ σταδίους τριάκοντα, καὶ ἀπ' αὐτοῦ
τὴν ἠιόνα ταύτην, καίπερ τοῖς πλέουσιν ἄγχιστα

---

[1] μάχαις editors : μάχης V, μάχη, followed by a lacuna of
two words, L.

over all the Romans and Italians than to incur the great risk of a decisive struggle with the emperor.

Now Theoderic was pleased with the suggestion and went to Italy, and he was followed by the Gothic host, who placed in their waggons the women and children and such of their chattels as they were able to take with them. And when they came near the Ionian Gulf,[1] they were quite unable to cross over it, since they had no ships at hand; and so they made the journey around the gulf, advancing through the land of the Taulantii and the other nations of that region. Here the forces of Odoacer encountered them, but after being defeated in many battles, they shut themselves up with their leader in Ravenna and 489 A.D. such other towns as were especially strong. And the Goths laid siege to these places and captured them all, in one way or another, as it chanced in each case, except that they were unable to capture, either by surrender or by storm, the fortress of Caesena,[2] which is three hundred stades distant from Ravenna, and Ravenna itself, where Odoacer happened to be. For this city of Ravenna lies in a level plain at the extremity of the Ionian Gulf, lacking two stades of being on the sea, and it is so situated as not to be easily approached either by ships or by a land army. Ships cannot possibly put in to shore there because the sea itself prevents them by forming shoals for not less than thirty stades; consequently the beach at Ravenna, although to the eye of mariners it is very

---

[1] Meaning the whole Adriatic; cf. chap. xv. 16, note.
[2] Modern Cesena.

ὁρωμένην, τῇ τοῦ βράχους περιουσίᾳ ἑκαστάτω
18 ξυμβαίνει εἶναι. καὶ τῷ πεζῷ στρατῷ ἐσβατὴ
οὐδαμῇ γίγνεται· Πάδος τε γὰρ ὁ ποταμός, ὃν
καὶ Ἡριδανὸν καλοῦσιν, ἐξ ὁρίων ¹ τῶν Κελτικῶν
ταύτῃ φερόμενος καὶ ποταμοὶ ἄλλοι ναυσίποροι
ξὺν λίμναις τισὶ πανταχόθεν αὐτὴν περιβάλλον-
19 τες ἀμφίρρυτον ποιοῦσι τὴν πόλιν. ἐνταῦθα
γίγνεταί τι ἐς ἡμέραν ἑκάστην θαυμάσιον οἷον.
ἡ θάλασσα πρωὶ ποιουμένη σχῆμα ποταμοῦ
ἡμέρας ὁδὸν εὐζώνῳ ἀνδρὶ ἐς γῆν ἀναβαίνει καὶ
πλόϊμον αὐτὴν παρεχομένη ἐν μέσῃ ἠπείρῳ,
αὖθις ἀναλύουσα τὸν πορθμὸν ἀναστρέφει ἀμφὶ
δείλην ὀψίαν, καὶ ἐφ' αὑτὴν ξυνάγει τὸ ῥεῦμα.
20 ὅσοι οὖν ἐς τὴν πόλιν ἐσκομίζειν τὰ ἐπιτήδεια
ἢ ἐνθένδε ἐκφέρειν κατ' ἐμπορίαν ἢ κατ' ἄλλην
ἔχουσιν αἰτίαν, τὰ φορτία ἐν τοῖς πλοίοις ἐνθέ-
μενοι, κατασπάσαντές τε αὐτὰ ἐν τῷ χωρίῳ οὗ
δὴ ὁ πορθμὸς γίνεσθαι εἴωθε, προσδέχονται τὴν
21 ἐπιρροήν. καὶ ἐπειδὰν αὕτη ἀφίκηται, τά τε
πλοῖα κατὰ βραχὺ ἐκ γῆς ἐπαιρόμενα πλεῖ καὶ
οἱ ἀμφὶ ² ναῦται ἔργου ἐχόμενοι ναυτίλλονται
22 ἤδη. καὶ τοῦτο οὐκ ἐνταῦθα μόνον, ἀλλ' εἰς
ἅπασαν τὴν ἐκείνη ³ ἀκτὴν ἐς ἀεὶ γίγνεται, ἄχρι
23 ἐς Ἀκυληίαν πόλιν. οὐ μέντοι κατὰ ταὐτὰ ἐς
τὸν ἅπαντα χρόνον γίνεσθαι εἴωθεν, ἀλλ' ἡνίκα
μὲν βραχὺ φαίνεται τῆς σελήνης τὸ φῶς, οὐδὲ ἡ
τῆς θαλάσσης πρόοδος ἰσχυρὰ γίγνεται, μετὰ
δὲ τὴν πρώτην διχότομον ἄχρι ἐς τὴν ἑτέραν

¹ ὁρίων MSS.: ὀρέων ("mountains") editors, cf. VIII.
v. 30.
² ἀμφὶ MSS.: ἀμφ' αὐτὰ or ἀμφὶ ταῦτα Herwerden.
³ ἐκείνῃ Maltretus : ἐκείνης MSS.

near at hand, is in reality very far away by reason of the great extent of the shoal-water. And a land army cannot approach it at all; for the river Po, also called the Eridanus, which flows past Ravenna, coming from the boundaries of Celtica, and other navigable rivers together with some marshes, encircle it on all sides and so cause the city to be surrounded by water. In that place a very wonderful thing takes place every day. For early in the morning the sea forms a kind of river and comes up over the land for the distance of a day's journey for an unencumbered traveller and becomes navigable in the midst of the mainland, and then in the late afternoon it turns back again, causing the inlet to disappear, and gathers the stream to itself.[1] All those, therefore, who have to convey provisions into the city or carry them out from there for trade or for any other reason, place their cargoes in boats, and drawing them down to the place where the inlet is regularly formed, they await the inflow of the water. And when this comes, the boats are lifted little by little from the ground and float, and the sailors on them set to work and from that time on are seafaring men. And this is not the only place where this happens, but it is the regular occurrence along the whole coast in this region as far as the city of Aquileia. However, it does not always take place in the same way at every time, but when the light of the moon is faint, the advance of the sea is not strong either, but from the first[2] half-moon until the

---

[1] He means that an estuary (πορθμός) is formed by the rising tide in the morning, and the water flows out again as the tide falls in the evening.

[2] From the first until the third quarter.

καρτερὰ μᾶλλον ἡ ἐπιρροὴ γίνεσθαι πέφυκε.
ταῦτα μὲν οὖν ὧδέ πη ἔχει.

24 Ἐπεὶ δὲ τρίτον ἔτος Γότθοις τε καὶ Θευδερίχῳ
Ῥάβενναν πολιορκοῦσιν ἐτέτριπτο ἤδη, οἵ τε
Γότθοι ἀχθόμενοι τῇ προσεδρείᾳ καὶ οἱ ἀμφὶ
Ὀδόακρον πιεζόμενοι τῶν ἀναγκαίων τῇ ἀπορίᾳ,
ὑπὸ διαλλακτῇ τῷ Ῥαβέννης ἱερεῖ ἐς λόγους
ἀλλήλοις ξυνίασιν, ἐφ᾽ ᾧ Θευδέριχός τε καὶ
Ὀδόακρος ἐν Ῥαβέννῃ ἐπὶ τῇ ἴσῃ καὶ ὁμοίᾳ δίαι-
25 ταν ἕξουσι. καὶ χρόνον μέν τινα διεσώσαντο τὰ
ξυγκείμενα, μετὰ δὲ Θευδέριχος Ὀδόακρον λα-
βών, ὥς φασιν, ἐπιβουλῇ ἐς αὐτὸν χρώμενον, νῷ[1]
τε δολερῷ καλέσας ἐπὶ θοίνην, ἔκτεινε, καὶ ἀπ᾽
αὐτοῦ βαρβάρων τῶν πολεμίων προσποιησάμενος
ὅσους περιεῖναι ξυνέπεσεν αὐτὸς ἔσχε τὸ Γότθων
26 τε καὶ Ἰταλιωτῶν κράτος. καὶ βασιλέως μὲν
τοῦ Ῥωμαίων οὔτε τοῦ σχήματος οὔτε τοῦ ὀνό-
ματος ἐπιβατεῦσαι ἠξίωσεν, ἀλλὰ καὶ ῥὴξ διεβίου
καλούμενος (οὕτω γὰρ σφῶν τοὺς ἡγεμόνας
καλεῖν οἱ βάρβαροι[2] νενομίκασι), τῶν μέντοι
κατηκόων τῶν αὐτοῦ προὔστη ξύμπαντα περι-
βαλλόμενος ὅσα τῷ φύσει βασιλεῖ ἥρμοσται.
27 δικαιοσύνης τε γὰρ ὑπερφυῶς ἐπεμελήσατο καὶ
τοὺς νόμους ἐν τῷ βεβαίῳ διεσώσατο, ἔκ τε
βαρβάρων τῶν περιοίκων τὴν χώραν ἀσφαλῶς
διεφύλαξε, ξυνέσεώς τε[3] καὶ ἀνδρίας ἐς ἄκρον
28 ἐληλύθει ὡς μάλιστα. καὶ ἀδίκημα σχεδόν τι
οὐδὲν οὔτε αὐτὸς ἐς τοὺς ἀρχομένους εἰργάζετο
οὔτε τῳ ἄλλῳ τὰ τοιαῦτα ἐγκεχειρηκότι ἐπέτρεπε,

___

[1] νῷ V: τρόπῳ L.
[2] καλεῖν οἱ βάρβαροι: καλεῖν οἷα βάρβαροι V, οἱ βάρβαροι
καλεῖν L.   [3] τε L: τε γὰρ V and Suidas.

second the inflow has a tendency to be greater. So much for this matter.

But when the third year had already been spent by the Goths and Theoderic in their siege of Ravenna, the Goths, who were weary of the siege, and the followers of Odoacer, who were hard pressed by the lack of provisions, came to an agreement with each other through the mediation of the priest of Ravenna, the understanding being that both Theoderic and Odoacer should reside in Ravenna on terms of complete equality. And for some time they observed the agreement; but afterward Theoderic caught Odoacer, as they say, plotting against him, and bidding him to a feast with treacherous intent slew him,[1] and in this way, after gaining the adherence of such of the hostile barbarians as chanced to survive, he himself secured the supremacy over both Goths and Italians. And though he did not claim the right to assume either the garb or the name of emperor of the Romans, but was called "rex" to the end of his life (for thus the barbarians are accustomed to call their leaders),[2] still, in governing his own subjects, he invested himself with all the qualities which appropriately belong to one who is by birth an emperor. For he was exceedingly careful to observe justice, he preserved the laws on a sure basis, he protected the land and kept it safe from the barbarians dwelling round about, and attained the highest possible degree of wisdom and manliness. And he himself committed scarcely a single act of injustice against his subjects, nor would he brook such conduct on the part of

[1] See note in Bury's edition of Gibbon, Vol. IV. p. 180, for an interesting account of this event.

[2] This is a general observation; the title "rex" was current among the barbarians to indicate a position inferior to that of a βασιλεύς or "imperator"; cf. VI. xiv. 38.

πλήν γε δὴ ὅτι τῶν χωρίων τὴν μοῖραν ἐν σφίσιν
αὐτοῖς Γότθοι ἐνείμαντο ἥνπερ Ὀδόακρος τοῖς
29 στασιώταις τοῖς αὑτοῦ ἔδωκεν. ἦν τε ὁ Θευ-
δέριχος λόγῳ μὲν τύραννος, ἔργῳ δὲ βασιλεὺς
ἀληθὴς τῶν ἐν ταύτῃ τῇ τιμῇ τὸ ἐξ ἀρχῆς
ηὐδοκιμηκότων οὐδενὸς ἦσσον,[1] ἔρως τε αὐτοῦ ἔν
τε Γότθοις καὶ Ἰταλιώταις πολὺς ἥκμασε, καὶ
30 ταῦτα ἀπὸ τοῦ ἀνθρωπείου τρόπου. ἑτέρων γὰρ
ἕτερα ἐν ταῖς πολιτείαις ἀεὶ αἱρουμένων τὴν
ἐφεστῶσαν ἀρχὴν ξυμβαίνει ἀρέσκειν μὲν ἐν τῷ
παραυτίκα οἷς ἂν ἐν ἡδονῇ τὰ πρασσόμενα ᾖ,
λυπεῖν δὲ ὧν[2] τῆς γνώμης ἀπ᾽ ἐναντίας χωρή-
31 σειεν. ἔτη δὲ ἐπιβιοὺς ἑπτὰ καὶ τριάκοντα
ἐτελεύτησε, φοβερὸς μὲν τοῖς πολεμίοις γεγονὼς
ἅπασι, πόθον δὲ αὐτοῦ πολύν τινα ἐς τοὺς ὑπη-
κόους ἀπολιπών. ἐτελεύτησε δὲ τρόπῳ τοιῷδε.
32 Σύμμαχος καὶ Βοέτιος, ὁ τούτου γαμβρός,
εὐπατρίδαι μὲν τὸ ἀνέκαθεν ἤστην, πρώτω δὲ
βουλῆς τῆς Ῥωμαίων καὶ ὑπάτω ἐγενέσθην ἄμ-
33 φω. φιλοσοφίαν δὲ ἀσκήσαντε καὶ δικαιοσύνης
ἐπιμελησαμένω οὐδενὸς ἦσσον, πολλοῖς τε ἀστῶν[3]
καὶ ξένων χρήμασι τὴν ἀπορίαν ἰασαμένω καὶ
δόξης ἐπὶ μέγα χωρήσαντε ἄνδρας ἐς φθόνον
34 τοὺς πονηροτάτους[4] ἐπηγαγέτην. οἷς δὴ συκο-
φαντοῦσι Θευδέριχος ἀναπεισθεὶς ἅτε νεωτέροις
πράγμασιν ἐγχειροῦντε τὼ ἄνδρε τούτω ἔκτεινε
καὶ τὰ χρήματα ἐς τὸ δημόσιον ἀνάγραπτα
35 ἐποιήσατο. δειπνοῦντι δέ οἱ ἡμέραις ὀλίγαις
ὕστερον ἰχθύος μεγάλου κεφαλὴν οἱ θεράποντες

---

[1] ἦσσον L: ἦσσων V and Suidas.
[2] ὧν V: ἦν L.   [3] ἀστῶν V: αὐτῶν L.
[4] πονηροτάτους V: πικροτάτους L.

anyone else who attempted it, except, indeed, that the Goths distributed among themselves the portion of the lands which Odoacer had given to his own partisans. And although in name Theoderic was a usurper, yet in fact he was as truly an emperor as any who have distinguished themselves in this office from the beginning ; and love for him among both Goths and Italians grew to be great, and that too contrary to the ordinary habits of men. For in all states men's preferences are divergent, with the result that the government in power pleases for the moment only those with whom its acts find favour, but offends those whose judgment it violates. But Theoderic reigned for thirty-seven years, and when he died, he 526 A.D. had not only made himself an object of terror to all his enemies, but he also left to his subjects a keen sense of bereavement at his loss. And he died in the following manner.

Symmachus and his son-in-law Boetius were men of noble and ancient lineage, and both had been lead-ing men [1] in the Roman senate and had been consuls. But because they practised philosophy and were mindful of justice in a manner surpassed by no other men, relieving the destitution of both citizens and strangers by generous gifts of money, they attained great fame and thus led men of the basest sort to envy them. Now such persons slandered them to Theoderic, and he, believing their slanders, put these two men to death, on the ground that they were setting about a revolution, and made their property confiscate to the public treasury. And a few days later, while he was dining, the servants set before him

---

[1] Probably a reminiscence of the "princeps senatus" of classical times.

παρετίθεσαν. αὕτη Θευδερίχῳ ἔδοξεν ἡ κεφαλὴ
36 Συμμάχου νεοσφαγοῦς εἶναι. καὶ τοῖς μὲν ὀδοῦ-
σιν ἐς χεῖλος τὸ κάτω ἐμπεπηγόσι, τοῖς δὲ
ὀφθαλμοῖς βλοσυρόν τι ἐς αὐτὸν[1] καὶ μανικὸν
37 ὁρῶσιν, ἀπειλοῦντί οἱ ἐπὶ πλεῖστον ἐῴκει. περι-
δεὴς δὲ τῷ ὑπερβάλλοντι τοῦ τέρατος γεγονὼς
καὶ ῥιγώσας ἐκτόπως ἐς κοίτην τὴν αὑτοῦ ἀπε-
χώρησε δρόμῳ, τριβώνιά τε πολλά οἱ ἐπιθεῖναι
38 κελεύσας ἡσύχαζε. μετὰ δὲ ἅπαντα εἰς Ἐλπίδιον
τὸν ἰατρὸν τὰ ξυμπεσόντα ἐξενεγκὼν τὴν ἐς
Σύμμαχόν τε καὶ Βοέτιον ἁμαρτάδα ἔκλαιεν.
39 ἀποκλαύσας δὲ καὶ περιαλγήσας τῇ ξυμφορᾷ
οὐ πολλῷ ὕστερον ἐτελεύτησεν, ἀδίκημα τοῦτο
πρῶτόν τε καὶ τελευταῖον ἐς τοὺς ὑπηκόους τοὺς
αὑτοῦ δράσας, ὅτι δὴ οὐ διερευνησάμενος, ὥσπερ
εἰώθει, τὴν περὶ τοῖν ἀνδροῖν γνῶσιν ἤνεγκε.

II

Τελευτήσαντός τε αὐτοῦ παρέλαβε τὴν βασι-
λείαν Ἀταλάριχος, ὁ Θευδερίχου θυγατριδοῦς,
ὀκτὼ γεγονὼς ἔτη καὶ ὑπὸ τῇ μητρὶ Ἀμαλα-
2 σούνθῃ τρεφόμενος. ὁ γάρ οἱ πατὴρ ἤδη ἐξ
ἀνθρώπων ἠφάνιστο. χρόνῳ τε οὐ πολλῷ
ὕστερον Ἰουστινιανὸς ἐν Βυζαντίῳ τὴν βασιλείαν
3 παρέλαβεν. Ἀμαλασοῦνθα δέ, ἅτε τοῦ παιδὸς
ἐπίτροπος οὖσα, τὴν ἀρχὴν διῳκεῖτο, ξυνέσεως
μὲν καὶ δικαιοσύνης ἐπὶ πλεῖστον ἐλθοῦσα, τῆς
δὲ φύσεως ἐς ἄγαν τὸ ἀρρενωπὸν ἐνδεικνυμένη.
4 ὅσον τε χρόνον τῆς πολιτείας προΰστη, οὐδένα

[1] ἐς αὐτὸν V: om. L.

14

the head of a great fish. This seemed to Theoderic
to be the head of Symmachus newly slain. Indeed,
with its teeth set in its lower lip and its eyes looking
at him with a grim and insane stare, it did resemble
exceedingly a person threatening him. And becoming
greatly frightened at the extraordinary prodigy and
shivering excessively, he retired running to his own
chamber, and bidding them place many covers upon
him, remained quiet. But afterwards he disclosed to
his physician Elpidius all that had happened and
wept for the wrong he had done Symmachus and
Boetius. Then, having lamented and grieved exceed-
ingly over the unfortunate occurrence, he died not
long afterward. This was the first and last act of
injustice which he committed toward his subjects,
and the cause of it was that he had not made a
thorough investigation, as he was accustomed to do,
before passing judgment on the two men.

II

After his death the kingdom was taken over by 526 A.D.
Atalaric, the son of Theoderic's daughter; he had
reached the age of eight years and was being reared
under the care of his mother Amalasuntha. For his
father had already departed from among men. And
not long afterward Justinian succeeded to the imperial 527 A.D.
power in Byzantium. Now Amalasuntha, as guardian
of her child, administered the government, and she
proved to be endowed with wisdom and regard for
justice in the highest degree, displaying to a great
extent the masculine temper. As long as she stood
at the head of the government she inflicted punish-

τῶν πάντων Ῥωμαίων ἐς τὸ σῶμα ἐκόλασεν ἢ
5 χρήμασιν ἐζημίωσεν. οὐ μὴν οὐδὲ Γότθοις ξυνε-
χώρησεν ἐς τὴν ἐς ἐκείνους[1] ἀδικίαν ὀργῶσιν,
ἀλλὰ καὶ τοῖς Συμμάχου τε καὶ Βοετίου παισὶ
6 τὴν οὐσίαν ἀπέδωκεν. ἡ μὲν οὖν Ἀμαλασοῦνθα
τὸν παῖδα ἐβούλετο τοῖς Ῥωμαίων ἄρχουσι τὰ
ἐς τὴν δίαιταν ὁμότροπον καταστήσασθαι καὶ
7 φοιτᾶν ἐς γραμματιστοῦ ἤδη ἠνάγκαζε. τρεῖς τε
ἀπολεξαμένη τῶν ἐν Γότθοις γερόντων οὔσπερ
ἠπίστατο μᾶλλον ἁπάντων ξυνετούς τε καὶ ἐπι-
εικεῖς εἶναι, ξυνδιαιτᾶσθαι Ἀταλαρίχῳ ἐκέλευε.
8 Γότθοις δὲ ταῦτα οὐδαμῆ ἤρεσκε. τῆς[2] γὰρ ἐς
τοὺς ὑπηκόους ἀδικίας ἐπιθυμίᾳ βαρβαρικώτερον
9 πρὸς αὐτοῦ ἄρχεσθαι ἤθελον. καί ποτε ἡ μὲν
μήτηρ ἁμαρτάνοντά τι ἐν τῷ κοιτῶνι τὸν παῖδα
λαβοῦσα ἐρράπισε· καὶ ὃς δεδακρυμένος ἐς τὴν
10 ἀνδρωνῖτιν ἐνθένδε ἀπῆλθε. Γότθοι δὲ αὐτῷ
ἐντυχόντες δεινὰ ἐποιοῦντο καὶ τῇ Ἀμαλασούνθῃ
λοιδορούμενοι ἰσχυρίζοντο βούλεσθαι αὐτὴν τὸν
παῖδα ἐξ ἀνθρώπων ἀφανιεῖν ὅτι τάχιστα, ὅπως
αὐτὴ ἑτέρῳ ἀνδρὶ ἐς κοίτην ἐλθοῦσα Γότθων τε
11 καὶ Ἰταλιωτῶν ξὺν αὐτῷ ἄρχοι. ξυλλεγέντες
τε, ὅσοι δὴ ἐν αὐτοῖς λόγιμοι ἦσαν, καὶ παρὰ
τὴν Ἀμαλασοῦνθαν ἐλθόντες ᾐτιῶντο οὐκ ὀρθῶς
σφίσιν οὐδὲ ᾗ ξυμφέρει τὸν βασιλέα παιδεύεσθαι.
12 γράμματά τε γὰρ παρὰ πολὺ κεχωρίσθαι ἀν-
δρίας, καὶ διδασκαλίας γερόντων ἀνθρώπων ἔς
τε τὸ δειλὸν καὶ ταπεινὸν ἀποκρίνεσθαι ἐκ τοῦ
13 ἐπὶ πλεῖστον. δεῖν τοίνυν τὸν ἔν τινι ἔργῳ τολ-
μητήν τε καὶ δόξῃ μέγαν ἐσόμενον, φόβου τοῦ ἐκ
διδασκάλων ἀπαλλαγέντα, τὰς ἐν τοῖς ὅπλοις

———
[1] ἐς ἐκείνους V: ἐκείνων L. [2] τῆς V: τῇ L.

ment upon no Roman in any case either by touching his person or by imposing a fine. Furthermore, she did not give way to the Goths in their mad desire to wrong them, but she even restored to the children of Symmachus and Boetius their fathers' estates. Now Amalasuntha wished to make her son resemble the Roman princes in his manner of life, and was already compelling him to attend the school of a teacher of letters. And she chose out three among the old men of the Goths whom she knew to be prudent and refined above all the others, and bade them live with Atalaric. But the Goths were by no means pleased with this. For because of their eagerness to wrong their subjects they wished to be ruled by him more after the barbarian fashion. On one occasion the mother, finding the boy doing some wrong in his chamber, chastised him; and he in tears went off thence to the men's apartments. And some Goths who met him made a great to-do about this, and reviling Amalasuntha insisted that she wished to put the boy out of the world as quickly as possible, in order that she might marry a second husband and with him rule over the Goths and Italians. And all the notable men among them gathered together, and coming before Amalasuntha made the charge that their king was not being educated correctly from their point of view nor to his own advantage. For letters, they said, are far removed from manliness, and the teaching of old men results for the most part in a cowardly and submissive spirit. Therefore the man who is to shew daring in any work and be great in renown ought to be freed from the timidity which teachers inspire and to take his training in arms.

17

14 μελέτας ποιεῖσθαι. ἔλεγον δὲ ὡς οὐδὲ Θευδέριχός
ποτε Γότθων τινὰς τοὺς παῖδας ἐς γραμματιστοῦ
15 πέμπειν ἐφη· λέγειν γὰρ ἅπασιν ὡς, ἤνπερ
αὐτοῖς τὸ ἀπὸ τοῦ σκύτους ἐπιγένηται δέος, οὐ
μήποτε ξίφους ἢ δορατίου ὑπερφρονεῖν ἀξιώ-
16 σουσιν. ἐννοεῖν τε αὐτὴν ἐδικαίουν ὡς ἄρα οἱ
ὁ πατὴρ Θευδέριχος χώρας τε τοσαύτης κύριος
γεγονὼς καὶ βασιλείαν οὐδαμόθεν αὐτῷ προσή-
κουσαν περιβαλλόμενος τελευτήσειε, καίπερ¹
17 γραμμάτων οὐδὲ ὅσον ἀκοὴν ἔχων. "Οὐκοῦν, ὦ
δέσποινα," ἔφασαν, "παιδαγωγοὺς μὲν τούτους
χαίρειν τανῦν ἔα, σὺ δὲ Ἀταλαρίχῳ ὁμοδιαίτους
ἡλικάς τινας δίδου, οἵπερ αὐτὸν² τὰ ἐς τὴν ἡλικίαν
ξυνακμάζοντες ἐς τὴν ἀρετὴν³ κατά γε τὸν βάρ-
βαρον νόμον ὁρμήσουσι."

18 Ταῦτα ἐπεὶ ἤκουσεν Ἀμαλασοῦνθα, οὐκ ἐπή-
νεσε μέν, δείσασα δὲ τὴν τῶν ἀνθρώπων ἐπιβου-
λήν, δόκησίν τε παρείχετο ὡς πρὸς ἡδονῆς αὐτῇ οἱ
λόγοι ἐγίνοντο, καὶ ξυνεχώρει ἅπαντα ὅσων οἱ
19 βάρβαροι αὐτῆς ἔχρηζον. τῶν τε γερόντων Ἀτα-
λάριχον ἐκλελοιπότων παῖδες αὐτῷ τινες ξυνῆσαν
κοινωνοὶ τῆς διαίτης ἐσόμενοι, οὔπω μὲν ἡβηκότες,
χρόνῳ δὲ οὐ πολλῷ προτερεύοντες, οἵπερ αὐτόν,
ἐπειδὴ τάχιστα ἐς ἥβην ἦλθεν, ἔς τε μέθην καὶ
γυναικῶν μίξεις παρακαλοῦντες, κακοήθη τε δια-
φερόντως εἶναι καὶ τῇ μητρὶ ὑπὸ ἀβελτερίας ἀπει-
20 θέστερον κατεστήσαντο. ὥστε οὐδὲ μεταποιεῖσθαι
αὐτῆς τὸ παράπαν ἠξίου, καίπερ τῶν βαρβάρων
ἐκ τοῦ ἐμφανοῦς ἐπ᾽ αὐτὴν ἤδη ξυνισταμένων,
οἵ γε καὶ τῶν βασιλείων ἀναχωρεῖν τὴν ἄνθρω-

¹ καίπερ Haury : καὶ περὶ MSS., καίπερ περὶ Scaliger.
² αὐτὸν V : αὐτῷ L.   ³ ἀρετὴν V Suidas : ἀρχὴν L.

They added that even Theoderic would never allow any of the Goths to send their children to school; for he used to say to them all that, if the fear of the strap once came over them, they would never have the resolution to despise sword or spear. And they asked her to reflect that her father Theoderic before he died had become master of all this territory and had invested himself with a kingdom which was his by no sort of right, although he had not so much as heard of letters. "Therefore, O Queen," they said, "have done with these tutors now, and do you give to Atalaric some men of his own age to be his companions, who will pass through the period of youth with him and thus give him an impulse toward that excellence which is in keeping with the custom of barbarians."

When Amalasuntha heard this, although she did not approve, yet because she feared the plotting of these men, she made it appear that their words found favour with her, and granted everything the barbarians desired of her. And when the old men had left Atalaric, he was given the company of some boys who were to share his daily life,—lads who had not yet come of age but were only a little in advance of him in years; and these boys, as soon as he came of age, by enticing him to drunkenness and to intercourse with women, made him an exceptionally depraved youth, and of such stupid folly that he was disinclined to follow his mother's advice. Consequently he utterly refused to champion her cause, although the barbarians were by now openly leaguing together against her; for they were boldly commanding the

21 που ἀνέδην ἐκέλευον. Ἀμαλασοῦνθα δὲ οὔτε
κατωρρώδησε τὴν τῶν Γότθων ἐπιβουλὴν οὔτε
οἷα γυνὴ ἐμαλθακίσθη, ἀλλ' ἔτι τὸ βασιλικὸν
ἀξίωμα ἐνδεικνυμένη, τρεῖς ἀπολέξασα τοὺς ἐν
τοῖς βαρβάροις λογιμωτάτους τε καὶ αὐτῇ αἰτιω-
τάτους τῆς στάσεως, ἐκέλευεν ἐς τὰς τῆς Ἰταλίας
ἐσχατιὰς ἰέναι, οὐχ ἅμα μέντοι, ἀλλ' ὡς πορρω-
τάτω ἀλλήλων· τῷ δὲ λόγῳ ἐστέλλοντο ἐφ' ᾧ
τὴν χώραν φυλάξωσιν ἐκ τῆς τῶν πολεμίων
22 ἐφόδου. ἀλλ' οὐδέν τι ἧσσον οἱ ἄνδρες οὗτοι διά
τε τῶν φίλων καὶ τῶν ξυγγενῶν (ξυνῄεσαν[1] γὰρ
ἔτι καὶ[2] μακρὰν ὁδὸν πορευόμενοι ἐς αὐτοὺς
ἅπαντες) Ἀμαλασούνθῃ[3] τὰ ἐς τὴν ἐπιβουλὴν
ἐξηρτύοντο.

Ἅπερ οὐκέτι φέρειν ἡ γυνὴ οἵα τε οὖσα ἐπενόει
23 τοιάδε. πέμψασα ἐς Βυζάντιον Ἰουστινιανοῦ
βασιλέως ἀνεπυνθάνετο εἴπερ αὐτῷ βουλομένῳ
εἴη Ἀμαλασοῦνθαν τὴν Θευδερίχου παρ' αὐτὸν
ἥκειν· βούλεσθαι γὰρ αὐτὴν ἐξ Ἰταλίας ἀπαλ-
24 λάσσεσθαι ὅτι τάχιστα. βασιλεὺς δὲ τῷ λόγῳ
ἡσθεὶς ἐλθεῖν τε τὴν γυναῖκα ἐκέλευε καὶ τῶν
Ἐπιδάμνου οἴκων[4] τὸν κάλλιστον ἐν παρασκευῇ
ἐπέστελλε γενέσθαι, ὅπως ἐπειδὰν Ἀμαλασοῦνθα
ἐνταῦθα ἴοι, καταλύοι τε αὐτόσε καὶ χρόνον
διατρίψασα ὅσον ἂν αὐτῇ βουλομένῃ εἴη, οὕτω
25 δὴ κομίζηται ἐς Βυζάντιον. ταῦτα ἐπεὶ Ἀμαλα-
σοῦνθα ἔγνω, ἄνδρας ἀπολέξασα Γότθους, δρα-
στηρίους τε καὶ αὐτῇ ἐς τὰ μάλιστα ἐπιτηδείους,

---

[1] ξυνῄεσαν L : ξυνίεσαν V.   [2] γὰρ ἔτι καὶ V : καίπερ L.
[3] Ἀμαλασούνθῃ V : καὶ ἀμαλασούνθη L.
[4] τῶν Ἐπιδάμνου οἴκων Haury : τῶν ἐπιδάμνων οἶκον V, τὸν
ἐπιδάμνω οἶκον L.

woman to withdraw from the palace. But Amala-
suntha neither became frightened at the plotting of
the Goths nor did she, womanlike, weakly give way,
but still displaying the dignity befitting a queen, she
chose out three men who were the most notable among
the barbarians and at the same time the most respon-
sible for the sedition against her, and bade them go
to the limits of Italy, not together, however, but as
far apart as possible from one another; but it was
made to appear that they were being sent in order
to guard the land against the enemy's attack. But
nevertheless these men by the help of their friends
and relations, who were all still in communication
with them, even travelling a long journey for the
purpose, continued to make ready the details of their
plot against Amalasuntha.

And the woman, being unable to endure these things
any longer, devised the following plan. Sending to
Byzantium she enquired of the Emperor Justinian
whether it was his wish that Amalasuntha, the
daughter of Theoderic, should come to him; for she
wished to depart from Italy as quickly as possible.
And the emperor, being pleased by the suggestion,
bade her come and sent orders that the finest of the
houses in Epidamnus should be put in readiness, in
order that when Amalasuntha should come there, she
might lodge in it and after spending such time there
as she wished might then betake herself to Byzantium.
When Amalasuntha learned this, she chose out certain
Goths who were energetic men and especially devoted

ἔστελλεν ἐφ᾽ ᾧ τοὺς τρεῖς ἀποκτενοῦσιν ὧν ἄρτι
ἐμνήσθην, ἅτε τῆς στάσεως αἰτιωτάτους αὐτῇ
26 γενομένους. αὐτὴ δὲ ἄλλα τε χρήματα καὶ
τετρακόσια χρυσοῦ κεντηνάρια ἐν νηὶ μιᾷ ἐνθε-
μένη, ἐς ταύτην τε ἐμβιβάσασα τῶν οἱ πιστοτά-
των[1] τινάς, πλεῖν μὲν ἐκέλευσεν εἰς Ἐπίδαμνον,
ἀφικομένους δὲ ὁρμίζεσθαι μὲν ἐν τῷ ταύτης
λιμένι, τῶν δὲ φορτίων, ἕως αὐτὴ ἐπιστέλλοι,
27 μηδ᾽ ὁτιοῦν ἐκφορεῖν τῆς νεώς. ἔπρασσε δὲ
ταῦτα, ὅπως, ἢν μὲν ἀπολωλέναι τοὺς τρεῖς
πύθηται, μένοι τε αὐτοῦ καὶ τὴν ναῦν μετα-
πέμποιτο, οὐδὲν ἔτι ἔχουσα πρὸς τῶν ἐχθρῶν
δέος· ἢν δὲ αὐτῶν τινα περιεῖναι ξυμβαίνῃ,
οὐδεμιᾶς οἱ ἀγαθῆς ἀπολελειμμένης ἐλπίδος,
πλέοι τε κατὰ τάχος καὶ ἐς γῆν τὴν βασιλέως
28 ξὺν τοῖς χρήμασι διασώζοιτο. τοιαύτῃ μὲν
γνώμῃ Ἀμαλασοῦνθα ἐς Ἐπίδαμνον τὴν ναῦν
ἔπεμπε,[2] καὶ ἐπεὶ ἀφίκετο ἐς τὸν Ἐπιδαμνίων
λιμένα, οἱ τὰ χρήματα ἔχοντες τὰ ἐντεταλμένα
29 ἐποίουν. ὀλίγῳ δὲ ὕστερον Ἀμαλασοῦνθα, τῶν
φόνων οἱ ἐξειργασμένων ᾗπερ ἐβούλετο, τήν τε
ναῦν μετεπέμπετο καὶ μένουσα ἐπὶ Ῥαβέννης
τὴν ἀρχὴν ὡς ἀσφαλέστατα ἐκρατύνατο.

III

Ἦν δέ τις ἐν Γότθοις Θευδάτος ὄνομα, τῆς
Θευδερίχου ἀδελφῆς Ἀμαλαφρίδης υἱός, πόρρω
που ἤδη ἡλικίας ἥκων, λόγων μὲν Λατίνων μετα-
λαχὼν καὶ δογμάτων Πλατωνικῶν, πολέμων δὲ

---

[1] οἱ πιστοτάτων V: εὐπιστοτάτων L.
[2] ἔπεμπε V: ἔστελλε L.

to her and sent them to kill the three whom I have just mentioned, as having been chiefly responsible for the sedition against her. And she herself placed all her possessions, including four hundred centenaria[1] of gold, in a single ship and embarked on it some of those most faithful to her and bade them sail to Epidamnus, and, upon arriving there, to anchor in its harbour, but to discharge from the ship nothing whatever of its cargo until she herself should send orders. And she did this in order that, if she should learn that the three men had been destroyed, she might remain there and summon the ship back, having no further fear from her enemies ; but if it should chance that any one of them was left alive, no good hope being left her, she purposed to sail with all speed and find safety for herself and her possessions in the emperor's land. Such was the purpose with which Amalasuntha was sending the ship to Epidamnus ; and when it arrived at the harbour of that city, those who had the money carried out her orders. But a little later, when the murders had been accomplished as she wished, Amalasuntha summoned the ship back and remaining at Ravenna strengthened her rule and made it as secure as might be.

III

THERE was among the Goths one Theodatus by name, son of Amalafrida, the sister of Theoderic, a man already of mature years, versed in the Latin literature and the teachings of Plato, but without

---

[1] See Book I. xxii. 4 ; III. vi. 2 and note.

ἀμελετήτως παντάπασιν ἔχων, μακράν τε ἀπολε-
λειμμένος τοῦ δραστηρίου, ἐς μέντοι φιλοχρη-
2 ματίαν δαιμονίως ἐσπουδακώς. οὗτος ὁ Θευδάτος
πλείστων μὲν τῶν ἐν Τούσκοις χωρίων κύριος
ἐγεγόνει, βιαζόμενος δὲ καὶ τὰ λειπόμενα τοὺς
κεκτημένους ἀφαιρεῖσθαι ἐν σπουδῇ εἶχε. γείτονα
γὰρ ἔχειν συμφορά τις Θευδάτῳ ἐδόκει εἶναι.
3 ταύτην αὐτῷ Ἀμαλασοῦνθα τὴν προθυμίαν ἀνα-
στέλλειν ἠπείγετο, καὶ ἀπ' αὐτοῦ ἤχθετό τε αὐτῇ
4 ἐς ἀεὶ καὶ χαλεπῶς εἶχεν. ἐβουλεύετο[1] οὖν Ἰου-
στινιανῷ βασιλεῖ Τουσκίαν ἐνδοῦναι, ἐφ' ᾧ χρή-
ματά τε πολλὰ καὶ βουλῆς πρὸς αὐτοῦ ἀξίωμα
κομισάμενος ἐν Βυζαντίῳ τὸ λοιπὸν διατρίβοι.
5 ταῦτα Θευδάτου βεβουλευμένου πρέσβεις ἐκ
Βυζαντίου παρὰ τὸν Ῥώμης ἀρχιερέα ἧκον, ὅ τε
τῆς Ἐφέσου ἱερεὺς Ὑπάτιος καὶ Δημήτριος ἐκ
τῶν ἐν Μακεδόσι Φιλίππων, δόξης ἕνεκεν ἣν
Χριστιανοὶ ἐν σφίσιν αὐτοῖς ἀντιλέγουσιν ἀμφι-
6 γνοοῦντες. τὰ δὲ ἀντιλεγόμενα ἐγὼ ἐξεπιστά-
μενος ὡς ἥκιστα ἐπιμνήσομαι· ἀπονοίας γὰρ
μανιώδους τινὸς ἡγοῦμαι εἶναι διερευνᾶσθαι τὴν
7 τοῦ θεοῦ φύσιν, ὁποία ποτέ ἐστιν. ἀνθρώπῳ γὰρ
οὐδὲ τὰ ἀνθρώπεια ἐς τὸ ἀκριβὲς οἶμαι κατα-
ληπτά, μή τί γε δὴ τὰ εἰς θεοῦ φύσιν ἥκοντα.
ἐμοὶ μὲν οὖν ταῦτα ἀκινδύνως σεσιωπήσθω μόνον
8 τῷ[2] μὴ ἀπιστεῖσθαι[3] τὰ τετιμημένα. ἐγὼ γὰρ
οὐκ ἂν οὐδὲν ἄλλο περὶ θεοῦ ὁτιοῦν εἴποιμι ἢ ὅτι
ἀγαθός τε παντάπασιν εἴη καὶ ξύμπαντα ἐν τῇ
9 ἐξουσίᾳ τῇ αὐτοῦ ἔχει. λεγέτω δὲ ὥς πη ἕκαστος
γινώσκειν ὑπὲρ αὐτῶν οἴεται, καὶ ἱερεὺς καὶ

---

[1] ἐβουλεύετο L : ἐβούλετο V. [2] τῷ Maltretus : τὸ MSS.
[3] ἀπιστεῖσθαι V : ἀπιστῆσαι L.

24

any experience whatever in war and taking no part in active life, and yet extraordinarily devoted to the pursuit of money. This Theodatus had gained possession of most of the lands in Tuscany, and he was eager by violent methods to wrest the remainder from their owners. For to have a neighbour seemed to Theodatus a kind of misfortune. Now Amalasuntha was exerting herself to curb this desire of his, and consequently he was always vexed with her and resentful. He formed the plan, therefore, of handing over Tuscany to the Emperor Justinian, in order that, upon receiving from him a great sum of money and the senatorial dignity, he might pass the rest of his life in Byzantium. After Theodatus had formed this plan, there came from Byzantium to the chief priest of Rome two envoys, Hypatius, the priest of Ephesus, and Demetrius, from Philippi in Macedonia, to confer about a tenet of faith, which is a subject of disagreement and controversy among the Christians. As for the points in dispute, although I know them well, I shall by no means make mention of them; for I consider it a sort of insane folly to investigate the nature of God, enquiring of what sort it is. For man cannot, I think, apprehend even human affairs with accuracy, much less those things which pertain to the nature of God. As for me, therefore, I shall maintain a discreet silence concerning these matters, with the sole object that old and venerable beliefs may not be discredited. For I, for my part, will say nothing whatever about God save that He is altogether good and has all things in His power. But let each one say whatever he thinks he knows about these matters, both priest and layman

ἰδιώτης. Θευδάτος δὲ ξυγγενόμενος λάθρα τοῖς
πρέσβεσι τούτοις ἀγγέλλειν ἐπέστελλεν Ἰουστι-
νιανῷ βασιλεῖ ἅπερ αὐτῷ βεβουλευμένα εἴη,
ἐξειπὼν ὅσα μοι ἄρτι δεδήλωται.

10 Ἐν τούτῳ δὲ Ἀταλάριχος ἐς κραιπάλην ἐμ-
πεπτωκὼς ὅρον οὐκ ἔχουσαν νοσήματι μαρασμοῦ
11 ἥλω. διὸ δὴ Ἀμαλασοῦνθα διηπορεῖτο· οὔτε γὰρ
ἐπὶ τῇ τοῦ παιδὸς γνώμῃ τὸ θαρσεῖν εἶχεν, εἰς
τοῦτο ἀτοπίας ἐληλακότος, ἤν τε αὐτὸς Ἀταλά-
ριχος ἐξ ἀνθρώπων ἀφανίζηται, οὐκ ᾤετο αὐτῇ
τὸν βίον ἐν τῷ ἀσφαλεῖ τὸ λοιπὸν ἔσεσθαι, Γότ-
12 θων τοῖς λογιμωτάτοις προσκεκρουκυῖα. διὸ δὴ
τὸ Γότθων τε καὶ Ἰταλιωτῶν κράτος ἐνδιδόναι
Ἰουστινιανῷ βασιλεῖ, ὅπως αὐτὴ σώζοιτο, ἤθελεν.
13 ἐτύγχανε δὲ Ἀλέξανδρος, ἀνὴρ ἐκ βουλῆς, σύν τε
14 Δημητρίῳ καὶ Ὑπατίῳ ἐνταῦθα ἥκων. ἐπειδὴ
γὰρ τὸ μὲν Ἀμαλασούνθης πλοῖον ἐν τῷ Ἐπιδάμ-
νου λιμένι ὁρμίζεσθαι βασιλεὺς ἤκουσεν, αὐτὴν
δὲ μέλλειν ἔτι, καίπερ χρόνου τριβέντος συχνοῦ,
ἔπεμψε τὸν Ἀλέξανδρον, ἐφ᾽ ᾧ κατασκεψάμενος
15 ἅπαντα τὰ ἀμφὶ τῇ Ἀμαλασούνθῃ ἀγγείλειε· τῷ
δὲ λόγῳ πρεσβευτὴν τὸν Ἀλέξανδρον βασιλεὺς
ἔπεμψε, τοῖς τε ἀμφὶ τῷ Λιλυβαίῳ ξυνταραχθεὶς
(ἅπερ μοι ἐν τοῖς ἔμπροσθεν λόγοις δεδήλωται)
καὶ ὅτι Οὖννοι δέκα ἐκ¹ τοῦ ἐν Λιβύῃ στρατο-
πέδου, δρασμοῦ² ἐχόμενοι, ἐς Καμπανίαν ἀφί-
κοντο, Οὐλίαρίς τε αὐτούς, ὃς Νεάπολιν ἐφύλασ-
σεν, Ἀμαλασούνθης οὔτι ἀκουσίου ὑπεδέξατο,
Γότθοι τε Γήπαισι τοῖς ἀμφὶ Σίρμιον πολεμοῦν-

---

¹ ἐκ V : ἀπὸ L.
² δρασμοῦ V : δρασμῷ L.

As for Theodatus, he met these envoys secretly and directed them to report to the Emperor Justinian what he had planned, explaining what has just been set forth by me.

But at this juncture Atalaric, having plunged into a drunken revel which passed all bounds, was seized with a wasting disease. Wherefore Amalasuntha was in great perplexity; for, on the one hand, she had no confidence in the loyalty of her son, now that he had gone so far in his depravity, and, on the other, she thought that if Atalaric also should be removed from among men, her life would not be safe thereafter, since she had given offence to the most notable of the Goths. For this reason she was desirous of handing over the power of the Goths and Italians to the Emperor Justinian, in order that she herself might be saved. And it happened that Alexander, a man of the senate, together with Demetrius and Hypatius, had come to Ravenna. For when the emperor had heard that Amalasuntha's boat was anchored in the harbour of Epidamnus, but that she herself was still tarrying, although much time had passed, he had sent Alexander to investigate and report to him the whole situation with regard to Amalasuntha; but it was given out that the emperor had sent Alexander as an envoy to her because he was greatly disturbed by the events at Lilybaeum which have been set forth by me in the preceding narrative,[1] and because ten Huns from the army in Libya had taken flight and reached Campania, and Uliaris, who was guarding Naples, had received them not at all against the will of Amalasuntha, and also because the Goths, in making war on the Gepaedes about

---

[1] Book IV. v. 11 ff.

τες, πόλει Γρατιανῇ, ἐν τῇ Ἰλλυριῶν ἐσχατιᾷ
16 κειμένῃ, ὡς πολεμίᾳ ἐχρήσαντο. ἅπερ Ἀμαλα-
σούνθῃ ἐπικαλῶν γράμματά τε γράψας τὸν
Ἀλέξανδρον ἔπεμψεν.

Ὃς ἐπειδὴ ἐν Ῥώμῃ ἐγένετο, τοὺς μὲν ἱερεῖς
αὐτοῦ εἴασε πράσσοντας ὧν ἕνεκα ἦλθον, ἐς δὲ
Ῥάβενναν αὐτὸς κομισθεὶς καὶ Ἀμαλασούνθῃ ἐς
ὄψιν ἥκων, τούς τε βασιλέως λόγους ἀπήγγειλε
λάθρα καὶ τὰ γράμματα ἐς τὸ ἐμφανὲς ἐνεχεί-
17 ρισεν. ἐδήλου δὲ ἡ γραφὴ τάδε· "Τὸ ἐν Λιλυ-
βαίῳ φρούριον, ἡμέτερον ὄν, βίᾳ λαβοῦσα ἔχεις,
καὶ βαρβάρους δραπέτας ἐμοὺς γεγενημένους
δεξαμένη ἀποδοῦναι οὔπω καὶ νῦν ἔγνωκας,
ἀλλὰ καὶ Γρατιανὴν τὴν ἐμὴν τὰ ἀνήκεστα,
18 οὐδέν σοι προσῆκον, εἰργάσω. ὅθεν ὥρα σοι
ἐκλογίζεσθαι[1] ποία ποτὲ τούτοις τελευτὴ γέ-
19 νοιτο." ταῦτα ὡς ἀπενεχθέντα ἡ γυνὴ τὰ γράμ-
ματα ἀνελέξατο, ἀμείβεται τοῖσδε· "Βασιλέα
μέγαν τε καὶ ἀρετῆς μεταποιούμενον, ὀρφανῷ
παιδὶ καὶ ὡς ἥκιστα τῶν πρασσομένων ἐπαισθα-
νομένῳ μᾶλλον ξυλλαβέσθαι εἰκὸς ἢ ἐξ οὐδεμιᾶς
20 αἰτίας διάφορον εἶναι. ἀγὼν γάρ, ἢν μὴ ἐκ τοῦ
ἀντιπάλου ξυσταίη, οὐδὲ τὴν νίκην εὐπρεπῆ
21 φέρει. σὺ δὲ τὸ Λιλύβαιον Ἀταλαρίχῳ ἐπανα-
σείεις καὶ φυγάδας δέκα καὶ στρατιωτῶν ἐπὶ
πολεμίους τοὺς σφετέρους ἰόντων ἁμαρτάδα ξυμ-
22 πεσοῦσαν ἀγνοίᾳ τινὶ ἐς πόλιν φιλίαν. μὴ δῆτα,
μὴ σύ γε, ὦ βασιλεῦ, ἀλλ' ἐνθυμοῦ μὲν ὡς, ἡνίκα

___

[1] ὥρα σοι ἐκλογίζεσθαι V: ἄρα σοι ἐκλογίζεσθαι προσήκει L.

Sirmium,[1] had treated the city of Gratiana, situated at the extremity of Illyricum, as a hostile town. So by way of protesting to Amalasuntha with regard to these things, he wrote a letter and sent Alexander.

And when Alexander arrived in Rome, he left there the priests busied with the matters for which they had come, and he himself, journeying on to Ravenna and coming before Amalasuntha, reported the emperor's message secretly, and openly delivered the letter to her. And the purport of the writing was as follows: "The fortress of Lilybaeum, which is ours, you have taken by force and are now holding, and barbarians, slaves of mine who have run away, you have received and have not even yet decided to restore them to me, and besides all this you have treated outrageously my city of Gratiana, though it belongs to you in no way whatever. Wherefore it is time for you to consider what the end of these things will some day be." And when this letter had been delivered to her and she had read it, she replied in the following words: "One may reasonably expect an emperor who is great and lays claim to virtue to assist an orphan child who does not in the least comprehend what is being done, rather than for no cause at all to quarrel with him. For unless a struggle be waged on even terms, even the victory it gains brings no honour. But thou dost threaten Atalaric on account of Lilybaeum, and ten runaways, and a mistake, made by soldiers in going against their enemies, which through some misapprehension chanced to affect a friendly city. Nay! do not thus; do not thou thus, O Emperor, but call to mind

---

[1] Near modern Mitrowitz.

ἐπὶ Βανδίλους ἐστράτευες, οὐχ ὅσον σοι ἐμποδὼν
ἔστημεν, ἀλλὰ καὶ ὁδὸν ἐπὶ τοὺς πολεμίους καὶ
ἀγορὰν τῶν ἀναγκαιοτάτων σὺν προθυμίᾳ πολλῇ
ἔδομεν, ἄλλων τε καὶ ἵππων τοσούτων τὸ πλῆθος,
ἀφ' ὧν σοι ἡ τῶν ἐχθρῶν ἐπικράτησις μάλιστα
23 γέγονε. καίτοι ξύμμαχος ἂν καὶ φίλος δικαίως
καλοῖτο οὐχ ὃς ἂν τὴν ὁμαιχμίαν ἐς τοὺς πέλας
προΐσχοιτο μόνον, ἀλλὰ καὶ ὃς ἄν τῳ[1] ἐς πόλεμον
24 ἕκαστον ὅτου ἂν δέοιτο ὑπουργῶν φαίνοιτο. ἐκλο-
γίζου δὲ ὡς τηνικαῦτα ὁ στόλος ὁ σὸς οὔτε ἀλλαχῇ
ἐκ τοῦ πελάγους εἶχεν ὅτι μὴ Σικελίᾳ προσχεῖν
οὔτε τῶν ἐνθένδε ὠνηθέντων χωρὶς εἰς Λιβύην
25 ἰέναι. ὥστε σοι τὸ τῆς νίκης κεφάλαιον ἐξ ἡμῶν
ἐστιν· ὁ γὰρ τοῖς ἀπόροις τὴν λύσιν διδοὺς καὶ
26 τὴν ἐντεῦθεν[2] ἀπόβασιν φέρεσθαι δίκαιος. τί δὲ
ἀνθρώπῳ ἥδιον[3] ἂν ἐχθρῶν ἐπικρατήσεως, ὦ
βασιλεῦ, γένοιτο; καὶ μὴν ἐλασσοῦσθαι οὐκ ἐν
μετρίοις ἡμῖν ξυμβαίνει, οἵ γε οὐχὶ κατὰ τὸν τοῦ
πολέμου νόμον τὸ τῶν λαφύρων νεμόμεθα μέρος.
27 νῦν δὲ καὶ τὸ Σικελίας Λιλύβαιον, ἄνωθεν Γότ-
θοις προσῆκον, ἀξιοῖς ἀφαιρεῖσθαι ἡμᾶς, πέτραν,
ὦ βασιλεῦ, μίαν ὅσον οὐδὲ ἀργυρίου ἀξίαν, ἣν
ἀνθυπουργεῖν σε Ἀταλαρίχῳ εἰκός γε ἦν, ἐν τοῖς
ἀναγκαιοτάτοις ξυναραμένῳ, εἴπερ ἄνωθεν τῆς
28 σῆς βασιλείας οὖσα ἐτύγχανε." ταῦτα μὲν ἐκ
τοῦ ἐμφανοῦς Ἀμαλασοῦνθα βασιλεῖ ἔγραψε·

[1] ἄν τῳ Haury : ἂν τὸ MSS.   [2] ἐντεῦθεν V : ἐνθένδε L.
[3] ἥδιον L : ἴδιον V.

that when thou wast making war upon the Vandals, we not only refrained from hindering thee, but quite zealously even gave thee free passage against the enemy and provided a market in which to buy the indispensable supplies,[1] furnishing especially the multitude of horses to which thy final mastery over the enemy was chiefly due. And yet it is not merely the man who offers an alliance of arms to his neighbours that would in justice be called their ally and friend, but also the man who actually is found assisting another in war in regard to his every need. And consider that at that time thy fleet had no other place at which to put in from the sea except Sicily, and that without the supplies bought there it could not go on to Libya. Therefore thou art indebted to us for the chief cause of thy victory; for the one who provides a solution for a difficult situation is justly entitled also to the credit for the results which flow from his help. And what could be sweeter for a man, O Emperor, than gaining the mastery over his enemies? And yet in our case the outcome is that we suffer no slight disadvantage, in that we do not, in accordance with the custom of war, enjoy our share of the spoils. And now thou art also claiming the right to despoil us of Lilybaeum in Sicily, which has belonged to the Goths from ancient times, a lone rock, O Emperor, worth not so much as a piece of silver, which, had it happened to belong to thy kingdom from ancient times, thou mightest in equity at least have granted to Atalaric as a reward for his services, since he lent thee assistance in the times of thy most pressing necessity." Such was the message which Amalasuntha wrote openly to the emperor; but

[1] Cf. Book III. xiv. 5, 6.

λάθρα δὲ αὐτῷ ξύμπασαν Ἰταλίαν ἐγχειριεῖν
29 ὡμολόγησεν. οἱ δὲ πρέσβεις ἐς Βυζάντιον ἐπανή-
κοντες ἅπαντα Ἰουστινιανῷ βασιλεῖ ἤγγειλαν·
Ἀλέξανδρος μὲν ἅπερ τῇ Ἀμαλασούνθῃ δοκοῦντα
εἴη, Δημήτριος δὲ καὶ Ὑπάτιος ὅσα Θευδάτου
λέγοντος ἤκουσαν, καὶ ὡς δυνάμει μεγάλῃ ἐν
Τούσκοις ὁ Θευδάτος χρώμενος, χώρας τε ἐνταῦθα
τῆς πολλῆς κύριος γεγονώς, πόνῳ ἂν οὐδενὶ τὰ
30 ὡμολογημένα ἐπιτελεῖν οἷός τε εἴη. οἷς δὴ περι-
χαρὴς γεγονὼς βασιλεὺς Πέτρον, Ἰλλυριὸν γένος,
ἐκ Θεσσαλονίκης ὁρμώμενον, ἐς τὴν Ἰταλίαν
εὐθὺς ἔστελλεν, ἕνα μὲν ὄντα τῶν ἐν Βυζαντίῳ
ῥητόρων, ἄλλως δὲ ξυνετόν τε καὶ πρᾷον καὶ ἐς
τὸ πείθειν ἱκανῶς[1] πεφυκότα.

IV

Ἐν ᾧ δὲ ταῦτα ἐγίνετο τῇδε, ἐν τούτῳ Θευ-
δάτον Τοῦσκοι πολλοὶ Ἀμαλασούνθῃ διέβαλον
βιάσασθαι ἅπαντας τοὺς ταύτῃ ἀνθρώπους καὶ
τοὺς ἀγροὺς ἀφελέσθαι οὐδενὶ λόγῳ, τούς τε
ἄλλους ἅπαντας καὶ οὐχ ἥκιστά γε τὴν βασίλειον
οἰκίαν αὐτήν, ἣν δὴ πατριμώνιον Ῥωμαῖοι καλεῖν
2 νενομίκασι. διὸ δὴ ἐς τὰς εὐθύνας καλέσασα[2]
Θευδάτον ἡ γυνὴ διαρρήδην τε πρὸς τῶν δια-
βαλόντων ἐληλεγμένον ἀποτιννύναι πάντα ἠνάγ-
κασεν ἅπερ οὐ δέον ἀφείλετο, οὕτω τε αὐτὸν
3 ἀπεπέμψατο. καὶ ἀπ᾽ αὐτοῦ ἐς ἄγαν τῷ ἀν-
θρώπῳ προσκεκρουκυῖα διάφορος τὸ λοιπὸν

---

[1] ἱκανῶς H : ἱκανὸν VL.
[2] καλέσασα Hoeschel : καλέσας MSS.

secretly she agreed to put the whole of Italy into his hands. And the envoys, returning to Byzantium, reported everything to the Emperor Justinian, Alexander telling him the course which had been decided upon by Amalasuntha, and Demetrius and Hypatius all that they had heard Theodatus say, adding that Theodatus enjoyed great power in Tuscany, where he had become owner of the most of the land and consequently would be able with no trouble at all to carry his agreement into effect. And the emperor, overjoyed at this situation, immediately sent to Italy Peter, an Illyrian by birth, but a citizen of Thessalonica, a man who was one of the trained speakers in Byzantium, a discreet and gentle person withal and fitted by nature to persuade men

IV

BUT while these things were going on as I have explained, Theodatus was denounced before Amalasuntha by many Tuscans, who stated that he had done violence to all the people of Tuscany and had without cause seized their estates, taking not only all private estates but especially those belonging to the royal household, which the Romans are accustomed to call "patrimonium." For this reason the woman called Theodatus to an investigation, and when, being confronted by his denouncers, he had been proved guilty without any question, she compelled him to pay back everything which he had wrongfully seized and then dismissed him. And since in this way she had given the greatest offence to the man, from that time she was on hostile terms with him,

ἐγεγόνει ἀνιωμένῳ ὑπὸ φιλοχρηματίας ὡς μά-
λιστα, ὅτι διαμαρτάνειν τε καὶ βιάζεσθαι ἀδύ-
νατος ἦν.

4   Ὑπὸ τὸν χρόνον τοῦτον Ἀταλάριχος μὲν τῇ
νόσῳ καταμαρανθεὶς ἐτελεύτησεν, ὀκτὼ τῇ ἀρχῇ
ἐπιβιοὺς ἔτη. Ἀμαλασοῦνθα δὲ (χρῆν γάρ οἱ
γενέσθαι κακῶς) ἐν οὐδενὶ λόγῳ φύσιν τὴν Θευ-
δάτου ποιησαμένη καὶ ὅσα αὐτὸν ἔναγχος δρά-
σειεν, οὐδὲν πείσεσθαι ἄχαρι πρὸς αὐτοῦ ὑπε-
τόπησεν, ἤν τι τὸν ἄνθρωπον ἀγαθὸν ἐργάσηται
5   μεῖζον. μεταπεμψαμένη τοίνυν αὐτόν, ἐπειδὴ
ἧκε, τιθασσεύουσα ἔφασκε χρόνου ἐξεπίστασθαι
ὡς οἱ ὁ παῖς ἐπίδοξος εἴη ὅτι δὴ ὀλίγῳ ὕστερον
τελευτήσειε· τῶν τε γὰρ ἰατρῶν πάντων ταῦτα
γινωσκόντων ἀκηκοέναι καὶ αὐτὴ τοῦ Ἀταλαρίχου
6   σώματος ἀεὶ μαραινομένου ᾐσθῆσθαι. ἐπεί τε
ἀμφὶ αὐτῷ Θευδάτῳ [1] ἑώρα Γότθους τε καὶ
Ἰταλιώτας δόξαν οὐκ ἀγαθήν τινα ἔχοντας, ἐς
ὃν περιεστήκει τὸ Θευδερίχου γένος, τούτου δὴ
αὐτὸν διακαθᾶραι τοῦ αἰσχροῦ ὀνόματος ἐν
σπουδῇ οἱ γενέσθαι, ὅπως μή τι αὐτῷ καλουμένῳ
7   ἐς τὴν βασιλείαν ἐμπόδιον εἴη. ἅμα δὲ καὶ τὸ
δίκαιον αὐτὴν ξυνταράξαι, εἴ γε περισταίη τοῖς
ἠδικῆσθαι πρὸς αὐτοῦ [2] ἤδη αἰτιωμένοις οὐκ ἔχειν
μὲν ὅτῳ τὰ ξυμπεσόντα σφίσιν ἀγγείλωσι, δεσπό-
8   την δὲ τὸν δυσμενῆ ἔχειν. διὰ ταῦτα μὲν αὐτόν,
οὕτω καθαρὸν γεγενημένον, ἐς τὴν βασιλείαν
παρακαλεῖν· δεῖν δὲ αὐτὸν ὅρκοις δεινοτάτοις
καταληφθῆναι ὡς ἐς Θευδάτον μὲν τὸ τῆς ἀρχῆς

---

[1] ἐπεί τε ἀμφὶ αὐτῷ [Θευδάτῳ] Christ: ἐπί τε ἀμφὶ αὐτῶ
θευδάτω V, ἐπεί τε αὐτῷ ἀμφὶ θευδάτω L.

[2] αὐτοῦ V : αὐτοῦ ὡς L, αὐτοῦ λέγουσιν, ὡς Maltretus.

exceedingly vexed as he was by reason of his fondness for money, because he was unable to continue his unlawful and violent practices.

At about this same time Atalaric, being quite wasted away by the disease, came to his end, having lived eight years in office. As for Amalasuntha, since it was fated that she should fare ill, she took no account of the nature of Theodatus and of what she had recently done to him, and supposed that she would suffer no unpleasant treatment at his hands if she should do the man some rather unusual favour. She accordingly summoned him, and when he came, set out to cajole him, saying that for some time she had known well that it was to be expected that her son would soon die; for she had heard the opinion of all the physicians, who agreed in their judgment, and had herself perceived that the body of Atalaric continued to waste away. And since she saw that both Goths and Italians had an unfavourable opinion regarding Theodatus, who had now come to represent the race of Theoderic, she had conceived the desire to clear him of this evil name, in order that it might not stand in his way if he were called to the throne. But at the same time, she explained, the question of justice disturbed her, at the thought that those who claimed to have been wronged by him already should find that they had no one to whom they might report what had befallen them, but that they now had their enemy as their master. For these reasons, then, although she invited him to the throne after his name should have been cleared in this way, yet it was necessary, she said, that he should be bound by the most solemn oaths that while the title of the office should

Oct. 10, 534 A.D.

35

ὄνομα ἄγοιτο, αὐτὴ δὲ τῷ ἔργῳ τὸ κράτος οὐκ
9 ἔλασσον ἢ πρότερον ἔχοι. ταῦτα ἐπεὶ Θευδάτος
ἤκουσεν, ἅπαντα ὅσα ἦν βουλομένη Ἀμαλα-
σούνθῃ ὀμωμοκώς, ἐπὶ λόγῳ τῷ πονηρῷ ὡμολό-
γησεν, ἐν μνήμῃ ἔχων ὅσα δὴ ἐκείνη πρότερον
10 ἐς αὐτὸν εἰργασμένη ἐτύγχανεν. οὕτω μὲν
Ἀμαλασοῦνθα πρός τε γνώμης τῆς οἰκείας καὶ
τῶν Θευδάτῳ ὀμωμοσμένων ἀπατηθεῖσα, ἐπὶ τῆς
11 ἀρχῆς αὐτὸν κατεστήσατο. πρέσβεις τε πέμ-
ψασα ἐς Βυζάντιον ἄνδρας Γότθους Ἰουστινιανῷ
βασιλεῖ ταῦτα ἐδήλου.
12   Θευδάτος δὲ τὴν ἡγεμονίαν παραλαβών, πάντα
οἱ[1] τἀναντία ὧν ἐκείνη τε ἤλπισε καὶ αὐτὸς
13 ὑπέσχετο ἔπρασσε. καὶ Γότθων τῶν πρὸς αὐτῆς
ἀνῃρημένων τοὺς ξυγγενεῖς ἐπαγαγόμενος, πολ-
λούς τε καὶ λίαν λογίμους ἐν Γότθοις ὄντας, τῶν
τε Ἀμαλασούνθῃ προσηκόντων ἐκ τοῦ αἰφνιδίου
τινὰς ἔκτεινε καὶ αὐτὴν ἐν φυλακῇ ἔσχεν, οὕπω
14 τῶν πρέσβεων ἐς Βυζάντιον ἀφικομένων. ἔστι
δέ τις λίμνη ἐν Τούσκοις, Βουλσίνη καλουμένη,
ἧς δὴ ἐντὸς νῆσος ἀνέχει,[2] βραχεῖα μὲν κομιδῇ
15 οὖσα, φρούριον δὲ ἐχυρὸν ἔχουσα. ἐνταῦθα
Θευδάτος τὴν Ἀμαλασοῦνθαν καθείρξας ἐτήρει.
δείσας δέ, ὅπερ ἐγένετο, μὴ βασιλεῖ ἀπ᾽ αὐτοῦ
προσκεκρουκὼς εἴη, ἄνδρας ἐκ τῆς Ῥωμαίων
βουλῆς Λιβέριόν τε καὶ Ὀπιλίωνα στείλας σὺν
ἑτέροις τισί, παραιτεῖσθαι πάσῃ δυνάμει βασιλέα
ἐπήγγελλεν, ἰσχυριζομένους μηδὲν πρὸς αὐτοῦ
ἄχαρι τῇ Ἀμαλασούνθῃ ξυμβῆναι, καίπερ ἐς

---

[1] οἱ MSS.: Haury suggests τοι.
[2] ἀνέχει V: ἀεί ἐστι L.

be conferred upon Theodatus, she herself should in fact hold the power no less than before. When Theodatus heard this, although he swore to all the conditions which Amalasuntha wished, he entered into the agreement with treacherous intent, remembering all that she had previously done to him. Thus Amalasuntha, being deceived by her own judgment and the oaths of Theodatus, established him in the office. And sending some Goths as envoys to Byzantium, she made this known to the Emperor Justinian.

But Theodatus, upon receiving the supreme power, began to act in all things contrary to the hopes she had entertained and to the promises he had made. And after winning the adherence of the relatives of the Goths who had been slain by her—and they were both numerous and men of very high standing among the Goths—he suddenly put to death some of the connections of Amalasuntha and imprisoned her, the envoys not having as yet reached Byzantium. Now there is a certain lake in Tuscany called Vulsina,[1] within which rises an island,[2] exceedingly small but having a strong fortress upon it. There Theodatus confined Amalasuntha and kept her under guard. But fearing that by this act he had given offence to the emperor, as actually proved to be the case, he sent some men of the Roman senate, Liberius and Opilio and certain others, directing them to excuse his conduct to the emperor with all their power by assuring him that Amalasuntha had met with no harsh treatment at his hands, although

Apr. 30, 535 A.D.

[1] Modern Bolsena.
[2] Marta; "now entirely uninhabited, but with a few steps cut in the rock which are said to have led to the prison of Amalasuntha."—HODGKIN.

αὐτὸν ἀνήκεστα δεινὰ εἰργασμένη τὰ πρότερα.
16 καὶ κατὰ ταῦτα αὐτός τε βασιλεῖ ἔγραψε καὶ
τὴν Ἀμαλασοῦνθαν οὔτι ἑκουσίαν ἠνάγκασε
γράψαι.

17 Ταῦτα μὲν οὖν ἐφέρετο τῇδε. Πέτρος δὲ ἤδη
ἐπὶ πρεσβείᾳ¹ ἐστέλλετο προειρημένον αὐτῷ
πρὸς τοῦ βασιλέως² ἐντυχεῖν μὲν κρύφα τῶν
ἄλλων ἁπάντων Θευδάτῳ καὶ ὅρκῳ τὰ πιστὰ
παρεχομένῳ ὡς οὐδὲν ἂν τῶν πρασσομένων ἔκ-
πυστον γένοιτο, οὕτω τε τὰ ἀμφὶ Τουσκίαν ἐν τῷ
18 ἀσφαλεῖ πρὸς αὐτὸν θέσθαι, καὶ Ἀμαλασούνθῃ
ξυγγενόμενον λάθρα ξυμπάσης³ πέρι Ἰταλίας
19 διοικήσασθαι, ὅπη ἑκατέρῳ ξυνοίσειν μέλλει. ἐς
δὲ τὸ ἐμφανὲς ὑπέρ τε τοῦ Λιλυβαίου καὶ τῶν
ἄλλων ὧν ἔναγχος ἐμνήσθην πρεσβεύσων ᾔει.⁴
οὔπω γάρ τι περὶ τῆς Ἀταλαρίχου τελευτῆς ἢ
τῆς Θευδάτου ἀρχῆς ἢ τῶν Ἀμαλασούνθῃ ξυμ-
20 πεπτωκότων βασιλεὺς ἠκηκόει. Πέτρος δὲ ὁδῷ
πορευόμενος πρῶτον μὲν τοῖς Ἀμαλασούνθης
πρέσβεσι ξυγγενόμενος τὰ ἀμφὶ τῇ Θευδάτου
21 ἀρχῇ ἔμαθε· γενόμενος δὲ ὀλίγῳ ὕστερον ἐν πόλει
Αὐλῶνι, ἣ πρὸς κόλπῳ τῷ Ἰονίῳ κεῖται, ἐνταῦθά
τε τοῖς ἀμφὶ Λιβέριόν τε καὶ Ὀπιλίωνα ἐντυχὼν
τὰ ξυμπεσόντα ξύμπαντα ἔγνω, ἔς τε βασιλέα
ταῦτα⁵ ἀνενεγκὼν αὐτοῦ ἔμεινεν.
22 Ἐπεὶ δὲ ταῦτα Ἰουστινιανὸς βασιλεὺς ἤκουσε,
Γότθους τε καὶ Θευδάτον ξυνταράξαι διανοού-
μενος, πρὸς μὲν Ἀμαλασοῦνθαν γράμματα

¹ πρεσβείᾳ Haury : πρεσβείαν V, ἤδη . . . προειρημένον om. L.
² βασιλέως V : βασιλέως ἐντέταλτο L.
³ ξυμπάσης LH : ξυμβάσεις V.
⁴ ᾔει Hoeschel : εἴη MSS.   ⁵ ταῦτα VH : πάντα L.

she had perpetrated irreparable outrages upon him before. And he himself wrote in this sense to the emperor, and also compelled Amalasuntha, much against her will, to write the same thing.

Such was the course of these events. But Peter had already been despatched by the emperor on an embassy to Italy with instructions to meet Theodatus without the knowledge of any others, and after Theodatus had given pledges by an oath that none of their dealings should be divulged, he was then to make a secure settlement with him regarding Tuscany; and meeting Amalasuntha stealthily he was to make such an arrangement with her regarding the whole of Italy as would be to the profit of either party. But openly his mission was to negotiate with regard to Lilybaeum and the other matters which I have lately mentioned. For as yet the emperor had heard nothing about the death of Atalaric or the succession of Theodatus to the throne, or the fate which had befallen Amalasuntha. And Peter was already on his way when he met the envoys of Amalasuntha and learned, in the first place, that Theodatus had come to the throne; and a little later, upon reaching the city of Aulon,[1] which lies on the Ionian Gulf, he met there the company of Liberius and Opilio, and learned everything which had taken place, and reporting this to the emperor he remained there.

And when the Emperor Justinian heard these things, he formed the purpose of throwing the Goths and Theodatus into confusion; accordingly he wrote

[1] Modern Avlona in Albania.

ἔγραφε,¹ δηλοῦντα ὅτι αὐτῆς ὡς ἔνι μάλιστα
μεταποιεῖσθαι ἐν σπουδῇ ἔχοι· τῷ δὲ Πέτρῳ
ἐπέστελλε ταῦτα μηδαμῇ ἀποκρύψασθαι, ἀλλ'
αὐτῷ τε Θευδάτῳ φανερὰ καὶ Γότθοις ἅπασι
23 καταστήσασθαι. πρέσβεων δὲ τῶν ἐξ Ἰταλίας
οἱ μὲν ἄλλοι, ἐπειδὴ ἐς Βυζάντιον ἐκομίσθησαν,
τὸν πάντα λόγον βασιλεῖ ἤγγειλαν, καὶ πάντων
24 μάλιστα Λιβέριος· ἦν γὰρ ὁ ἀνὴρ καλός τε καὶ
ἀγαθὸς διαφερόντως, λόγου τε τοῦ ἀληθοῦς ἐπι-
25 μελεῖσθαι ἐξεπιστάμενος· Ὀπιλίων δὲ μόνος
ἐνδελεχέστατα ἰσχυρίζετο μηδὲν ἐς Ἀμαλασοῦν-
θαν ἁμαρτεῖν Θευδάτον. Πέτρου δὲ ἀφικομένου
ἐς Ἰταλίαν Ἀμαλασούνθῃ ξυνέβη ἐξ ἀνθρώπων
26 ἀφανισθῆναι. Γότθων γὰρ συγγενεῖς τῶν ὑπ'
ἐκείνης ἀνῃρημένων Θευδάτῳ προσελθόντες οὔτε
αὐτῷ οὔτε σφίσι τὸν βίον ἐν τῷ ἀσφαλεῖ ἰσχυρί-
ζοντο εἶναι, ἤν γε μὴ αὐτοῖς Ἀμαλασοῦνθα ὅτι
27 τάχιστα ἐκποδὼν γένηται. ξυγχωροῦντός τε
αὐτοῖς, ἐν τῇ νήσῳ γενόμενοι τὴν Ἀμαλασοῦνθαν
28 εὐθὺς ἔκτειναν. ὅπερ Ἰταλιώτας τε ὑπερφυῶς
29 ἅπαντας καὶ Γότθους τοὺς ἄλλους ἠνίασεν. ἀρε-
τῆς γὰρ πάσης ἡ γυνὴ ἰσχυρότατα ἐπεμελεῖτο,
30 ὅπερ² μοι ὀλίγῳ ἔμπροσθεν εἴρηται. Πέτρος
μὲν οὖν Θευδάτῳ ἄντικρυς ἐμαρτύρετο καὶ Γότ-
θοις τοῖς ἄλλοις³ ὅτι δὴ αὐτοῖς τοῦ δεινοῦ τούτου
ἐξειργασμένου ἄσπονδος βασιλεῖ τε καὶ σφίσιν ὁ
31 πόλεμος ἔσται. Θευδάτος δὲ ὑπὸ ἀβελτερίας
τοὺς Ἀμαλασούνθης φονεῖς ἐν τιμῇ τε καὶ
σπουδῇ⁴ ἔχων, Πέτρον τε καὶ βασιλέα πείθειν

---

¹ ἔγραφε VL: ἔπεμψε H.   ² ὑπὲρ V: ὥσπερ L.
³ καὶ Γότθοις τοῖς ἄλλοις: καὶ γότθους τοὺς ἄλλους V, καὶ
τοῖς ἄλλοις γότθοις L.   ⁴ τε καὶ σπουδῇ V: τε πολλῇ L.

a letter to Amalasuntha, stating that he was eager to give her every possible support, and at the same time he directed Peter by no means to conceal this message, but to make it known to Theodatus himself and to all the Goths. And when the envoys from Italy arrived in Byzantium, they all, with a single exception, reported the whole matter to the emperor, and especially Liberius; for he was a man unusually upright and honourable, and one who knew well how to shew regard for the truth; but Opilio alone declared with the greatest persistence that Theodatus had committed no offence against Amalasuntha. Now when Peter arrived in Italy, it so happened that Amalasuntha had been removed from among men. For the relatives of the Goths who had been slain by her came before Theodatus declaring that neither his life nor theirs was secure unless Amalasuntha should be put out of their way as quickly as possible. And as soon as he gave in to them, they went to the island and killed Amalasuntha,—an act which grieved exceedingly all the Italians and the Goths as well. For the woman had the strictest regard for every kind of virtue, as has been stated by me a little earlier.[1] Now Peter protested openly [2] to Theodatus and the other Goths that because this base deed had been committed by them, there would be war without truce between the emperor and themselves. But Theodatus, such was his stupid folly, while still holding the slayers of Amalasuntha in honour and favour kept trying to persuade Peter and the

---

[1] Chap. ii. 3.

[2] See Gibbon's note (chap. xli.), amplified in Bury's edition, Vol. IV. p. 304, for additional light on the part played by Justinian and Peter in this affair.

ἤθελεν ὡς αὐτοῦ οὐδαμῆ ἐπαινοῦντος, ἀλλ' ὡς
μάλιστα ἀκουσίου, Γότθοις ἐργασθείη τὸ μίασμα
τοῦτο.

V

Ἐν τούτῳ δὲ Βελισάριον ηὐδοκιμηκέναι κατὰ
Γελίμερός τε καὶ Βανδίλων τετύχηκε. βασιλεὺς
δὲ τὰ ἀμφὶ Ἀμαλασούνθῃ ξυνενεχθέντα μαθὼν
εὐθὺς καθίστατο ἐς τὸν πόλεμον, ἔνατον ἔτος τὴν
2 βασιλείαν ἔχων. καὶ Μοῦνδον[1] μὲν τὸν Ἰλλυ-
ριῶν στρατηγὸν ἔς τε Δαλματίαν ἰέναι, τὴν
Γότθων κατήκοον, καὶ Σαλώνων ἀποπειράσασθαι
ἐκέλευεν (ἦν δὲ ὁ Μοῦνδος γένος μὲν βάρβαρος,
διαφερόντως δὲ τοῖς τε[2] βασιλέως πράγμασιν
εὔνους καὶ ἀγαθὸς τὰ πολέμια), Βελισάριον δὲ
ναυσὶν ἔστελλε, στρατιώτας ἐκ μὲν καταλόγων
καὶ φοιδεράτων τετρακισχιλίους, ἐκ δὲ Ἰσαύρων
3 τρισχιλίους μάλιστα ἔχοντα. ἄρχοντες δὲ ἦσαν
λόγιμοι μὲν Κωνσταντῖνός τε καὶ Βέσσας, ἐκ τῶν
ἐπὶ Θράκης χωρίων, Περάνιος δὲ ἐξ Ἰβηρίας τῆς
ἄγχιστα Μήδων, γενόμενος μὲν τῶν ἐκ βασιλέως
Ἰβήρων, αὐτόμολος δὲ πρότερον ἐς Ῥωμαίους
κατὰ ἔχθος τὸ Περσῶν ἥκων, καταλόγων δὲ
ἱππικῶν μὲν Βαλεντῖνός τε καὶ Μάγνος καὶ
Ἰννοκέντιος, πεζῶν δὲ Ἡρωδιανός τε καὶ Παῦλος
καὶ Δημήτριος καὶ Οὐρσικῖνος, ἀρχηγὸς δὲ
4 Ἰσαύρων Ἔννης. εἵποντο δὲ καὶ Οὖννοι ξύμ-

---

[1] Μοῦνδον V : μοῦνδον αὐτὸν L.
[2] δὲ τοῖς τε Kraševninnikov : τε τοῖς τοῦ MSS.

emperor that this unholy deed had been committed by the Goths by no means with his approval, but decidedly against his will.

V

MEANWHILE it happened that Belisarius had distinguished himself by the defeat of Gelimer and the Vandals. And the emperor, upon learning what had befallen Amalasuntha, immediately entered upon the war, being in the ninth year of his reign. And he first commanded Mundus, the general of Illyricum, to go to Dalmatia, which was subject to the Goths, and make trial of Salones.[1] Now Mundus was by birth a barbarian, but exceedingly loyal to the cause of the emperor and an able warrior. Then he sent Belisarius by sea with four thousand soldiers from the regular troops and the foederati,[2] and about three thousand of the Isaurians. And the commanders were men of note: Constantinus and Bessas from the land of Thrace, and Peranius from Iberia[3] which is hard by Media, a man who was by birth a member of the royal family of the Iberians, but had before this time come as a deserter to the Romans through enmity toward the Persians; and the levies of cavalry were commanded by Valentinus, Magnus, and Innocentius, and the infantry by Herodian, Paulus, Demetrius, and Ursicinus, while the leader of the Isaurians was Ennes. And there were also two hundred Huns as

[1] Or Salona, near modern Spalato.
[2] Auxiliaries ; see Book III. xi. 3, 4, and note.
[3] Corresponding roughly to modern Georgia, just south of the Caucasus.

μαχοι διακόσιοι καὶ Μαυρούσιοι τριακόσιοι.
στρατηγὸς δὲ αὐτοκράτωρ ἐφ' ἅπασι Βελισάριος
ἦν, δορυφόρους τε καὶ ὑπασπιστὰς πολλούς τε
5 καὶ δοκίμους ἔχων. εἵπετο δὲ αὐτῷ καὶ Φώτιος,
ὁ τῆς γυναικὸς Ἀντωνίνης υἱὸς ἐκ γάμων προτέ-
ρων, νέος μὲν ὢν ἔτι καὶ πρῶτον ὑπηνήτης,
ξυνετώτατος δὲ καὶ φύσεως ἰσχὺν ὑπὲρ τὴν
6 ἡλικίαν δηλώσας. βασιλεύς τε Βελισαρίῳ ἐπέ-
στελλεν ἐς Καρχηδόνα μὲν τῷ λόγῳ στέλλεσθαι,
ἐπειδὰν δὲ ἐς Σικελίαν ἀφίκωνται, ὡς δὴ κατὰ
χρείαν τινὰ ἐνταῦθα ἀποβάντας πειρᾶσθαι τῆς
7 νήσου. καὶ ἢν μὲν δυνατὰ ᾖ ὑποχειρίαν αὐτὴν
οὐδενὶ πόνῳ ποιήσασθαι, κατέχειν τε καὶ αὐτῆς
μηκέτι μεθίεσθαι· ἢν δέ τι ἐμπόδιον ὑπαντιάσῃ,
πλεῖν κατὰ τάχος ἐπὶ Λιβύης, οὐδενὶ αἴσθησιν
τῆς βουλήσεως παρεχομένους.
8 Πέμψας δὲ καὶ παρὰ Φράγγων τοὺς ἡγεμόνας
ἔγραψε τάδε· "Γότθοι Ἰταλίαν τὴν ἡμετέραν βίᾳ
ἑλόντες οὐχ ὅσον αὐτὴν ἀποδιδόναι οὐδαμῆ
ἔγνωσαν, ἀλλὰ καὶ προσηδικήκασιν ἡμᾶς οὔτε
9 φορητὰ οὔτε μέτρια. διόπερ ἡμεῖς μὲν στρατεύειν
ἐπ' αὐτοὺς ἠναγκάσμεθα, ὑμᾶς δὲ εἰκὸς ξυνδιαφέ-
ρειν ἡμῖν πόλεμον τόνδε, ὃν ἡμῖν κοινὸν εἶναι
ποιεῖ δόξα τε ὀρθή, ἀποσειομένη τὴν Ἀρειανῶν
γνώμην, καὶ τὸ ἐς Γότθους ἀμφοτέρων ἔχθος."
10 τοσαῦτα μὲν βασιλεὺς ἔγραψε· καὶ χρήμασιν
αὐτοὺς δωρησάμενος,[1] πλείονα δώσειν, ἐπειδὰν ἐν
τῷ ἔργῳ γένωνται, ὡμολόγησεν. οἱ δὲ αὐτῷ ξὺν
προθυμίᾳ πολλῇ ξυμμαχήσειν ὑπέσχοντο.

---

[1] δωρησάμενος V: φιλοτιμησάμενος L.

allies and three hundred Moors. But the general in supreme command over all was Belisarius, and he had with him many notable men as spearmen and guards. And he was accompanied also by Photius, the son of his wife Antonina by a previous marriage; he was still a young man wearing his first beard, but possessed the greatest discretion and shewed a strength of character beyond his years. And the emperor instructed Belisarius to give out that his destination was Carthage, but as soon as they should arrive at Sicily, they were to disembark there as it obliged for some reason to do so, and make trial of the island. And if it should be possible to reduce it to subjection without any trouble, they were to take possession and not let it go again; but if they should meet with any obstacle, they were to sail with all speed to Libya, giving no one an opportunity to perceive what their intention was.

And he also sent a letter to the leaders of the Franks as follows: " The Goths, having seized by violence Italy, which was ours, have not only refused absolutely to give it back, but have committed further acts of injustice against us which are unendurable and pass beyond all bounds. For this reason we have been compelled to take the field against them, and it is proper that you should join with us in waging this war, which is rendered yours as well as ours not only by the orthodox faith, which rejects the opinion of the Arians, but also by the enmity we both feel toward the Goths." Such was the emperor's letter; and making a gift of money to them, he agreed to give more as soon as they should take an active part. And they with all zeal promised to fight in alliance with him.

45

11 Μοῦνδος μὲν οὖν καὶ ἡ ξὺν αὐτῷ στρατιὰ ἐς Δαλματίαν ἀφικόμενοι καὶ Γότθοις τοῖς ἐκείνῃ ὑπαντιάσασιν ἐς χεῖρας ἐλθόντες, νικήσαντές τε 12 τῇ ξυμβολῇ, Σάλωνας ἔσχον. Βελισάριος δὲ καταπλεύσας ἐς Σικελίαν Κατάνην ἔλαβεν. ἔνθεν τε ὁρμώμενος Συρακούσας τε ὁμολογίᾳ καὶ πόλεις τὰς ἄλλας παρεστήσατο οὐδενὶ πόνῳ· πλήν γε δὴ ὅτι Γότθοι οἱ ἐν Πανόρμῳ φυλακὴν εἶχον, θαρσοῦντες τῷ περιβόλῳ (ἦν γὰρ ἐχυρὸν τὸ χωρίον) προσχωρεῖν τε Βελισαρίῳ ἥκιστα ἤθελον καὶ αὐτὸν ἐνθένδε ἀπάγειν τὸν στρατὸν κατὰ 13 τάχος ἐκέλευον. Βελισάριος δὲ λογισάμενος ἀμήχανον εἶναι διὰ τῆς ἠπείρου τὸ χωρίον ἑλεῖν ἐσπλεῖν τὸν στόλον[1] ἐς τὸν λιμένα ἐκέλευεν ἄχρι 14 ἐς τὸ τεῖχος διήκοντα. ἦν γὰρ τοῦ τε περιβόλου ἐκτὸς καὶ παντάπασιν ἀνδρῶν ἔρημος. οὗ δὴ τῶν νηῶν ὁρμισαμένων τοὺς ἱστοὺς ξυνέβαινε 15 τῶν ἐπάλξεων καθυπερτέρους εἶναι. αὐτίκα οὖν τοὺς λέμβους τῶν νηῶν ἅπαντας τοξοτῶν ἐμπλη- 16 σάμενος ἀπεκρέμασεν ἄκρων ἱστῶν.[2] ὅθεν δὴ κατὰ κορυφὴν βαλλόμενοι οἱ πολέμιοι ἐς δέος τι ἄμαχον[3] ἦλθον καὶ Πάνορμον εὐθὺς ὁμολογίᾳ 17 Βελισαρίῳ παρέδοσαν. βασιλεύς τε ἐκ τοῦδε Σικελίαν ὅλην ἐς φόρου ἀπαγωγὴν κατήκοον εἶχε. τῷ δὲ Βελισαρίῳ τότε κρεῖσσον λόγου εὐτύχημα 18 ξυνηνέχθη γενέσθαι. τῆς γὰρ ὑπατείας λαβὼν τὸ ἀξίωμα ἐπὶ τῷ Βανδίλους νενικηκέναι, ταύτης ἔτι ἐχόμενος, ἐπειδὴ παρεστήσατο Σικελίαν ὅλην, τῇ τῆς ὑπατείας ὑστάτῃ[4] ἡμέρᾳ ἐς τὰς Συρακού-

---

[1] τὸν στόλον L : τῷ στόλῳ V.
[2] ἄκρων ἱστῶν : ἄκρον ἱστόν V, ἄκρων οἰστῶν L.
[3] ἄμαχον V : ἀμήχανον L.   [4] ὑστάτῃ V : ἐσχάτῃ L.

46

Now Mundus and the army under his command entered Dalmatia, and engaging with the Goths who encountered them there, defeated them in the battle and took possession of Salones. As for Belisarius, he put in at Sicily and took Catana. And making that place his base of operations, he took over Syracuse and the other cities by surrender without any trouble ; except, indeed, that the Goths who were keeping guard in Panormus,[1] having confidence in the fortifications of the place, which was a strong one, were quite unwilling to yield to Belisarius and ordered him to lead his army away from there with all speed. But Belisarius, considering that it was impossible to capture the place from the landward side, ordered the fleet to sail into the harbour, which extended right up to the wall. For it was outside the circuit-wall and entirely without defenders. Now when the ships had anchored there, it was seen that the masts were higher than the parapet. Straightway, therefore, he filled all the small boats of the ships with bowmen and hoisted them to the tops of the masts. And when from these boats the enemy were shot at from above, they fell into such an irresistible fear that they immediately delivered Panormus to Belisarius by surrender. As a result of this the emperor held all Sicily subject and tributary to himself. And at that time it so happened that there fell to Belisarius a piece of good fortune beyond the power of words to describe. For, having received the dignity of the consulship because of his victory over the Vandals, while he was still holding this honour, and after he had won the whole of Sicily, on the last day of Dec. 31, 535 A.D.

---

[1] Modern Palermo.

σας εἰσήλασε, πρός τε τοῦ στρατοπέδου καὶ
Σικελιωτῶν κροτούμενος ἐς τὰ μάλιστα καὶ
19 νόμισμα χρυσοῦ ῥίπτων ἅπασιν. οὐκ ἐξεπίτηδες
μέντοι αὐτῷ πεποίηται τοῦτο, ἀλλά τις τῷ ἀν-
θρώπῳ ξυνέβη τύχη πᾶσαν ἀνασωσαμένῳ τὴν
νῆσον Ῥωμαίοις ἐκείνῃ τῇ ἡμέρᾳ ἐς τὰς Συρα-
κούσας ἐσεληλακέναι, τήν τε τῶν ὑπάτων ἀρχήν,
οὐχ ἥπερ εἰώθει ἐν τῷ Βυζαντίου βουλευτηρίῳ,
ἀλλ' ἐνταῦθα καταθεμένῳ ἐξ ὑπάτων γενέσθαι.
Βελισαρίῳ μὲν οὖν οὕτω δὴ εὐημερῆσαι ξυνέτυχεν.

VI

Ἐπεὶ δὲ ταῦτα Πέτρος ἔμαθεν, ἐγκείμενος
πολλῷ ἔτι μᾶλλον καὶ δεδισσόμενος Θευδάτον
2 οὐκέτι ἀνίει. καὶ ὃς ἀποδειλιάσας τε καὶ ἐς
ἀφασίαν ἐμπεπτωκώς, οὐχ ἧσσον ἢ εἰ δορυά-
λωτος ξὺν τῷ[1] Γελίμερι[2] αὐτὸς ἐγεγόνει, ἐς
λόγους τῷ Πέτρῳ κρύφα τῶν ἄλλων ἁπάντων
ἦλθεν, ἔς τε ξύμβασιν ἐν σφίσιν ἦλθεν, ἐφ' ᾧ
Θευδάτος Ἰουστινιανῷ βασιλεῖ Σικελίας ἐκστή-
σεται πάσης, πέμψει δὲ αὐτῷ καὶ στέφανον
χρυσοῦν ἀνὰ πᾶν ἔτος κατὰ τριακοσίας ἕλκοντα
λίτρας, Γότθους τε ἄνδρας μαχίμους ἐς τρισ-
χιλίους, ἡνίκα ἂν αὐτῷ βουλομένῳ εἴη, Θευδάτῳ
δὲ αὐτῷ[3] ἐξουσίαν οὐδαμῆ ἔσεσθαι τῶν τινα
ἱερέων ἢ βουλευτῶν ἀποκτιννύναι, ἢ ἀνάγρα-
πτον ἐς τὸ δημόσιον αὐτοῦ τὴν οὐσίαν ὅτι
3 μὴ βασιλέως ποιεῖσθαι γνώμῃ· ἢν δέ γε τῶν

---

[1] τῷ VW : αὐτῷ L.   [2] γελίμερι VW : γελίμερι καὶ L.
[3] βουλομένῳ . . . αὐτῷ KL : δέῃ καὶ W.

his consulship, he marched into Syracuse, loudly applauded by the army and by the Sicilians and throwing golden coins to all. This coincidence, however, was not intentionally arranged by him, but it was a happy chance which befell the man, that after having recovered the whole of the island for the Romans he marched into Syracuse on that particular day ; and so it was not in the senate house in Byzantium, as was customary, but there that he laid down the office of the consuls and so became an ex-consul. Thus, then, did good fortune attend Belisarius.

VI

AND when Peter learned of the conquest of Sicily, he was still more insistent in his efforts to frighten Theodatus and would not let him go. But he, turning coward and reduced to speechlessness no less than if he himself had become a captive with Gelimer,[1] entered into negotiations with Peter without the knowledge of any others, and between them they formed an agreement, providing that Theodatus should retire from all Sicily in favour of the Emperor Justinian, and should send him also a golden crown every year weighing three hundred litrae,[2] and Gothic warriors to the number of three thousand whenever he should wish ; and that Theodatus himself should have no authority to kill any priest or senator, or to confiscate his property for the public treasury except by the decision of the emperor ; and

[1] The captivity of Gelimer is described in Book IV. vii. 12–17 : ix. 11–14.
[2] At present values " worth about £12,000."—HODGKIN.

ὑπηκόων τινὰς ἐς τὸ τῶν πατρικίων ἢ ἄλλο
βουλῆς ἀξίωμα Θευδάτος ἀγαγεῖν βούληται,
τοῦτο δὲ οὐκ αὐτὸν δώσειν, ἀλλὰ βασιλέα αἰτή-
4 σειν διδόναι· εὐφημοῦντα δὲ Ῥωμαίων τὸν δῆμον
ἀναβοήσειν ἀεὶ βασιλέα πρῶτον, ἔπειτα Θευδά-
τον, ἔν τε θεάτροις καὶ ἱπποδρομίαις καὶ εἴ που
5 ἄλλῃ τὸ¹ τοιοῦτον δεήσει γενέσθαι. εἰκόνα τε
χαλκῆν ἢ ὕλης ἑτέρας μή ποτε Θευδάτῳ μόνῳ
καθίστασθαι, ἀλλὰ γίνεσθαι μὲν ἀεὶ ἀμφοτέροις,
στήσεσθαι δὲ οὕτως· ἐν δεξιᾷ μὲν τὴν βασιλέως,
ἐπὶ θάτερα δὲ τὴν Θευδάτου. ἐπὶ ταύτῃ μὲν τῇ
ξυμβάσει γράψας τὸν πρεσβευτὴν ὁ Θευδάτος
ἀπεπέμψατο.

6   Ὀλίγῳ δὲ ὕστερον ψυχῆς ὀρρωδία περιλα-
βοῦσα τὸν ἄνθρωπον ἐς δείματά τε ἀπῆγεν ὅρον
οὐκ ἔχοντα καὶ ἔστρεφεν αὐτοῦ τὴν διάνοιαν,
δεδισσομένη τῷ τοῦ πολέμου ὀνόματι, καὶ ὡς, εἴ
γε βασιλέα οὐδαμῆ ἀρέσκει τά τε αὐτῷ καὶ
Πέτρῳ συγκείμενα, ὁ πόλεμος εὐθὺς ἀπαντήσει.
7 αὖθις οὖν Πέτρον μεταπεμψάμενος ἐν Ἀλβανοῖς
ἤδη γενόμενον ἅτε κοινολογούμενος λάθρα τοῦ
ἀνθρώπου ἀνεπυνθάνετο, εἰ τὴν ξύμβασιν βα-
8 σιλεῖ πρὸς ἡδονῆς ἔσεσθαι οἴεται. καὶ ὃς οὕτω²
δὴ ὑποτοπάζειν ἔφη. "Ἢν δέ γε ταῦτα μηδαμῇ
ἀρέσκει τὸν ἄνδρα, τί τὸ ἐντεῦθεν γενήσεται;"
9 εἶπεν. ἀπεκρίνατο Πέτρος "Πολεμητέα σοι τὸ
λοιπόν, ὦ γενναῖε." "Τί δέ; δίκαια ταῦτα, ὦ
φίλτατε πρεσβευτά;" ἔφη. ὁ δὲ αὐτίκα ἔφη³
ὑπολαβὼν "Καὶ πῶς οὐ δίκαιον, ὦ ἀγαθέ," εἶπε,

¹ ἄλλῃ τὸ LW: ἄλλο τι Κ.
² οὕτω KL: αὐτῷ W.
³ ὁ δὲ αὐτίκα ἔφη Κ : om. L, ὁ δὲ ∗ W.

that if Theodatus wished to advance any of his subjects to the patrician or some other senatorial rank this honour should not be bestowed by him, but he should ask the emperor to bestow it ; and that the Roman populace, in acclaiming their sovereign, should always shout the name of the emperor first, and afterward that of Theodatus, both in the theatres and in the hippodromes and wherever else it should be necessary for such a thing to be done ; furthermore, that no statue of bronze nor of any other material should ever be set up to Theodatus alone, but statues must always be made for both, and they must stand thus : on the right that of the emperor, and on the other side that of Theodatus. And after Theodatus had written in confirmation of this agreement he dismissed the ambassador.

But, a little later, terror laid hold upon the man's soul and brought him into fears which knew no bound and tortured his mind, filling him with dread at the name of war, and reminding him that if the agreement drawn up by Peter and himself did not please the emperor at all, war would straightway come upon him. Once more, therefore, he summoned Peter, who had already reached Albani,[1] for a secret conference, and enquired of the man whether he thought that the agreement would be pleasing to the emperor. And he replied that he supposed it would. " But if," said Theodatus, " these things do not please the man at all, what will happen then ? " And Peter replied " After that you will have to wage war, most noble Sir." " But what is this," he said ; " is it just, my dear ambassador ? " And Peter, immediately taking him up, said " And how is it not just, my good Sir, that

[1] Modern Albano ; on the Appian Way. Cf. Book VI. iv. 8.

"τὰ ἐπιτηδεύματα τῇ ψυχῇ ἑκάστου¹ φυλάσ-
σεσθαι;" "Τί δὴ τοῦτό ἐστιν;" ὁ Θευδάτος
10 ἠρώτα. "Ὅτι σοὶ μὲν σπουδὴ πολλὴ φιλοσο-
φεῖν," ἔφη, "Ἰουστινιανῷ δὲ βασιλεῖ Ῥωμαίων
γενναίῳ εἶναι. διαφέρει² δέ, ὅτι τῷ μὲν φιλοσο-
φίαν ἀσκήσαντι θάνατον ἀνθρώποις πορίζεσθαι,
ἄλλως τε καὶ τοσούτοις τὸ πλῆθος, οὐ μήποτε
εὐπρεπὲς εἴη, καὶ ταῦτα ἀπὸ τῆς Πλάτωνος δια-
τριβῆς, ἧς δηλονότι μετασχόντι σοι μὴ οὐχὶ
φόνου παντὸς³ ἐλευθέρῳ εἶναι οὐχ ὅσιον· ἐκεῖνον
δὲ χώρας μεταποιήσασθαι οὐδὲν ἀπεικὸς ἄνωθεν
11 τῇ ὑπαρχούσῃ αὐτῷ προσηκούσης ἀρχῇ." ταύτῃ
ὁ Θευδάτος τῇ ὑποθήκῃ ἀναπεισθεὶς ὡμολόγησεν
Ἰουστινιανῷ βασιλεῖ τῆς ἡγεμονίας ἐκστήσεσθαι.
12 καὶ κατὰ ταῦτα αὐτός τε καὶ ἡ γυνὴ ὤμοσε· τόν
τε Πέτρον ὅρκοις κατέλαβεν, ὡς οὐ πρότερον
ἔκπυστα ταῦτα ποιήσεται, πρὶν ἂν βασιλέα οὐκ
13 ἐνδεχόμενον τὴν προτέραν ξύμβασιν ἴδοι. καὶ
Ῥουστικὸν τῶν τινα ἱερέων καὶ αὐτῷ μάλιστα
ἐπιτήδειον,⁴ ἄνδρα Ῥωμαῖον, ἐπὶ ταύτῃ τῇ ὁμο-
λογίᾳ ξὺν αὐτῷ ἔπεμψεν· οἷς δὴ καὶ γράμματα
ἐνεχείρισε.
14 Πέτρος μὲν οὖν καὶ Ῥουστικὸς ἐν Βυζαντίῳ
γενόμενοι τὰ πρότερον δόξαντα βασιλεῖ ἤγγειλαν,
καθάπερ Θευδάτος σφίσιν ἐπέστελλεν. ἐπεὶ δὲ
τοὺς λόγους ἐνδέχεσθαι βασιλεὺς ἥκιστα ἤθελε,
15 τὰ ἐν ὑστέρῳ γεγραμμένα ἐπέδειξαν. ἐδήλου δὲ

---

¹ ἐπιτηδεύματα τῇ ψυχῇ (ἑκάστου Haury) ἑκάστη KW: ἐπι-
τηδεύματα ἑκάστου ψυχῇ L.
² διαφέρει Hoeschel: διαφέρειν MSS.
³ παντὸς KW: παντελῶς L.
⁴ ἐπιτήδειον K: ἐπιτηδείων L, ἐπιτηδείῳ W.

the pursuits appropriate to each man's nature should be preserved?" "What, pray, may this mean?" asked Theodatus. "It means," was the reply, "that your great interest is to philosophize, while Justinian's is to be a worthy emperor of the Romans. And there is this difference, that for one who has practised philosophy it would never be seemly to bring about the death of men, especially in such great numbers, and it should be added that this view accords with the teachings of Plato, which you have evidently espoused, and hence it is unholy for you not to be free from all bloodshed; but for him it is not at all inappropriate to seek to acquire a land which has belonged from of old to the realm which is his own." Thereupon Theodatus, being convinced by this advice, agreed to retire from the kingship in favour of the Emperor Justinian, and both he and his wife took an oath to this effect. He then bound Peter by oaths that he would not divulge this agreement until he should see that the emperor would not accept the former convention. And he sent with him Rusticus, a priest who was especially devoted to him and a Roman citizen, to negotiate on the basis of this agreement. And he also entrusted a letter to these men.

So Peter and Rusticus, upon reaching Byzantium, reported the first decision to the emperor, just as Theodatus had directed them to do. But when the emperor was quite unwilling to accept the proposal, they revealed the plan which had been committed to writing afterwards. This was to the following effect:

ἡ γραφὴ τάδε· " Οὐ γέγονα μὲν βασιλικῆς αὐλῆς
ἐπηλύτης, τετύχηκε γάρ μοι τετέχθαι τε ἐν βα-
σιλέως θείου[1] καὶ τεθράφθαι τοῦ γένους ἀξίως,
πολέμων δὲ καὶ τῶν ἐν τούτοις θορύβων εἰμὶ
16 οὐ παντελῶς ἔμπειρος. περὶ λόγων γὰρ ἀκοὴν
ἄνωθεν ἐρωτικῶς ἐσχηκότι μοι καὶ διατριβὴν ἐς
τοῦτο ἀεὶ πεποιημένῳ ξυμβαίνει τῆς ἐν ταῖς
17 μάχαις ταραχῆς ἑκαστάτω ἐς τόδε εἶναι. ὥστε
ἥκιστά με εἰκὸς τὰς ἐκ τῆς βασιλείας ζηλοῦντα
τιμὰς τὸν μετὰ κινδύνων διώκειν βίον, ἐξὸν ἀμ-
18 φοῖν ἐκποδὼν ἵστασθαι. τούτοιν γάρ μοι οὐδέτε-
ρον ἐν ἡδονῇ ἐστι· τὸ μέν, ὅτι κόρῳ τετίμηται,
πλησμονὴ γὰρ ἡδέων ἁπάντων, τὸ δέ, ὅτι τὸ μὴ
19 ἐθισθῆναι ἐς ταραχὴν φέρει. ἐγὼ δέ, εἴ μοι χωρία
γένηται οὐχ ἧσσον ἢ δώδεκα κεντηναρίων ἐπέτειον
φέροντα πρόσοδον, περὶ ἐλάσσονος ἂν αὐτῶν τὴν
βασιλείαν ποιήσαιμι, καί σοι τὸ Γότθων τε καὶ
20 Ἰταλιωτῶν αὐτίκα μάλα ἐγχειριῶ κράτος. ὡς
ἔγωγε ἥδιον ἂν ξὺν τῇ ἀπραγμοσύνῃ γεωργὸς
εἴην ἢ ἐν μερίμναις βασιλικαῖς βιῴην, κινδύνους[2]
21 ἐκ κινδύνων παραπεμπούσαις. ἀλλὰ πέμπε ἄνδρα
ὡς τάχιστα, ὅτῳ με Ἰταλίαν τε καὶ τὰ τῆς
βασιλείας πράγματα παραδοῦναι προσήκει."
22   Θευδάτου μὲν ἡ γραφὴ τοσαῦτα ἐδήλου. βασι-
λεὺς δὲ ὑπεράγαν ἡσθεὶς ἀμείβεται ὧδε· " Πάλαι
μέν σε ξυνετὸν εἶναι ἀκοῇ εἶχον, νῦν δὲ καὶ τῇ
πείρᾳ μεμαθηκὼς οἶδα οἷς οὐκ ἔγνωκας τὸ τοῦ

[1] ἐν βασιλέως θείου K corr. L : ἐκ βασιλέως θείου K pr. m.,
ἐν βασιλείοις θείου Grotius.
[2] κινδύνους Haury : κινδύνοις MSS.

"I am no stranger to royal courts, but it was my fortune to have been born in the house of my uncle while he was king and to have been reared in a manner worthy of my race ; and yet I have had little experience of wars and of the turmoils which wars entail. For since from my earliest years I have been passionately addicted to scholarly disputations and have always devoted my time to this sort of thing, I have consequently been up to the present time very far removed from the confusion of battles. Therefore it is utterly absurd that I should aspire to the honours which royalty confers and thus lead a life fraught with danger, when it is possible for me to avoid them both. For neither one of these is a pleasure to me ; the first, because it is liable to satiety, for it is a surfeit of all sweet things, and the second, because lack of familiarity with such a life throws one into confusion. But as for me, if estates should be provided me which yielded an annual income of no less than twelve centenaria,[1] I should regard the kingdom as of less account than them, and I shall hand over to thee forthwith the power of the Goths and Italians. For I should find more pleasure in being a farmer free from all cares than in passing my life amid a king's anxieties, attended as they are by danger after danger. Pray send a man as quickly as possible into whose hands I may fittingly deliver Italy and the affairs of the kingdom."

Such was the purport of the letter of Theodatus. And the emperor, being exceedingly pleased, replied as follows : "From of old have I heard by report that you were a man of discretion, but now, taught by experience, I know it by the decision you have reached

[1] See Book I. xxii. 4 ; III. vi. 2, note.

23 πολέμου καραδοκεῖν πέρας. ὅπερ ἤδη πεπονθότες
τινὲς ἐν τοῖς μεγίστοις ἐσφάλησαν. καί σοι οὐ
ποτε μεταμελήσει φίλους ἡμᾶς ἀντὶ πολεμίων
24 ποιησαμένῳ. ἀλλὰ καὶ ταῦτα ἅπερ αἰτεῖς παρ'
ἡμῶν ἕξεις, καὶ προσέσται σοι ἐν ταῖς πρώταις
25 Ῥωμαίων τιμαῖς ἀναγράπτῳ εἶναι. νῦν μὲν οὖν
Ἀθανάσιόν τε καὶ Πέτρον ἀπέσταλκα, ὅπως ὁμο-
λογίᾳ τινὶ ἑκατέρῳ τὸ βέβαιον ἔσται. ἥξει δὲ
ὅσον οὔπω καὶ Βελισάριος παρὰ σέ, πέρας ἅπασιν
26 ἐπιθήσων ὅσα ἂν ἐν ἡμῖν ξυγκείμενα ᾖ." ταῦτα
βασιλεὺς γράψας Ἀθανάσιόν τε τὸν Ἀλεξάνδρου
ἀδελφόν, ὃς πρώην ἐς Ἀταλάριχον, ὥσπερ ἐρ-
ρήθη, ἐπρέσβευσε, καὶ Πέτρον αὖθις τὸν ῥήτορα
ἔπεμψεν, οὗ πρόσθεν ἐμνήσθην, ἐντειλάμενος τὰ
μὲν χωρία τῆς βασιλέως οἰκίας, ἣν πατριμώνιον
καλοῦσι, Θευδάτῳ νεῖμαι, γράμματα δὲ καὶ ὅρ-
κους ὀχύρωμα ταῖς ξυνθήκαις ποιησαμένους οὕτω
δὴ ἐκ Σικελίας Βελισάριον μεταπέμψασθαι, ἐφ'
ᾧ τά τε βασίλεια καὶ Ἰταλίαν παραλαβὼν ξύμ-
27 πασαν ἐν φυλακῇ ἔχοι.[1] καὶ Βελισαρίῳ ἐπέστει-
λεν ὥστε αὐτοῖς, ἐπειδὰν μεταπέμψωνται, κατὰ
τάχος ἥκειν.

VII

Ἐν ᾧ δὲ ταῦτά τε βασιλεὺς ἔπρασσε καὶ οἱ
πρέσβεις οὗτοι ἐς Ἰταλίαν ἐστέλλοντο, ἐν τούτῳ
Γότθοι, ἄλλων τε καὶ Ἀσιναρίου καὶ Γρίπα
σφίσιν ἡγουμένων, στρατῷ πολλῷ ἐς Δαλμα-
2 τίαν ἧκον. ἐπειδή τε Σαλώνων ἄγχιστα ἵκοντο,

[1] ἔχοι suggested by Haury : ἔχει MSS.

not to await the issue of the war. For certain men who in the past have followed such a course have been completely undone. And you will never repent having made us friends instead of enemies. But you will not only have this that you ask at our hands, but you will also have the distinction of being enrolled in the highest honours of the Romans. Now for the present I have sent Athanasius and Peter, so that each party may have surety by some agreement. And almost immediately Belisarius also will visit you to complete all the arrangements which have been agreed upon between us." After writing this the emperor sent Athanasius, the brother of Alexander, who had previously gone on an embassy to Atalaric, as has been said,[1] and for the second time Peter the orator, whom I have mentioned above,[2] enjoining upon them to assign to Theodatus the estates of the royal household, which they call "patrimonium"; and not until after they had drawn up a written document and had secured oaths to fortify the agreement were they to summon Belisarius from Sicily, in order that he might take over the palace and all Italy and hold them under guard. And he wrote to Belisarius that as soon as they should summon him he should go thither with all speed.

VII

BUT meantime, while the emperor was engaged in these negotiations and these envoys were travelling to Italy, the Goths, under command of Asinarius and Gripas and some others, had come with a great army into Dalmatia. And when they had reached the

[1] Chap. iii. 13. [2] Chap. iii. 30, iv. 17 ff.

Μαυρίκιος σφίσιν, ὁ Μούνδου υἱός, οὐκ ἐς παρά-
ταξιν, ἀλλ᾽ ἐπὶ κατασκοπῇ ἥκων ξὺν ὀλίγοις τισὶν
3 ὑπηντίαζε. καρτερᾶς δὲ γενομένης τῆς ξυμβολῆς¹
Γότθων μὲν οἱ πρῶτοι καὶ ἄριστοι ἔπεσον, Ῥω-
μαῖοι δὲ σχεδὸν ἄπαντες καὶ Μαυρίκιος ὁ στρα-
4 τηγός. ἅπερ ἐπεὶ ἤκουσε Μούνδος περιώδυνός
τε γενόμενος τῇ ξυμφορᾷ καὶ θυμῷ πολλῷ ἤδη
ἐχόμενος,² αὐτίκα μάλα ἐπὶ τοὺς πολεμίους οὐδενὶ
5 κόσμῳ ᾔει. τῆς τε μάχης κρατερᾶς³ γεγενημένης
τὴν Καδμείαν νίκην Ῥωμαίοις νικῆσαι ξυνέπεσε.
τῶν μὲν γὰρ πολεμίων ἐνταῦθα οἱ πλεῖστοι ἔπε-
σον καὶ ἡ τροπὴ λαμπρὰ ἐγεγόνει, Μούνδος δὲ
κτείνων τε καὶ ὅπῃ παρατύχοι ἑπόμενος καὶ κατέ-
χειν τὴν διάνοιαν τῇ τοῦ παιδὸς ξυμφορᾷ ὡς
ἥκιστα ἔχων ὑφ᾽ ὅτου δὴ τῶν φευγόντων πληγεὶς
ἔπεσε, καὶ ἥ τε δίωξις ἐς τοῦτο ἐτελεύτα καὶ τὰ
6 στρατόπεδα ἑκάτερα διελέλυτο. τότε Ῥωμαῖοι
ἀνεμνήσθησαν τοῦ Σιβύλλης ἔπους, ὅπερ ᾀδόμε-
νον ἐν τῷ πρὶν χρόνῳ τέρας αὐτοῖς ἔδοξεν εἶναι.
ἔλεγε γὰρ τὸ λόγιον ἐκεῖνο ὡς, ἡνίκα ἂν Ἀφρικὴ
7 ἔχηται, ὁ κόσμος ξὺν τῷ γόνῳ ὀλεῖται. τὸ μέντοι
χρηστήριον οὐ τοῦτο ἐδήλου, ἀλλ᾽ ὑπειπὸν ὅτι δὴ
αὖθις ὑπὸ Ῥωμαίοις Λιβύη ἔσται καὶ τοῦτο ἐπεῖ-
πεν, ὅτι τότε ξὺν τῷ παιδὶ ἀπολεῖται Μούνδος.
λέγει γὰρ ὧδε· Africa capta Mundus cum nato
8 peribit.⁴ ἐπεὶ δὲ κόσμον τῇ Λατίνων φωνῇ Μούνδος

¹ ξυμβολῆς K : προσβολῆς L. ² ἐχόμενος L : γενόμενος K.
³ κρατερᾶς L : κατὰ τάχυς K.
⁴ Africa . . . peribit : the original Greek characters may
be read in Haury, note ad loc. The last word (peribit) is
uncertain ; peribit Braun, peribunt Comparetti, periet Bury.

neighbourhood of Salones, Mauricius, the son of Mundus, who was not marching out for battle but, with a few men, was on a scouting expedition, encountered them. A violent engagement ensued in which the Goths lost their foremost and noblest men, but the Romans almost their whole company, including their general Mauricius. And when Mundus heard of this, being overcome with grief at the misfortune and by this time dominated by a mighty fury, he went against the enemy without the least delay and regardless of order. The battle which took place was stubbornly contested, and the result was a Cadmean victory [1] for the Romans. For although the most of the enemy fell there and their rout had been decisive, Mundus, who went on killing and following up the enemy wherever he chanced to find them and was quite unable to restrain his mind because of the misfortune of his son, was wounded by some fugitive or other and fell. Thereupon the pursuit ended and the two armies separated. And at that time the Romans recalled the verse of the Sibyl, which had been pronounced in earlier times and seemed to them a portent. For the words of the saying were that when Africa should be held, the " world " would perish together with its offspring. This, however, was not the real meaning of the oracle, but after intimating that Libya would be once more subject to the Romans, it added this statement also, that when that time came Mundus would perish together with his son. For it runs as follows : "Africa capta Mundus cum nato peribit." [2] But since "mundus" in the Latin tongue has the force of " world," they thought

[1] Proverbial for a victory in which the victor is slain; probably from the story of the Theban, or "Cadmean," heroes Eteocles and Polynices.

[2] See Bury's edition of Gibbon, Vol. IV. App. 15, for a discussion of this oracle.

δύναται, ᾤοντο ἀμφὶ τῷ κόσμῳ τὸ λόγιον εἶναι.
ταῦτα μὲν δὴ ὧδέ πη ἔσχεν. ἐς δὲ Σάλωνας
9 εἰσῆλθεν οὐδείς. οἵ τε γὰρ Ῥωμαῖοι ἐπ᾽ οἴκου
ἀνεχώρησαν, ἐπεὶ ἄναρχοι τὸ παράπαν ἐλείποντο,
καὶ οἱ Γότθοι τῶν ἀρίστων οὐδενὸς σφίσιν ἀπολε-
λειμμένου ἐς δέος ἐλθόντες τὰ ἐκείνῃ φρούρια
10 ἔσχον· οὐδὲ γὰρ Σάλωνων τῷ περιβόλῳ ἐπίστευον,
ἄλλως τε καὶ οὐ λίαν αὐτοῖς εὐνοϊκῶς ἐχόντων
Ῥωμαίων οἳ ταύτῃ ᾤκηντο.

11   Ταῦτα ἐπεὶ Θευδάτος ἤκουσε, τοὺς πρέσβεις
ἤδη παρ᾽ αὐτὸν ἥκοντας ἐν οὐδενὶ ἐποιήσατο λόγῳ.
ἐς γὰρ ἀπιστίαν ἱκανῶς ἐπεφύκει καὶ βέβαιον τὴν
διάνοιαν οὐδαμῇ εἶχεν, ἀλλ᾽ ἀεὶ αὐτὸν ἡ παροῦσα
τύχη ἀλόγως τε καὶ τῶν καθεστώτων οὐκ ἐπαξίως
ἔς τε ὀρρωδίαν ἀπῆγε[1] μέτρον οὐκ ἔχουσαν καὶ
12 αὖθις ἐς ἄφατόν τι ἀντικαθίστη θράσος. καὶ τότε
γοῦν τοῦ θανάτου πέρι Μούνδου τε ἀκούσας καὶ
Μαυρικίου ἐπήρθη τε ὑπεράγαν καὶ οὐ κατὰ λό-
γον τῶν πεπραγμένων, καὶ τοὺς πρέσβεις ἤδη
13 παρ᾽ αὐτὸν ἥκοντας ἐρεσχελεῖν ἠξίου. καὶ ἐπειδὴ
αὐτῷ Πέτρος ποτὲ ἅτε ὑπερβάντι τὰ βασιλεῖ
ὡμολογημένα ἐλοιδορεῖτο, ἄμφω Θευδάτος δημο-
14 σίᾳ καλέσας ἔλεξε τοιάδε· "Σεμνὸν μὲν τὸ χρῆμα
τῶν πρέσβεων καὶ ἄλλως ἔντιμον καθέστηκεν ἐς
πάντας ἀνθρώπους, τοῦτο δὲ τὸ γέρας ἐς τόδε οἱ
πρέσβεις ἐν σφίσιν αὐτοῖς διασώζουσιν, ἐς ὃ τῇ[2]
σφετέρᾳ ἐπιεικείᾳ φυλάξωσι τὸ τῆς πρεσβείας
15 ἀξίωμα. κτεῖναι γὰρ ἄνδρα πρεσβευτὴν ἐνδίκως
νενομίκασιν ἄνθρωποι, ὅταν ἢ ἐς βασιλέα ὑβρί-

---

[1] ἀπῆγε KL : ἐπῆγεν H.
[2] ἐς δ τῇ H Dindorf : ἐς ὅ τε K, ἐσότου L.

that the saying had reference to the world. So much, then, for this. As for Salones, it was not entered by anyone. For the Romans went back home, since they were left altogether without a commander, and the Goths, seeing that not one of their nobles was left them, fell into fear and took possession of the strongholds in the neighbourhood; for they had no confidence in the defences of Salones, and, besides, the Romans who lived there were not very well disposed towards them.

When Theodatus heard this, he took no account of the envoys who by now had come to him. For he was by nature much given to distrust, and he by no means kept his mind steadfast, but the present fortune always reduced him now to a state of terror which knew no measure, and this contrary to reason and the proper understanding of the situation, and again brought him to the opposite extreme of unspeakable boldness. And so at that time, when he heard of the death of Mundus and Mauricius, he was lifted up exceedingly and in a manner altogether unjustified by what had happened, and he saw fit to taunt the envoys when they at length appeared before him. And when Peter on one occasion remonstrated with him because he had transgressed his agreement with the emperor, Theodatus called both of them publicly and spoke as follows : "The position of envoys is a proud one and in general has come to be held in honour among all men; but envoys preserve for themselves these their prerogatives only so long as they guard the dignity of their embassy by the propriety of their own conduct. For men have sanctioned as just the killing of an envoy whenever he is either found to have insulted a

σας φαίνεται, ἢ γυναικὸς ἄλλῳ ξυνοικουσης ἐς

16 εὐνὴν ἔλθοι." Θευδάτος μὲν ταῦτα ἐς Πέτρον
ἀπέρριψεν, οὐχ ὅτι γυναικὶ ἐπλησίασεν, ἀλλ᾽
ὅπως ἰσχυρίσηται ἐγκλήματα, ὡς τὸ εἰκός, γίνε-
σθαι ἐς πρεσβευτοῦ θάνατον ἄγοντα. οἱ δὲ πρέσ-

17 βεις ἀμείβονται τοῖσδε· "Οὔτε ταῦτα, ὦ Γότθων
ἀρχηγέ, ταύτῃ ἧπερ εἴρηκας ἔχει, οὔτ᾽ ἂν σὺ
παραπετάσμασιν οὐχ ὑγιέσιν ἀνόσια ἔργα ἐς ἀν-

18 θρώπους πρέσβεις ἐνδείξαιο. μοιχῷ μὲν γὰρ οὐδὲ
βουλομένῳ πρεσβευτῇ πάρεστι γίνεσθαι, ᾧ γε
οὐδὲ ὕδατος μεταλαγχάνειν ὅτι μὴ γνώμῃ τῶν

19 φυλασσόντων ῥᾴδιόν ἐστι. λόγους δέ, ὅσους ἂν
ἐκ τοῦ[1] πέμψαντος ἀκηκοὼς εἴπῃ, οὐκ αὐτὸς τὴν
ἐντεῦθεν αἰτίαν, ἤν γε οὐκ ἀγαθοὶ τύχωσιν ὄντες,
εἰκότως ἂν λάβοι, ἀλλ᾽ ὁ μὲν κελεύσας φέροιτο ἂν
δικαίως τὸ ἔγκλημα τοῦτο, τῷ δὲ πρεσβευτῇ τὸ

20 τὴν ὑπουργίαν ἐκτελέσαι περίεστι μόνον. ὥστε
ἡμεῖς μὲν ἅπαντα ἐροῦμεν ὅσα ἀκούσαντες πρὸς
βασιλέως ἐστάλημεν, σὺ δὲ ὅπως ἀκούσῃ πράως·
ταραττομένῳ γάρ σοι ἀδικεῖν ἀνθρώπους πρέσβεις

21 λελείψεται. οὐκοῦν ὥρα σοι ἑκόντι ἐπιτελεῖν
ὅσα βασιλεῖ ὡμολόγησας. ἐπ᾽ αὐτὸ γὰρ τοῦτο
ἡμεῖς ἥκομεν. καὶ τὴν μὲν[2] ἐπιστολὴν ἥν σοι
ἔγραψεν ἤδη λαβὼν ἔχεις, τὰ δὲ γράμματα ἃ τοῖς
Γότθων πρώτοις ἔπεμψεν,[3] οὐκ ἄλλοις τισὶν ἢ

22 αὐτοῖς δώσομεν." ταῦτα τῶν πρέσβεων εἰπόντων
ἐπεὶ παρόντες οἱ τῶν βαρβάρων ἄρχοντες ἤκου-

---

[1] ἐκ τοῦ KL : αὐτοῦ H.   [2] καὶ τὴν μὲν H : om. KL.
[3] ἤδη . . . ἔπεμψεν KL : om. H.

62

sovereign or has had knowledge of a woman who is the wife of another." Such were the words with which Theodatus inveighed against Peter, not because he had approached a woman, but, apparently, in order to make good his claim that there were charges which might lead to the death of an ambassador. But the envoys replied as follows: "The facts are not, O Ruler of the Goths, as thou hast stated them, nor canst thou, under cover of flimsy pretexts, wantonly perpetrate unholy deeds upon men who are envoys. For it is not possible for an ambassador, even if he wishes it, to become an adulterer, since it is not easy for him even to partake of water except by the will of those who guard him. And as for the proposals which he has received from the lips of him who has sent him and then delivers, he himself cannot reasonably incur the blame which arises from them, in case they be not good, but he who has given the command would justly bear this charge, while the sole responsibility of the ambassador is to have discharged his mission. We, therefore, shall say all that we were instructed by the emperor to say when we were sent, and do thou hear us quietly; for if thou art stirred to excitement, all thou canst do will be to wrong men who are ambassadors. It is time, therefore, for thee of thine own free will to perform all that thou didst promise the emperor. This, indeed, is the purpose for which we have come. And the letter which he wrote to thee thou hast already received, but as for the writing which he sent to the foremost of the Goths, to no others shall we give it than to them." When the leading men of the barbarians, who were present, heard this speech of the envoys, they bade

σαν, Θευδάτῳ ἐγχειρίσαι τὰ γεγραμμένα σφίσιν
23 ἐπέστελλον. εἶχε δὲ ὧδε· "'Επιμελὲς γέγονεν
ἡμῖν ἐς πολιτείαν ὑμᾶς ἀνελέσθαι τὴν ἡμετέραν,
ᾧπερ ὑμᾶς ἡσθῆναι εἰκός. οὐ γὰρ ἐπὶ τῷ ἐλασ-
σοῦσθαι, ἀλλ' ὅπως ἀξιώτεροι ἔσεσθε,[1] ἐς ἡμᾶς
24 ἥξετε. ἄλλως τε οὐκ ἐς ἤθη ξένα ἢ ἀλλόγνωτα[2]
Γότθους καλοῦμεν, ἀλλ' ὧν ἤθάσι γενομένοις ὑμῖν
εἶτα ἐπὶ καιροῦ διεστάναι τετύχηκε. διὰ ταῦτα
νῦν 'Αθανάσιός τε καὶ Πέτρος ἐστάλησαν αὐτόσε,
25 οἷς ὑμᾶς ἐς ἅπαντα ξυλλαβέσθαι χρεών." τοσ-
αῦτα μὲν ἡ γραφὴ ἐδήλου. Θευδάτος δὲ ἅπαντα
ἀναλεξάμενος οὔτε τι ἔργῳ ἐπιτελεῖν ὧν βασιλεῖ
ὑπέσχετο ἔγνω καὶ τοὺς πρέσβεις ἐν φυλακῇ οὐ
μετρίᾳ εἶχε.

26 Βασιλεὺς δὲ 'Ιουστινιανὸς ἐπεὶ ταῦτά τε καὶ
τὰ ἐν Δαλματίᾳ ξυνενεχθέντα ἠκηκόει, Κωνσταν-
τιανὸν μέν, ὃς τῶν βασιλικῶν ἱπποκόμων ἦρχεν,
εἰς 'Ιλλυριοὺς ἔπεμψε, στρατιάν τε αὐτῷ ἐπιστεί-
λας ἐνθένδε ἀγεῖραι καὶ Σαλώνων ἀποπειρᾶσθαι,
ὅπη ἂν αὐτῷ δυνατὰ εἴη· Βελισάριον δὲ ἐς 'Ιταλίαν
τε κατὰ τάχος ἐκέλευσεν ἰέναι καὶ Γότθοις ὡς
27 πολεμίοις χρῆσθαι. Κωνσταντιανὸς μὲν οὖν ἐς
'Επίδαμνόν τε ἀφίκετο[3] καὶ χρόνον τινὰ δια-
τρίψας ἐνταῦθα στρατιὰν ἤγειρεν. ἐν τούτῳ
δὲ Γότθοι, Γρίπα σφίσιν ἡγουμένου, στρατῷ
ἑτέρῳ ἐς Δαλματίαν ἀφικόμενοι Σάλωνας ἔσχον·
28 Κωνσταντιανός τε, ἐπεί οἱ τὰ τῆς παρασκευῆς ὡς
ἄριστα εἶχεν, ἄρας ἐξ 'Επιδάμνου τῷ παντὶ
στόλῳ ὁρμίζεται ἐς 'Επίδαυρον, ἥ ἐστιν ἐν δεξιᾷ

[1] ἔσεσθε Haury : ἐσῆσθε K, ἐσεῖσθε L, ἔσησθε H.
[2] ἀλλόγνωτα H : ἄλλως ἀγνῶτα KL.
[3] ἀφίκετο KH : ἀφικόμενος L.

64

them give to Theodatus what had been written to
them. And it ran as follows : " It has been the
object of our care to receive you back into our state,
whereat you may well be pleased. For you will
come to us, not in order to be made of less conse-
quence, but that you may be more honoured. And,
besides, we are not bidding the Goths enter into
strange or alien customs, but into those of a people
with whom you were once familiar, though you have
by chance been separated from them for a season.
For these reasons Athanasius and Peter have been
sent to you, and you ought to assist them in all
things." Such was the purport of this letter. But
after Theodatus had read everything, he not only
decided not to perform in deed the promises he had
made to the emperor, but also put the envoys under
a strict guard.

But when the Emperor Justinian heard these things
and what had taken place in Dalmatia, he sent Con-
stantianus, who commanded the royal grooms, into
Illyricum, bidding him gather an army from there
and make an attempt on Salones, in whatever manner
he might be able ; and he commanded Belisarius to
enter Italy with all speed and to treat the Goths as
enemies. So Constantianus came to Epidamnus and
spent some time there gathering an army. But in
the meantime the Goths, under the leadership of
Gripas, came with another army into Dalmatia and
took possession of Salones ; and Constantianus, when
all his preparations were as complete as possible,
departed from Epidamnus with his whole force and
cast anchor at Epidaurus,[1] which is on the right as

---

[1] Modern Ragusa Vecchia.

ἐσπλέοντι τὸν Ἰόνιον κόλπον· ἔνθα δὴ ἄνδρας
οὓς ἐπὶ κατασκοπῇ Γρίπας ἔπεμψε τετύχηκεν
29 εἶναι. καὶ αὐτοῖς τάς τε ναῦς ἐπισκοποῦσι καὶ
τὸ Κωνσταντιανοῦ στρατόπεδον ἔδοξε θάλασσά
τε καὶ ἡ γῆ ξύμπασα στρατιωτῶν ἔμπλεως
εἶναι, παρά τε τὸν Γρίπαν ἐπανήκοντες μυριάδας
ἀνδρῶν οὐκ ὀλίγας Κωνσταντιανὸν ἐπάγεσθαι
30 ἰσχυρίζοντο. ὁ δὲ ἐς δέος μέγα τι ἐμπεσὼν
ὑπαντιάζειν τε τοῖς ἐπιοῦσιν ἀξύμφορον ᾤετο
εἶναι καὶ πολιορκεῖσθαι πρὸς τοῦ βασιλέως
στρατοῦ, οὕτω δὴ θαλασσοκρατοῦντος, ἥκιστα
31 ἤθελε· μάλιστα δὲ αὐτὸν ξυνετάρασσεν ὅ τε
Σαλώνων περίβολος, ἐπεὶ αὐτοῦ τὰ πολλὰ ἤδη
καταπεπτώκει, καὶ τῶν ταύτῃ ᾠκημένων τὸ ἐς
32 Γότθους κομιδῇ ὕποπτον. καὶ διὰ τοῦτο ἐνθένδε
παντὶ τῷ στρατῷ ἀπαλλαγεὶς ὅτι τάχιστα ἐν
τῷ πεδίῳ στρατοπεδεύεται ὁ μεταξὺ Σαλώνων
τε καὶ Σκάρδωνος [1] πόλεώς ἐστι. Κωνσταντιανὸς
δὲ ταῖς ναυσὶν ἁπάσαις πλέων ἐξ Ἐπιδαύρου,
Λυσίνῃ προσέσχεν, ἣ ἐν τῷ κόλπῳ κεῖται.
33 ἐνθένδε τε τῶν ἑπομένων τινὰς ἔπεμψεν, ἐφ᾽ ᾧ
τὰ ἀμφὶ τῷ Γρίπᾳ διερευνώμενοι ὁποῖά ποτε
ἢ ἐσαγγείλωσιν. ἀφ᾽ ὧν δὴ τὸν πάντα λόγον
πυθόμενος εὐθὺ Σαλώνων κατὰ τάχος ἔπλει.
34 καὶ ἐπειδὴ αὐτῆς ἄγχιστα ἐγεγόνει, ἀποβιβά-
σας τὸ στράτευμα ἐς τὴν ἤπειρον αὐτὸς μὲν
ἐνταῦθα ἡσύχαζε, πεντακοσίους δὲ τοῦ στρατοῦ
ἀπολέξας Σιφίλαν τε αὐτοῖς ἄρχοντα ἐπιστή-
σας, τῶν δορυφόρων τῶν αὐτοῦ ἕνα, ἐκέλευε
τὴν στενοχωρίαν καταλαβεῖν ἣν δὴ ἐν τῷ τῆς

---

[1] Σκάρδωνος Haury : Σκαρδώνης Maltretus, κρόμωνος K,
κρότωνος L.

one sails into the Ionian Gulf. Now it so happened
that some men were there whom Gripas had sent
out as spies. And when they took note of the ships
and the army of Constantianus it seemed to them
that both the sea and the whole land were full of
soldiers, and returning to Gripas they declared that
Constantianus was bringing against them an army of
men numbering many tens of thousands. And he,
being plunged into great fear, thought it inexpedient
to meet their attack, and at the same time he was
quite unwilling to be besieged by the emperor's
army, since it so completely commanded the sea;
but he was disturbed most of all by the fortifications
of Salones (since the greater part of them had already
fallen down), and by the exceedingly suspicious atti-
tude on the part of the inhabitants of the place
toward the Goths. And for this reason he departed
thence with his whole army as quickly as possible
and made camp in the plain which is between
Salones and the city of Scardon.[1] And Constantianus,
sailing with all his ships from Epidaurus, put in at
Lysina,[2] which is an island in the gulf. Thence he
sent forward some of his men, in order that they
might make enquiry concerning the plans of Gripas
and report them to him. Then, after learning from
them the whole situation, he sailed straight for
Salones with all speed. And when he had put in at
a place close to the city, he disembarked his army on
the mainland and himself remained quiet there; but
he selected five hundred from the army, and setting
over them as commander Siphilas, one of his own
bodyguards, he commanded them to seize the narrow
pass[3] which, as he had been informed, was in the

[1] Near Sebenico.   [2] Modern Lesina.
[3] An important approach to the city from the west.

67

πόλεως προαστείῳ ἐπύθετο εἶναι. καὶ Σιφίλας
35 μὲν κατὰ ταῦτα ἐποίει. Κωνσταντιανὸς δὲ καὶ ἡ
στρατιὰ πᾶσα ἐς Σάλωνας τῇ ὑστεραίᾳ ἐσελά-
σαντες τῷ πεζῷ καὶ ταῖς ναυσὶ προσωρμίσαντο.
36 Κωνσταντιανὸς μὲν οὖν Σαλώνων τοῦ περιβόλου
ἐπεμελεῖτο, ἀνοικοδομούμενος σπουδῇ ἅπαντα
ὅσα αὐτοῦ κατεπεπτώκει· Γρίπας δὲ καὶ ὁ τῶν
Γότθων στρατός, ἐπειδὴ Ῥωμαῖοι Σάλωνας ἔσχον,
ἑβδόμῃ ἡμέρᾳ ἐνθένδε ἀναστάντες ἐπὶ Ῥαβέννης
ἀπεκομίσθησαν, οὕτω τε Κωνσταντιανὸς Δαλ-
ματίαν τε καὶ Λιβουρνίαν ξύμπασαν ἔσχε,
Γότθους προσαγαγόμενος ἅπαντας οἳ ταύτῃ
37 ἵδρυντο. τὰ μὲν οὖν ἀμφὶ Δαλματίαν ταύτῃ πη
ἔσχε. καὶ ὁ χειμὼν ἔληγε, καὶ πρῶτον ἔτος
ἐτελεύτα τῷ πολέμῳ τῷδε ὃν Προκόπιος συνέ-
γραψε.

VIII

Βελισάριος δὲ φύλακας ἔν τε Συρακούσῃ καὶ
Πανόρμῳ ἀπολιπὼν τῷ ἄλλῳ στρατῷ ἐκ Μεσήνης
διέβη ἐς Ῥήγιον (ἔνθα δὴ οἱ ποιηταὶ τήν τε
Σκύλλαν γεγονέναι μυθοποιοῦσι καὶ Χάρυβδιν),
καὶ αὐτῷ προσεχώρουν ὁσημέραι οἱ ταύτῃ ἄν-
2 θρωποι. τῶν τε γὰρ χωρίων ἀτειχίστων σφίσιν
ἐκ παλαιοῦ ὄντων, φυλακὴν αὐτῶν οὐδαμῇ εἶχον
καὶ κατὰ ἔχθος τὸ Γότθων μάλιστα τῇ[1] παρούσῃ
3 ἀρχῇ, ὡς τὸ εἰκός, ἤχθοντο. ἐκ δὲ Γότθων αὐτό-
μολος παρὰ Βελισάριον Ἐβρίμους ξὺν πᾶσι τοῖς
ἑπομένοις ἦλθεν, ὁ Θευδάτου γαμβρός, ὃς τῇ
ἐκείνου θυγατρὶ Θευδενάνθῃ ξυνῴκει. αὐτίκα τε

---

[1] τῇ παρ. Haury : τῇ γὰρ παρ. MSS.

outskirts of the city And this Siphilas did. And Constantianus and his whole land army entered Salones on the following day, and the fleet anchored close by. Then Constantianus proceeded to look after the fortifications of the city, building up in haste all such parts of them as had fallen down; and Gripas, with the Gothic army, on the seventh day after the Romans had taken possession of Salones, departed from there and betook themselves to Ravenna; and thus Constantianus gained possession of all Dalmatia and Liburnia, bringing over to his side all the Goths who were settled there. Such were the events in Dalmatia. And the winter drew to a close, and thus ended the first year of this war, the history of which Procopius has written.

VIII

And Belisarius, leaving guards in Syracuse and Panormus, crossed with the rest of the army from Messana to Rhegium (where the myths of the poets say Scylla and Charybdis were), and every day the people of that region kept coming over to him. For since their towns had from of old been without walls, they had no means at all of guarding them, and because of their hostility toward the Goths they were, as was natural, greatly dissatisfied with their present government. And Ebrimous came over to Belisarius as a deserter from the Goths, together with all his followers; this man was the son-in-law of Theodatus, being married to Theodenanthe, his daughter. And

παρὰ βασιλέα σταλείς, γερῶν τε ἄλλων ἔτυχε
4 καὶ ἐς τὸ πατρικίων ἀξίωμα ἦλθε. τὸ δὲ στρά-
τευμα ἐκ Ῥηγίου πεζῇ διὰ Βριττίων τε καὶ
Λευκανῶν ᾔει, παρηκολούθει τε ἄγχιστα τῆς
5 ἠπείρου ὁ τῶν νηῶν στόλος. ἐπεὶ δὲ ἐς Καμ-
πανίαν ἀφίκοντο, πόλει ἐνέτυχον ἐπιθαλασσία,
Νεαπόλει ὄνομα, χωρίου τε φύσει ἐχυρᾷ[1] καὶ
6 Γότθων πολλῶν φρουρὰν ἐχούσῃ. καὶ τὰς μὲν
ναῦς Βελισάριος ἐκέλευεν ἐν τῷ λιμένι ἔξω βελῶν
ὄντι ὁρμίζεσθαι, αὐτὸς δὲ τῆς πόλεως ἐγγὺς
στρατόπεδον ποιησάμενος πρῶτον μὲν τὸ φρού-
ριον ὃ ἐν τῷ προαστείῳ ἐστὶν ὁμολογίᾳ εἷλεν,
ἔπειτα δὲ καὶ τοῖς ἐν τῇ πόλει δεομένοις ἐπέτρεπε
τῶν τινας λογίμων ἐς τὸ στρατόπεδον πέμψαι,
ἐφ' ᾧ ἐπείπωσί τε ὅσα αὐτοῖς βουλομένοις ἐστὶ
καὶ τοὺς λόγους ἀκούσαντες τοὺς αὐτοῦ ἐς τὸ πᾶν
7 ἀγγείλωσιν. αὐτίκα οὖν οἱ Νεαπολῖται Στέφανον
πέμπουσιν. ὃς ἐπεὶ παρὰ Βελισάριον ἧκεν, ἔλεξε
τοιάδε·

"Οὐ δίκαια ποιεῖς, ὦ στρατηγέ, ἐπ' ἄνδρας
Ῥωμαίους τε καὶ οὐδὲν ἀδικοῦντας στρατεύων,
οἳ πόλιν τε μικρὰν οἰκοῦμεν καὶ βαρβάρων
δεσποτῶν φρουρὰν ἔχομεν, ὥστε οὐδ' ἀντιπρᾶξαι,
8 ἢν ἐθέλωμεν, ἐφ' ἡμῖν εἶναι. ἀλλὰ καὶ φρουροῖς
τοῖσδε ξυμβαίνει παῖδάς τε καὶ γυναῖκας καὶ τὰ
τιμιώτατα ὑπὸ ταῖς Θευδάτου χερσὶν ἀπολι-
9 ποῦσιν ἐπὶ τῇ ἡμετέρᾳ φυλακῇ ἥκειν. οὐκοῦν,
ἤν τι ἐς ὑμᾶς[2] πράξωσιν, οὐ τὴν πόλιν, ἀλλὰ
10 σφᾶς αὐτοὺς καταπροδιδόντες φανήσονται. εἰ

---

[1] χωρίου τε φύσει ἐχυρᾷ K : χωρίου τε ἐχυροῦ L.
[2] ὑμᾶς Grotius : ἡμᾶς MSS.

he was straightway sent to the emperor and received many gifts of honour and in particular attained the patrician dignity. And the army of Belisarius marched from Rhegium through Bruttium and Lucania, and the fleet of ships accompanied it, sailing close to the mainland. But when they reached Campania, they came upon a city on the sea, Naples by name, which was strong not only because of the nature of its site, but also because it contained a numerous garrison of Goths. And Belisarius commanded the ships to anchor in the harbour, which was beyond the range of missiles, while he himself made his camp near the city. He then first took possession by surrender of the fort which is in the suburb, and afterwards permitted the inhabitants of the city at their own request to send some of their notables into his camp, in order that they might tell what their wish was and, after receiving his reply, report to the populace. Straightway, therefore, the Neapolitans sent Stephanus. And he, upon coming before Belisarius, spoke as follows :

" You are not acting justly, O general, in taking the field against men who are Romans and have done no wrong, who inhabit but a small city and have over us a guard of barbarians as masters, so that it does not even lie in our power, if we desire to do so, to oppose them. But it so happens that even these guards had to leave their wives and children, and their most precious possessions in the hands of Theodatus before they came to keep guard over us. Therefore, if they treat with you at all, they will plainly be betraying, not the city, but themselves.

71

δὲ δεῖ τἀληθὲς οὐδὲν ὑποστειλάμενον εἰπεῖν, οὐδὲ
τὰ ξύμφορα ὑμῖν αὐτοῖς βουλευσάμενοι ἐφ' ἡμᾶς
ἥκετε. Ῥώμην μὲν γὰρ ἑλοῦσιν ὑμῖν καὶ Νεά-
πολις οὐδενὶ πόνῳ ὑποχειρία ἔσται, ἐκείνης δέ,
ὡς τὸ εἰκός, ἀποκρουσθέντες οὐδὲ ταύτην ἀσφαλῶς
11 ἕξετε. ὥστε τηνάλλως ὁ χρόνος ὑμῖν ἐν τῇ
προσεδρείᾳ τετρίψεται ταύτῃ."

Τοσαῦτα μὲν Στέφανος εἶπε. Βελισάριος δὲ
ἀμείβεται ὧδε·

12 "Τὸ μὲν εὖ ἢ ἄλλως ἡμᾶς βουλευσαμένους
ἐνθάδε ἥκειν οὐ Νεαπολίταις σκοπεῖν δώσομεν.
ἃ δέ ἐστι τῆς ὑμετέρας βουλῆς ἄξια, βουλόμεθα
σκοπουμένους ὑμᾶς οὕτω δὴ πράσσειν ὅσα ἂν
13 ξυνοίσειν ὑμῖν αὐτοῖς μέλλῃ. δέξασθε τοίνυν τῇ
πόλει τὸν βασιλέως στρατὸν ἐπὶ τῇ ἐλευθερίᾳ
ὑμῶν τε καὶ τῶν ἄλλων Ἰταλιωτῶν ἥκοντα, καὶ
14 μὴ τὰ πάντων ἀνιαρότατα ἐφ' ὑμῖν ἕλησθε. ὅσοι
μὲν γὰρ δουλείαν ἢ ἄλλο τι ἀναδυόμενοι τῶν
αἰσχρῶν ἐς πόλεμον χωροῦσιν, οὗτοι δὴ ἔν γε
τῷ ἀγῶνι εὐημεροῦντες εὐτυχήματα διπλᾶ ἔχουσι,
ξὺν τῇ νίκῃ καὶ τὴν τῶν κακῶν ἐλευθερίαν
κτησάμενοι, καὶ ἡσσώμενοι φέρονταί τι αὐτοῖς
παραμύθιον, τὸ μὴ ἑκόντες τῇ χείρονι ἕπεσθαι
15 τύχῃ. οἷς δὲ παρὸν ἀμαχητὶ ἐλευθέροις εἶναι,
οἱ δὲ ὅπως τὴν δουλείαν βέβαιον ἕξουσιν ἐς
ἀγῶνα καθιστῶνται, οὗτοι δὴ καὶ νενικηκότες, ἂν
οὕτω τύχοι, ἐν τοῖς ἀναγκαιοτάτοις ἐσφάλησαν,
καὶ κατὰ τὴν μάχην ἐλασσόνως ἢ ἐβούλοντο
ἀπαλλάξαντες ξὺν τῇ ἄλλῃ κακοδαιμονίᾳ καὶ

72

And if one must speak the truth with no conceal-
ment, you have not counselled to your advantage,
either, in coming against us. For if you capture
Rome, Naples will be subject to you without any
further trouble, whereas if you are repulsed from
there, it is probable that you will not be able to hold
even this city securely. Consequently the time you
spend on this siege will be spent to no purpose."

So spoke Stephanus. And Belisarius replied as
follows:

"Whether we have acted wisely or foolishly in
coming here is not a question which we propose to
submit to the Neapolitans. But we desire that you
first weigh carefully such matters as are appropriate
to your deliberations and then act solely in accordance
with your own interests. Receive into your city,
therefore, the emperor's army, which has come to
secure your freedom and that of the other Italians,
and do not choose the course which will bring upon
you the most grievous misfortunes. For those who,
in order to rid themselves of slavery or any other
shameful thing, go into war, such men, if they fare
well in the struggle, have double good fortune,
because along with their victory they have also
acquired freedom from their troubles, and if defeated
they gain some consolation for themselves, in that
they have not of their own free will chosen to follow
the worse fortune. But as for those who have the
opportunity to be free without fighting, but yet enter
into a struggle in order to make their condition of
slavery permanent, such men, even if it so happens
that they conquer, have failed in the most vital point,
and if in the battle they fare less happily than they
wished, they will have, along with their general ill-

73

τὴν ἀπὸ τῆς ἥσσης ξυμφορὰν ἕξουσι. πρὸς μὲν
16 οὖν Νεαπολίτας ἡμῖν τοσαῦτα εἰρήσθω. Γότθοις
δὲ τοῖσδε τοῖς παροῦσιν αἵρεσιν δίδομεν, ἢ ξὺν
ἡμῖν τοῦ λοιποῦ ὑπὸ βασιλεῖ τῷ μεγάλῳ τετάχθαι,
ἢ κακῶν ἀπαθέσιν τὸ παράπαν οἴκαδε[1] ἰέναι.
17 ὡς, ἢν τούτων ἁπάντων αὐτοί τε καὶ ὑμεῖς
ἀμελήσαντες ὅπλα ἡμῖν ἀνταίρειν τολμήσητε,
ἀνάγκη καὶ ἡμᾶς, ἢν θεὸς θέλῃ, τῷ προστυχόντι
18 ὡς πολεμίῳ χρῆσθαι. εἰ μέντοι βουλομένοις ᾖ
Νεαπολίταις τά τε βασιλέως ἑλέσθαι καὶ δουλείας
οὕτω χαλεπῆς ἀπηλλάχθαι, ἐκεῖνα ὑμῖν ἀνα-
δέχομαι τὰ πιστὰ διδοὺς ἔσεσθαι πρὸς ἡμῶν ἃ
Σικελιῶται πρῴην ἐλπίσαντες ψευδορκίους ἡμᾶς
οὐκ ἔσχον εἰπεῖν."
19   Ταῦτα μὲν Στέφανον Βελισάριος ἐς τὸν δῆμον
ἀπαγγέλλειν ἐκέλευεν. ἰδίᾳ δέ οἱ μεγάλα ὑπέ-
σχετο ἀγαθὰ ἔσεσθαι, Νεαπολίτας ἐς εὔνοιαν
20 τὴν βασιλέως ὁρμήσοντι. Στέφανος δὲ ἐς τὴν
πόλιν ἥκων τούς τε Βελισαρίου λόγους ἀπήγγελλε
καὶ γνώμην αὐτὸς ἀπεφαίνετο βασιλεῖ μάχεσθαι
21 ἀξύμφορον εἶναι. καὶ οἱ ξυνέπρασσεν Ἀντίοχος,
Σύρος μὲν ἀνήρ, ἐκ παλαιοῦ δὲ ᾠκημένος ἐν
Νεαπόλει ἐπὶ τῇ κατὰ θάλασσαν ἐργασίᾳ καὶ
δόξαν πολλὴν ἐπί τε ξυνέσει καὶ δικαιοσύνῃ
22 ἐνταῦθα ἔχων. Πάστωρ δὲ καὶ Ἀσκληπιόδοτος
ῥήτορε μὲν ἤστην καὶ λίαν ἔν γε Νεαπολίταις
λογίμω, Γότθοις δὲ φίλω ἐς τὰ μάλιστα, καὶ τὰ
παρόντα ὡς ἥκιστα βουλομένω μεταβάλλεσθαι.
23 τούτω τὼ ἄνδρε βουλευσαμένω ὅπως τὰ πρασσό-
μενα ἐν κωλύμῃ ἔσται, πολλά τε καὶ μεγάλα τὸ

---

[1] τὸ παράπαν οἴκαδε Haury : οἴκαδε τὸ παράπαν MSS.

fortune, also the calamity of defeat. As for the Neapolitans, then, let these words suffice. But as for these Goths who are present, we give them the choice, either to array themselves hereafter on our side under the great emperor, or to go to their homes altogether immune from harm. Because, if both you and they, disregarding all these considerations, dare to raise arms against us, it will be necessary for us also, if God so wills, to treat whomever we meet as an enemy. If, however, it is the will of the Neapolitans to choose the cause of the emperor and thus to be rid of so cruel a slavery, I take it upon myself, giving you pledges, to promise that you will receive at our hands those benefits which the Sicilians lately hoped for, and with regard to which they were unable to say that we had sworn falsely."

Such was the message which Belisarius bade Stephanus take back to the people. But privately he promised him large rewards if he should inspire the Neapolitans with good-will toward the emperor. And Stephanus, upon coming into the city, reported the words of Belisarius and expressed his own opinion that it was inexpedient to fight against the emperor. And he was assisted in his efforts by Antiochus, a man of Syria, but long resident in Naples for the purpose of carrying on a shipping business, who had a great reputation there for wisdom and justice. But there were two men, Pastor and Asclepiodotus, trained speakers and very notable men among the Neapolitans, who were exceedingly friendly toward the Goths, and quite unwilling to have any change made in the present state of affairs. These two men, planning how they might block the negotiations, induced the multitude to demand many serious

PROCOPIUS OF CAESAREA

πλῆθος ἐνηγέτην προΐσχεσθαι καὶ Βελισάριον
ὅρκοις καταλαμβάνειν ὅτι δὴ τούτων αὐτίκα
24 μάλα πρὸς αὐτοῦ τεύξονται. ἐν βιβλιδίῳ δὲ
ἅπαντα γράψαντε ὅσα Βελισάριον οὐκ ἄν τις
25 ἐνδέξασθαι ὑπετόπησε Στεφάνῳ ἔδοσαν. ὅς,
ἐπεὶ ἐς τὸ βασιλέως στρατόπεδον αὖθις ἀφίκετο,
τῷ στρατηγῷ ἐπιδείξας τὸ γραμματεῖον ἐπυνθά-
νετο εἴ οἱ πάντα τε ἐπιτελέσαι ὅσα Νεαπολῖται
προτείνονται καὶ περὶ τούτων ὀμεῖσθαι βουλο-
μένῳ εἴη. ὁ δὲ αὐτόν, ἅπαντα σφίσιν ἐπιτελῆ
26 ἔσεσθαι ὑποσχόμενος, ἀπεπέμψατο. ταῦτα Νεα-
πολῖται ἀκούσαντες τούς τε λόγους ἐνεδέχοντο
ἤδη καὶ κατὰ τάχος ἐκέλευον τῇ πόλει τὸ βασι-
27 λέως στράτευμα δέχεσθαι. ἀπαντήσειν γὰρ
σφίσιν αὐτοῖς ἰσχυρίζετο[1] οὐδὲν ἄχαρι, εἴ τῳ
ἱκανοὶ Σικελιῶται τεκμηριῶσαι, οἷς δὴ τετύχηκεν
ἔναγχος βαρβάρων τυράννων τὴν Ἰουστινιανοῦ
βασιλείαν ἀλλαξαμένοις, ἐλευθέροις τε εἶναι καὶ
28 ἀπαθέσι δυσκόλων ἁπάντων. καὶ πολλῷ θορύβῳ
ἐχόμενοι ἐπὶ τὰς πύλας ὡς δὴ αὐτὰς ἀνακλι-
νοῦντες ᾔεσαν. Γότθοις δὲ οὐκ ἦν ἐν ἡδονῇ τὰ
πρασσόμενα, κωλύειν μέντοι οὐχ οἷοί τε ὄντες
ἐκποδὼν ἵσταντο.

29   Πάστωρ δὲ καὶ Ἀσκληπιόδοτος τόν τε δῆμον
καὶ Γότθους ἅπαντας ἐς ἕνα συγκαλέσαντες χῶρον
ἔλεξαν τοιάδε· "Πόλεως μὲν πλῆθος ἑαυτούς τε
καὶ τὴν ἑαυτῶν σωτηρίαν προΐεσθαι οὐδὲν ἀπει-
κός, ἄλλως τε ἢν καὶ μηδενὶ[2] τῶν δοκίμων κοινώ-
σαντες εἶτα αὐτόνομον τὴν περὶ τῶν ὅλων ποιή-
30 σωνται γνῶσιν. ἡμᾶς δὲ ἀνάγκη ξὺν ὑμῖν ὅσον

---

[1] σφίσιν αὐτοῖς ἰσχυρίζετο K : αὐτοῖς σφίσιν ἰσχυρίζοντο L.
[2] μηδενὶ L : ἡδονῇ K.

concessions, and to try to force Belisarius to promise on oath that they should forthwith obtain what they asked for. And after writing down in a document such demands as nobody would have supposed that Belisarius would accept, they gave it to Stephanus. And he, returning to the emperor's army, shewed the writing to the general, and enquired of him whether he was willing to carry out all the proposals which the Neapolitans made and to take an oath concerning them. And Belisarius promised that they should all be fulfilled for them and so sent him back. Now when the Neapolitans heard this, they were in favour of accepting the general's assurances at once and began to urge that the emperor's army be received into the city with all speed. For he declared that nothing unpleasant would befall them, if the case of the Sicilians was sufficient evidence for anyone to judge by, since, as he pointed out, it had only recently been their lot, after they had exchanged their barbarian tyrants for the sovereignty of Justinian, to be, not only free men, but also immune from all difficulties. And swayed by great excitement they were about to go to the gates with the purpose of throwing them open. And though the Goths were not pleased with what they were doing, still, since they were unable to prevent it, they stood out of the way.

But Pastor and Asclepiodotus called together the people and all the Goths in one place, and spoke as follows : " It is not at all unnatural that the populace of a city should abandon themselves and their own safety, especially if, without consulting any of their notables, they make an independent decision regarding their all. But it is necessary for us, who are on

οὔπω ἀπολουμένους ὕστατον ἔρανον τῇ πατρίδι
31 τήνδε παρέχεσθαι τὴν παραίνεσιν. ὁρῶμεν τοί-
νυν ὑμᾶς, ἄνδρες πολῖται, καταπροδιδόναι Βελι-
σαρίῳ ὑμᾶς τε αὐτοὺς καὶ τὴν πόλιν ἐπειγομένους,
πολλά τε ὑμᾶς ἀγαθὰ ἐπαγγελλομένῳ ἐργάζεσθαι
32 καὶ ὅρκους δεινοτάτους ὑπὲρ τούτων ὁμεῖσθαι. εἰ
μὲν οὖν καὶ τοῦτο ὑμῖν ἀναδέχεσθαι οἷός τέ ἐστιν
ὡς ἐς αὐτὸν ἥξει τὸ τοῦ πολέμου κράτος, οὐδεὶς
ἂν ἀντείποι¹ μὴ οὐχὶ ταῦτα ὑμῖν ξύμφορα εἶναι.
33 τῷ γὰρ κυρίῳ γενησομένῳ μὴ οὐχὶ πάντα χαρί-
ζεσθαι πολλὴ ἄνοια. εἰ δὲ τοῦτο μὲν ἐν ἀδήλῳ
κεῖται, ἀνθρώπων δὲ οὐδεὶς ἀξιόχρεώς ἐστι τὴν
τῆς τύχης ἀναδέχεσθαι γνώμην, σκέψασθε ὑπὲρ
34 οἵων ὑμῖν συμφορῶν ἡ σπουδὴ² γίγνεται. ἢν γὰρ
τῷ πολέμῳ Γότθοι τῶν δυσμενῶν περιέσονται, ὡς
πολεμίους ὑμᾶς καὶ τὰ δεινότατα σφᾶς αὐτοὺς
35 εἰργασμένους κολάσουσιν. οὐ γὰρ ἀνάγκῃ βιαζό-
μενοι, ἀλλὰ γνώμῃ ἐθελοκακοῦντες ἐς τὴν προδο-
σίαν καθίστασθε. ὥστε καὶ Βελισαρίῳ κρατή-
σαντι τῶν πολεμίων ἴσως ἄπιστοί τε φανούμεθα
καὶ τῶν ἡγουμένων προδόται, καὶ ἅτε δραπέται
γεγενημένοι, ἐς πάντα τὸν αἰῶνα φρουρὰν πρὸς
36 βασιλέως κατὰ³ τὸ εἰκὸς ἕξομεν. ὁ γάρ του προ-
δότου τετυχηκὼς τῇ μὲν χάριτι ἐς τὸ παραυτίκα
νικήσας ἥσθη, ὑποψίᾳ δὲ ὕστερον τῇ ἐκ τῶν
πεπραγμένων μισεῖ καὶ φοβεῖται τὸν εὐεργέτην,
αὐτὸς ἐφ' ἑαυτῷ τὰ τῆς ἀπιστίας γνωρίσματα
37 ἔχων. ἢν μέντοι πιστοὶ Γότθοις ἐν τῷ παρόντι
γενώμεθα, γενναίως ὑποστάντες τὸν κίνδυνον, αὐ-
τοί τε τῶν πολεμίων κρατήσαντες μεγάλα ἡμᾶς

¹ ἂν ἀντείποι Vitelli : ἀντείπῃ Κ, ἀντείποι L.
² ἡ σπουδὴ L : ἐν σπουδῇ Κ.   ³ κατὰ L : ἐς Κ.

the very point of perishing together with you, to offer as a last contribution to the fatherland this advice. We see, then, fellow citizens, that you are intent upon betraying both yourselves and the city to Belisarius, who promises to confer many benefits upon you and to swear the most solemn oaths in confirmation of his promises. Now if he is able to promise you this also, that to him will come the victory in the war, no one could deny that the course you are taking is to your advantage. For it is great folly not to gratify every whim of him who is to become master. But if this outcome lies in uncertainty, and no man in the world is competent to guarantee the decision of fortune, consider what sort of misfortunes your haste is seeking to attain. For if the Goths overcome their adversaries in the war, they will punish you as enemies and as having done them the foulest wrong. For you are resorting to this act of treason, not under constraint of necessity, but out of deliberate cowardice. So that even to Belisarius, if he wins the victory over his enemies, we shall perhaps appear faithless and betrayers of our rulers, and having proved ourselves deserters, we shall in all probability have a guard set over us permanently by the emperor. For though he who has found a traitor is pleased at the moment of victory by the service rendered, yet afterwards, moved by suspicion based upon the traitor's past, he hates and fears his benefactor, since he himself has in his own possession the evidences of the other's faithlessness. If, however, we shew ourselves faithful to the Goths at the present time, manfully submitting to the danger, they will give us great rewards in case they win

ἀγαθὰ δράσουσι καὶ Βελισάριος ἡμῖν νενικηκώς,
38 ἂν οὕτω τύχῃ, συγγνώμων ἔσται. εὔνοια γὰρ
ἀποτυχοῦσα πρὸς οὐδενὸς ἀνθρώπων[1] ὅτι μὴ ἀξυ-
39 νέτου κολάζεται. τί δὲ καὶ παθόντες κατωρρω-
δήκατε τῶν πολεμίων τὴν προσεδρείαν, οἳ οὔτε
τῶν ἐπιτηδείων σπανίζοντες οὔτε του ἀποκεκλεισ-
μένοι τῶν ἀναγκαίων κάθησθε οἴκοι, τῷ τε περι-
βόλῳ καὶ φρουροῖς τοῖσδε τὸ θαρρεῖν ἔχοντες;
οἰόμεθα δὲ οὐδ' ἂν Βελισάριον ἐς τήνδε ξυμβῆναι
τὴν ὁμολογίαν ἡμῖν, εἴ τινα βίᾳ τὴν πόλιν αἱρή-
40 σειν ἐλπίδα εἶχε. καίτοι εἰ τὰ δίκαια καὶ ἡμῖν
ξυνοίσοντα ποιεῖν ἤθελεν, οὐ Νεαπολίτας αὐτὸν
δεδίσσεσθαι ἐχρῆν οὐδὲ τῇ παρ' ἡμῶν ἐς Γότθους
ἀδικίᾳ τὴν οἰκείαν βεβαιοῦν δύναμιν, ἀλλὰ Θευ-
δάτῳ τε καὶ Γότθοις ἐς χεῖρας ἰέναι, ὅπως κινδύνου
τε καὶ προδοσίας ἡμετέρας χωρὶς ἡ πόλις ἐς τὸ
τῶν νικώντων χωρήσει κράτος."
41 Τοσαῦτα Πάστωρ τε καὶ Ἀσκληπιόδοτος εἰ-
πόντες τοὺς Ἰουδαίους παρῆγον ἰσχυριζομένους
τὴν πόλιν τῶν ἀναγκαίων οὐδενὸς ἐνδεᾶ ἔσεσθαι,
καὶ Γότθοι δὲ φυλάξειν ἀσφαλῶς τὸν περίβολον
42 ἰσχυρίζοντο. οἷς δὴ Νεαπολῖται ἠγμένοι ἐκέλευον
Βελισάριον ἐνθένδε ὅτι τάχιστα ἀπαλλάσσεσθαι.
43 ὁ δὲ ἐς τὴν πολιορκίαν καθίστατο. πολλάκις τε
τοῦ περιβόλου ἀποπειρασάμενος ἀπεκρούσθη, τῶν
στρατιωτῶν ἀπολέσας πολλούς, καὶ μάλιστα οἷς
44 δὴ ἀρετῆς τι μεταποιεῖσθαι ξυνέβαινε. τὸ γὰρ
Νεαπόλεως τεῖχος τὰ μὲν θαλάσσῃ, τὰ δὲ δυσχω-

[1] ἀνθρώπων K : ἀνθρώπου L.

the mastery over the enemy, and Belisarius, if it
should so happen that he is the victor, will be prone
to forgive. For loyalty which fails is punished by
no man unless he be lacking in understanding.
But what has happened to you that you are in terror
of being besieged by the enemy, you who have
no lack of provisions, have not been deprived by
blockade of any of the necessities of life, and hence
may sit at home, confident in the fortifications
and in your garrison here?[1] And in our opinion
even Belisarius would not have consented to this
agreement with us if he had any hope of capturing
the city by force. And yet if what he desired were
that which is just and that which will be to our
advantage, he ought not to be trying to frighten the
Neapolitans or to establish his own power by means
of an act of injustice on our part toward the Goths;
but he should do battle with Theodatus and the
Goths, so that without danger to us or treason on
our part the city might come into the power of
the victors."

When they had finished speaking, Pastor and
Asclepiodotus brought forward the Jews, who prom-
ised that the city should be in want of none of the
necessities, and the Goths on their part promised
that they would guard the circuit-wall safely. And
the Neapolitans, moved by these arguments, bade
Belisarius depart thence with all speed. He, however,
began the siege. And he made many attempts upon
the circuit-wall, but was always repulsed, losing many
of his soldiers, and especially those who laid some
claim to valour. For the wall of Naples was inaccessi-
ble, on one side by reason of the sea, and on the other

[1] *i.e.* the Goths; cf. § 5 above.

PROCOPIUS OF CAESAREA

ρίαις τισὶν ἀπρόσοδόν τε ἦν καὶ τοῖς ἐπιβου-
λεύουσι τά τε ἄλλα καὶ διὰ τὸ ἄναντες εἶναι
45 οὐδαμῇ ἐσβατόν. καὶ τὸν ὀχετὸν μέντοι, ὃς ἐς τὴν
πόλιν ἐσῆγε τὸ ὕδωρ, διελὼν Βελισάριος, οὐ σφό-
δρα Νεαπολίτας ἐτάραξεν, ἐπεὶ φρέατα ἐντός τε
ὄντα τοῦ περιβόλου καὶ τὴν χρείαν παρεχόμενα
αἴσθησιν τούτου σφίσιν οὐ λίαν ἐδίδου.

IX

Οἱ μὲν οὖν πολιορκούμενοι λανθάνοντες τοὺς
πολεμίους ἔπεμπον ἐς Ῥώμην παρὰ Θευδάτον
βοηθεῖν σφίσι κατὰ τάχος δεόμενοι. Θευδάτος δὲ
πολέμου παρασκευήν τινα ἥκιστα ἐποιεῖτο, ὢν
μὲν καὶ φύσει ἄνανδρος, ὥσπερ μοι ἔμπροσθεν
2 εἴρηται. λέγουσι δὲ αὐτῷ καὶ ἕτερόν τι ξυμ-
βῆναι, ὃ μάλιστα αὐτὸν ἐξέπληξέ τε καὶ ἐς ὀρρω-
δίαν μείζω ἀπήνεγκεν, ἐμοὶ μὲν οὐ πιστὰ λέγοντες·
3 καὶ ὡς δὲ εἰρήσεται. Θευδάτος καὶ πρότερον μὲν
οὐκ ἀμελέτητος[1] ἦν τῶν τι προλέγειν ἐπαγγελλο-
μένων τὰς πύστεις[2] ποιεῖσθαι, τότε δὲ τοῖς παρ-
οῦσιν ἀπορούμενος, ὃ δὴ μάλιστα τοὺς ἀνθρώπους
ἐς μαντείας ὁρμᾶν εἴωθε, τῶν τινος Ἑβραίων,
δόξαν ἐπὶ τούτῳ πολλὴν ἔχοντος, ἐπυνθάνετο
4 ὁποῖόν ποτε τῷ πολέμῳ τῷδε τὸ πέρας ἔσται. ὁ
δὲ αὐτῷ ἐπήγγελλε χοίρων δεκάδας τρεῖς καθείρ-
ξαντι ἐν οἰκίσκοις τρισὶ καὶ ὄνομα ποιησαμένῳ
δεκάδι ἑκάστῃ, Γότθων τε καὶ Ῥωμαίων καὶ τῶν

---

[1] ἀμελέτητος V : ἀτέλεστος L.
[2] πύστεις Braun : πίστεις MSS.

because of some difficult country, and those who planned to attack it could gain entrance at no point, not only because of its general situation, but also because the ground sloped steeply. However, Belisarius cut the aqueduct which brought water into the city; but he did not in this way seriously disturb the Neapolitans, since there were wells inside the circuit-wall which sufficed for their needs and kept them from feeling too keenly the loss of the aqueduct.

IX

So the besieged, without the knowledge of the enemy, sent to Theodatus in Rome begging him to come to their help with all speed. But Theodatus was not making the least preparation for war, being by nature unmanly, as has been said before.[1] And they say that something else happened to him, which terrified him exceedingly and reduced him to still greater anxiety. I, for my part, do not credit this report, but even so it shall be told. Theodatus even before this time had been prone to make enquiries of those who professed to foretell the future, and on the present occasion he was at a loss what to do in the situation which confronted him—a state which more than anything else is accustomed to drive men to seek prophecies; so he enquired of one of the Hebrews, who had a great reputation for prophecy, what sort of an outcome the present war would have. The Hebrew commanded him to confine three groups of ten swine each in three huts, and after giving them respectively the names of Goths, Romans, and the soldiers of the

[1] Chap. iii. 1.

βασιλέως στρατιωτῶν, ἡμέρας ῥητὰς ἡσυχῇ μέ-
5 νειν. Θευδάτος δὲ κατὰ ταῦτα ἐποίει. καὶ ἐπειδὴ
παρῆν ἡ κυρία, ἐν τοῖς οἰκίσκοις ἄμφω γενόμενοι
ἐθεῶντο τοὺς χοίρους, εὗρόν τε αὐτῶν οἷς μὲν τὸ
Γότθων ἐπῆν ὄνομα δυοῖν ἀπολελειμμένοιν νε-
κροὺς ἅπαντας, ζῶντας δὲ ὀλίγων χωρὶς ἅπαντας
ἐς οὓς τὸ τῶν βασιλέως στρατιωτῶν ὄνομα ἦλθεν·[1]
ὅσοι μέντοι Ῥωμαῖοι ἐκλήθησαν, τούτοις δὲ ξυν-
έβη ἀπορρυῆναι μὲν τὰς τρίχας ἅπασι, περιεῖναι
6 δὲ ἐς ἥμισυ μάλιστα. ταῦτα Θευδάτῳ θεασαμένῳ
καὶ ξυμβαλλομένῳ τὴν τοῦ πολέμου ἀπόβασιν
δέος φασὶν ἐπελθεῖν μέγα, εὖ εἰδότι ὡς Ῥωμαίοις
μὲν ξυμπεσεῖται πάντως τεθνήξεσθαί τε κατὰ
ἡμίσεας καὶ τῶν χρημάτων στερήσεσθαι, Γότθοις
δὲ ἡσσωμένοις τὸ γένος ἐς ὀλίγους ἀποκεκρίσθαι,
ἐς βασιλέα δέ, ὀλίγων οἱ στρατιωτῶν ἀπολου-
7 μένων, τὸ τοῦ πολέμου ἀφίξεσθαι κράτος. καὶ
διὰ τοῦτο Θευδάτῳ λέγουσιν οὐδεμίαν ὁρμὴν ἐπι-
πεσεῖν ἐς ἀγῶνα Βελισαρίῳ καθίστασθαι. περὶ
μὲν οὖν τούτων λεγέτω ἕκαστος ὥς πη ἐς αὐτὰ
πίστεώς τε καὶ ἀπιστίας ἔχει.

8 Βελισάριος δὲ Νεαπολίτας κατὰ γῆν τε καὶ
θάλατταν πολιορκῶν ἤσχαλλεν. οὐ γάρ οἱ οὐδὲ
προσχωρήσειν ποτὲ αὐτοὺς ᾤετο, οὐ μὴν οὐδὲ
ἁλώσεσθαι ἤλπιζεν, ἐπεὶ τοῦ χωρίου τὴν δυσ-
9 κολίαν ἀντιστατοῦσαν ὡς μάλιστα εἶχε. καὶ ὁ
χρόνος αὐτὸν[2] τριβόμενος ἐνταῦθα ἠνία, λογιζό-
μενον ὅπως μὴ χειμῶνος ὥρᾳ ἐπὶ Θευδάτον τε
10 ἀναγκάζηται καὶ Ῥώμην ἰέναι. ἤδη δὲ καὶ τῷ
στρατῷ ἐπήγγειλε συσκευάζεσθαι, μέλλων ἐν-

---

[1] ἦλθεν V : ἦν L.   [2] αὐτὸν L : αὐτῷ V.

emperor, to wait quietly for a certain number of days. And Theodatus did as he was told. And when the appointed day had come, they both went into the huts and looked at the swine ; and they found that of those which had been given the name of Goths all save two were dead, whereas all except a few were living of those which had received the name of the emperor's soldiers ; and as for those which had been called Romans, it so happened that, although the hair of all of them had fallen out, yet about half of them survived. When Theodatus beheld this and divined the outcome of the war, a great fear, they say, came upon him, since he knew well that it would certainly be the fate of the Romans to die to half their number and be deprived of their possessions, but that the Goths would be defeated and their race reduced to a few, and that to the emperor would come, with the loss of but a few of his soldiers, the victory in the war. And for this reason, they say, Theodatus felt no impulse to enter into a struggle with Belisarius. As for this story, then, let each one express his views according to the belief or disbelief which he feels regarding it.

But Belisarius, as he besieged the Neapolitans both by land and by sea, was beginning to be vexed. For he was coming to think that they would never yield to him, and, furthermore, he could not hope that the city would be captured, since he was finding that the difficulty of its position was proving to be a very serious obstacle. And the loss of the time which was being spent there distressed him, for he was making his calculations so as to avoid being compelled to go against Theodatus and Rome in the winter season. Indeed he had already even given orders to the army to pack up, his intention

θένδε ὅτι τάχιστα ἀπαλλάσσεσθαι. καί οἱ ἐπὶ
πλεῖστον ἀπορουμένῳ εὐτυχίᾳ τοιᾷδε ξυνηνέχθη
11 χρῆσθαι. τῶν τινα Ἰσαύρων ἐπιθυμία ἔσχε τὴν
τοῦ ὀχετοῦ οἰκοδομίαν θεάσασθαι, καὶ ὅντινα
τρόπον τῇ πόλει τὴν τοῦ ὕδατος χρείαν παρεί-
12 χετο. ἐσβάς τε τῆς πόλεως ἄποθεν, ὅθεν αὐτὸν
διέρρηξε Βελισάριος, ἐβάδιζε πόνῳ οὐδενί, ἐπεὶ
13 τὸ ὕδωρ αὐτὸν ἅτε διερρωγότα ἐπελελοίπει. ἐπεὶ
δὲ ἄγχιστα τοῦ περιβόλου ἐγένετο, πέτρα μεγάλη
ἐνέτυχεν, οὐκ ἀνθρώπων χερσὶν ἐνταῦθα, ἀλλὰ
14 πρὸς τῆς φύσεως τοῦ χωρίου ἀποτεθείσῃ. ταύτῃ
τῇ πέτρᾳ οἱ τὸν ὀχετὸν δειμάμενοι πάλαι τὴν
οἰκοδομίαν ἐνάψαντες διώρυχα ἐνθένδε ἐποίουν,
οὐκ ἐς δίοδον μέντοι ἀνθρώπου ἱκανῶς ἔχουσαν,
15 ἀλλ' ὅσον τῷ ὕδατι τὴν πορείαν παρέχεσθαι. καὶ
διὰ τοῦτο ξυνέβαινεν οὐκ εὖρος τὸ αὐτὸ παντα-
χόσε τοῦ ὀχετοῦ εἶναι, ἀλλὰ στενοχωρία ἐν
τῇ πέτρᾳ ἐκείνῃ ὑπηντίαζεν, ἀνθρώπῳ, ἄλλως
τε καὶ τεθωρακισμένῳ ἢ ἀσπίδα φέροντι, ἀπό-
16 ρευτος οὖσα. ταῦτα τῷ Ἰσαύρῳ κατανοήσαντι
οὐκ ἀμήχανα ἔδοξεν εἶναι τῷ στρατῷ ἐς τὴν
πόλιν ἰέναι, ἢν ὀλίγῳ μέτρῳ τὴν ἐκείνῃ διώρυχα
17 εὐρυτέραν ποιήσωνται. ἅτε δὲ αὐτὸς ἀφανής τε
ὢν καὶ τῶν ἡγεμόνων οὐδενὶ πώποτε ἐς λόγους
ἥκων τὸ πρᾶγμα ἐς Παύκαριν ἤνεγκεν, ἄνδρα
Ἴσαυρον, ἐν τοῖς Βελισαρίου ὑπασπισταῖς εὐδοκι-
μοῦντα. ὁ μὲν οὖν Παύκαρις τὸν πάντα λόγον
18 αὐτίκα τῷ στρατηγῷ ἤγγειλε. Βελισάριος δὲ τῇ
τοῦ λόγου ἡδονῇ ἀναπνεύσας καὶ χρήμασι με-

being to depart from there as quickly as possible.
But while he was in the greatest perplexity, it came
to pass that he met with the following good for-
tune. One of the Isaurians was seized with the
desire to observe the construction of the aqueduct,
and to discover in what manner it provided the sup-
ply of water to the city. So he entered it at a place
far distant from the city, where Belisarius had broken
it open, and proceeded to walk along it, finding
no difficulty, since the water had stopped running be-
cause the aqueduct had been broken open. But when
he reached a point near the circuit-wall, he came upon
a large rock, not placed there by the hand of man,
but a part of the natural formation of the place. And
those who had built the aqueduct many years before,
after they had attached the masonry to this rock, pro-
ceeded to make a tunnel from that point on, not
sufficiently large, however, for a man to pass through,
but large enough to furnish a passage for the water.
And for this reason it came about that the channel
of the aqueduct was not everywhere of the same
breadth, but one was confronted by a narrow place
at that rock, impassable for a man, especially if he wore
armour or carried a shield. And when the Isaurian
observed this, it seemed to him not impossible for the
army to penetrate into the city, if they should make the
tunnel at that point broader by a little. But since he
himself was a humble person, and never had come into
conversation with any of the commanders, he brought
the matter before Paucaris, an Isaurian, who had dis-
tinguished himself among the guards of Belisarius.
So Paucaris immediately reported the whole matter
to the general. And Belisarius, being pleased by the
report, took new courage, and by promising to reward

γάλοις τὸν ἄνθρωπον δωρήσεσθαι[1] ὑποσχόμενος
ἐς τὴν πρᾶξιν ἦγε, καὶ αὐτὸν ἐκέλευεν Ἰσαύρων
τινὰς ἑταιρισάμενον ἐκτομὴν ὡς τάχιστα τῆς
πέτρας ποιεῖσθαι, φυλασσόμενον ὅπως τοῦ ἔργου
19 μηδενὶ αἴσθησιν δώσουσι. Παύκαρις δέ, Ἰσαύ-
ρους ἀπολεξάμενος πρὸς τὸ ἔργον ἐπιτηδείως
πάντη[2] ἔχοντας, ἐντὸς τοῦ ὀχετοῦ σὺν αὐτοῖς
20 λάθρα ἐγένετο. ἔς τε τὸν χῶρον ἐλθόντες ἵνα δὴ
τὴν στενοχωρίαν ἡ πέτρα ἐποίει, ἔργου εἴχοντο,
οὐκ ἀξίναις τὴν πέτραν οὐδὲ πελέκεσι τέμνοντες,
ὅπως μὴ ἔνδηλα τῷ κτύπῳ τοῖς πολεμίοις ποιή-
σωσι τὰ πρασσόμενα, ἀλλὰ σιδηρίοις τισὶν ὀξέσιν
21 αὐτὴν ἐνδελεχέστατα ξέοντες. καὶ χρόνῳ ὀλίγῳ
κατείργαστο, ὥστε ἀνθρώπῳ δυνατὰ εἶναι θώρακά
τε ἀμπεχομένῳ καὶ ἀσπίδα φέροντι ταύτῃ ἰέναι.

22 Ἐπειδὴ δὲ ἅπαντα ἤδη ὡς ἄριστα εἶχεν, ἔννοια
Βελισαρίῳ ἐγένετο ὡς, ἢν πολέμῳ ἐς Νεάπολιν
τῷ στρατῷ ἐσιτητὰ εἴη, τοῖς τε ἀνθρώποις ἀπο-
λωλέναι ξυμβήσεται καὶ τἆλλα[3] ξυμπεσεῖν
ἅπαντα, ὅσα πόλει πρὸς πολεμίων ἁλούσῃ
23 γίνεσθαι εἴωθε. Στέφανόν τε εὐθὺς μεταπεμ-
ψάμενος ἔλεξε τοιάδε· "Πολλάκις εἶδον πόλεις
ἁλούσας καὶ τῶν τηνικαῦτα γινομένων εἰμὶ ἔμ-
24 πειρος. τοὺς μὲν γὰρ ἄνδρας ἀναιροῦσιν ἡβηδὸν
ἅπαντας, γυναῖκας δὲ θνήσκειν αἰτουμένας οὐκ
ἀξιοῦσι κτείνειν, ἀλλ᾽ ἐς ὕβριν ἀγόμεναι πά-
σχουσιν ἀνήκεστά τε καὶ ἐλέου πολλοῦ ἄξια.
25 παῖδας δὲ οὔτε τροφῆς οὔτε παιδείας οὕτω μετα-
λαχόντας δουλεύειν ἀνάγκη, καὶ ταῦτα τοῖς
πάντων ἐχθίστοις, ὧν ἐν ταῖς χερσὶ τὸ τῶν

---

[1] δωρήσεσθαι V : δωρήσασθαι L.   [2] πάντη L : πάντας K.
[3] τἆλλα Haury : ἄλλα MSS.

the man with great sums of money induced him to
attempt the undertaking, and commanded him to
associate with himself some of the Isaurians and cut
out a passage in the rock as quickly as possible, taking
care to allow no one to become aware of what they
were doing. Paucaris then selected some Isaurians
who were thoroughly suitable for the work, and
secretly got inside the aqueduct with them. And
coming to the place where the rock caused the passage
to be narrow, they began their work, not cutting the
rock with picks or mattocks, lest by their blows they
should reveal to the enemy what they were doing, but
scraping it very persistently with sharp instruments
of iron. And in a short time the work was done, so
that a man wearing a corselet and carrying a shield
was able to go through at that point.

But when all his arrangements were at length in
complete readiness, the thought occurred to Belisa-
rius that if he should by act of war make his entry
into Naples with the army, the result would be that
lives would be lost and that all the other things
would happen which usually attend the capture of a
city by an enemy. And straightway summoning
Stephanus, he spoke as follows: "Many times have
I witnessed the capture of cities and I am well ac-
quainted with what takes place at such a time. For
they slay all the men of every age, and as for the
women, though they beg to die, they are not granted
the boon of death, but are carried off for outrage and
are made to suffer treatment that is abominable and
most pitiable. And the children, who are thus de-
prived of their proper maintenance and education,
are forced to be slaves, and that, too, of the men
who are the most odious of all—those on whose hands

26 πατέρων αἷμα τεθέανται. ἐῶ γάρ, ὦ φίλε Στέ-
φανε, λέγειν τὸ πῦρ, ᾧ τά τε ἄλλα χρήματα
καὶ τὸ τῆς πόλεως ἀφανίζεται κάλλος. ταῦτα
Νεάπολιν τήνδε ὥσπερ ἐν κατόπτρῳ ταῖς πρό-
τερον ἁλούσαις πόλεσιν ὁρῶν πάσχουσαν, αὐτῆς
27 τε καὶ ὑμῶν ἐς οἶκτον ἥκω. μηχαναὶ γάρ μοι
πεποίηνται νῦν ἐς αὐτήν, ἣν μὴ οὐχὶ ἁλῶναι
ἀδύνατον. πόλιν δὲ ἀρχαίαν καὶ οἰκήτορας
Χριστιανούς τε καὶ Ῥωμαίους ἄνωθεν ἔχουσαν ἐς
τοῦτο τύχης οὐκ ἂν εὐξαίμην, ἄλλως τε καὶ ὑπ'
ἐμοῦ[1] Ῥωμαίων στρατηγοῦντος,[2] ἐλθεῖν, μάλιστα
ἐπεὶ βάρβαροι πολλοί μοι τὸ πλῆθος ἐν τῷ
στρατοπέδῳ εἰσίν, ἀδελφοὺς ἢ ξυγγενεῖς πρὸ
τοῦδε ἀπολωλεκότες τοῦ τείχους· ὧν δὴ κατέχειν
τὸν θυμόν, ἢν πολέμῳ τὴν πόλιν ἕλωσιν, οὐκ ἂν
28 δυναίμην. οὐκοῦν ἕως ἔτι τὸ τὰ ξυνοίσοντα
ἑλέσθαι τε καὶ πράσσειν ἐφ' ὑμῖν ἐστι, βουλεύ-
σασθε μὲν τὰ βελτίω, φύγετε δὲ ξυμφοράν· ἧς,
ὡς τὸ εἰκός, ξυμπιπτούσης ὑμῖν οὐ τὴν τύχην
δικαίως, ἀλλὰ τὴν ὑμετέραν αἰτιάσεσθε[3] γνώ-
29 μην." τοσαῦτα εἰπὼν Βελισάριος Στέφανον
ἀπεπέμψατο. ὃς ἐς Νεαπολιτῶν τὸν δῆμον παρ-
ῆλθε δεδακρυμένος τε καὶ πάντα ξὺν οἰμωγῇ
30 ἀγγέλλων ὅσα Βελισαρίου λέγοντος ἤκουσεν. οἱ
δὲ (οὐδὲ γὰρ χρῆν[4] Νεαπολίτας ἀθῴους βασιλεῖ
κατηκόους γενέσθαι) οὔτε ἔδεισάν τι οὔτε Βελι-
σαρίῳ προσχωρεῖν ἔγνωσαν.

[1] ἐμοῦ L: ἐμοὶ K.
[2] στρατηγοῦντος L: στρατηγοῦντι K.
[3] αἰτιάσεσθε Krašeninnikov: αἰτιάσησθε K, αἰτιᾶσθε L.
[4] οὐδὲ γὰρ χρῆν Haury: οὐδὲν δεῖ K, οὐδὲ γὰρ ἦν L.

they see the blood of their fathers. And this is not all, my dear Stephanus, for I make no mention of the conflagration which destroys all the property and blots out the beauty of the city. When I see, as in the mirror of the cities which have been captured in times past, this city of Naples falling victim to such a fate, I am moved to pity both it and you its inhabitants. For such means have now been perfected by me against the city that its capture is inevitable. But I pray that an ancient city, which has for ages been inhabited by both Christians and Romans, may not meet with such a fortune, especially at my hands as commander of Roman troops, not least because in my army are a multitude of barbarians, who have lost brothers or relatives before the wall of this town; for the fury of these men I should be unable to control, if they should capture the city by act of war. While, therefore, it is still within your power to choose and to put into effect that which will be to your advantage, adopt the better course and escape misfortune; for when it falls upon you, as it probably will, you will not justly blame fortune but your own judgment." With these words Belisarius dismissed Stephanus. And he went before the people of Naples weeping and reporting with bitter lamentations all that he had heard Belisarius say. But they, since it was not fated that the Neapolitans should become subjects of the emperor without chastisement, neither became afraid nor did they decide to yield to Belisarius.

X

Τότε δὴ καὶ αὐτὸς τὰ ἐς τὴν εἴσοδον κατεστή-
σατο ὧδε. ἄνδρας ἀμφὶ τετρακοσίους ἀπολεξά-
μενος περὶ λύχνων ἀφὰς καὶ ἄρχοντε[1] αὐτοῖς
ἐπιστήσας Μάγνον τε, ὃς ἱππικοῦ καταλόγου
ἡγεῖτο, καὶ τὸν τῶν Ἰσαύρων ἀρχηγὸν Ἔννην,
θωρακίσασθαί τε ἅπαντας καὶ τάς τε ἀσπίδας
τά τε ξίφη ἀνελομένους ἡσυχάζειν, ἄχρι αὐτὸς
2 σημήνῃ, ἐκέλευε. καὶ Βέσσαν μεταπεμψάμενος
αὐτοῦ μένειν ἐπήγγειλε· βούλεσθαι γὰρ ξὺν αὐτῷ
βουλήν τινα περὶ τοῦ στρατοπέδου ποιήσασθαι·
3 καὶ ἐπειδὴ πόρρω ἦν τῶν νυκτῶν, Μάγνῳ τε καὶ
Ἔννῃ τὰ σφίσι παρόντα εἰπὼν καὶ τὸ χωρίον
ἐπιδείξας οὗ πρότερον διελὼν τὸν ὀχετὸν ἔτυχε,[2]
τοῖς τετρακοσίοις ἐς τὴν πόλιν ἐξηγήσασθαι,
4 λύχνα ἀνελομένους, ἐκέλευε. καὶ ἄνδρας δύο
ταῖς σάλπιγξι χρῆσθαι ἐπισταμένους ξὺν αὐτοῖς
ἔπεμψεν, ὅπως, ἐπειδὰν τοῦ περιβόλου ἐντὸς
γένωνται, τήν τε πόλιν ξυνταράξαι καὶ τὰ πρασ-
5 σόμενα σημῆναι σφίσιν οἷοί τε ὦσιν. αὐτὸς δὲ
κλίμακας ὅτι πλείστας πρότερον πεποιημένας ἐν
παρασκευῇ εἶχεν.

Οἱ μὲν οὖν ἐς τὸν ὀχετὸν ὑποδύντες ἐπὶ τὴν
πόλιν ἐβάδιζον, αὐτὸς δὲ ξὺν τῷ Βέσσᾳ καὶ
Φωτίῳ αὐτοῦ ἔμενε καὶ ξὺν αὐτοῖς ἅπαντα
6 ἔπρασσε. πέμψας δὲ καὶ ἐς τὸ στρατόπεδον,
ἐγρηγορέναι τε καὶ τὰ ὅπλα ἐν χερσὶν ἔχειν
ἐπέτατττε. καὶ πολλοὺς μέντοι ἀμφ' αὐτὸν εἶχεν

---

[1] ἄρχοντε Haury : ἄρχοντα MSS.
[2] διελὼν τὸν ὀχετὸν ἔτυχε K : τὸν ὀχ. ἔτ. διαρρήξας L.

X

THEN at length Belisarius, on his part, made his preparations to enter the city as follows. Selecting at nightfall about four hundred men and appointing as commander over them Magnus, who led a detachment of cavalry, and Ennes, the leader of the Isaurians, he commanded them all to put on their corselets, take in hand their shields and swords, and remain quiet until he himself should give the signal. And he summoned Bessas[1] and gave him orders to stay with him, for he wished to consult with him concerning a certain matter pertaining to the army. And when it was well on in the night, he explained to Magnus and Ennes the task before them, pointed out the place where he had previously broken open the aqueduct, and ordered them to lead the four hundred men into the city, taking lights with them. And he sent with them two men skilled in the use of the trumpet, so that as soon as they should get inside the circuit-wall, they might be able both to throw the city into confusion and to notify their own men what they were doing. And he himself was holding in readiness a very great number of ladders which had been constructed previously.

So these men entered the aqueduct and were proceeding toward the city, while he with Bessas and Photius[2] remained at his post and with their help was attending to all details. And he also sent to the camp, commanding the men to remain awake and to keep their arms in their hands. At the same time

[1] Cf. chap. v. 3.   [2] Cf. chap. v. 5.

οὓς δὴ εὐτολμοτάτους ᾤετο εἶναι. τῶν δὲ ἐπὶ
τὴν πόλιν ἰόντων οἱ ὑπὲρ ἥμισυ κατωρρωδηκότες
7 τὸν κίνδυνον ὀπίσω ἀπεκομίζοντο. οὓς ἐπεὶ
Μάγνος ἕπεσθαί οἱ, καίπερ πολλὰ παραινέσας,
οὐκ ἔπειθε, παρὰ τὸν στρατηγὸν ξὺν αὐτοῖς
8 ἐπανῆκε. τούτους δὲ Βελισάριος κακίσας καὶ
τῶν ἀμφ' αὐτὸν ἀπολέξας διακοσίους σὺν Μάγνῳ
ἰέναι ἐκέλευεν. ὧν δὴ καὶ Φώτιος ἡγεῖσθαι θέλων,
ἐς τὴν διώρυχα ἐσεπήδησεν· ἀλλὰ Βελισάριος
9 αὐτὸν διεκώλυσεν. αἰσχυνθέντες δὲ τοῦ τε
στρατηγοῦ καὶ Φωτίου τὴν λοιδορίαν καὶ ὅσοι
τὸν κίνδυνον ἔφευγον, αὖθις αὐτὸν ὑποστῆναι
10 τολμήσαντες ξὺν αὐτοῖς εἵποντο. Βελισάριος δὲ
δείσας μὴ τῶν πολεμίων τισὶ τῶν πρασσομένων
αἴσθησις γένηται, οἳ δὴ ἐς τὸν πύργον φυλακὴν
εἶχον ὃς τοῦ ὀχετοῦ ἄγχιστα ἐτύγχανεν ὤν,
ἐνταῦθά τε ἦλθε καὶ Βέσσαν ἐκέλευε τῇ Γότθων
φωνῇ διαλέγεσθαι τοῖς ταύτῃ βαρβάροις, ὅπως
δὴ μή τις αὐτοῖς ἐκ τῶν ὅπλων πάταγος ἔναυλος
11 εἵη. καὶ Βέσσας μὲν αὐτοῖς ἀναβοήσας μέγα προσ-
χωρεῖν Βελισαρίῳ παρῄνει, πολλὰ σφίσιν ἐπαγ-
12 γελλόμενος ἀγαθὰ ἔσεσθαι. οἱ δὲ ἐτώθαζον, πολλὰ
ἐς Βελισάριόν τε καὶ βασιλέα ὑβρίζοντες. ταῦτα
μὲν οὖν Βελισαρίῳ καὶ Βέσσᾳ ἐπράσσετο τῇδε.
13 Ὁ δὲ Νεαπόλεως ὀχετὸς οὐκ ἄχρι ἐς τὸ τεῖχος
καλύπτεται μόνον, ἀλλ' οὕτω τῆς πόλεως ἐπὶ
πλεῖστον διήκει, κύρτωμα ἐκ πλίνθου ὠπτημένης
ὑψηλὸν ἔχων, ὥστε γενόμενοι ἐντὸς τοῦ περιβόλου
οἱ ἀμφὶ Μάγνον τε καὶ Ἔννην ἅπαντες οὐδὲ ὅπου

he kept near him a large force—men whom he considered most courageous. Now of the men who were on their way to the city above half became terrified at the danger and turned back. And since Magnus could not persuade them to follow him, although he urged them again and again, he returned with them to the general. And Belisarius, after reviling these men, selected two hundred of the troops at hand, and ordered them to go with Magnus. And Photius also, wishing to lead them, leaped into the channel of the aqueduct, but Belisarius prevented him. Then those who were fleeing from the danger, put to shame by the railings of the general and of Photius, took heart to face it once more and followed with the others. And Belisarius, fearing lest their operations should be perceived by some of the enemy, who were maintaining a guard on the tower which happened to be nearest to the aqueduct, went to that place and commanded Bessas to carry on a conversation in the Gothic tongue with the barbarians there, his purpose being to prevent any clanging of the weapons from being audible to them. And so Bessas shouted to them in a loud voice, urging the Goths to yield to Belisarius and promising that they should have many rewards. But they jeered at him, indulging in many insults directed at both Belisarius and the emperor. Belisarius and Bessas, then, were thus occupied.

Now the aqueduct of Naples is not only covered until it reaches the wall, but remains covered as it extends to a great distance inside the city, being carried on a high arch of baked brick. Consequently, when the men under the command of Magnus and Ennes had got inside the fortifications, they were

14 ποτὲ γῆς εἰσι ξυμβάλλεσθαι ἐδύναντο. οὐ μὴν
οὐδέ πη ἀποβαίνειν ἐνθένδε[1] εἶχον, ἕως οἱ πρῶτοι
ἐς χῶρον ἵκοντο οὗ τὸν ὀχετὸν ἀνώροφον ξυνέ-
πεσεν εἶναι καὶ οἴκημα ἦν κομιδῇ ἀπημελημένον.
15 ἐνταῦθα ἔσω γυνή τις ᾤκει, μόνη τε οὖσα καὶ
πενίᾳ πολλῇ ξυνοικοῦσα, καὶ δένδρον ἐλαίας καθ
16 ὕπερθεν τοῦ ὀχετοῦ ἐπεφύκει. οὗτοι ἐπειδὴ τόν
τε οὐρανὸν εἶδον καὶ ἐν μέσῃ πόλει ᾔσθοντο εἶναι,
ἐκβαίνειν μὲν διενοοῦντο, μηχανὴν μέντοι οὐδε-
μίαν εἶχον, ἄλλως τε καὶ ξὺν τοῖς ὅπλοις, τοῦ
ὀχετοῦ ἀπαλλάσσεσθαι. ὑψηλὴ γάρ τις ἐνταῦθα
ἡ οἰκοδομία ἔτυχεν οὖσα καὶ οὐδὲ ἀνάβασίν τινα
17 ἔχουσα. τῶν δὲ στρατιωτῶν ἐπὶ πλεῖστον ἀπο-
ρουμένων καὶ ἐς στενοχωρίαν πολλὴν ξυνιόντων
(ἤδη γὰρ καὶ τῶν ὄπισθεν ἰόντων πολύς τις ξυν-
έρρει ὅμιλος), ἐγένετο αὐτῶν τινι ἔννοια τῆς
18 ἀνόδου ἀποπειράσασθαι. καταθέμενος οὖν αὐτίκα
τὰ ὅπλα, ταῖς τε χερσὶ καὶ τοῖς ποσὶ τὴν ἀνά-
βασιν βιασάμενος, ἐς τὸ τῆς γυναικὸς οἴκημα
19 ἦλθε. καὶ αὐτὴν ἐνταῦθα ἰδών, ἢν μὴ σιωπῷη,
κτείνειν ἠπείλησεν. ἡ δὲ καταπλαγεῖσα ἄφωνος
ἔμεινε. καὶ ὃς ἐκ τοῦ πρέμνου τῆς ἐλαίας ἱμάντα
τινὰ ἰσχυρὸν ἀναψάμενος τὴν ἑτέραν τοῦ ἱμάντος
ἀρχὴν ἐς τὸν ὀχετὸν ἔρριψεν. οὗ δὴ λαβόμενος
20 τῶν στρατιωτῶν ἕκαστος ἀνέβαινε μόλις. ἐπεὶ
δὲ ἀναβεβήκεσαν ἅπαντες τῆς τε νυκτὸς τὸ τε-
ταρτημόριον ἔτι ἐλείπετο, χωροῦσιν ἐπὶ τὸ τεῖχος
καὶ πύργων δύο τοὺς φύλακας, οὐδέν τι αἰσθανο-

1 ἐνθένδε K : om. L.

ne and all unable even to conjecture where in the
world they were. Furthermore, they could not leave
he aqueduct at any point until the foremost of them
came to a place where the aqueduct chanced to be
without a roof and where stood a building which had
entirely fallen into neglect. Inside this building a
certain woman had her dwelling, living alone with
utter poverty as her only companion; and an olive
ree had grown out over the aqueduct. So when
hese men saw the sky and perceived that they were
in the midst of the city, they began to plan how they
might get out, but they had no means of leaving the
aqueduct either with or without their arms. For
he structure happened to be very high at that point
and, besides, offered no means of climbing to the top.
But as the soldiers were in a state of great perplexity
and were beginning to crowd each other greatly as
hey collected there (for already, as the men in the
rear kept coming up, a great throng was beginning
to gather), the thought occurred to one of them to
make trial of the ascent. He immediately there-
ore laid down his arms, and forcing his way up with
hands and feet, reached the woman's house. And
seeing her there, he threatened to kill her unless
he should remain silent. And she was terror-stricken
and remained speechless. He then fastened to the
runk of the olive tree a strong strap, and threw the
ther end of it into the aqueduct. So the soldiers,
aying hold of it one at a time, managed with
ifficulty to make the ascent. And after all had
ome up and a fourth part of the night still remained,
hey proceeded toward the wall; and they slew the
arrison of two of the towers before the men in them

μένους τοῦ κακοῦ, κτείνουσιν ἀμφὶ τὰ πρὸς βορρᾶν
τοῦ περιβόλου, ἔνθα Βελισάριος ξὺν τῷ Βέσσᾳ
καὶ Φωτίῳ εἰστήκει, καραδοκῶν τὰ πρασσόμενα.

21 καὶ οἱ μὲν τὸ στράτευμα[1] ἐπὶ τὸ τεῖχος ταῖς σάλ-
πιγξιν ἐκάλουν, Βελισάριος δὲ τῷ περιβόλῳ τὰς
κλίμακας ἐρείσας τοὺς στρατιώτας ἐνθένδε ἀνα-

22 βαίνειν ἐκέλευε. τῶν δὲ κλιμάκων οὐδεμίαν διή-
κειν ἄχρι ἐς τὰς ἐπάλξεις ξυνέβαινεν. ἅτε γὰρ
αὐτὰς οὐκ ἐκ τοῦ ἐμφανοῦς οἱ τεχνῖται ποιούμενοι
μέτρου τοῦ καθήκοντος οὐχ οἷοί τε ἐξικνεῖσθαι

23 ἐγένοντο. διόπερ δύο ἐς ἀλλήλας ξυνδέοντες καὶ
ἐπ' ἀμφοῖν ἀναβαίνοντες οὕτω δὴ τῶν ἐπάλξεων
καθυπέρτεροι οἱ στρατιῶται ἐγένοντο. ταῦτα μὲν
οὖν Βελισαρίῳ ἐφέρετο τῇδε.

24 Ἐς δὲ τὰ πρὸς θάλασσαν τοῦ περιβόλου, ἔνθα
οὐχ οἱ βάρβαροι, ἀλλὰ Ἰουδαῖοι φυλακὴν εἶχον,
οὔτε ταῖς κλίμαξι χρῆσθαι οὔτε ἀναβαίνειν ἐς τὸ

25 τεῖχος οἱ στρατιῶται ἐδύναντο. οἱ γὰρ Ἰουδαῖοι
τοῖς πολεμίοις ἤδη προσκεκρουκότες, ἐμπόδιοί τε
γεγενημένοι ὅπως μὴ τὴν πόλιν ἀμαχητὶ ἕλωσι,
καὶ ἀπ' αὐτοῦ ἐλπίδα οὐδεμίαν ἦν ὑπ'[2] αὐτοῖ
ὦσιν[3] ἔχοντες, καρτερῶς τε, καίπερ αὐτοῖς τῆς
πόλεως ἤδη ἁλούσης, ἐμάχοντο καὶ τῇ τῶν ἐναν-

26 τίων προσβολῇ παρὰ δόξαν ἀντεῖχον. ἐπεὶ δὲ
ἡμέρα ἐγένετο καὶ τῶν ἀναβεβηκότων τινὲς ἐπ'
αὐτοὺς ᾖσαν, οὕτω δὴ καὶ αὐτοὶ ὄπισθεν βαλλό-
μενοι ἔφευγον, καὶ κατὰ κράτος Νεάπολις ἥλω
καὶ τῶν πυλῶν ἤδη ἀνακεκλιμένων ἅπας ὁ Ῥω-

27 μαίων στρατὸς εἰσῄει. ὅσοι δὲ ἀμφὶ πύλας ἑτε-

---

[1] τὸ στράτευμα K : om. L.
[2] ἦν ὑπ' Haury : ἂν ὑπ' Vitelli, ἦν ἐπ' Grotius, ἐπ' MSS.
[3] αὐτοῖς ὦσιν L : αὐτοὺς K, αὐτοῖς Christ.

had an inkling of the trouble. These towers were
on the northern portion of the circuit-wall, where
Belisarius was stationed with Bessas and Photius,
anxiously awaiting the progress of events. So while
the trumpeters were summoning the army to the
wall, Belisarius was placing the ladders against the
fortifications and commanding the soldiers to mount
them. But it so happened that not one of the
ladders reached as far as the parapet. For since the
workmen had not made them in sight of the wall,
they had not been able to arrive at the proper
measure. For this reason they bound two together,
and it was only by using both of them for the ascent
that the soldiers got above the level of the parapet.
Such was the progress of these events where
Belisarius was engaged.

But on the side of the circuit-wall which faces the
sea, where the forces on guard were not barbarians,
but Jews, the soldiers were unable either to use the
ladders or to scale the wall. For the Jews had already
given offence to their enemy by having opposed
their efforts to capture the city without a fight, and
for this reason they had no hope if they should fall
into their hands; so they kept fighting stubbornly,
although they could see that the city had already
been captured, and held out beyond all expectation
against the assaults of their opponents. But when
day came and some of those who had mounted the
wall marched against them, then at last they also,
now that they were being shot at from behind, took
to flight, and Naples was captured by storm. By 536 A.D.
this time the gates were thrown open and the whole
Roman army came in. But those who were stationed

99

τάχατο τὰς πρὸς ἀνίσχοντα ἥλιον τετραμμένας,
ἐπεὶ κλίμακες σφίσι παροῦσαι οὐδαμῆ ἔτυχον,
ταύτας δὴ τὰς πύλας ἀφυλάκτους παντάπασιν
28 οὔσας ἔκαυσαν. ἔρημον γὰρ ἀνδρῶν τὸ ἐκείνῃ
τεῖχος, ἅτε τῶν φυλάκων δρασμῷ χρησαμένων,
29 ἐγένετο. φόνος τε ἐνταῦθα πολὺς ἐγεγόνει. θυμῷ
γὰρ ἐχόμενοι ἅπαντες, ἄλλως τε καὶ ὅσοις ἀδελ-
φόν τινα ἢ ξυγγενῆ ἀποθανεῖν τειχομαχοῦντα
τετύχηκε, τὸν ἐν ποσὶν ἀεί, οὐδεμιᾶς ἡλικίας φει-
δόμενοι, ἔκτεινον, ἔς τε τὰς οἰκίας ἐσβάλλοντες
παῖδας μὲν καὶ γυναῖκας ἠνδραπόδισαν, τὰ δὲ
χρήματα ἐληίσαντο, καὶ πάντων μάλιστα οἱ Μασ-
σαγέται, οἳ οὐδὲ τῶν ἱερῶν ἀπεχόμενοι πολλοὺς
τῶν ἐς αὐτὰ φυγόντων ἀνεῖλον, ἕως Βελισάριος
πανταχόσε περιιὼν διεκώλυσέ τε καὶ ξυγκαλέσας
ἅπαντας ἔλεξε τοιάδε·
30   "Ἐπειδὴ νενικηκέναι τε ἡμῖν δέδωκεν ὁ θεὸς
καὶ ἐπὶ πλεῖστον εὐδοξίας ἀφῖχθαι, πόλιν ἀνά-
λωτον πρότερον οὖσαν ὑποχειρίαν ἡμῖν ποιησά-
μενος, ἀναγκαῖον καὶ ἡμᾶς τὸ μὴ ἀναξίους εἶναι
τῆς χάριτος, ἀλλὰ τῇ ἐς τοὺς ἡσσημένους φιλαν-
θρωπίᾳ τὸ δικαίως κεκρατηκέναι τούτων ἐνδείκνυ-
31 σθαι. μὴ τοίνυν ἀπέραντα Νεαπολίτας μισήσητε,
μηδὲ ὑπερόριον τοῦ πολέμου τὸ ἐς αὐτοὺς ἔχθος
ποιήσητε. τοὺς γὰρ ἡσσημένους οὐδεὶς τῶν νενι-
32 κηκότων ἔτι μισεῖ. κτείνοντές τε αὐτοὺς οὐ πολε-
μίων ἀπαλλαγήσεσθε τὸ λοιπόν, ἀλλὰ θανάτῳ
ζημιωθήσεσθε τῶν ὑπηκόων. οὐκοῦν ἀνθρώπους
τούσδε μηδὲν ἐργάσησθε περαιτέρω κακόν, μηδὲ

about the gates which fronted the east, since, as it happened, they had no ladders at hand, set fire to these gates, which were altogether unguarded; for that part of the wall had been deserted, the guards having taken to flight. And then a great slaughter took place; for all of them were possessed with fury, especially those who had chanced to have a brother or other relative slain in the fighting at the wall. And they kept killing all whom they encountered, sparing neither old nor young, and dashing into the houses they made slaves of the women and children and secured the valuables as plunder; and in this the Massagetae outdid all the rest, for they did not even withhold their hand from the sanctuaries, but slew many of those who had taken refuge in them, until Belisarius, visiting every part of the city, put a stop to this, and calling all together, spoke as follows:

"Inasmuch as God has given us the victory and has permitted us to attain the greatest height of glory, by putting under our hand a city which has never been captured before, it behooves us on our part to shew ourselves not unworthy of His grace, but by our humane treatment of the vanquished, to make it plain that we have conquered these men justly. Do not, therefore, hate the Neapolitans with a boundless hatred, and do not allow your hostility toward them to continue beyond the limits of the war. For when men have been vanquished, their victors never hate them any longer. And by killing them you will not be ridding yourselves of enemies for the future, but you will be suffering a loss through the death of your subjects. Therefore, do these men no further harm, nor continue to give

33 τῇ ὀργῇ πάντα χαρίζεσθε. αἰσχρὸν γὰρ τῶν μὲν
πολεμίων κρατεῖν, τοῦ δὲ θυμοῦ ἥσσους φαίνε-
σθαι. ὑμῖν δὲ χρήματα μὲν τὰ ἄλλα γινέσθω τῆς
ἀρετῆς ἆθλα, γυναῖκες δὲ τοῖς ἀνδράσι ξὺν τοῖς
παισὶν ἀποδιδόσθων. μανθανέτωσαν δὲ οἱ νενι-
κημένοι τοῖς πράγμασιν ἡλίκων ἐξ¹ ἀβουλίας
ἐστέρηνται φίλων."

34 Τοσαῦτα εἰπὼν Βελισάριος τάς τε γυναῖκας καὶ
τὰ παιδία καὶ τὰ ἄλλα ἀνδράποδα Νεαπολίταις
πάντα ἀφῆκεν, ὕβρεως οὐδεμιᾶς ἐς πεῖραν ἐλ-
θόντα, καὶ αὐτοῖς τοὺς στρατιώτας διήλλαξεν.

35 οὕτω τε Νεαπολίταις ξυνηνέχθη ἐκείνῃ τῇ ἡμέρᾳ
αἰχμαλώτοις τε γενέσθαι καὶ τὴν ἐλευθερίαν
ἀνασώσασθαι καὶ τῶν χρημάτων τὰ τιμιώτατα

36 ἀνακτήσασθαι. ἐπεὶ αὐτῶν ὅσοι χρυσὸν ἢ ἄλλο
τι τῶν τιμίων ἔχοντες ἔτυχον, οὗτοι δὴ τὰ πρό-
τερα ἐς γῆν κατορύξαντες ἀπεκρύψαντο, καὶ ταύτῃ
τοὺς πολεμίους λαθεῖν ἴσχυσαν αὐτοῖς χρήμασι
τὰς οἰκίας ἀπολαβόντες. ἥ τε πολιορκία ἐς ἡμέ-
ρας μάλιστα εἴκοσι κατατείνασα ἐς τοῦτο ἐτε-

37 λεύτα. Γότθους δὲ τοὺς τῇδε ἁλόντας οὐχ ἥσσους
ἢ ὀκτακοσίους ὄντας κακῶν ἀπαθεῖς Βελισάριος
παντάπασι διαφυλάξας, οὐκ ἐλασσόνως ἢ τοὺς
στρατιώτας τοὺς αὑτοῦ ἐν τιμῇ εἶχε.

38 Πάστωρ δέ, ὃς ἐς ἀπόνοιαν, ὡς πρότερόν μοι
δεδήλωται, τὸν δῆμον ἐνῆγεν, ἐπεὶ τὴν πόλιν
ἁλισκομένην εἶδεν, ἐς ἀποπληξίαν ἐξέπεσε καὶ
ἐξαπίνης ἀπέθανεν, οὔτε νοσήσας πρότερον οὔτε

39 ἄλλο τι πρὸς οὐδενὸς παθὼν ἄχαρι. Ἀσκληπιό-
δοτος δέ, ὃς ξὺν αὐτῷ ταῦτα ἔπρασσε, ξὺν τῶν

¹ ἐξ L: τῆς K.

way wholly to anger. For it is a disgrace to prevail
over the enemy and then to shew yourselves
vanquished by passion. So let all the possessions of
these men suffice for you as the rewards of your
valour, but let their wives, together with the
children, be given back to the men. And let the
conquered learn by experience what kind of friends
they have forfeited by reason of foolish counsel."

After speaking thus, Belisarius released to the
Neapolitans their women and children and the slaves,
one and all, no insult having been experienced by
them, and he reconciled the soldiers to the citizens.
And thus it came to pass for the Neapolitans that on
that day they both became captives and regained
their liberty, and that they recovered the most
precious of their possessions. For those of them
who happened to have gold or anything else of value
had previously concealed it by burying it in the
earth, and in this way they succeeded in hiding from
the enemy the fact that in getting back their houses
they were recovering their money also. And the
siege, which had lasted about twenty days, ended
thus. As for the Goths who were captured in the
city, not less than eight hundred in number, Beli-
sarius put them under guard and kept them from
all harm, holding them in no less honour than his
own soldiers.

And Pastor, who had been leading the people
upon a course of folly, as has been previously[1] set
forth by me, upon seeing the city captured, fell into
a fit of apoplexy and died suddenly, though he had
neither been ill before nor suffered any harm from
anyone. But Asclepiodotus, who was engaged in this

---

[1] Chap. viii. 22.

λογίμων τοῖς περιοῦσι παρὰ Βελισάριον ἦλθε.
40 καὶ αὐτῷ Στέφανος ἐπιτωθάζων ἐλοιδορεῖτο ὧδε·
"Ὅρα, ὦ κάκιστε ἀνθρώπων ἁπάντων, οἷα κακὰ
τὴν πατρίδα εἰργάσω, τῆς ἐς Γότθους εὐνοίας τὴν
41 τῶν πολιτῶν ἀποδόμενος σωτηρίαν. εἶτα εἰ μὲν
τοῖς βαρβάροις εὖ ἐγεγόνει τὰ πράγματα, ἠξίωσας
ἂν ἔμμισθός τε αὐτὸς πρὸς ἐκείνων εἶναι καὶ ἡμῶν
ἕκαστον τῶν τὰ βελτίω βεβουλευμένων τῆς ἐς
42 τοὺς Ῥωμαίους προδοσίας ὑπαγαγεῖν. ἐπεὶ δὲ
τὴν μὲν πόλιν βασιλεὺς εἷλε, σεσώσμεθα δὲ τῇ
τοῦδε τοῦ ἀνδρὸς ἀρετῇ, οὕτω δὲ¹ εἰσελθεῖν παρὰ
τὸν στρατηγὸν ἀνεπισκέπτως ἐτόλμησας ἅτε οὐ-
δὲν δεινὸν οὔτε Νεαπολίτας οὔτε τὸ βασιλέως
διαπεπραγμένος στρατόπεδον, ἀξίας τίσεις δί-
43 κας."² Στέφανος μὲν τῇ ξυμφορᾷ περιώδυνος ὢν
ἐς Ἀσκληπιόδοτον ταῦτα ἀπέρριψεν. ὁ δὲ αὐτὸν
ἀμείβεται τοῖσδε· "Λέληθας σαυτὸν ἐγκωμιάζων
ἡμᾶς, ὦ γενναῖε, οἷς δὴ³ εὔνοιαν τὴν ἐς τοὺς
44 Γότθους ἡμῖν ὀνειδίζεις. εὔνους γάρ τις⁴ δεσπό-
ταις κινδυνεύουσιν, εἰ μὴ ἐκ τοῦ βεβαίου τῆς γνώ-
μης, οὐκ ἄν ποτε εἴη. ἐμὲ μὲν οὖν οἱ κρατοῦντες
τοιοῦτον τῆς πολιτείας φύλακα ἕξουσιν οἷον ἀρ-
τίως πολέμιον εὗρον, ἐπεὶ ὁ τῇ φύσει τὸ πιστὸν
45 ἔχων οὐ ξυμμεταβάλλει τῇ τύχῃ τὴν γνώμην. σὺ
δὲ τῶν πραγμάτων οὐχ ὁμοίως αὐτοῖς φερομένων
ἑτοίμως ἂν τοὺς τῶν ἐπιόντων ἐνδέξαιο λόγους.
ὁ γὰρ τὸ τῆς διανοίας νοσῶν ἄστατον ἅμα τε
ἔδεισε καὶ τὴν ἐς τοὺς φιλτάτους ἠρνήσατο πί-

¹ οὕτω δὲ K : οὕτω δὴ LV₁.
² ἀξίας τίσεις δίκας K : om. L.
³ δὴ L : δι᾽ KV₁.
⁴ γάρ τις K pr. m. corr., L : γὰρ τοῖς K pr. m.

intrigue with him, came before Belisarius with those of the notables who survived. And Stephanus mocked and reviled him with these words: "See, O basest of all men, what evils you have brought to your fatherland, by selling the safety of the citizens for loyalty to the Goths. And furthermore, if things had gone well for the barbarians, you would have claimed the right to be yourself a hireling in their service and to bring to court on the charge of trying to betray the city to the Romans each one of us who have given the better counsel. But now that the emperor has captured the city, and we have been saved by the uprightness of this man, and you even so have had the hardihood recklessly to come into the presence of the general as if you had done no harm to the Neapolitans or to the emperor's army, you will meet with the punishment you deserve." Such were the words which Stephanus, who was deeply grieved by the misfortune of the city, hurled against Asclepiodotus. And Asclepiodotus replied to him as follows: "Quite unwittingly, noble Sir, you have been heaping praise upon us, when you reproach us for our loyalty to the Goths. For no one could ever be loyal to his masters when they are in danger, except it be by firm conviction. As for me, then, the victors will have in me as true a guardian of the state as they lately found in me an enemy, since he whom nature has endowed with the quality of fidelity does not change his conviction when he changes his fortune. But you, should their fortunes not continue to prosper as before, would readily listen to the overtures of their assailants. For he who has the disease of inconstancy of mind no sooner takes fright than he denies his pledge to those most dear."

46 στιν." τοσαῦτα μὲν καὶ 'Ασκληπιόδοτος εἶπε.
Νεαπολιτῶν δὲ ὁ δῆμος, ἐπεὶ αὐτὸν ἐνθένδε ἀνα-
χωροῦντα εἶδον, ἀθρόοι γενόμενοι, ἅπαντα αὐτῷ
ἐπεκάλουν τὰ παρόντα σφίσι. καὶ οὐ πρότερον
ἀπέστησαν, πρὶν δὴ ἔκτεινάν τε καὶ τὸ σῶμα
47 κατὰ βραχὺ διεσπάσαντο. οὕτω τε ἐν τῇ Πά-
στωρος οἰκίᾳ γενόμενοι τὸν ἄνδρα ἐζήτουν. τοῖς
τε οἰκέταις τεθνάναι Πάστωρα ἰσχυριζομένοις
ἥκιστα πιστεύειν ἠξίουν, ἕως αὐτοῖς τὸν τοῦ ἀν-
θρώπου νεκρὸν ἔδειξαν. καὶ αὐτὸν Νεαπολῖται
48 ἐν τῷ προαστείῳ ἀνεσκολόπισαν. οὕτω τε Βελι-
σάριον παρῃτήσαντο ἐφ' οἷς δικαίᾳ ὀργῇ ἐχόμενοι
ἔδρασαν, τυχόντες τε αὐτοῦ συγγνώμονος διελύ-
θησαν. οὕτω μὲν Νεαπολῖται ἀπήλλαξαν.

XI

Γότθοι[1] δὲ ὅσοις ἀμφί τε 'Ρώμην καὶ τὰ ἐκείνῃ
χωρία ξυνέπεσεν εἶναι, καὶ πρότερον τὴν Θευ-
δάτου ἡσυχίαν ἐν θαύματι μεγάλῳ ποιούμενοι,[2]
ὅτι δὴ ἐν γειτόνων οὖσι τοῖς πολεμίοις οὐ βού-
λοιτο διὰ μάχης ἰέναι, ἐν σφίσι τε αὐτοῖς ὑποψίᾳ
πολλῇ ἐς αὐτὸν χρώμενοι,[3] ὡς δὴ τὰ Γότθων
πράγματα προδιδοῖ 'Ιουστινιανῷ βασιλεῖ ἐθελου-
σίως, ἄλλο τέ οἱ οὐδὲν ἐπιμελὲς εἴη, πλήν γε δὴ
ὅπως αὐτὸς ἡσυχῇ βιοτεύοι, ὡς πλεῖστα περι-
βαλλόμενος χρήματα, ἐπειδὴ ἁλῶναι Νεάπολιν
ἤκουσαν, ἅπαντά οἱ ταῦτα ἐκ τοῦ ἐμφανοῦς ἤδη
ἐπικαλοῦντες ἐς χωρίον ξυνελέγησαν 'Ρώμης ὀγ-

---

[1] Γότθοι Krašeninnikov : γότθοις MSS.
[2] ποιούμενοι Krašeninnikov : ποιουμένοις MSS.

Such were the words of Asclepiodotus. But the populace of the Neapolitans, when they saw him returning from Belisarius, gathered in a body and began to charge him with responsibility for all that had befallen them. And they did not leave him until they had killed him and torn his body into small pieces. After that they came to the house of Pastor, seeking for the man. And when the servants insisted that Pastor was dead, they were quite unwilling to believe them until they were shown the man's body. And the Neapolitans impaled him in the outskirts of the town. Then they begged Belisarius to pardon them for what they had done while moved with just anger, and receiving his forgiveness, they dispersed. Such was the fate of the Neapolitans.

XI

But the Goths who were at Rome and in the country round about had even before this regarded with great amazement the inactivity of Theodatus, because, though the enemy was in his neighbourhood, he was unwilling to engage them in battle, and they felt among themselves much suspicion toward him, believing that he was betraying the cause of the Goths to the Emperor Justinian of his own free will, and cared for nothing else than that he himself might live in quiet, possessed of as much money as possible. Accordingly, when they heard that Naples had been captured, they began immediately to make all these charges against him openly and gathered

---

[3] χρώμενοι Krašeninnikov : χρωμένοις K, χρησαμένοις L.

δοήκοντα καὶ διακοσίους σταδίους διέχον, ὅπερ
'Ρωμαῖοι καλοῦσι 'Ρεγάτα· ἐνταῦθα[1] ἐνστρατο-
πεδεύσασθαι σφίσιν ἔδοξεν ἄριστον εἶναι· πεδία
2 γὰρ πολλὰ ἐνταῦθά ἐστιν ἱππόβοτα. ῥεῖ δὲ καὶ
ποταμός, ὃν Δεκεννόβιον τῇ Λατίνων φωνῇ καλοῦ-
σιν οἱ ἐπιχώριοι, ὅτι δὴ ἐννεακαίδεκα περιιὼν
σημεῖα, ὅπερ ξύνεισιν ἐς τρισκαίδεκα καὶ ἑκατὸν
σταδίους, οὕτω δὴ ἐκβάλλει ἐς θάλασσαν ἀμφὶ
πόλιν Ταρακίνην, ἧς ἄγχιστα ὄρος τὸ Κίρκαιόν
ἐστιν, οὗ τὸν 'Οδυσσέα τῇ Κίρκῃ ξυγγενέσθαι
φασίν, ἐμοὶ μὲν οὐ πιστὰ λέγοντες, ἐπεὶ ἐν νήσῳ
῞Ομηρος τὰ τῆς Κίρκης οἰκία ἰσχυρίζεται εἶναι.
3 ἐκεῖνο μέντοι ἔχω εἰπεῖν, ὡς τὸ Κίρκαιον τοῦτο,
ἐπὶ πολὺ τῆς θαλάσσης διῆκον, νήσῳ ἐμφερές
ἐστι, καὶ τοῖς τε πλέουσιν ἄγχιστα τοῖς τε ἐς τὴν
ἐκείνη ἠιόνα βαδίζουσι νῆσος δοκεῖ ἐπὶ πλεῖστον
εἶναι. καὶ ἐπειδάν τις ἐν αὐτῷ γένηται, τότε δὴ
μεταμανθάνει ψευσθῆναι τῆς δόξης τὰ πρότερα.
4 καὶ διὰ τοῦτο ῞Ομηρος ἴσως νῆσον τὸ χωρίον
ὠνόμασεν. ἐγὼ δὲ ἐπὶ τὸν πρότερον λόγον ἄνειμι.[2]
5 Γότθοι, ἐπειδὴ ἐς 'Ρεγάτα ξυνελέγησαν, βασι-
λέα σφίσι τε καὶ 'Ιταλιώταις Οὐίττιγιν εἵλοντο,
ἄνδρα οἰκίας μὲν οὐκ ἐπιφανοῦς ὄντα, ἐν μάχαις
δὲ ταῖς ἀμφὶ Σίρμιον λίαν εὐδοκιμηκότα τὸ πρό-
τερον, ἡνίκα τὸν πρὸς Γήπαιδας πόλεμον Θευδέ-
6 ριχος διέφερε. Θευδάτος μὲν οὖν ταῦτα ἀκούσας
ἐς φυγήν τε ὥρμητο καὶ τὴν ἐπὶ 'Ράβενναν ἤλαυ-

---

[1] ἐνταῦθα K : ἐνθένδε γὰρ L.
[2] ἄνειμι L : εἶμι K, ἐπάνειμι Herwerden.

at a place two hundred and eighty stades distant from Rome, which the Romans call Regata.[1] And it seemed best to them to make camp in that place; for there are extensive plains there which furnish pasture for horses. And a river also flows by the place, which the inhabitants call Decennovium[2] in the Latin tongue, because it flows past nineteen milestones, a distance which amounts to one hundred and thirteen stades, before it empties into the sea near the city of Taracina; and very near that place is Mt. Circaeum, where they say Odysseus met Circe, though the story seems to me untrustworthy, for Homer declares that the habitation of Circe was on an island. This, however, I am able to say, that this Mt. Circaeum, extending as it does far into the sea, resembles an island, so that both to those who sail close to it and to those who walk to the shore in the neighbourhood it has every appearance of being an island. And only when a man gets on it does he realize that he was deceived in his former opinion. And for this reason Homer perhaps called the place an island. But I shall return to the previous narrative.

The Goths, after gathering at Regata, chose as king over them and the Italians Vittigis, a man who, though not of a conspicuous house, had previously won great renown in the battles about Sirmium, when Theoderic was carrying on the war against the Gepaedes.[3] Theodatus, therefore, upon hearing this, rushed off in flight and took the road to Ra-

---

[1] Near Terracina.
[2] The name is made from *decem* and *novem*, "nineteen,"—apparently a late formation. The "river" was in reality a canal, extending from Appii Forum to Terracina.
[3] Chap. iii. 15.

νεν. Οὐίττιγις δὲ κατὰ τάχος Ὄπταριν ἔπεμψεν,
ἄνδρα Γότθον, ἐπιστείλας αὐτῷ ἢ ζῶντα ἢ νεκρὸν
7 ἀγαγεῖν Θευδάτον. ἐτύγχανε δὲ τῷ Θευδάτῳ οὗ-
τος ὁ Ὄπταρις χαλεπῶς ἔχων ἐξ αἰτίας τοιᾶσδε.
κόρην τινὰ Ὄπταρις ἐπίκληρόν τε καὶ τὴν ὄψιν
8 εὐπρεπῆ οὖσαν ἐμνηστεύετο. ταύτην Θευδάτος
ἀφελόμενος τὸν μνηστῆρα τοῦτον, χρήμασιν
ἀναπεισθείς, ἑτέρῳ ἠγγύησε. διὸ δὴ τῷ τε θυμῷ
καὶ Οὐιττίγιδι χαριζόμενος, πολλῇ Θευδάτον
σπουδῇ τε καὶ προθυμίᾳ, οὔτε νύκτα ἀνεὶς οὔτε
9 ἡμέραν, ἐδίωκε. καὶ αὐτὸν ἐν ὁδῷ ἔτι πορευό-
μενον καταλαμβάνει, ἐς ἔδαφός τε ὕπτιον ἀνα-
κλίνας ὥσπερ ἱερεῖόν τι ἔθυσεν. αὕτη τε Θευδάτῳ
καταστροφὴ τοῦ τε βίου καὶ τῆς ἡγεμονίας, τρί-
τον ἐχούσης ἔτος, ἐγένετο.
10   Οὐίττιγις δὲ ἅμα Γότθοις[1] τοῖς παροῦσιν ἐς
Ῥώμην ἐσήλαυνε. γνούς τε τὰ Θευδάτῳ ξυνενε-
χθέντα, ἥσθη τε καὶ αὐτοῦ τὸν παῖδα Θευδέγι-
11 σκλον ἐν φυλακῇ ἐποιήσατο. καὶ ἐπειδὴ τὰ
Γότθων πράγματα ἥκιστά οἱ ἐν παρασκευῇ
ἔδοξεν εἶναι, βέλτιον ἐνόμισεν ἐς Ῥάβενναν πρῶ-
τον ἰέναι, ἐνταῦθά τε πάντα ἐξαρτυσαμένῳ ὡς
ἄριστα οὕτω δὴ καθίστασθαι ἐς τὸν πόλεμον.
ξυγκαλέσας οὖν ἅπαντας ἔλεξε τοιάδε·
12   "Αἱ μέγισται τῶν πράξεων, ἄνδρες συστρα-
τιῶται, οὐ καιρῶν ὀξύτητι, ἀλλ' εὐβουλίᾳ φιλοῦ-
13 σιν ὀρθοῦσθαι. πολλάκις γὰρ μέλλησίς τε εἰς
τὸν καιρὸν ἐλθοῦσα μᾶλλον ὤνησε καὶ σπουδῇ

---

[1] Γότθοις K : γότθων L.

venna. But Vittigis quickly sent Optaris, a Goth, instructing him to bring Theodatus alive or dead. Now it happened that this Optaris was hostile to Theodatus for the following cause. Optaris was wooing a certain young woman who was an heiress and also exceedingly beautiful to look upon. But Theodatus, being bribed to do so, took the woman he was wooing from him, and betrothed her to another. And so, since he was not only satisfying his own rage, but rendering a service to Vittigis as well, he pursued Theodatus with great eagerness and enthusiasm, stopping neither day nor night. And he overtook him while still on his way, laid him on his back on the ground, and slew him like a victim for sacrifice. Such was the end of Theodatus' life and of his rule, which had reached the third year.

Dec. 536 A.D.

And Vittigis, together with the Goths who were with him, marched to Rome. And when he learned what had befallen Theodatus, he was pleased and put Theodatus' son Theodegisclus under guard. But it seemed to him that the preparations of the Goths were by no means complete, and for this reason he thought it better first to go to Ravenna, and after making everything ready there in the best possible way, then at length to enter upon the war. He therefore called all the Goths together and spoke as follows :

" The success of the greatest enterprises, fellow-soldiers, generally depends, not upon hasty action at critical moments, but upon careful planning. For many a time a policy of delay adopted at the opportune moment has brought more benefit than the opposite course, and haste displayed at an unseason-

οὐκ ἐν δέοντι ἐπιδειχθεῖσα πολλοῖς ἀνεχαίτισε
14 τὴν τοῦ κατορθώσειν ἐλπίδα. ῥᾷον γὰρ οἱ πλεῖ-
στοι ἀπαράσκευοι μέν, ἐξ ἀντιπάλου δὲ τῆς
δυνάμεως μαχόμενοι, ἡσσῶνται ἢ ὅσοι τὴν ἐλάσ-
σω ἰσχὺν[1] ὡς ἄριστα παρασκευασάμενοι ἐς τὸν
15 ἀγῶνα κατέστησαν. μὴ τοίνυν τῷ παραυτίκα
φιλοτίμῳ ἐπαιρόμενοι τὰ ἀνήκεστα ἡμᾶς αὐτοὺς
ἐργασώμεθα· κρεῖσσον γὰρ ἐν χρόνῳ βραχεῖ
αἰσχυνομένους τὴν εὔκλειαν ἀπέραντον διασώ-
σασθαι ἢ τὴν ἐν τῷ παραυτίκα φυγόντας ὕβριν ἐς
ἅπαντα τὸν αἰῶνα, ὡς τὸ εἰκός, ἐγκαλύπτεσθαι.
16 καίτοι καὶ ὑμεῖς δή που ἐπίστασθε ὡς τό τε
Γότθων πλῆθος καὶ ξύμπασαν σχεδόν τι τὴν τῶν
ὅπλων σκευὴν ἔν τε Γαλλίαις καὶ Βενετίαις καὶ
17 χώραις ταῖς ἑκαστάτω ξυμβαίνει εἶναι. καὶ μὴν
καὶ πρὸς τὰ Φράγγων ἔθνη οὐχ ἥσσω[2] τοῦδε
πόλεμον διαφέρομεν, ὃν δὴ οὐκ εὖ διαθεμένους ἐφ'
ἕτερον χωρεῖν πολλὴ ἄνοια. τοὺς γὰρ ἐς ἀμφί-
βολόν τι καθισταμένους καὶ οὐ πρὸς ἕνα πολέμιον
18 ὁρῶντας τῶν ἐναντίων ἡσσᾶσθαι εἰκός. ἐγὼ δέ
φημι χρῆναι νῦν μὲν εὐθὺ Ῥαβέννης ἐνθένδε[3]
ἰέναι, τὸν δὲ πρὸς Φράγγους πόλεμον διαλύ-
σαντας τἄλλα τε διῳκημένους ὡς ἄριστα οὕτω
δὴ Βελισαρίῳ παντὶ τῷ Γότθων στρατῷ διαμά-
19 χεσθαι. καί μοι τὴν ἀναχώρησιν τήνδε ὑμῶν[4]
ὑποστελλέσθω μηδείς, μηδὲ φυγὴν αὐτὴν ὀνο-
20 μάζειν ὀκνείτω. δειλίας μὲν γὰρ προσηγορία
ἐπιτηδείως προσπεσοῦσα πολλοὺς ὤρθωσεν, ἀν-
δρείας δὲ ὄνομα οὐκ ἐν τῷ καθήκοντι χρόνῳ τισὶν

---

[1] ἰσχὺν MSS.: ἰσχὺν ἔχοντες Scaliger.
[2] ἥσσω Dindorf: ἧσσον MSS., ἥσσονα Scaliger.
[3] ἐνθένδε K: om. L.   [4] ὑμῶν K: om. L.

able time has upset for many men their hope of success. For in most cases those who are unprepared, though they fight on equal terms so far as their forces are concerned, are more easily conquered than those who, with less strength, enter the struggle with the best possible preparation. Let us not, therefore, be so lifted up by the desire to win momentary honour as to do ourselves irreparable harm; for it is better to suffer shame for a short time and by so doing gain an undying glory, than to escape insult for the moment and thereby, as would probably be the case, be left in obscurity for all after time. And yet you doubtless know as well as I that the great body of the Goths and practically our whole equipment of arms is in Gaul and Venetia and the most distant lands. Furthermore, we are carrying on against the nations of the Franks a war which is no less important than this one, and it is great folly for us to proceed to another war without first settling that one satisfactorily. For it is natural that those who become exposed to attack on two sides and do not confine their attention to a single enemy should be worsted by their opponents. But I say that we must now go straight from here to Ravenna, and after bringing the war against the Franks to an end and settling all our other affairs as well as possible, then with the whole army of the Goths we must fight it out with Belisarius. And let no one of you, I say, try to dissemble regarding this withdrawal, nor hesitate to call it flight. For the title of coward, fittingly applied, has saved many, while the reputation for bravery which some men have gained at the

21 ἐγγενόμενον, εἶτα ἐς ἧτταν ἐχώρησεν. οὐ γὰρ τοῖς
τῶν πραγμάτων ὀνόμασιν, ἀλλὰ τῷ ξυμφόρῳ τῶν
ἔργων ἕπεσθαι ἄξιον. ἀνδρός τε γὰρ ἀρετὴν οὐκ
ἀρχόμεναι δηλοῦσιν αἱ πράξεις, ἀλλὰ τελευτῶσαι
22 μηνύουσι. φεύγουσι δὲ τοὺς πολεμίους οὐχ οἳ
ἂν μετὰ μείζονος τῆς παρασκευῆς αὐτίκα μάλα
ἐπ᾿ αὐτοὺς ἥκοιεν, ἀλλ᾿ ὅσοι τὰ σφέτερα αὐτῶν
σώματα ἐς ἀεὶ διασώζειν βουλόμενοι ἐκποδὼν
ἵστανται. πόλεώς τε τῆσδε ἁλώσεως πέρι μηδενὶ
23 ὑμῶν γινέσθω τι δέος. ἤν τε γὰρ Ῥωμαῖοι ἡμῖν
εὐνοϊκῶς ἔχωσι, τὴν πόλιν ἐν βεβαίῳ Γότθοις
φυλάξουσιν, ἀνάγκης τε πεῖραν οὐδεμιᾶς ἕξουσιν,
24 ἐπεὶ ἐν βραχεῖ αὐτοῖς ἐπανήξομεν χρόνῳ. καὶ
ἤν τι ὕποπτον αὐτοῖς ἐς ἡμᾶς ἐστιν, ἐλάσσω
βλάψουσι τῇ πόλει τοὺς πολεμίους δεξάμενοι·
ἄμεινον[1] γὰρ πρὸς δυσμενεῖς ἐκ τοῦ ἐμφανοῦς
25 διαμάχεσθαι. ὅπως μέντοι μηδέν τι ξυμβήσεται
τοιοῦτον, ἐγὼ προνοήσω. ἄνδρας τε γὰρ πολ-
λοὺς καὶ ἄρχοντα ξυνετώτατον ἀπολείψομεν, οἳ
Ῥώμην φυλάξαι ἱκανοὶ ἔσονται, ὥστε καὶ ταῦτα
ἡμῖν ἐν καλῷ κείσεται καὶ οὐδὲν ἂν ἐκ τῆσδε
ἡμῶν τῆς ἀναχωρήσεως γένοιτο βλάβος."
26 Οὐίττιγις μὲν τοσαῦτα εἶπεν. ἐπαινέσαντες δὲ
Γότθοι ἅπαντες παρεσκευάζοντο ἐς τὴν πορείαν.
μετὰ δὲ Σιλβερίῳ τε τῷ τῆς πόλεως ἱερεῖ καὶ
Ῥωμαίων τοῖς τε ἐκ βουλῆς καὶ τῷ δήμῳ πολλὰ
παραινέσας Οὐίττιγις, καὶ τῆς Θευδερίχου ἀρχῆς
ὑπομνήσας, ἐνεκελεύετο ἅπασιν ἐς Γότθων τὸ
ἔθνος εὐνοϊκῶς ἔχειν, ὅρκοις αὐτοὺς δεινοτάτοις
ὑπὲρ τούτων καταλαβών, ἄνδρας τε ἀπολέξας

---

[1] ἄμεινον K : ἀμήχανον L.

wrong time, has afterward led them to defeat. For it is not the names of things, but the advantage which comes from what is done, that is worth seeking after. For a man's worth is revealed by his deeds, not at their commencement, but at their end. And those who do not flee before the enemy who, when they have increased their preparation, forthwith go against them, but those who are so anxious to save their own lives for ever that they deliberately stand aside. And regarding the capture of this city, let no fear come to any one of you. For if, on the one hand, the Romans are loyal to us, they will guard the city in security for the Goths, and they will not experience any hardship, for we shall return to them in a short time. And if, on the other hand, they harbour any suspicions toward us, they will harm us less by receiving the enemy into the city; for it is better to fight in the open against one's enemies. None the less I shall take care that nothing of this sort shall happen. For we shall leave behind many men and a most discreet leader, and they will be sufficient to guard Rome so effectively that not only will the situation here be favourable for us, but also that no harm may possibly come from this withdrawal of ours."

Thus spoke Vittigis. And all the Goths expressed approval and prepared for the journey. After this Vittigis exhorted at length Silverius, the priest[1] of the city, and the senate and people of the Romans, reminding them of the rule of Theoderic, and he urged upon all to be loyal to the nation of the Goths, binding them by the most solemn oaths to do so; and he chose out no fewer than four thousand men,

[1] Silverius was Pope 536-537 A.D.

οὐχ ἧσσον ἢ τετρακισχιλίους, καὶ αὐτοῖς ἄρχοντα
ἐπιστήσας Λεύδεριν, ἡλικίας τε πόρρω ἥκοντα
καὶ δόξαν ἐπὶ ξυνέσει πολλὴν ἔχοντα, ἐφ᾽ ᾧ
Ῥώμην φυλάξουσι σφίσιν· οὕτω δὴ τῷ ἄλλῳ
στρατῷ ἐς Ῥάβενναν ᾔει, τῶν ἐκ βουλῆς πλεί-
27 στους ἐν ὁμήρων λόγῳ ξὺν αὐτῷ ἔχων. καὶ ἐπεὶ
ἐνταῦθα ἀφίκετο, Ματασοῦνθαν τὴν Ἀμαλα-
σούνθης θυγατέρα, παρθένον τε καὶ ὡραίαν ἤδη
οὖσαν, γυναῖκα γαμετὴν οὔτι ἐθελούσιον ἐποιή-
σατο, ὅπως δὴ βεβαιοτέραν τὴν ἀρχὴν ἕξει τῇ
28 ἐς γένος τὸ[1] Θευδερίχου ἐπιμιξίᾳ. ἔπειτα δὲ
ἅπαντας Γότθους πανταχόθεν ἀγείρας διεῖπέ τε
καὶ διεκόσμει, ὅπλα τε καὶ ἵππους διανέμων κατὰ
λόγον[2] ἑκάστῳ, μόνους δὲ Γότθους οἳ ἐν Γαλλίαις
φυλακὴν εἶχον, δέει τῶν Φράγγων οὐχ οἷός τε ἦν
29 μεταπέμπεσθαι. οἱ δὲ Φράγγοι οὗτοι Γερμανοὶ
μὲν τὸ παλαιὸν ὠνομάζοντο. ὅντινα δὲ τρόπον
τὸ ἐξ ἀρχῆς καὶ ὅπῃ ᾠκημένοι Γαλλίας τε ἐπεβά-
τευσαν καὶ διάφοροι Γότθοις γεγένηνται, ἐρῶν
ἔρχομαι.

XII

Τὴν θάλασσαν ἔκ τε ὠκεανοῦ καὶ Γαδείρων
ἐσπλέοντι χώρα μὲν ἡ ἐν ἀριστερᾷ,[3] ὥσπερ ἐν
τοῖς ἔμπροσθεν λόγοις ἐρρήθη, Εὐρώπη ὠνόμα-
σται, ἡ δὲ ἀντιπέρας αὐτῇ Λιβύη ἐκλήθη, ἣν δὴ
2 προϊόντες Ἀσίαν καλοῦσι. Λιβύης μὲν οὖν τὰ
ἐπέκεινα ἐς τὸ ἀκριβὲς οὐκ ἔχω εἰπεῖν· ἔρημος
γάρ ἐστιν ἐπὶ πλεῖστον ἀνθρώπων, καὶ ἀπ᾽ αὐτοῦ

---

[1] τὸ Krašeninnikov : τῷ K, τοῦ L.
[2] κατὰ λόγον Hoeschel : καταλόγῳ K, κατὰ λόγων L.
[3] ἀριστερᾷ Maltretus : δεξιᾷ MSS.

and set in command over them Leuderis, a man of
mature years who enjoyed a great reputation for dis-
cretion, that they might guard Rome for the Goths.
Then he set out for Ravenna with the rest of the
army, keeping the most of the senators with him as
hostages.   And when he had reached that place, he
made Matasuntha, the daughter of Amalasuntha,
who was a maiden now of marriageable age, his
wedded wife, much against her will, in order that
he might make his rule more secure by marrying
into the family of Theoderic.   After this he began
to gather all the Goths from every side and to or-
ganize and equip them, duly distributing arms and
horses to each one ; and only the Goths who were
engaged in garrison duty in Gaul he was unable to
summon, through fear of the Franks.   These Franks
were called " Germani " in ancient times.   And the
manner in which they first got a foothold in Gaul,
and where they had lived before that, and how they
became hostile to the Goths, I shall now proceed to
relate.

XII

As one sails from the ocean into the Mediterranean
at Gadira, the land on the left, as was stated in the
preceding narrative,[1] is named Europe, while the
land opposite to this is called Libya, and, farther on,
Asia.   Now as to the region beyond Libya[2] I am
unable to speak with accuracy ;[3] for it is almost
wholly destitute of men, and for this reason the

---

[1] Book III. i. 7.
[2] *i.e.* equatorial Africa.
[3] Cf. Book IV. xiii. 29.

ἡ πρώτη τοῦ Νείλου ἐκροὴ οὐδαμῆ ἔγνωσται, ὃν
δὴ ἐπ᾽ Αἰγύπτου ἐνθένδε φέρεσθαι λέγουσιν.
3 Εὐρώπη δὲ εὐθὺς ἀρχομένη Πελοποννήσῳ βεβαιό-
τατα ἐμφερής ἐστι καὶ πρὸς θαλάσσῃ ἑκατέρωθι
κεῖται. καὶ χώρα μὲν ἣ¹ πρώτη ἀμφί τε τὸν
ὠκεανὸν καὶ δύοντα ἥλιόν ἐστιν² Ἰσπανία ὠνό-
μασται, ἄχρι ἐς Ἄλπεις τὰς ἐν ὄρει τῷ Πυρηναίῳ
4 οὔσας. Ἄλπεις δὲ καλεῖν τὴν ἐν στενοχωρίᾳ
δίοδον οἱ ταύτῃ ἄνθρωποι νενομίκασι. τὸ δὲ
ἐνθένδε μέχρι τῶν Λιγουρίας ὁρίων Γαλλία ἐκλή-
θη. ἔνθα δὴ καὶ Ἄλπεις ἕτεραι Γάλλους τε
5 καὶ Λιγούρους διορίζουσι. Γαλλία μέντοι Ἰσ-
πανίας πολλῷ εὐρυτέρα, ὡς τὸ εἰκός, ἐστίν, ἐπεὶ
ἐκ στενοῦ ἀρχομένη Εὐρώπη ἐς ἄφατόν τι εὖρος
6 ἀεὶ προϊόντι κατὰ λόγον χωρεῖ. χώρα δὲ αὕτη
ἑκατέρα τὰ μὲν πρὸς βορρᾶν ἄνεμον πρὸς τοῦ
ὠκεανοῦ περιβάλλεται, τὰ δὲ πρὸς νότον θάλασ-
7 σαν τὴν Τυρρηνικὴν καλουμένην ἔχει. ἐν Γάλ-
λοις δὲ ἄλλοι τε ποταμοὶ καὶ Ῥοδανός³ τε καὶ
Ῥῆνος ῥέουσι. τούτοιν τὴν ὁδὸν τὴν ἐναντίαν
ἀλλήλοιν ἰόντοιν ἅτερος μὲν ἐκδίδωσιν ἐς τὴν
Τυρρηνικὴν θάλασσαν, Ῥῆνος δὲ ἐς τὸν ὠκεανὸν
8 τὰς ἐκβολὰς ποιεῖται. λίμναι τε ἐνταῦθα πολ-
λαί, οὗ δὴ Γερμανοὶ τὸ παλαιὸν ᾤκηντο, βάρ-
βαρον ἔθνος, οὗ πολλοῦ λόγου τὸ κατ᾽ ἀρχὰς
9 ἄξιον, οἳ νῦν Φράγγοι καλοῦνται. τούτων ἐχό-
μενοι Ἀρβόρυχοι ᾤκουν, οἳ ξὺν πάσῃ τῇ ἄλλῃ
Γαλλίᾳ καὶ μὴν καὶ Ἰσπανίᾳ Ῥωμαίων κατήκοοι
10 ἐκ παλαιοῦ ἦσαν. μετὰ δὲ αὐτοὺς ἐς τὰ πρὸς
ἀνίσχοντα ἥλιον Θόριγγοι βάρβαροι, δόντος

---

¹ ἣ: ἡ MSS.   ² ἐστιν K: om. L.
³ ῥοδανός K: ἠριδανός L.

first source of the Nile, which they say flows from
that land toward Egypt, is quite unknown. But
Europe at its very beginning is exceedingly like the
Peloponnesus, and fronts the sea on either side.
And the land which is first toward the ocean and
the west is named Spain, extending as far as the
alps of the Pyrenees range. For the men of this
country are accustomed to call a narrow, shut-in,
pass "alps." And the land from there on as far as
the boundaries of Liguria is called Gaul. And in
that place other alps separate the Gauls and the
Ligurians. Gaul, however, is much broader than
Spain, and naturally so, because Europe, beginning
with a narrow peninsula, gradually widens as one
advances until it attains an extraordinary breadth.
And this land is bounded by water on either side,
being washed on the north by the ocean, and having
on the south the sea called the Tuscan Sea. And
in Gaul there flow numerous rivers, among which are
the Rhone and the Rhine. But the course of these
two being in opposite directions, the one empties
into the Tuscan Sea, while the Rhine empties into
the ocean. And there are many lakes[1] in that
region, and this is where the Germans lived of old,
a barbarous nation, not of much consequence in the
beginning, who are now called Franks. Next to
these lived the Arborychi,[2] who, together with all
the rest of Gaul, and, indeed, Spain also, were sub-
jects of the Romans from of old. And beyond them
toward the east were settled the Thuringian bar-

[1] This vague statement is intended to describe the country
west of the Rhine, at that time a land of forests and swamps.
[2] The people whom Procopius names Arborychi must be
the Armorici. If so, they occupied the coast of what is now
Belgium.

11 Αὐγούστου πρώτου βασιλέως, ἱδρύσαντο. καὶ
αὐτῶν Βουργουζίωνες οὐ πολλῷ ἄποθεν πρὸς
νότον ἄνεμον τετραμμένοι ᾤκουν, Σούαβοί τε
ὑπὲρ Θορίγγων καὶ Ἀλαμανοί, ἰσχυρὰ ἔθνη.
οὗτοι αὐτόνομοι ἅπαντες ταύτῃ τὸ ἀνέκαθεν
ἵδρυντο.

12 Προϊόντος δὲ χρόνου Οὐισίγοτθοι τὴν Ῥωμαίων
ἀρχὴν βιασάμενοι Ἰσπανίαν τε πᾶσαν καὶ Γαλ-
λίας τὰ ἐκτὸς Ῥοδανοῦ¹ ποταμοῦ κατήκοα²
σφίσιν ἐς φόρου ἀπαγωγὴν ποιησάμενοι ἔσχον.

13 ἐτύγχανον δὲ Ἀρβόρυχοι τότε Ῥωμαίων στρατιῶ-
ται γεγενημένοι. οὓς δὴ Γερμανοὶ κατηκόους
σφίσιν ἐθέλοντες, ἅτε ὁμόρους ὄντας καὶ πολιτείαν
ἣν πάλαι εἶχον μεταβαλόντας,³ ποιήσασθαι, ἐληΐ-
ζοντό τε καὶ πανδημεὶ πολεμησείοντες ἐπ' αὐτοὺς

14 ᾔεσαν. Ἀρβόρυχοι δὲ ἀρετήν τε καὶ εὔνοιαν ἐς
Ῥωμαίους ἐνδεικνύμενοι ἄνδρες ἀγαθοὶ ἐν τῷδε τῷ
πολέμῳ ἐγένοντο, καὶ ἐπεὶ βιάζεσθαι αὐτοὺς
Γερμανοὶ οὐχ οἷοί τε ἦσαν, ἑταιρίζεσθαί τε ἠξίουν

15 καὶ ἀλλήλοις κηδεσταὶ γίνεσθαι. ἃ δὴ Ἀρβόρυ-
χοι οὔτι ἀκούσιοι ἐνεδέχοντο· Χριστιανοὶ γὰρ
ἀμφότεροι ὄντες ἐτύγχανον, οὕτω τε ἐς ἕνα λεὼν
ξυνελθόντες δυνάμεως ἐπὶ μέγα ἐχώρησαν.

16 Καὶ στρατιῶται δὲ Ῥωμαίων ἕτεροι ἐς Γάλλων
17 τὰς ἐσχατιὰς φυλακῆς ἕνεκα ἐτετάχατο. οἳ δὴ οὔτε
ἐς Ῥώμην ὅπως ἐπανήξουσιν ἔχοντες οὐ μὴν οὔτε

---

¹ Ῥοδανοῦ Κ : ἠριδανοῦ L.
² τὰ . . . κατήκοα Κ : τὰς . . . κατηκόους L.
³ μεταβαλόντας V : καταλαβόντας L.

barians, Augustus, the first emperor, having given them this country.[1] And the Burgundians lived not far from them toward the south,[2] and the Suevi[3] also lived beyond the Thuringians, and the Alamani,[4] powerful nations. All these were settled there as independent peoples in earlier times.

But as time went on, the Visigoths forced their way into the Roman empire and seized all Spain and the portion of Gaul lying beyond[5] the Rhone River and made them subject and tributary to themselves. By that time it so happened that the Arborychi had become soldiers of the Romans. And the Germans, wishing to make this people subject to themselves, since their territory adjoined their own and they had changed the government under which they had lived from of old, began to plunder their land and, being eager to make war, marched against them with their whole people. But the Arborychi proved their valour and loyalty to the Romans and shewed themselves brave men in this war, and since the Germans were not able to overcome them by force, they wished to win them over and make the two peoples kin by intermarriage. This suggestion the Arborychi received not at all unwillingly; for both, as it happened, were Christians. And in this way they were united into one people, and came to have great power.

Now other Roman soldiers, also, had been stationed at the frontiers of Gaul to serve as guards. And these soldiers, having no means of returning to Rome, and at the same time being unwilling to yield

[1] Now south-eastern Germany.
[2] Now south-eastern France.
[3] Between the Germans and Burgundians.
[4] In modern Bavaria.   [5] *i.e.* west of the Rhone.

προσχωρεῖν Ἀρειανοῖς οὖσι τοῖς πολεμίοις βουλό-
μενοι, σφᾶς τε αὐτοὺς ξὺν τοῖς σημείοις καὶ χώραν
ἣν πάλαι Ῥωμαίοις ἐφύλασσον Ἀρβορύχοις τε
καὶ Γερμανοῖς ἔδοσαν, ἔς τε ἀπογόνους τοὺς σφε-
τέρους ξύμπαντα παραπέμψαντες διεσώσαντο τὰ
πάτρια ἤθη, ἃ δὴ σεβόμενοι καὶ ἐς ἐμὲ τηρεῖν

18 ἀξιοῦσιν. ἔκ τε γὰρ τῶν καταλόγων ἐς τόδε τοῦ
χρόνου δηλοῦνται ἐς οὓς τὸ παλαιὸν τασσόμενοι
ἐστρατεύοντο, καὶ σημεῖα τὰ σφέτερα ἐπαγόμενοι
οὕτω δὴ ἐς μάχην καθίστανται, νόμοις τε τοῖς

19 πατρίοις ἐς ἀεὶ χρῶνται. καὶ σχῆμα τῶν Ῥω-
μαίων ἔν τε τοῖς ἄλλοις ἅπασι κἂν τοῖς ὑποδήμασι
διασώζουσιν.

20 Ἕως μὲν οὖν πολιτεία Ῥωμαίοις ἡ αὐτὴ ἔμενε,
Γαλλίας τὰ¹ ἐντὸς Ῥοδανοῦ² ποταμοῦ βασιλεὺς
εἶχεν· ἐπεὶ δὲ αὐτὴν Ὀδόακρος ἐς τυραννίδα μετέ-
βαλε, τότε δή, τοῦ τυράννου σφίσιν ἐνδιδόντος,
ξύμπασαν Γαλλίαν Οὐισίγοτθοι ἔσχον μέχρι
Ἄλπεων αἳ τὰ Γάλλων τε ὅρια καὶ Λιγούρων

21 διορίζουσι. πεσόντος δὲ Ὀδοάκρου Θόριγγοί τε
καὶ Οὐισίγοτθοι τὴν Γερμανῶν δύναμιν ἤδη αὐξο-
μένην δειμαίνοντες (πολυάνθρωπός τε γὰρ ἰσχυ-
ρότατα³ ἐγεγόνει καὶ τοὺς ἀεὶ ἐν ποσὶν ὄντας ἐκ
τοῦ ἐμφανοῦς ἐβιάζετο) Γότθων δὴ καὶ Θευδερίχου
τὴν ξυμμαχίαν προσποιήσασθαι ἐν σπουδῇ εἶχον.
οὓς δὴ ἑταιρίσασθαι Θευδέριχος ἐθέλων ἐς κῆδος

22 αὐτοῖς ἐπιμίγνυσθαι οὐκ ἀπηξίου. τῷ μὲν οὖν
τηνικαῦτα Οὐισιγότθων ἡγουμένῳ Ἀλαρίχῳ τῷ

¹ τὰ V : τὰς L.
² Ῥοδανοῦ K : ἠριδανοῦ L.
³ πολυάνθρωπός τε γὰρ ἰσχυρότατα V : πολυανθρωπία γὰρ
ἰσχυροτάτη L.

to their enemy[1] who were Arians, gave themselves, together with their military standards and the land which they had long been guarding for the Romans, to the Arborychi and Germans; and they handed down to their offspring all the customs of their fathers, which were thus preserved, and this people has held them in sufficient reverence to guard them even up to my time. For even at the present day they are clearly recognized as belonging to the legions to which they were assigned when they served in ancient times, and they always carry their own standards when they enter battle, and always follow the customs of their fathers. And they preserve the dress of the Romans in every particular, even as regards their shoes.

Now as long as the Roman polity remained unchanged,[2] the emperor held all Gaul as far as the Rhone River; but when Odoacer changed the government into a tyranny, then, since the tyrant yielded to them, the Visigoths took possession of all Gaul as far as the alps which mark the boundary between Gaul and Liguria. But after the fall of Odoacer, the Thuringians and the Visigoths began to fear the power of the Germans, which was now growing greater (for their country had become exceedingly populous and they were forcing into subjection without any concealment those who from time to time came in their way), and so they were eager to win the alliance of the Goths and Theoderic. And since Theoderic wished to attach these peoples to himself, he did not refuse to intermarry with them. Accordingly he betrothed to Alaric the younger, who was then leader of the Visigoths, his

476 A.D.

493 A.D.

---

[1] i.e. the Visigoths.
[2] i.e. under a recognized imperial dynasty.

νεωτέρῳ Θευδιχοῦσαν τὴν αὐτοῦ θυγατέρα παρ-
θένον ἠγγύησεν, Ἑρμενεφρίδῳ δὲ τῷ Θορίγγων
ἄρχοντι Ἀμαλαβέργαν τὴν Ἀμαλαφρίδης τῆς
23 ἀδελφῆς παῖδα. καὶ ἀπ᾽ αὐτοῦ Φράγγοι τῆς μὲν
ἐς αὐτοὺς βίας δέει τῷ Θευδερίχου ἀπέσχοντο,
24 ἐπὶ Βουργουζίωνας δὲ πολέμῳ ᾖεσαν. ὕστερον
δὲ Φράγγοις τε καὶ Γότθοις ξυμμαχίαι τε καὶ
ξυνθῆκαι ἐπὶ κακῷ τῷ Βουργουζιώνων ἐγένοντο,
ἐφ᾽ ᾧ ἑκάτεροι μὲν στρατιὰν ἐπ᾽ αὐτοὺς πέμψωσιν·
25 ἢν δὲ ὁποτέρων ἀπολελειμμένων, οἱ ἕτεροι στρα-
τεύσαντες τὸ Βουργουζιώνων καταστρέψωνται
γένος καὶ χώραν ἣν ἔχουσι παραστήσωνται, ποι-
νὴν οἱ νενικηκότες παρὰ τῶν οὐ ξυστρατευσάντων
ῥητόν τι χρυσίον κομίζωνται, κοινὴν δὲ καὶ οὕτω
26 χώραν τὴν δορυάλωτον ἀμφοτέρων εἶναι. οἱ μὲν
οὖν Γερμανοὶ πολλῷ στρατῷ ἐπὶ Βουργουζίωνας
κατὰ τὰ σφίσι τε καὶ Γότθοις[1] ξυγκείμενα ἧκον,
Θευδέριχος δὲ παρεσκευάζετο μὲν δῆθεν τῷ λόγῳ,
ἐξεπίτηδες δὲ ἀεὶ ἐς τὴν ὑστεραίαν τῆς στρατιᾶς
τὴν ἔξοδον ἀπετίθετο, καραδοκῶν τὰ ἐσόμενα.
27 μόλις δὲ πέμψας ἐπέστελλε τοῖς τοῦ[2] στρατοῦ
ἄρχουσι σχολαίτερον τὴν πορείαν ποιεῖσθαι, καὶ
ἢν μὲν Φράγγους νενικηκέναι[3] ἀκούσωσι τὸ λοι-
πὸν κατὰ τάχος ἰέναι, ἢν δέ τι ξύμβαμα[4] ξυμ-
πεπτωκέναι αὐτοῖς πύθωνται, μηκέτι περαιτέρω
28 πορεύεσθαι, ἀλλ᾽ αὐτοῦ μένειν.[5] καὶ οἱ μὲν ἐποίουν
ὅσα Θευδέριχος σφίσιν ἐπήγγελλε, Γερμανοὶ δὲ

---

[1] τε καὶ γότθοις V: om. L. [2] τοῦ L: τούτου V.
[3] νενικηκέναι V: νενικημένους L. [4] ξύμβαμα L: ἀξίωμα V.
[5] ἀκούσωσι ... μένειν V: ἀκούσουσι, μηκέτι περιτέρω πορεύε-
σθαι, ἢν δέ τι νίκης αὐτῶν ξύμβαμα πύθωνται, τὸ λοιπὸν κατὰ
τάχος ἰέναι L.

own unmarried daughter Theodichusa, and to Hermenefridus, the ruler of the Thuringians, Amalaberga, the daughter of his sister Amalafrida. As a result of this the Franks refrained from violence against these peoples through fear of Theoderic, but they began a war against the Burgundians. But later on the Franks and the Goths entered into an offensive alliance against the Burgundians, agreeing that each of the two should send an army against them; and it was further agreed that if either army should be absent when the other took the field against the nation of the Burgundians and overthrew them and gained the land which they had, then the victors should receive as a penalty from those who had not joined in the expedition a fixed sum of gold, and that only on these terms should the conquered land belong to both peoples in common. So the Germans went against the Burgundians with a great army according to the agreement between themselves and the Goths; but Theoderic was still engaged with his preparations, as he said, and purposely kept putting off the departure of the army to the following day, and waiting for what would come to pass. Finally, however, he sent the army, but commanded the generals to march in a leisurely fashion, and if they should hear that the Franks had been victorious, they were thenceforth to go quickly, but if they should learn that any adversity had befallen them, they were to proceed no farther, but remain where they were. So they proceeded to carry out the commands of Theoderic, but meanwhile the

29 κατὰ μόνας Βουργουζίωσιν ἐς χεῖρας ἦλθον. μά-
χης τε καρτερᾶς γενομένης φόνος μὲν ἑκατέρων
πολὺς γίνεται· ἦν γὰρ ἀγχώμαλος ἐπὶ πλεῖστον
30 ἡ ξυμβολή· ἔπειτα δὲ Φράγγοι τρεψάμενοι τοὺς
πολεμίους ἐς τὰ ἔσχατα χώρας ἧς τότε ᾤκουν
ἐξήλασαν, ἔνθα σφίσι πολλὰ ὀχυρώματα ἦν,
31 αὐτοὶ δὲ τὴν λοιπὴν ξύμπασαν ἔσχον. ἅπερ
Γότθοι ἀκούσαντες κατὰ τάχος παρῆσαν. κακι-
ζόμενοί τε πρὸς τῶν ξυμμάχων τὸ τῆς χώρας
δύσοδον ᾐτιῶντο, καὶ τὴν ποινὴν καταθέμενοι τὴν
χώραν, καθάπερ ξυνέκειτο, ξὺν τοῖς νενικηκόσιν
32 ἐνείμαντο. οὕτω τε Θευδερίχου ἡ πρόνοια ἔτι
μᾶλλον ἐγνώσθη, ὅς γε οὐδένα τῶν ὑπηκόων ἀπο-
βαλὼν ὀλίγῳ χρυσῷ τὴν ἡμίσειαν τῶν πολεμίων
ἐκτήσατο χώραν. οὕτω μὲν τὸ κατ᾽ ἀρχὰς Γότθοι
τε καὶ Γερμανοὶ μοῖράν τινα Γαλλίας ἔσχον.

33 Μετὰ δὲ Γερμανοὶ τῆς δυνάμεως σφίσιν ἐπί-
προσθεν ἰούσης ἐν ὀλιγωρίᾳ ποιησάμενοι Θευδε-
ρίχόν τε καὶ τὸ ἀπ᾽ αὐτοῦ δέος ἐπί τε Ἀλάριχον
34 καὶ Οὐισιγότθους ἐστράτευσαν. ἃ δὴ Ἀλάριχος
μαθὼν Θευδερίχον ὅτι τάχιστα μετεπέμπετο. καὶ
35 ὁ μὲν ἐς τὴν ἐπικουρίαν στρατῷ πολλῷ ἤει. ἐν
τούτῳ δὲ Οὐισίγοτθοι, ἐπεὶ Γερμανοὺς ἀμφὶ[1] πό-
λιν Καρκασιανὴν στρατοπεδεύειν ἐπύθοντο, ὑπην-
τίαζόν τε καὶ στρατόπεδον ποιησάμενοι ἠρέμουν.[2]
36 χρόνου δὲ σφίσιν ἐν ταύτῃ τῇ προσεδρείᾳ τριβο-
μένου συχνοῦ ἤσχαλλόν τε καί, ἅτε τῆς χώρας

---

[1] ἀμφὶ V: ἐπὶ L.
[2] ἠρέμουν V: ἔμενον L.

Germans joined battle alone with the Burgundians. 534 A.D
The battle was stubbornly contested and a great
slaughter took place on both sides, for the struggle
was very evenly matched; but finally the Franks
routed their enemy and drove them to the borders
of the land which they inhabited at that time, where
they had many strongholds, while the Franks took
possession of all the rest. And the Goths, upon
hearing this, were quickly at hand. And when they
were bitterly reproached by their allies, they blamed
the difficulty of the country, and laying down the
amount of the penalty, they divided the land with
the victors according to the agreement made. And
thus the foresight of Theoderic was revealed more
clearly than ever, because, without losing a single
one of his subjects, he had with a little gold acquired
half of the land of his enemy. Thus it was that
the Goths and Germans in the beginning got pos-
session of a certain part of Gaul.

But later on, when the power of the Germans was
growing greater, they began to think slightingly of
Theoderic and the fear he inspired, and took the field
against Alaric and the Visigoths. And when Alaric
learned this, he summoned Theoderic as quickly as
possible. And he set out to his assistance with a
great army. In the meantime, the Visigoths, upon
learning that the Germans were in camp near the city
of Carcasiana,[1] went to meet them, and making a camp
remained quiet. But since much time was being
spent by them in blocking the enemy in this way,
they began to be vexed, and seeing that their land

[1] In Gallia Narbonensis, modern Carcassone. Procopius
has been misled. The battle here described was fought in
the neighbourhood of Poitiers.

πρὸς τῶν πολεμίων ληιζομένης, δεινὰ ἐποιοῦντο.
37 καὶ τελευτῶντες ἐς Ἀλάριχον πολλὰ ὕβριζον,
αὐτόν τε διὰ τὸ τῶν πολεμίων δέος κακίζοντες καὶ
38 τοῦ κηδεστοῦ τὴν μέλλησιν ὀνειδίζοντες. ἀξιό-
μαχοι γὰρ αὐτοὶ ἰσχυρίζοντο εἶναι καὶ ῥᾶον κατὰ
39 μόνας περιέσεσθαι Γερμανῶν τῷ πολέμῳ. διὸ δὴ
καὶ Γότθων σφίσιν οὔπω παρόντων Ἀλάριχος
40 ἠνάγκαστο τοῖς πολεμίοις διὰ μάχης ἰέναι. καθυ-
πέρτεροι δὲ Γερμανοὶ ἐν τῇ ξυμβολῇ ταύτῃ γενό-
μενοι τῶν τε Οὐισιγότθων τοὺς πλείστους καὶ
41 Ἀλάριχον τὸν ἄρχοντα κτείνουσι. καὶ Γαλλίας
μὲν καταλαβόντες τὰ πολλὰ ἔσχον, Καρκασιανὴν
δὲ πολλῇ σπουδῇ ἐπολιόρκουν, ἐπεὶ τὸν βασιλικὸν
πλοῦτον ἐνταῦθα ἐπύθοντο εἶναι, ὃν δὴ ἐν τοῖς
ἄνω χρόνοις Ἀλάριχος ὁ πρεσβύτατος Ῥώμην
42 ἑλὼν ἐληίσατο. ἐν τοῖς ἦν καὶ τὰ Σολόμωνος τοῦ
Ἑβραίων βασιλέως κειμήλια, ἀξιοθέατα ἐς ἄγαν
ὄντα. πρασία γὰρ λίθος αὐτῶν τὰ πολλὰ ἐκαλ-
λώπιζεν, ἅπερ ἐξ Ἱεροσολύμων Ῥωμαῖοι τὸ
43 παλαιὸν εἷλον. Οὐισιγότθων δὲ οἱ περιόντες
Γισέλιχον, νόθον Ἀλαρίχου υἱόν, ἄρχοντα σφίσιν
ἀνεῖπον, Ἀμαλαρίχου τοῦ τῆς[1] Θευδερίχου[2] θυ-
44 γατρὸς παιδὸς ἔτι κομιδῇ ὄντος. ἔπειτα δὲ Θευ-
δερίχου ξὺν τῷ Γότθων στρατῷ ἥκοντος δείσαντες
45 Γερμανοὶ τὴν πολιορκίαν διέλυσαν. ἔνθεν τε ἀνα-
χωρήσαντες Γαλλίας τὰ ἐκτὸς Ῥοδανοῦ[3] ποταμοῦ

---

[1] τοῦ τῆς Kraševinnikov : τοῦ V, τῆς τοῦ L.
[2] Θευδερίχου Grotius : ἀλαρίχου MSS.
[3] Ῥοδανοῦ V : ἠριδανοῦ L.

was being plundered by the enemy, they became indignant. And at length they began to heap many insults upon Alaric, reviling him on account of his fear of the enemy and taunting him with the delay of his father-in-law. For they declared that they by themselves were a match for the enemy in battle and that even though unaided they would easily overcome the Germans in the war. For this reason Alaric was compelled to do battle with the enemy before the Goths had as yet arrived. And the Germans, gaining the upper hand in this engagement, killed the most of 507 A.D. the Visigoths and their ruler Alaric. Then they took possession of the greater part of Gaul and held it ; and they laid siege to Carcasiana with great enthusiasm, because they had learned that the royal treasure was there, which Alaric the elder in earlier times had taken as booty when he captured Rome.[1] Among 410 A.D. these were also the treasures of Solomon, the king of the Hebrews, a most noteworthy sight. For the most of them were adorned with emeralds ; and they had been taken from Jerusalem by the Romans in ancient times.[2] Then the survivors of the Visigoths declared Giselic, an illegitimate son of Alaric, ruler over them, Amalaric, the son of Theoderic's daughter, being still a very young child. And afterwards, when Theoderic had come with the army of the Goths, the Germans became afraid and broke up the siege. So they retired from there and took possession of the part of Gaul beyond the Rhone River as far as the

[1] Cf. Book III. ii. 14-24.

[2] At the capture of Jerusalem by Titus in 70 A.D. The treasures here mentioned were removed from Rome in 410 A.D. The remainder of the Jewish treasure formed part of the spoil of Gizeric, the Vandal. Cf. Book IV. ix. 5 and note.

ἐς ὠκεανὸν τετραμμένα ἔσχον. ὅθεν αὐτοὺς ἐξε-
λάσαι Θευδέριχος οὐχ οἷός τε ὢν ταῦτα μὲν σφᾶς
ξυνεχώρει ἔχειν, αὐτὸς δὲ Γαλλίας τὰ λοιπὰ ἀνε-
46 σώσατο. Γισελίχου τε ἐκποδὼν γενομένου ἐς τὸν
θυγατριδοῦν Ἀμαλάριχον τὴν Οὐισιγότθων ἀρχὴν
ἤνεγκεν, οὗ δὴ αὐτὸς ἐπετρόπευε παιδὸς ἔτι ὄντος.
47 χρήματά τε λαβὼν ξύμπαντα ὅσα ἐν πόλει Καρ-
κασιανῇ ἔκειτο ἐς Ῥάβενναν κατὰ τάχος ἀπή-
λαυνεν, ἄρχοντάς τε ἀεὶ καὶ στρατιὰν Θευδέριχος
ἔς τε Γαλλίαν καὶ Ἱσπανίαν πέμπων αὐτὸς εἶχε
τῷ ἔργῳ[1] τὸ τῆς ἀρχῆς κράτος προνοήσας τε ὅπως
βέβαιον αὐτὸ ἐς ἀεὶ ἕξει φόρου ἀπαγωγὴν ἔταξέν
48 οἱ αὐτῷ ἀποφέρειν τοὺς ταύτῃ ἄρχοντας. δεχό-
μενός τε αὐτὴν ἐς ἕκαστον ἔτος, τοῦ μὴ δοκεῖν
φιλοχρημάτως ἔχειν, τῷ Γότθων τε καὶ Οὐισιγότ-
49 θων στρατῷ δῶρον ἐπέτειον ἔπεμπε. καὶ ἀπ᾽
αὐτοῦ Γότθοι τε καὶ Οὐισίγοτθοι προϊόντος τοῦ
χρόνου ἅτε ἀρχόμενοί τε πρὸς ἀνδρὸς ἑνὸς καὶ
χώραν τὴν αὐτὴν ἔχοντες παῖδας τοὺς σφετέρους
ἀλλήλοις ἐγγυῶντες ἐς ξυγγένειαν ἐπεμίγνυντο.
50 Μετὰ δὲ Θεῦδις, Γότθος ἀνήρ, ὅνπερ Θευδέριχος
τῷ στρατῷ ἄρχοντα ἔπεμψε, γυναῖκα ἐξ Ἱσπα-
νίας γαμετὴν ἐποιήσατο, οὐ γένους μέντοι Οὐι-
σιγότθων, ἀλλ᾽ ἐξ οἰκίας τῶν τινος ἐπιχωρίων
εὐδαίμονος, ἄλλα τε περιβεβλημένην μεγάλα
χρήματα καὶ χώρας πολλῆς ἐν Ἱσπανίᾳ[2] κυρίαν
51 οὖσαν. ὅθεν στρατιώτας ἀμφὶ δισχιλίους ἀγείρας
δορυφόρων τε περιβαλλόμενος δύναμιν, Γότθων
μὲν Θευδερίχου δόντος τῷ λόγῳ ἦρχεν, ἔργῳ δὲ
52 τύραννος οὐκ ἀφανὴς ἦν. δείσας δὲ Θευδέριχος

_____

[1] εἶχε τῷ ἔργῳ Haury : εἴχετο ἔργῳ V, εἴχετο ἔργου L.
[2] ἐν Ἱσπανίᾳ V : ἀνὰ τὴν Ἱσπανίαν L.

ocean. And Theoderic, being unable to drive them out from there, allowed them to hold this territory, but he himself recovered the rest of Gaul. Then, after Giselic had been put out of the way, he conferred the rule of the Visigoths upon his grandson Amalaric, for whom, since he was still a child, he himself acted as regent. And taking all the money which lay in the city of Carcasiana, he marched quickly back to Ravenna; furthermore, he continued to send commanders and armies into Gaul and Spain, thus holding the real power of the government himself, and by way of providing that he should hold it securely and permanently, he ordained that the rulers of those countries should bring tribute to him. And though he received this every year, in order not to give the appearance of being greedy for money he sent it as an annual gift to the army of the Goths and Visigoths. And as a result of this, the Goths and Visigoths, as time went on, ruled as they were by one man and holding the same land, betrothed their children to one another and thus joined the two races in kinship.

But afterwards, Theudis, a Goth, whom Theoderic had sent as commander of the army, took to wife a woman from Spain; she was not, however, of the race of the Visigoths, but belonged to the house of one of the wealthy inhabitants of that land, and not only possessed great wealth but also owned a large estate in Spain. From this estate he gathered about two thousand soldiers and surrounded himself with a force of bodyguards, and while in name he was a ruler over the Goths by the gift of Theoderic, he was in fact an out and out tyrant. And Theoderic, who was

ἄτε ξυνέσεως ἐς ἄκρον καὶ ἐμπειρίας ἥκων, μή οἱ
πόλεμον πρὸς δοῦλον τὸν αὐτοῦ διαφέροντι οἱ
Φράγγοι,[1] ὡς τὸ εἰκός, ἀπαντήσουσιν ἢ καί τι
νεώτερον Οὐισίγοτθοι ἐς αὐτὸν δράσουσιν, οὔτε
παρέλυε τῆς ἀρχῆς Θεῦδιν, ἀλλὰ καὶ τῷ στρατῷ
53 ἐξηγεῖσθαι ἀεὶ ἐς πόλεμον ἰόντι ἐκέλευε. γράφειν
μέντοι αὐτῷ Γότθων τοῖς πρώτοις ἐπήγγειλεν ὡς
δίκαιά τε ποιοίη καὶ ξυνέσεως τῆς αὐτοῦ ἄξια, ἢν
54 Θευδέριχον ἐς Ῥάβενναν ἥκων ἀσπάζοιτο. Θεῦδις
δὲ ἃ μὲν Θευδέριχος ἐκέλευεν ἅπαντα ἐπετέλει,
καὶ φόρον τὸν ἐπέτειον οὔποτε ἀποφέρων[2] ἀνίει,
ἐς Ῥάβενναν δὲ ἰέναι οὔτε ἤθελεν οὔτε τοῖς γρά-
φουσιν ἐπηγγέλλετο.

XIII

Ἐπεὶ δὲ Θευδέριχος ἐξ ἀνθρώπων ἠφάνιστο,
Φράγγοι, οὐδενὸς σφίσιν ἔτι ἀντιστατοῦντος, ἐπὶ
Θορίγγους ἐστράτευσαν, καὶ Ἑρμενέφριδόν τε τὸν
αὐτῶν ἄρχοντα κτείνουσι καὶ αὐτοὺς ἅπαντας
2 ὑποχειρίους ποιησάμενοι ἔσχον. ἡ δὲ τοῦ Ἑρ-
μενεφρίδου γυνὴ ξὺν τοῖς παισὶ λαθοῦσα[3] παρὰ
Θευδάτον τὸν ἀδελφόν, Γότθων τηνικαῦτα ἄρ-
3 χοντα, ἦλθε. μετὰ δὲ Γερμανοὶ Βουργουζιώνων
τε τοῖς περιοῦσιν ἐς χεῖρας ἦλθον καὶ μάχῃ νική-
σαντες τὸν μὲν αὐτῶν ἄρχοντα ἔς τι τῶν ἐκείνῃ
φρουρίων καθείρξαντες ἐν φυλακῇ εἶχον, αὐτοὺς
δὲ κατηκόους ποιησάμενοι ξυστρατεύειν τὸ λοι-

---

[1] οἱ φρ. V: ἢ φρ. L.   [2] ἀποφέρων V: om. L.
[3] λαθοῦσα V: φυγοῦσα L.

wise and experienced in the highest degree, was afraid
to carry on a war against his own slave, lest the Franks
meanwhile should take the field against him, as they
naturally would, or the Visigoths on their part should
begin a revolution against him ; accordingly he did
not remove Theudis from his office, but even con-
tinued to command him, whenever the army went
to war, to lead it forth.   However, he directed the
first men of the Goths to write to Theudis that he
would be acting justly and in a manner worthy
of his wisdom, if he should come to Ravenna and
salute Theoderic.   Theudis, however, although he
carried out all the commands of Theoderic and never
failed to send in the annual tribute, would not con-
sent to go to Ravenna, nor would he promise those
who had written to him that he would do so.

XIII

AFTER Theoderic had departed from the world, the 526 A.D
Franks, now that there was no longer anyone to
oppose them, took the field against the Thuringians,
and not only killed their leader Hermenefridus but
also reduced to subjection the entire people.   But
the wife of Hermenefridus took her children and
secretly made her escape, coming to Theodatus, her
brother, who was at that time ruling over the Goths.
After this the Germans made an attack upon the
Burgundians who had survived the former war,[1] and
defeating them in battle confined their leader in one
of the fortresses of the country and kept him under
guard, while they reduced the people to subjection

---

[1] Cf. chap. xii. 24 ff.

PROCOPIUS OF CAESAREA

πὸν σφίσιν ἐπὶ τοὺς πολεμίους ἅτε δορυαλώτους
ἠνάγκαζον, καὶ τὴν χώραν ξύμπασαν ἣν Βουρ-
γουζίωνες τὰ πρότερα ᾤκουν, ὑποχειρίαν ἐς
4 ἀπαγωγὴν φόρου ἐκτήσαντο. Ἀμαλάριχός τε,
ὃς ἦρχεν Οὐισιγότθων, ἐπεὶ ἐς ἀνδρὸς ἡλικίαν
ἦλθε, δύναμιν τὴν Γερμανῶν κατορρωδήσας τὴν
Θευδιβέρτου ἀδελφὴν τοῦ Γερμανῶν ἄρχοντος ἐν
γαμετῆς ἐποιήσατο λόγῳ, καὶ Γαλλίαν πρός τε
Γότθους καὶ τὸν ἀνεψιὸν Ἀταλάριχον ἐνείματο.
5 τὰ μὲν γὰρ ἐντὸς Ῥοδανοῦ¹ ποταμοῦ Γότθοι
ἔλαχον, τὰ δὲ τούτου ἐκτὸς ἐς τὸ Οὐισιγότθων
6 περιέστη κράτος. ξυνέκειτο δὲ φόρον ὃν Θευδέ-
ριχος² ἔταξε μηκέτι ἐς Γότθους κομίζεσθαι, καὶ
χρήματα ὅσα ἐκεῖνος ἐκ Καρκασιανῆς πόλεως
λαβὼν ἔτυχεν, Ἀταλάριχος Ἀμαλαρίχῳ ὀρθῶς
7 καὶ δικαίως ἀπέδωκεν. ἐπεὶ δὲ ἄμφω τὰ ἔθνη
ταῦτα ἐς τὸ κῆδος ἀλλήλοις ξυνελθόντα ἔτυχε,
τὴν αἵρεσιν ἔδοσαν ἀνδρὶ ἑκάστῳ, τὴν ἐγγύην
ἐς θάτερον ἔθνος πεποιημένῳ, πότερον γυναικὶ
ἕπεσθαι βούλοιτο, ἢ ἐκείνην ἐς γένος τὸ αὐτοῦ
8 ἄγεσθαι. ἦσαν δὲ πολλοὶ καὶ οἱ τὰς γυναῖκας
ὅπη ἐβούλοντο ἄγοντες καὶ οἱ πρὸς γυναικῶν τῶν
9 σφετέρων ἀγόμενοι. ὕστερον δὲ Ἀμαλάριχος,
προσκεκρουκὼς τῷ τῆς γυναικὸς ἀδελφῷ, κακὸν
10 μέγα ἔλαβε. δόξης γὰρ ὀρθῆς τὴν γυναῖκα οὖσαν,
αἵρεσιν αὐτὸς τὴν Ἀρείου ἔχων, οὐκ εἴα νομίμοις
τοῖς εἰωθόσι χρῆσθαι οὐδὲ κατὰ τὰ ἔθη τὰ
πάτρια τὰ ἐς τὸ θεῖον ἐξοσιοῦσθαι, ἀλλὰ καὶ
προσχωρεῖν τοῖς αὐτοῦ ἤθεσιν οὐκ ἐθέλουσαν ἐν
πολλῇ ἀτιμίᾳ εἶχεν. ἅπερ ἐπεὶ οὐχ οἷά τε ἦν ἡ
γυνὴ φέρειν, ἐς τὸν ἀδελφὸν ἐξήνεγκεν ἅπαντα.

¹ ῥοδανοῦ V: τοῦ ἠριδανοῦ L.   ² θευδέριχος L: θευδάτος V.

and compelled them, as prisoners of war, to march
with them from that time forth against their enemies,
and the whole land which the Burgundians had pre-
viously inhabited they made subject and tributary to
themselves. And Amalaric, who was ruling over the
Visigoths, upon coming to man's estate, became
thoroughly frightened at the power of the Germans
and so took to wife the sister of Theudibert, ruler of
the Germans, and divided Gaul with the Goths and
his cousin Atalaric. The Goths, namely, received as
their portion the land to the east of the Rhone River,
while that to the west fell under the control of the
Visigoths. And it was agreed that the tribute which
Theoderic had imposed should no longer be paid to
the Goths, and Atalaric honestly and justly restored
to Amalaric all the money which he had taken
from the city of Carcasiana. Then, since these two
nations had united with one another by intermarriage,
they allowed each man who had espoused a wife of
the other people to choose whether he wished to follow
his wife, or bring her among his own people. And
there were many who led their wives to the people
they preferred and many also who were led by their
wives. But later on Amalaric, having given offence
to his wife's brother, suffered a great calamity. For
while his wife was of the orthodox faith, he himself
followed the heresy of Arius, and he would not allow
her to hold to her customary beliefs or to perform the
rites of religion according to the tradition of her
fathers, and, furthermore, because she was unwilling to
conform to his customs, he held her in great dishonour.
And since the woman was unable to bear this, she
disclosed the whole matter to her brother. For this

11 διὸ δὴ ἐς πόλεμον Γερμανοί τε καὶ Οὐισίγοτθοι πρὸς ἀλλήλους κατέστησαν. καὶ λίαν μὲν ἰσχυρὰ ἐγεγόνει ἐπὶ πλεῖστον ἡ μάχη, τέλος δὲ ἡσσηθεὶς Ἀμαλάριχος τῶν τε οἰκείων πολλοὺς 12 ἀποβάλλει καὶ αὐτὸς θνήσκει. Θευδίβερτος δὲ τὴν τε ἀδελφὴν ξὺν πᾶσι χρήμασιν ἔλαβε καὶ Γαλλίας ὁπόσον Οὐισίγοτθοι λαχόντες εἶχον. 13 τῶν δὲ ἡσσημένων οἱ περιόντες ἐκ Γαλλίας ξὺν γυναιξί τε καὶ παισὶν ἀναστάντες παρὰ Θεῦδιν ἐς Ἰσπανίαν ἤδη ἐκ τοῦ ἐμφανοῦς τυραννοῦντα ἐχώρησαν. οὕτω μὲν Γότθοι τε καὶ Γερμανοὶ Γαλλίας ἔσχον.

14 Χρόνῳ δὲ τῷ ὑστέρῳ Θευδάτος, ὁ τῶν Γότθων ἀρχηγός, ἐπειδὴ Βελισάριον εἰς Σικελίαν ἥκειν ἐπύθετο, ξυνθήκας πρὸς Γερμανοὺς ποιεῖται, ἐφ' ᾧ ἔχοντάς[1] τε αὐτοὺς[2] τὴν Γότθοις ἐπιβάλλουσαν ἐν Γάλλοις μοῖραν καὶ χρυσίου κεντηνάρια λαβόντας εἴκοσι πόλεμον τόνδε σφίσι ξυνάρασθαι. 15 οὔπω τε τὰ ξυγκείμενα[3] ἔργῳ ἐπιτελέσας τὴν[4] πεπρωμένην ἀνέπλησε. διὸ δὴ Γότθων πολλοί τε καὶ ἄριστοι ἐνταῦθα, ὧν Μαρκίας ἡγεῖτο, 16 φυλακὴν εἶχον. οὓς Οὐίττιγις ἐνθένδε ἐξαναστῆσαι οὐχ οἷός τε ἦν, οὐ μὴν οὐδὲ Φράγγοις ἀντιτάξασθαι αὐτοὺς ᾤετο ἱκανοὺς ἔσεσθαι, Γαλλίαν τε καὶ Ἰταλίαν, ὡς τὸ εἰκός, καταθέουσιν, ἢν αὐτὸς τῷ παντὶ στρατῷ ἐς Ῥώμην 17 ἐλάσῃ. ξυγκαλέσας οὖν εἴ τι ἐν Γότθοις καθαρὸν ἦν, ἔλεξε τοιάδε·

"Οὐχ ἡδεῖαν μέν, ἄνδρες ξυγγενεῖς, ἀναγκαίαν

---

[1] ἔχοντάς VW: ἄρχοντάς L.　　[2] αὐτοὺς VW: αὐτοὺς καὶ L.
[3] οὔπω τε τὰ ξυγκείμενα VL: διεπρεσβεύσαντο ὅς ποτε τὰ ξυγκείμενα W.
[4] τὴν Haury: μοῖραν τὴν MSS.

reason, then, the Germans and Visigoths entered into war with each other. And the battle which took 531 A.D place was for a long time very stoutly contested, but finally Amalaric was defeated, losing many of his men, and was himself slain. And Theudibert took his sister with all the money, and as much of Gaul as the Visigoths held as their portion. And the survivors of the vanquished emigrated from Gaul with their wives and children and went to Theudis in Spain, who was already acting the tyrant openly. Thus did the Goths and Germans gain possession of Gaul.

But at a later time[1] Theodatus, the ruler of the Goths, upon learning that Belisarius had come to Sicily, made a compact with the Germans, in which it was agreed that the Germans should have that portion of Gaul which fell to the Goths, and should receive twenty centenaria[2] of gold, and that in return they should assist the Goths in this war. But before he had as yet carried out the agreement he fulfilled his destiny. It was for this reason, then, 526 A.D. that many of the noblest of the Goths, with Marcias as their leader, were keeping guard in Gaul. It was these men whom Vittigis was unable to recall from Gaul,[3] and indeed he did not think them numerous enough even to oppose the Franks, who would, in all probability, overrun both Gaul and Italy, if he should march with his whole army against Rome. He therefore called together all who were loyal among the Goths and spoke as follows :

" The advice which I have wished to give you,

---

[1] Procopius resumes his narrative, which was interrupted by the digression beginning in chap. xii.

[2] Cf. Book I. xxii. 4 ; III. vi. 2 and note.

[3] Cf. chap. xi. 28.

δὲ ὑμῖν παραίνεσιν ποιεῖσθαι βουλόμενος ἐνθάδε
ὑμᾶς ἐν τῷ παρόντι συνήγαγον· ὅπως δὲ ἀκού-
σησθε μὲν πράως, βουλεύσησθε δὲ τῶν παρόντων
18 ἡμῖν ἐπαξίως. οἷς γὰρ αἱ πράξεις οὐ κατὰ νοῦν
χωροῦσι, τὸ μὴ πειθομένους τῇ ἀνάγκῃ ἢ τύχῃ
οὕτω τὰ παρόντα διοικεῖσθαι ἀξύμφορον. τὰ
μὲν οὖν ἄλλα ἡμῖν ὡς ἄριστα ἐς τὸν πόλεμον
19 παρασκευῆς[1] ἔχει. Φράγγοι δὲ ἡμῖν ἐμποδὼν
ἵστανται, οἷς ἐκ παλαιοῦ πολεμίοις οὖσι, τοῖς τε
σώμασι καὶ τοῖς χρήμασι δαπανώμενοι, ἀντέχειν
ἐς τόδε ὅμως ἰσχύσαμεν, ἐπεὶ ἄλλο οὐδὲν ἡμῖν
20 ἀπήντα πολέμιον. ἐφ' ἑτέρους δὲ νῦν ἡμᾶς ἀναγ-
καζομένους ἰέναι τὸν πρὸς αὐτοὺς πόλεμον κατα-
λύειν δεήσει, πρῶτον μὲν ὅτι, ἢν δυσμενεῖς ἡμῖν
διαμείνωσι, μετὰ Βελισαρίου ἐφ' ἡμᾶς τετάξονται
21 πάντως. τοὺς γὰρ ἐχθρὸν τὸν αὐτὸν ἔχοντας
ἀλλήλοις ἐς εὔνοιάν τε καὶ ξυμμαχίαν συνάπτε-
22 σθαι ἡ τῶν πραγμάτων εἰσηγεῖται φύσις. ἔπειτα,
ἢν καὶ πρὸς ἑκάτερον στρατόπεδον χωρὶς τὸν πό-
λεμον διενέγκωμεν, λελείψεται ἡμῖν ἀμφοτέρων
23 ἡσσῆσθαι. ἄμεινον οὖν ὀλίγῳ ἡμᾶς ἐλασσουμέ-
νους τὰ πλεῖστα τῆς ἀρχῆς διασώσασθαι, ἢ
πάντα[2] ἔχειν ἐφιεμένους ξὺν πάσῃ τῇ τῆς ἡγε-
μονίας δυνάμει πρὸς τῶν πολεμίων ἀπολωλέναι.
24 οἶμαι τοίνυν ὡς, ἢν Γαλλίας τὰς σφίσιν ὁμόρους
Γερμανοῖς δῶμεν, καὶ χρήματα ὅσα ξὺν τῇ χώρᾳ
ταύτῃ Θευδάτος αὐτοῖς ὡμολόγησε δώσειν, οὐχ
ὅσον ἀποτρέψονται τὸ ἐς ἡμᾶς ἔχθος, ἀλλὰ καὶ
25 πόλεμον ἡμῖν ξυλλήψονται τόνδε. ὅπως δὲ αὖθις,

---

[1] τὸν πόλεμον παρασκευῆς V: τὴν πολέμου παρσκευὴν L.
[2] πάντα V: πάντως L.

fellow-countrymen, in bringing you together here at
the present time, is not pleasant, but it is necessary;
and do you hear me kindly, and deliberate in a
manner befitting the situation which is upon us. For
when affairs do not go as men wish, it is inexpedient
for them to go on with their present arrangements in
disregard of necessity or fortune. Now in all other
respects our preparations for war are in the best
possible state. But the Franks are an obstacle to us;
against them, our ancient enemies, we have indeed
been spending both our lives and our money, but
nevertheless we have succeeded in holding our own
up to the present time, since no other hostile force
has confronted us. But now that we are compelled
to go against another foe, it will be necessary to put
an end to the war against them, in the first place
because, if they remain hostile to us, they will
certainly array themselves with Belisarius against
us; for those who have the same enemy are by the
very nature of things induced to enter into friend-
ship and alliance with each other. In the second
place, even if we carry on the war separately against
each army, we shall in the end be defeated by both
of them. It is better, therefore, for us to accept
a little loss and thus preserve the greatest part of
our kingdom, than in our eagerness to hold every-
thing to be destroyed by the enemy and lose at the
same time the whole power of our supremacy. So my
opinion is that if we give the Germans the provinces
of Gaul which adjoin them, and together with this
land all the money which Theodatus agreed to give
them, they will not only be turned from their enmity
against us, but will even lend us assistance in this
war. But as to how at a later time, when matters

εὖ φερομένων τῶν πραγμάτων ἡμῖν, Γαλλίας
ἀνακτησώμεθα, ὑμῶν διαλογιζέσθω μηδείς. ἐμὲ
γάρ τις παλαιὸς εἰσέρχεται λόγος, τὸ παρὸν εὖ
τιθέναι κελεύων."

26 Ταῦτα ἀκούσαντες οἱ Γότθων λόγιμοι, ξύμφορά
τε οἰόμενοι αὐτὰ εἶναι, ἐπιτελῆ γενέσθαι ἤθελον.
στέλλονται τοίνυν πρέσβεις αὐτίκα ἐς τὸ Γερ-
μανῶν ἔθνος, ἐφ᾽ ᾧ Γαλλίας τε αὐτοῖς ξὺν τῷ
χρυσῷ δώσουσι καὶ ὁμαιχμίαν ποιήσονται.

27 Φράγγων δὲ τότε ἡγεμόνες ἦσαν Ἰλδίβερτός τε
καὶ Θευδίβερτος καὶ Κλοαδάριος, οἳ Γαλλίας τε
καὶ τὰ χρήματα παραλαβόντες διενείμαντο μὲν
κατὰ λόγον τῆς ἑκάστου ἀρχῆς, φίλοι δὲ ὡμολό-
γησαν Γότθοις ἐς τὰ μάλιστα ἔσεσθαι, καὶ λάθρα
αὐτοῖς ἐπικούρους πέμψειν, οὐ Φράγγους μέντοι,

28 ἀλλ᾽ ἐκ τῶν σφίσι κατηκόων ἐθνῶν. ὁμαιχμίαν
γὰρ αὐτοῖς[1] ἐκ τοῦ ἐμφανοῦς ἐπὶ τῷ Ῥωμαίων
κακῷ ποιήσασθαι οὐχ οἷοί τε ἦσαν, ἐπεὶ ὀλίγῳ
πρότερον βασιλεῖ ἐς τόνδε τὸν πόλεμον ξυλλή-

29 ψεσθαι ὡμολόγησαν. οἱ μὲν οὖν πρέσβεις ἐφ᾽
οἷσπερ ἐστάλησαν διαπεπραγμένοι ἐπανῆκον ἐς
Ῥάβενναν. τότε δὲ καὶ Μαρκίαν σὺν τοῖς ἑπο-
μένοις Οὐίττιγις μετεπέμπετο.

XIV

Ἐν ᾧ δὲ ταῦτα Οὐίττιγις ἔπρασσεν, ἐν τούτῳ
Βελισάριος ἐς Ῥώμην ἰέναι παρεσκευάζετο. ἀπο-
λέξας οὖν ἄνδρας ἐκ καταλόγου πεζικοῦ τρια-
κοσίους καὶ Ἡρωδιανὸν ἄρχοντα ἐπὶ τῇ Νεαπό-

---

[1] αὐτοῖς W: αὐτοὺς VL, αὐτοὶ Maltretus.

are going well for us, we may regain possession of Gaul, let no one of you consider this question. For an ancient saying [1] comes to my mind, which bids us 'settle well the affairs of the present.'"

Upon hearing this speech the notables of the Goths, considering the plan advantageous, wished it to be put into effect. Accordingly envoys were immediately sent to the nation of the Germans, in order to give them the lands of Gaul together with the gold, and to make an offensive and defensive alliance. Now at that time the rulers of the Franks were Ildibert, Theudibert, and Cloadarius, and they received Gaul and the money, and divided the land among them according to the territory ruled by each one, and they agreed to be exceedingly friendly to the Goths, and secretly to send them auxiliary troops, not Franks, however, but soldiers drawn from the nations subject to them. For they were unable to make an alliance with them openly against the Romans, because they had a little before agreed to assist the emperor in this war. So the envoys, having accomplished the mission on which they had been sent, returned to Ravenna. At that time also Vittigis summoned Marcias with his followers.

XIV

But while Vittigis was carrying on these negotiations, Belisarius was preparing to go to Rome. He accordingly selected three hundred men from the infantry forces with Herodian as their leader, and

[1] Cf. Thuc. i. 35, θέσθαι τὸ παρόν, "to deal with the actual situation"; Hor. *Od.* iii. 29, 32, "quod adest memento | Componere."

2 λεως φυλακῇ κατεστήσατο. ἔπεμψε δὲ καὶ ἐς
Κύμην φρουροὺς, ὅσους ᾤετο τῇ τοῦ ἐνταῦθα
φρουρίου φυλακῇ ἱκανοὺς ἔσεσθαι. ἄλλο γάρ τι
ὀχύρωμα ἐν Καμπανίᾳ, ὅτι μὴ ἐν Κύμῃ τε καὶ ἐν
3 Νεαπόλει, οὐκ ἦν. ἐν ταύτῃ τῇ Κύμῃ οἱ ἐπι-
χώριοι τὸ Σιβύλλης δεικνύουσι σπήλαιον ἔνθα δὴ
αὐτῆς τὸ μαντεῖον γεγενῆσθαί φασιν· ἐπιθαλασ-
σία δὲ ἡ Κύμη ἐστί, Νεαπόλεως ὀκτὼ καὶ εἴκοσι
4 καὶ ἑκατὸν σταδίους διέχουσα. Βελισάριος μὲν
οὖν διεκόσμει τὸ στράτευμα, Ῥωμαῖοι δέ, δεί-
σαντες μὴ σφίσι ξυμβαίη ὅσα Νεαπολίταις
ξυμπέπτωκε, λογισάμενοι ἔγνωσαν ἄμεινον εἶναι
τῇ πόλει τὸν βασιλέως στρατὸν δέξασθαι. μά-
λιστα δὲ αὐτοὺς Σιλβέριος[1] ἐς τοῦτο ἐνῆγεν, ὁ
5 τῆς[2] πόλεως ἀρχιερεύς. Φιδέλιόν τε πέμψαντες,
ἄνδρα ἐκ Μεδιολάνου ὁρμώμενον, ἣ ἐν Λιγούροις
κεῖται, ὃς δὴ Ἀταλαρίχῳ παρήδρευε πρότερον
(κοιαίστωρα δὲ τὴν ἀρχὴν ταύτην καλοῦσι Ῥω-
μαῖοι), Βελισάριον ἐς Ῥώμην ἐκάλουν, ἀμαχητὶ
6 τὴν πόλιν παραδώσειν ὑποσχόμενοι. ὁ δὲ διὰ
τῆς Λατίνης ὁδοῦ ἀπῆγε τὸ στράτευμα, τὴν
Ἀππίαν ὁδὸν ἀφεὶς ἐν ἀριστερᾷ, ἣν Ἄππιος ὁ
Ῥωμαίων ὕπατος ἐννακοσίοις ἐνιαυτοῖς πρότερον
ἐποίησέ τε καὶ ἐπώνυμον ἔσχεν.

Ἔστι δὲ ἡ Ἀππία ὁδὸς ἡμερῶν πέντε εὐζώνῳ
ἀνδρί· ἐκ Ῥώμης γὰρ αὕτη[3] ἐς Καπύην διήκει.
7 εὖρος δέ ἐστι τῆς ὁδοῦ ταύτης ὅσον ἁμάξας δύο

---

[1] Σιλβέριος Maltretus : βελισάριος V, λιβέριος L.
[2] τῆς V : τῆσδε τῆς L.   [3] αὕτη L : αὐτῆς V.

assigned them the duty of guarding Naples. And he also sent to Cumae as large a garrison as he thought would be sufficient to guard the fortress there. For there was no stronghold in Campania except those at Cumae and at Naples. It is in this city of Cumae that the inhabitants point out the cave of the Sibyl, where they say her oracular shrine was ; and Cumae is on the sea, one hundred and twenty-eight stades distant from Naples. Belisarius, then, was thus engaged in putting his army in order ; but the inhabitants of Rome, fearing lest all the calamities should befall them which had befallen the Neapolitans, decided after considering the matter that it was better to receive the emperor's army into the city. And more than any other Silverius,[1] the chief priest of the city, urged them to adopt this course. So they sent Fidelius, a native of Milan, which is situated in Liguria, a man who had been previously an adviser of Atalaric (such an official is called "quaestor"[2] by the Romans), and invited Belisarius to come to Rome, promising to put the city into his hands without a battle. So Belisarius led his army from Naples by the Latin Way, leaving on the left the Appian Way, which Appius, the consul of the Romans, had made nine hundred years before[3] and to which he had given his name.

Now the Appian Way is in length a journey of five days for an unencumbered traveller ; for it extends from Rome to Capua. And the breadth of this road is such that two waggons going in opposite directions

[1] Cf. chap. xi. 26, note.

[2] The quaestor held an important position as counsellor (πάρεδρος) of the emperor in legal matters. It was his function, also, to formulate and publish new laws.

[3] Built in 312 B.C. by the censor, Appius Claudius.

ἀντίας ἰέναι ἀλλήλαις, καὶ ἔστιν ἀξιοθέατος

8 πάντων μάλιστα. τὸν γὰρ λίθον ἅπαντα, μυλί-
την τε ὄντα καὶ φύσει σκληρόν, ἐκ χώρας ἄλλης
μακρὰν οὔσης τεμὼν Ἄππιος ἐνταῦθα ἐκόμισε·

9 ταύτης γὰρ δὴ τῆς γῆς οὐδαμῆ πέφυκε. λείους
δὲ τοὺς λίθους καὶ ὁμαλοὺς ἐργασάμενος, ἐγγω-
νίους τε τῇ ἐντομῇ πεποιημένος, ἐς ἀλλήλους
ξυνέδησεν, οὔτε χάλικα[1] ἐντὸς οὔτε τι ἄλλο

10 ἐμβεβλημένος. οἱ δὲ ἀλλήλοις οὕτω τε ἀσφαλῶς
συνδέδενται καὶ μεμύκασιν, ὥστε ὅτι δὴ οὐκ εἰσὶν
ἡρμοσμένοι, ἀλλ᾿ ἐμπεφύκασιν ἀλλήλοις, δόξαν

11 τοῖς ὁρῶσι παρέχονται· καὶ χρόνου τριβέντος
συχνοῦ δὴ οὕτως ἀμάξαις τε πολλαῖς καὶ ζῴοις
ἅπασι διαβατοὶ γινόμενοι ἐς ἡμέραν ἑκάστην οὔτε
τῆς ἁρμονίας παντάπασι διακέκρινται οὔτε τινὶ
αὐτῶν διαφθαρῆναι ἢ μείονι γίνεσθαι ξυνέπεσεν,
οὐ μὴν οὐδὲ τῆς ἀμαρυγῆς τι ἀποβαλέσθαι. τὰ
μὲν οὖν τῆς Ἀππίας ὁδοῦ τοιαῦτά ἐστι.

12 Γότθοι δὲ οἳ ἐν Ῥώμῃ φυλακὴν εἶχον, ἐπεὶ
τούς τε πολεμίους ἄγχιστά πη εἶναι ἐπύθοντο
καὶ Ῥωμαίων τῆς γνώμης ᾔσθοντο, ᾔσχαλλον
τότε τῇ πόλει[2] καὶ τοῖς ἐπιοῦσι διὰ μάχης ἰέναι

13 οὐχ οἷοί τε ὄντες ἠπόρουν·[3] ἔπειτα δὲ Ῥωμαίων
σφίσιν ἐνδιδόντων ἐνθένδε ἀπαλλαγέντες ἐπὶ
Ῥαβέννης ἐχώρησαν ἅπαντες, πλήν γε δὴ ὅτι
Λεύδερις ὃς αὐτῶν ἦρχεν, αἰδεσθείς, οἶμαι, τύχην

14 τὴν παροῦσαν, αὐτοῦ ἔμεινε. ξυνέπεσέ τε ἐκείνῃ
τῇ ἡμέρᾳ κατὰ τὸν αὐτὸν χρόνον Βελισάριον μὲν

---

[1] χάλικα Braun : χαλκὰ V, χαλκὸν L.
[2] τότε τῇ πόλει V : τήν τε πόλιν φυλάσσειν L.
[3] ἠπόρουν V : om. L.

can pass one another, and it is one of the noteworthy sights of the world. For all the stone, which is mill-stone [1] and hard by nature, Appius quarried in another place [2] far away and brought there; for it is not found anywhere in this district. And after working these stones until they were smooth and flat, and cutting them to a polygonal shape, he fastened them together without putting concrete or anything else between them. And they were fastened together so securely and the joints were so firmly closed, that they give the appearance, when one looks at them, not of being fitted together, but of having grown together. And after the passage of so long a time, and after being traversed by many waggons and all kinds of animals every day, they have neither separated at all at the joints, nor has any one of the stones been worn out or reduced in thickness,—nay, they have not even lost any of their polish. Such, then, is the Appian Way.

But as for the Goths who were keeping guard in Rome, it was not until they learned that the enemy were very near and became aware of the decision of the Romans, that they began to be concerned for the city, and, being unable to meet the attacking army in battle, they were at a loss; but later, with the permission of the Romans, they all departed thence and proceeded to Ravenna, except that Leuderis, who commanded them, being ashamed, I suppose, because of the situation in which he found himself, remained there. And it so happened on that day that at the very same time when Belisarius and the emperor's

[1] Chiefly basalt. As built by Appius, however, the surface was of gravel; the stone blocks date from later years.

[2] Apparently an error, for lava quarries have been found along the road.

καὶ τὸν βασιλέως στρατὸν ἐς Ῥώμην εἰσιέναι
διὰ πύλης ἣν καλοῦσιν Ἀσιναρίαν, Γότθους δὲ
ἀναχωρεῖν ἐνθένδε διὰ πύλης ἑτέρας ἣ Φλαμινία
ἐπικαλεῖται, Ῥώμη τε αὖθις ἑξήκοντα ἔτεσιν
ὕστερον ὑπὸ Ῥωμαίοις γέγονεν, ἐνάτῃ τοῦ τε-
λευταίου, πρὸς δὲ Ῥωμαίων προσαγορευομένου
Δεκεμβρίου[1] μηνὸς ἑνδέκατον ἔτος Ἰουστινιανοῦ
15 βασιλέως τὴν αὐτοκράτορα ἀρχὴν ἔχοντος. Λεύ-
δεριν μὲν οὖν τὸν Γότθων ἄρχοντα καὶ τῶν πυλῶν
τὰς κλεῖς Βελισάριος βασιλεῖ ἔπεμψεν, αὐτὸς
δὲ τοῦ περιβόλου πολλαχῇ διερρυηκότος ἐπε-
μελεῖτο· ἔπαλξιν δὲ ἑκάστην ἐγγώνιον ἐποίει,
οἰκοδομίαν δή τινα ἑτέραν ἐκ πλαγίου τοῦ εὐωνύ-
μου τιθέμενος, ὅπως οἱ ἐνθένδε τοῖς ἐπιοῦσι
μαχόμενοι πρὸς τῶν ἐν[2] ἀριστερᾷ σφίσι τειχο-
μαχούντων ἥκιστα βάλλωνται, καὶ τάφρον ἀμφὶ
τὸ τεῖχος βαθεῖάν τε καὶ λόγου ἀξίαν πολλοῦ
16 ὤρυσσε. Ῥωμαῖοι δὲ τὴν μὲν πρόνοιαν τοῦ
στρατηγοῦ καὶ διαφερόντως τὴν ἐς τὰς ἐπάλξεις
ἀποδεδειγμένην ἐμπειρίαν ἐπῄνουν, ἐν θαύματι
δὲ μεγάλῳ ποιούμενοι ᾔσχαλλον, εἴ τινα ὡς
πολιορκηθήσεται ἔννοιαν ἔχων ᾠήθη ἐσιτητὰ οἱ
ἐς Ῥώμην εἶναι, ἣ οὔτε πολιορκίαν οἵα τέ ἐστι
φέρειν τῶν ἐπιτηδείων τῇ ἀπορίᾳ, διὰ τὸ μὴ
ἐπιθαλάσσιος εἶναι, καὶ τείχους[3] περιβαλλομένη
τοσοῦτόν τι χρῆμα, ἄλλως τε καὶ ἐν πεδίῳ
κειμένη ἐς ἄγαν ὑπτίῳ τοῖς ἐπιοῦσιν εὐέφοδος,

---

[1] Ῥωμαίοις (Ῥωμαίους Euagrius) . . Δεκεμβρίου added from
Euagrius iv. 19 : not in MSS.   [2] ἐν Maltretus : om. MSS.
[3] τείχους Kraseninnikov : τεῖχος V, τείχη L.

army were entering Rome through the gate which they call the Asinarian Gate, the Goths were with-drawing from the city through another gate which bears the name Flaminian; and Rome became subject to the Romans again after a space of sixty years, on the ninth day of the last month, which is called "December" by the Romans, in the eleventh year of the reign of the Emperor Justinian. Now Belisarius 536 A.D sent Leuderis, the commander of the Goths, and the keys of the gates to the emperor, but he himself turned his attention to the circuit-wall, which had fallen into ruin in many places; and he constructed each merlon of the battlement with a wing, adding a sort of flanking wall on the left side,[1] in order that those fighting from the battlement against their assailants might never be hit by missiles thrown by those storming the wall on their left; and he also dug a moat about the wall of sufficient depth to form a very important part of the defences. And the Romans applauded the forethought of the general and especially the experience displayed in the matter of the battlement; but they marvelled greatly and were vexed that he should have thought it possible for him to enter Rome if he had any idea that he would be besieged, for it cannot possibly endure a siege because it cannot be supplied with provisions, since it is not on the sea, is enclosed by a wall of so huge a circumference,[2] and, above all, lying as it does in a very level plain, is naturally exceedingly

---

[1] *i.e.* on the left of the defender. The battlement, then, in horizontal section, had this form ┌ ┌ ┌, instead of the usual series of straight merlons. Winged merlons were used on the walls of Pompeii; for an excellent illustration see Overbeck, *Pompeji*[4], p. 46.

[2] *i.e.* too great to be defended at every point: the total length of the circuit-wall was about twelve miles.

17 ὡς τὸ εἰκός, ἔστιν. ὁ δὲ καὶ ταῦτα ἀκούων τὰ
ἐς πολιορκίαν οὐδέν τι ἧσσον ἅπαντα ἐξηρτύετο,
καὶ τὸν σῖτον ὃν ταῖς ναυσὶν ἔχων ἐκ Σικελίας
ἀφίκετο, ἐν οἰκήμασι καταθέμενος δημοσίοις
ἐφύλασσε, καὶ Ῥωμαίους ἅπαντας, καίπερ δεινὰ
ποιουμένους, ἠνάγκαζεν ἅπαντα σφίσι τὰ ἐπιτή-
δεια ἐκ τῶν ἀγρῶν ἐσκομίζεσθαι.

XV

Τότε δὴ καὶ Πίτζας, Γότθος ἀνήρ, ἐκ Σαμνίου
ἥκων, αὐτόν τε καὶ Γότθους οἳ ἐκείνῃ ξὺν αὐτῷ
ᾤκηντο, καὶ Σαμνίου τοῦ ἐπιθαλασσίου μοῖραν
τὴν ἡμίσειαν Βελισαρίῳ ἐνεχείρισεν, ἄχρι ἐς τὸν
2 ποταμὸν ὃς τῆς χώρας μεταξὺ φέρεται. Γότθοι
γὰρ[1] ὅσοι ἐπὶ θάτερα τοῦ ποταμοῦ ἵδρυντο, οὔτε
τῷ Πίτζᾳ ἕπεσθαι οὔτε βασιλεῖ κατήκοοι εἶναι
ἤθελον. στρατιώτας τέ οἱ Βελισάριος οὐ πολ-
λοὺς ἔδωκεν, ὅπως αὐτῷ ξυμφυλάξωσι τὰ ἐκείνῃ
3 χωρία. πρότερον δὲ Καλαβροί τε καὶ Ἀπούλιοι,
Γότθων σφίσι τῇ χώρᾳ οὐ παρόντων, Βελισαρίῳ
ἐθελούσιοι προσεχώρησαν οἵ τε παράλιοι καὶ οἱ
τὰ μεσόγεια ἔχοντες.
4 Ἐν τοῖς καὶ Βενεβεντός ἐστιν, ἣν πάλαι μὲν
Μαλεβεντὸν ὠνόμασαν Ῥωμαῖοι, τανῦν δὲ Βενε-
βεντὸν καλοῦσι, τὴν ἀπὸ τοῦ προτέρου ὀνόματος
διαφεύγοντες βλασφημίαν· βέντος γὰρ ἄνεμον
5 τῇ Λατίνων φωνῇ δύναται. ἐν Δαλματίᾳ γάρ,

[1] γὰρ V: δὲ L.

---

[1] Probably either the Biferno or the Sangro.
[2] sic Procopius. The customary form "Beneventum"

easy of access for its assailants. But although
Belisarius heard all these criticisms, he nevertheless
continued to make all his preparations for a siege,
and the grain which he had in his ships when he
came from Sicily he stored in public granaries and
kept under guard, and he compelled all the Romans,
indignant though they were, to bring all their pro-
visions in from the country.

XV

At that time Pitzas, a Goth, coming from Samnium,
also put himself and all the Goths who were living
there with him into the hands of Belisarius, as well
as the half of that part of Samnium which lies on
the sea, as far as the river which flows through the
middle of that district.[1] For the Goths who were
settled on the other side of the river were neither
willing to follow Pitzas nor to be subjects of the
emperor. And Belisarius gave him a small number
of soldiers to help him guard that territory. And
before this the Calabrians and Apulians, since no
Goths were present in their land, had willingly sub-
mitted themselves to Belisarius, both those on the
coast and those who held the interior.

Among the interior towns is Beneventus,[2] which in
ancient times the Romans had named "Maleventus,"
but now they call it Beneventus, avoiding the evil
omen of the former name,[3] "ventus" having the
meaning "wind" in the Latin tongue. For in

hews less clearly the derivation from "ventus" which
Procopius favours. Other possible explanations are "bene"
+ "venio" or "bene" + (suff.) "entum."
[3] Cf. Pliny III. xi. 16, § 105, who says that the name was
originally "Maleventum," on account of its unwholesome air.

ἢ ταύτης καταντικρὺ ἐν τῇ ἀντιπέρας ἠπείρῳ
κεῖται, ἀνέμου τι πνεῦμα σκληρόν τε καὶ ὑπερ-
φυῶς ἄγριον ἐπισκήπτειν φιλεῖ, ὅπερ ἐπειδὰν
ἐπιπνεῖν ἄρξηται, ὁδῷ ἰόντα ἔτι ἄνθρωπον ἐν-
ταῦθα εὑρεῖν οὐδεμία μηχανή ἐστιν, ἀλλ' οἶκοι
6 ἅπαντες καθείρξαντες ἑαυτοὺς τηροῦσι. τοιαύτη
γάρ τις ἡ τοῦ πνεύματος ῥύμη[1] τυγχάνει οὖσα
ὥστε ἄνδρα ἱππέα ξὺν τῷ ἵππῳ ἁρπάσασα
μετέωρον φέρει, ἐπὶ πλεῖστόν τε περιαγαγοῦσα
τῆς τοῦ ἀέρος χώρας εἶτα ὅπη παρατύχῃ ἀπορρί-
7 πτουσα κτείνει. Βενεβεντὸν δὲ ἅτε καταντικρὺ
Δαλματίας οὖσαν, ὥσπερ μοι εἴρηται, ἐπί τε
ὑψηλοῦ τινος χώρου κειμένην μοῖράν τινα φέ-
ρεσθαι τῆς τούτου δὴ τοῦ ἀνέμου δυσκολίας
8 συμβαίνει. ταύτην Διομήδης ποτὲ ὁ Τυδέως
ἐδείματο, μετὰ Ἰλίου ἅλωσιν ἐκ τοῦ Ἄργους
ἀποκρουσθείς. καὶ γνώρισμα τῇ πόλει τοὺς
ὀδόντας συὸς τοῦ Καλυδωνίου ἐλείπετο, οὓς οἱ
θεῖος Μελέαγρος ἆθλα τοῦ κυνηγεσίου λαβὼν
ἔτυχεν, οἳ καὶ εἰς ἐμὲ ἐνταῦθά εἰσι, θέαμα λό-
γου πολλοῦ ἰδεῖν ἄξιον, περίμετρον οὐχ ἧσσον
ἢ τρισπίθαμον ἐν μηνοειδεῖ σχήματι ἔχοντες.
9 ἐνταῦθα καὶ ξυγγενέσθαι τὸν Διομήδην Αἰνείᾳ
τῷ Ἀγχίσου ἥκοντι ἐξ Ἰλίου φασὶ καὶ κατὰ τὸ
λόγιον τὸ τῆς Ἀθήνης ἄγαλμα δοῦναι ὃ ξὺν τῷ
Ὀδυσσεῖ ἀποσυλήσας ἔτυχεν, ὅτε κατασκόπω ἐς
τὴν[2] Ἴλιον ἠλθέτην ἄμφω πρότερον ἢ τήνδε[3]
10 ἁλώσιμον γενέσθαι τοῖς Ἕλλησι. λέγουσι γὰρ
αὐτῷ νοσήσαντί τε ὕστερον καὶ ὑπὲρ τῆς νόσου

---

[1] ῥύμη V: φορά L.
[2] τὴν Haury: τὸ MSS., cf. VIII. xxii. 31, ἐξ Ἰλίου ἀλούσης.
[3] τήνδε Haury: τὴν π . . . V, τήν τε L.

Dalmatia, which lies across from this city on the opposite mainland, a wind of great violence and exceedingly wild is wont to fall upon the country, and when this begins to blow, it is impossible to find a man there who continues to travel on the road, but all shut themselves up at home and wait. Such, indeed, is the force of the wind that it seizes a man on horseback together with his horse and carries him through the air, and then, after whirling him about in the air to a great distance, it throws him down wherever he may chance to be and kills him. And it so happens that Beneventus, being opposite to Dalmatia, as I have said, and situated on rather high ground, gets some of the disadvantage of this same wind. This city was built of old by Diomedes, the son of Tydeus, when after the capture of Troy he was repulsed from Argos. And he left to the city as a token the tusks of the Calydonian boar, which his uncle Meleager had received as a prize of the hunt, and they are there even up to my time, a noteworthy sight and well worth seeing, measuring not less than three spans around and having the form of a crescent. There, too, they say that Diomedes met Aeneas, the son of Anchises, when he was coming from Ilium, and in obedience to the oracle gave him the statue of Athena which he had seized as plunder in company with Odysseus, when the two went into Troy as spies before the city was captured by the Greeks. For they tell the story that when he fell sick at a later time, and made enquiry

πυνθανομένῳ χρῆσαι τὸ μαντεῖον οὔ ποτέ οἱ τοῦ
κακοῦ ἀπαλλαγὴν ἔσεσθαι πλὴν εἰ μὴ ἀνδρὶ
11 Τρωὶ τὸ ἄγαλμα τοῦτο διδοίη. καὶ αὐτὸ μὲν
ὅπου γῆς ἐστιν, οὔ φασι Ῥωμαῖοι εἰδέναι, εἰκόνα
δὲ αὐτοῦ λίθῳ τινὶ ἐγκεκολαμμένην δεικνύουσι[1]
καὶ ἐς ἐμὲ ἐν τῷ τῆς Τύχης ἱερῷ, οὗ δὴ[2] πρὸ τοῦ
χαλκοῦ τῆς Ἀθηνᾶς ἀγάλματος κεῖται, ὅπερ
12 αἴθριον ἐς τὰ πρὸς ἕω τοῦ νεὼ ἵδρυται. αὕτη δὲ
ἡ ἐν τῷ λίθῳ εἰκὼν πολεμούσῃ τε καὶ τὸ δόρυ
ἀνατεινούσῃ ἅτε ἐς ξυμβολὴν ἔοικε· ποδήρη δὲ
13 καὶ ὡς τὸν χιτῶνα ἔχει. τὸ δὲ πρόσωπον οὐ τοῖς
Ἑλληνικοῖς ἀγάλμασι τῆς Ἀθηνᾶς ἐμφερές ἐστιν,
ἀλλ᾽ οἷα παντάπασι τὸ παλαιὸν Αἰγύπτιοι
14 ἐποίουν. Βυζάντιοι δέ φασι τὸ ἄγαλμα τοῦτο
Κωνσταντῖνον βασιλέα ἐν τῇ ἀγορᾷ ἣ αὐτοῦ
ἐπώνυμός ἐστι κατορύξαντα θέσθαι. ταῦτα μὲν
δὴ ὧδέ πη ἔσχεν.

15   Ἰταλίαν δὲ οὕτω ξύμπασαν ἣ ἐντὸς κόλπου
τοῦ Ἰονίου ἐστίν, ἄχρι ἔς τε Ῥώμην καὶ Σάμνιον
Βελισάριος παρεστήσατο, τοῦ δὲ κόλπου ἐκτὸς
ἄχρι ἐς Λιβουρνίαν Κωνσταντιανός, ὥσπερ ἐρ-
16 ρήθη, ἔσχεν. ὄντινα δὲ τρόπον Ἰταλίαν οἰκοῦσιν
οἱ ταύτῃ ἄνθρωποι ἐρῶν ἔρχομαι. πέλαγος τὸ
Ἀδριατικόν, ἐκροήν τινα πόρρω που τῆς ἠπείρου
ἐκβάλλον, ποιεῖται τὸν Ἰόνιον κόλπον, οὐδὲν
ὁμοίως τοῖς ἄλλοις χωρίοις ἔνθα δὴ τελευτῶσα
τῆς θαλάσσης ἡ ἐς τὴν ἤπειρον ἀνάβασις ἰσθμὸν

---

[1] δεικνύουσι Haury : δεικνύουσιν οὓς δὴ MSS., δεικν. ὃς δὴ
Comparetti, Christ, δεικν. ἥτις Hoeschel.
[2] οὗ δὴ : Haury, for οὓς δὴ (above).

---

[1] The Forum of Constantine was a short distance west of
the hippodrome. One of its principal monuments, a huge

concerning the disease, the oracle responded that he would never be freed from his malady unless he should give this statue to a man of Troy. And as to where in the world the statue itself is, the Romans say they do not know, but even up to my time they shew a copy of it chiselled on a certain stone in the temple of Fortune, where it lies before the bronze statue of Athena, which is set up under the open sky in the eastern part of the temple. And this copy on the stone represents a female figure in the pose of a warrior and extending her spear as if for combat ; but in spite of this she has a chiton reaching to the feet. But the face does not resemble the Greek statues of Athena, but is altogether like the work of the ancient Aegyptians. The Byzantines, however, say that the Emperor Constantine dug up this statue in the forum which bears his name [1] and set it there. So much, then, for this.

In this way Belisarius won over the whole of that part of Italy which is south of the Ionian Gulf,[2] as far as Rome and Samnium, and the territory north of the gulf, as far as Liburnia, had been gained by Constantianus, as has been said.[3] But I shall now explain how Italy is divided among the inhabitants of the land. The Adriatic Sea [4] sends out a kind of outlet far into the continent and thus forms the Ionian Gulf, but it does not, as in other places where the sea enters the mainland, form an isthmus at its end.

porphyry column, still stands and is known as the "Burnt Column."

[2] *i.e.* the Adriatic Sea ; see note 4.   [3] Chap. vii. 36.
[4] By the "Adriatic" is meant the part of the Mediterranean which lies between Africa on the south, Sicily and Italy on the west, and Greece and Epirus on the east ; Procopius' "Ionian Gulf" is therefore our Adriatic Sea.

17 ποιεῖται. ὅ τε γὰρ Κρισαῖος καλούμενος κόλπος,
ἀπολήγων ἐς τὸ Λέχαιον, ἵνα δὴ Κορινθίων ἡ
πόλις ἐστίν, ἐν¹ μέτρῳ τεσσαράκοντα σταδίων
18 μάλιστα, ποιεῖται τὸν ταύτης ἰσθμόν· καὶ ὁ ἀφ᾽
Ἑλλησπόντου κόλπος, ὃν Μέλανα καλοῦσιν, οὐ
πλέον, ἀλλὰ κατὰ τοῦτο τὸ μέτρον ἀποτελεῖ τὸν
19 ἐν Χερρονήσῳ ἰσθμόν. ἐκ δὲ Ῥαβέννης πόλεως,
οὗ δὴ τελευτᾷ ὁ Ἰόνιος κόλπος, ἐς θάλασσαν
τὴν Τυρρηνικὴν οὐχ ἧσσον ἢ ὀκτὼ ὁδὸς ἡμερῶν
20 εὐζώνῳ ἀνδρί ἐστιν. αἴτιον δὲ ὅτι προϊοῦσα ἡ
τῆς θαλάσσης ἐπιρροὴ ἐν δεξιᾷ ἐπὶ πλεῖστον
ἐς ἀεὶ φέρεται. τούτου δὲ τοῦ κόλπου ἐντὸς
πόλισμα πρῶτον ὁ Δρυοῦς οἰκεῖται, ὅπερ τανῦν
21 Ὑδροῦς καλεῖται. τούτου ἐν δεξιᾷ μὲν Καλαβροί
τε καὶ Ἀπούλιοι καὶ Σαμνῖταί εἰσι, καὶ αὐτῶν
ἐχόμενοι Πικηνοὶ ἄχρι ἐς Ῥάβενναν πόλιν ᾤκην-
22 ται. ἐπὶ θάτερα δὲ Καλαβρῶν τε μοῖρα ἡ
λειπομένη ἐστὶ καὶ Βρίττιοί τε καὶ Λευκανοί,
μεθ᾽ οὓς Καμπανοὶ ἄχρι ἐς Ταρακίνην πόλιν
οἰκοῦσιν, οὓς δὴ οἱ Ῥώμης ὅροι ἐκδέχονται.
23 ταῦτα τὰ ἔθνη ἑκατέρας τε θαλάσσης τὴν ἠϊόνα
καὶ τὰ ἐκείνῃ μεσόγεα ξύμπαντα ἔχουσιν. αὕτη
τέ ἐστιν ἡ μεγάλη Ἑλλὰς καλουμένη τὰ πρότερα.
ἐν Βριττίοις γὰρ Λοκροί τέ εἰσιν οἱ Ἐπιζεφύριοι
24 καὶ Κροτωνιᾶται καὶ Θούριοι. τοῦ δὲ κόλπου
ἐκτὸς πρῶτοι μὲν Ἕλληνές εἰσιν, Ἠπειρῶται
καλούμενοι, ἄχρι Ἐπιδάμνου πόλεως, ἥπερ ἐπι-
25 θαλασσία οἰκεῖται. καὶ ταύτης μὲν ἐχομένη
Πρέκαλις ἡ χώρα ἐστί, μεθ᾽ ἣν Δαλματία ἐπι-

---

¹ ἐν Hoeschel : ἐς MSS.

For example, the so-called Crisaean Gulf, ending at Lechaeum, where the city of Corinth is, forms the isthmus of that city, about forty stades in breadth; and the gulf off the Hellespont, which they call the Black Gulf,[1] makes the isthmus at the Chersonese no broader than the Corinthian, but of about the same size. But from the city of Ravenna, where the Ionian Gulf ends, to the Tuscan Sea is not less than eight days' journey for an unencumbered traveller. And the reason is that the arm of the sea, as it advances,[2] always inclines very far to the right. And below this gulf the first town is Dryus,[3] which is now called Hydrus. And on the right of this are the Calabrians, Apulians, and Samnites, and next to them dwell the Piceni, whose territory extends as far as the city of Ravenna. And on the other side are the remainder of the Calabrians, the Bruttii, and the Lucani, beyond whom dwell the Campani as far as the city of Taracina, and their territory is adjoined by that of Rome. These peoples hold the shores of the two seas, and all the interior of that part of Italy. And this is the country called Magna Graecia in former times. For among the Bruttii are the Epizephyrian Locrians and the inhabitants of Croton and Thurii. But north of the gulf the first inhabitants are Greeks, called Epirotes, as far as the city of Epidamnus, which is situated on the sea. And adjoining this is the land of Precalis, beyond which

---

[1] Now the Gulf of Saros, north and west of the Gallipoli peninsula.
[2] *i.e.* to the north-west. Procopius means that the Adriatic should incline at its upper end more toward the left (the west) in order to form the isthmus which he is surprised to find lacking.
[3] Hydruntum; cf. Book III. i. 9, note.

καλεῖται, καὶ τῷ τῆς ἑσπερίας λελόγισται κράτει.¹
τὸ δὲ ἐντεῦθεν Λιβουρνία τε καὶ Ἰστρία καὶ
Βενετίων ἡ χώρα ἐστὶ μέχρι ἐς Ῥάβενναν πόλιν
26 διήκουσα. οὗτοι μὲν ἐπιθαλάσσιοι ταύτῃ ᾤκην-
ται. ὕπερθεν δὲ αὐτῶν Σίσκιοί τε καὶ Σούαβοι
(οὐχ οἱ Φράγγων κατήκοοι, ἀλλὰ παρὰ τούτοις
27 ἕτεροι) χώραν τὴν μεσόγειον ἔχουσι. καὶ ὑπὲρ
τούτους Καρνίοι τε καὶ Νωρικοὶ ἵδρυνται. τούτων
δὲ Δακαί τε καὶ Παννόνες ἐν δεξιᾷ οἰκοῦσιν, οἳ
ἄλλα τε χωρία καὶ Σιγγιδόνον καὶ Σίρμιον
ἔχουσιν, ἄχρι ἐς ποταμὸν Ἴστρον διήκοντες.
28 τούτων μὲν δὴ τῶν ἐθνῶν Γότθοι κόλπου τοῦ
Ἰονίου ἐκτὸς κατ᾽ ἀρχὰς τοῦδε τοῦ πολέμου ἦρχον,
ὑπὲρ δὲ Ῥαβέννης πόλεως Πάδου τοῦ ποταμοῦ
29 ἐν ἀριστερᾷ Λιγούριοι ᾤκηνται. καὶ αὐτῶν τὰ
μὲν πρὸς βορρᾶν ἄνεμον Ἀλβανοὶ ἐν χώρᾳ ὑπερ-
φυῶς ἀγαθῇ Λαγγούβιλλα καλουμένῃ οἰκοῦσι,
τούτων τε ὕπερθεν ἔθνη τὰ Φράγγοις κατήκοά
ἐστι, τὰ δὲ πρὸς ἑσπέραν Γάλλοι τε καὶ μετ᾽
30 ἐκείνους Ἱσπανοὶ ἔχουσι. τοῦ δὲ Πάδου ἐν δεξιᾷ
Αἰμιλία τέ ἐστι καὶ τὰ Τούσκων ἔθνη, ἄχρι καὶ
ἐς τοὺς Ῥώμης ὅρους διήκοντα. ταῦτα μὲν δὴ
ὧδέ πη ἔχει.

XVI

Βελισάριος δὲ τὰ Ῥώμης ὅρια κύκλῳ ἅπαντα
μέχρι ἐς ποταμὸν Τίβεριν καταλαβὼν ἐκρατύ-
νατο. καὶ ἐπειδὴ οἱ ἅπαντα ὡς ἄριστα εἶχε,

¹ τῷ . . . κράτει Haury : τὸ . . . κράτος MSS.

---

¹ Modern Croatia.   ² Modern Belgrade.

is the territory called Dalmatia, all of which is counted as part of the western empire. And beyond that point is Liburnia,[1] and Istria, and the land of the Veneti extending to the city of Ravenna. These countries are situated on the sea in that region. But above them are the Siscii and Suevi (not those who are subjects of the Franks, but another group), who inhabit the interior. And beyond these are settled the Carnii and Norici. On the right of these dwell the Dacians and Pannonians, who hold a number of towns, including Singidunum[2] and Sirmium, and extend as far as the Ister River. Now these peoples north of the Ionian Gulf were ruled by the Goths at the beginning of this war, but beyond the city of Ravenna on the left of the river Po the country was inhabited by the Ligurians.[3] And to the north of them live the Albani in an exceedingly good land called Langovilla, and beyond these are the nations subject to the Franks, while the country to the west is held by the Gauls and after them the Spaniards. On the right of the Po are Aemilia[4] and the Tuscan peoples, which extend as far as the boundaries of Rome. So much, then, for this.

XVI

So Belisarius took possession of all the territory of Rome as far as the river Tiber, and strengthened it. And when all had been settled by him in the best

[3] Procopius seems to have erred: Liguria, as well as Aemilia (below), was south of the Po. Cf. chap. xii. 4, where Liguria is represented as extending to the Alps.

[4] Whose capital was Placentia (Piacenzo).

πολλοὺς τῶν αὐτοῦ ὑπασπιστῶν ξὺν δορυφόροις
ἄλλοις τε καὶ Ζαρτῆρι καὶ Χορσομάνῳ καὶ Αἰ-
σχμάνῳ τοῖς Μασσαγέταις καὶ στρατιὰν ἄλλην
Κωνσταντίνῳ ἔδωκεν, ἔς τε Τουσκίαν ἐκέλευεν
2 ἰέναι, ἐφ᾽ ᾧ παραστήσεται τὰ ἐκείνῃ χωρία. καὶ
Βέσσαν ἐπήγγελλε καταλαβεῖν Ναρνίαν, πόλιν
ἐχυρὰν μάλιστα ἐν Τούσκοις οὖσαν. ὁ δὲ Βέσσας
οὗτος Γότθος μὲν ἦν γένος τῶν ἐκ παλαιοῦ ἐν
Θρᾴκῃ ᾠκημένων, Θευδερίχῳ τε οὐκ ἐπισπομέ-
νων,[1] ἡνίκα ἐνθένδε ἐς Ἰταλίαν ἐπῆγε τὸν Γότθων
λεών, δραστήριος δὲ καὶ ἀγαθὸς τὰ πολέμια.
3 στρατηγός τε γὰρ ἦν ἄριστος καὶ αὐτουργὸς
δεξιός. καὶ Βέσσας μὲν οὔτι ἀκουσίων τῶν
οἰκητόρων Ναρνίαν ἔσχε, Κωνσταντῖνος δὲ Σπο-
λίτιόν τε καὶ Περυσίαν καὶ ἄλλα ἄττα πολίσ-
4 ματα παρεστήσατο οὐδενὶ πόνῳ. ἐθελούσιοι γὰρ
αὐτὸν ταῖς πόλεσι Τοῦσκοι ἐδέχοντο. φρουρὰν
οὖν ἐν Σπολιτίῳ καταστησάμενος αὐτὸς ξὺν τῷ
ἄλλῳ στρατῷ ἐν Περυσίᾳ τῇ Τούσκων πρώτῃ
ἡσύχαζεν.
5 Οὐίττιγις δὲ ταῦτα ἀκούσας στρατιάν τε καὶ
ἄρχοντας Οὐνίλαν τε καὶ Πίσσαν ἐπ᾽ αὐτοὺς
6 ἔπεμπεν. οἷς Κωνσταντῖνος ὑπαντιάσας ἐν τῷ
Περυσίας προαστείῳ ἐς χεῖρας ἦλθε. πλήθει δὲ
τῶν βαρβάρων ὑπεραιρόντων ἀγχώμαλος μὲν τὰ
πρῶτα ἐγεγόνει ἡ μάχη, μετὰ δὲ Ῥωμαῖοι τῇ
σφῶν ἀρετῇ καθυπέρτεροι γεγενημένοι τοὺς
πολεμίους ἐτρέψαντο, φεύγοντάς τε οὐδενὶ κόσμῳ
7 σχεδόν τι ἅπαντας ἔκτεινον· καὶ ζῶντας ἑλόντες
τοὺς τῶν πολεμίων ἄρχοντας παρὰ Βελισάριον
ἔπεμψαν. ἐπεὶ δὲ ταῦτα Οὐίττιγις ἤκουσεν,

[1] ἐπισπομένων Maltretus: ἐπισχομένων MSS.

possible manner, he gave to Constantinus a large number of his own guards together with many spearmen, including the Massagetae Zarter, Chorsomanus, and Aeschmanus, and an army besides, commanding him to go into Tuscany, in order to win over the towns of that region. And he gave orders to Bessas to take possession of Narnia, a very strong city in Tuscany. Now this Bessas was a Goth by birth, one of those who had dwelt in Thrace from of old and had not followed Theoderic when he led the Gothic nation thence into Italy, and he was an energetic man and a capable warrior. For he was both a general of the first rank, and a skilful man in action. And Bessas took Narnia not at all against the will of the inhabitants, and Constantinus won over Spolitium[1] and Perusia[2] and certain other towns without any trouble. For the Tuscans received him into their cities willingly. So after establishing a garrison in Spolitium, he himself remained quietly with his army in Perusia, the first city in Tuscany.

Now when Vittigis heard this, he sent against them an army with Unilas and Pissas as its commanders. And Constantinus confronted these troops in the outskirts of Perusia and engaged with them. The battle was at first evenly disputed, since the barbarians were superior in numbers, but afterwards the Romans by their valour gained the upper hand and routed the enemy, and while they were fleeing in complete disorder the Romans killed almost all of them; and they captured alive the commanders of the enemy and sent them to Belisarius. Now when Vittigis heard this, he was no longer

---

[1] Modern Spoleto.   [2] Modern Perugia.

ἡσυχάζειν ἐπὶ Ῥαβέννης οὐκέτι ἤθελεν, οὐ δὲ
αὐτῷ[1] Μαρκίας τε καὶ οἱ ξὺν αὐτῷ οὔπω ἐκ
8 Γαλλιῶν ἥκοντες ἐμπόδιοι ἦσαν. ἐς μὲν οὖν
Δαλματίαν στρατιάν τε πολλὴν καὶ ἄρχοντα
Ἀσινάριόν τε καὶ Οὐλιγίσαλον ἔπεμψεν, ἐφ᾽ ᾧ
9 Δαλματίαν τῇ Γότθων ἀρχῇ ἀνασώσονται. καὶ
αὐτοῖς ἐπέστελλεν ἐκ τῶν ἀμφὶ Σουαβίαν χωρίων
στράτευμα ἑταιρισαμένοις τῶν ταύτῃ βαρβάρων
οὕτω δὴ εὐθὺ Δαλματίας τε καὶ Σαλώνων ἰέναι
10 ξὺν αὐτοῖς δὲ καὶ μακρὰ πλοῖα πολλὰ ἔπεμψεν
ὅπως Σάλωνας κατὰ γῆν τε καὶ θάλασσαν
11 πολιορκεῖν οἷοί τε ὦσιν. αὐτὸς δὲ τῷ παντὶ
στρατῷ ἐπὶ Βελισάριόν τε καὶ Ῥώμην ἰέναι
ἠπείγετο, ἱππέας τε καὶ πεζοὺς οὐχ ἧσσον ἢ
μυριάδας πεντεκαίδεκα ἐπαγόμενος, καὶ αὐτῶν
τεθωρακισμένοι ξὺν τοῖς ἵπποις οἱ πλεῖστοι ἦσαν
12 Ἀσινάριος μὲν οὖν ἀμφὶ τὴν Σουαβίαν γενό
μενος τὸ τῶν βαρβάρων στράτευμα ἤγειρε, μόνο
δὲ Οὐλιγίσαλος Γότθοις ἐς Λιβουρνίαν ἡγήσατο
13 καὶ σφίσι Ῥωμαίων ἐν χωρίῳ Σκάρδωνι ἐς χεῖρα
ἐλθόντων ἡσσηθέντες τῇ μάχῃ ἀνεχώρησαν ἐ
Βούρνον πόλιν· ἐνταῦθά τε τὸν συνάρχοντα
14 ἀνέμεινεν Οὐλιγίσαλος. Κωνσταντιανὸς δέ, ἐπε
τὴν Ἀσιναρίου παρασκευὴν ἤκουσε, δείσας περ
Σάλωσι, τοὺς στρατιώτας μετεπέμψατο οἳ ξύμ
15 παντα τὰ ἐκείνῃ φρούρια εἶχον. καὶ τάφρον τ
ἀμφὶ τὸν περίβολον ἅπαντα[3] ὤρυσσε κύκλῳ κα
τὰ ἄλλα ἐς τὴν πολιορκίαν ὡς ἄριστα ἐξηρτύετο
Ἀσινάριος δὲ πάμπολύ τι στράτευμα βαρβάρων

---

[1] αὐτῷ Grotius and Maltretus : αὐτὸν MSS.
[2] ἐκ Hoeschel : om. MSS.
[3] ἅπαντα L : ἁπάντων V.

willing to remain quietly in Ravenna, where he was embarrassed by the absence of Marcias and his men, who had not yet come from Gaul. So he sent to Dalmatia a great army with Asinarius and Uligisalus as its commanders, in order to recover Dalmatia for the Gothic rule. And he directed them to add to their own troops an army from the land of the Suevi, composed of the barbarians there, and then to proceed directly to Dalmatia and Salones. And he also sent with them many ships of war, in order that they might be able to besiege Salones both by land and by sea. But he himself was hastening to go with his whole army against Belisarius and Rome, leading against him horsemen and infantry to the number of not less than one hundred and fifty thousand, and the most of them as well as their horses were clad in armour.

So Asinarius, upon reaching the country of the Suevi, began to gather the army of the barbarians, while Uligisalus alone led the Goths into Liburnia. And when the Romans engaged with them at a place called Scardon, they were defeated in the battle and retired to the city of Burnus; and there Uligisalus waited his colleague. But Constantianus, upon hearing of the preparations of Asinarius, became afraid for Salones, and summoned the soldiers who were holding all the fortresses in that region. He then dug a moat around the whole circuit-wall and made all the other preparations for the siege in the best manner possible. And Asinarius, after gathering an exceedingly large army of barbarians, came to the

16 ἀγείρας ἐς Βοῦρνον πόλιν ἀφίκετο. ἔνθα δὴ
Οὐλιγισάλῳ τε καὶ τῇ Γότθων στρατιᾷ ξυμμίξας
ἐς Σάλωνας ἦλθε. καὶ χαράκωμα μὲν ἀμφὶ τὸν
περίβολον ἐποιήσαντο, τὰ δὲ πλοῖα στρατιωτῶν
ἐμπλησάμενοι τοῦ περιβόλου τὸ ἐπιθαλάσσιον
μέρος ἐφρούρουν· οὕτω τε Σάλωνας κατὰ γῆν τε
17 καὶ κατὰ θάλασσαν ἐπολιόρκουν. Ῥωμαῖοι δὲ
ταῖς τῶν πολεμίων ναυσὶν ἐξαπιναίως ἐπιθέμενοι
ἐς φυγὴν τρέπουσι καὶ αὐτῶν πολλὰς μὲν αὐτοῖς
ἀνδράσι καταδύουσι, πολλὰς δὲ ἀνδρῶν κενὰς
18 εἷλον. οὐ μέντοι τὴν προσεδρείαν Γότθοι διέ-
λυσαν, ἀλλὰ καὶ μᾶλλον ἐν τῇ πόλει Ῥωμαίους
κατὰ κράτος πολιορκοῦντες εἶρξαν. τὰ μὲν οὖν
στρατόπεδα Ῥωμαίων τε καὶ Γότθων ἐν Δαλ-
ματίαις ἐφέρετο τῇδε.

19 Οὐιττίγιδι δὲ πρὸς τῶν ἐπιχωρίων ἐκ Ῥώμης
ἡκόντων ἀκούσαντι τὸ ξὺν Βελισαρίῳ στράτευμα
βραχύτατον[1] εἶναι, Ῥώμης τε ὑποκεχωρηκότι
μετέμελε καὶ μένειν ἐν τοῖς καθεστῶσιν οὐκέτι
ἐδύνατο, ἀλλὰ θυμῷ ἤδη ἐχόμενος ἐπ᾽ αὐτοὺς ᾔει.
20 καί οἱ ἐν ταύτῃ[2] τῇ πορείᾳ τῶν τις ἱερέων ἐκ
Ῥώμης ἥκων ἐνέτυχεν. οὐ δὴ ξὺν θορύβῳ πολλῷ
πυθέσθαι φασὶν Οὐίττιγιν εἰ Βελισάριος ἔτι ἐν
Ῥώμῃ εἴη, ἅτε δείσαντα μὴ οὐχὶ αὐτὸν κατα-
λαμβάνειν οἷός τε ᾖ, ἀλλὰ φθάσῃ ἀποδρὰς
ἐνθένδε. καὶ αὐτὸν εἰπεῖν ἥκιστά οἱ χρῆναι τοῦτο
21 ἐν φροντίδι εἶναι· καὶ αὐτὸν γάρ οἱ ἀναδέχεσθαι
μήποτε Βελισάριον δρασμῷ χρήσασθαι,[3] ἀλλ᾽
αὐτοῦ μένειν. καὶ τὸν ἔτι ἐπείγεσθαι μᾶλλον ἢ

---

[1] βραχύτατον Grotius : βαρύτατον MSS.
[2] ταύτῃ V : αὐτῇ L.
[3] χρήσασθαι KVL : χρήσεσθαι V₁.

city of Burnus. There he joined Uligisalus and the Gothic army and proceeded to Salones. And they made a stockade about the circuit-wall, and also, filling their ships with soldiers, kept guard over the side of the fortifications which faced the sea. In this manner they proceeded to besiege Salones both by land and by sea; but the Romans suddenly made an attack upon the ships of the enemy and turned them to flight, and many of them they sunk, men and all, and also captured many without their crews. However, the Goths did not raise the siege, but maintained it vigorously and kept the Romans still more closely confined to the city than before. Such, then, were the fortunes of the Roman and Gothic armies in Dalmatia.

But Vittigis, upon hearing from the natives who came from Rome that the army which Belisarius had was very small, began to repent of his withdrawal from Rome, and was no longer able to endure the situation, but was now so carried away by fury that he advanced against them. And on his way thither he fell in with a priest who was coming from Rome. Whereupon they say that Vittigis in great excitement enquired of this man whether Belisarius was still in Rome, shewing that he was afraid he would not be able to catch him, but that Belisarius would forestall him by running away. But the priest, they say, replied that he need not be at all concerned about that; for he, the priest, was able to guarantee that Belisarius would never resort to flight, but was remaining where he was. But Vittigis, they say,

PROCOPIUS OF CAESAREA

πρότερον, εὐξάμενον ἐκ τοῦ ἐμφανοῦς τὸ Ῥώμης
θεάσασθαι τεῖχος πρότερον ἢ Βελισάριον ἐνθένδε
ἀποδρᾶναι.

XVII

Βελισάριος δέ, ἐπεὶ Γότθους πανδημεὶ στρα-
τεύεσθαι ἐπ᾽ αὐτὸν ἤκουσε, διηπορεῖτο. οὔτε
γὰρ τοὺς ἀμφὶ Κωνσταντῖνόν[1] τε καὶ Βέσσαν
ἀπολείπεσθαι ἤθελεν, ἄλλως τε καὶ ὀλίγης οἱ τῆς
στρατιᾶς παντάπασιν οὔσης, καὶ τὰ ἐν Τούσκοις
ἐκλιπεῖν ὀχυρώματα ἐδόκει οἱ ἀξύμφορον εἶναι,
ὅπως δὴ μὴ ταῦτα ἐπὶ Ῥωμαίοις Γότθοι ἐπιτειχί-
2 σματα ἔχοιεν. λογισάμενος οὖν Κωνσταντίνῳ[2]
τε καὶ Βέσσᾳ ἐπέστειλε φρουρὰν μὲν ἐν τοῖς
ἀναγκαιοτάτοις τῶν ἐκείνῃ ἀπολιπεῖν χωρίων,
ὅση δὴ φυλάσσειν αὐτὰ ἱκανὴ εἴη, αὐτοὺς δὲ τῷ
3 ἄλλῳ στρατῷ ἐς Ῥώμην κατὰ τάχος ἰέναι. καὶ
Κωνσταντῖνος[3] μὲν κατὰ ταῦτα ἐποίει. ἔν τε γὰρ
Περυσίᾳ καὶ Σπολιτίῳ φρουρὰν καταστησάμενος
ξὺν τοῖς ἄλλοις ἅπασιν ἐς Ῥώμην ἀπήλαυνε.
4 Βέσσα δὲ σχολαίτερον τὰ ἐν Ναρνίᾳ καθισταμέ-
νου ξυνέπεσε τὴν δίοδον ἐνθένδε ποιουμένων τῶν
πολεμίων ἔμπλεα Γότθων τὰ ἐν τῷ προαστείῳ
5 πεδία εἶναι. πρόδρομοι δὲ οὗτοι πρὸ τῆς ἄλλης
στρατιᾶς ἦσαν· οἷς δὴ Βέσσας ἐς χεῖρας ἐλθὼν
τούς τε κατ᾽ αὐτὸν παρὰ δόξαν ἐτρέψατο καὶ
πολλοὺς κτείνας, ἐπειδὴ τῷ πλήθει ἐβιάζετο, ἐς
6 Ναρνίαν ἀνεχώρησεν. ἐνταῦθά τε φρουρὰς

---

[1] Κωνσταντῖνόν Maltretus : κωνσταντιανόν MSS.
[2] Κων. Maltretus : κωνσταντιανῷ MSS.
[3] Κων. Maltretus : κωνσταντιανὸς MSS.

kept hastening still more than before, praying that
he might see with his own eyes the walls of Rome
before Belisarius made his escape from the city.

XVII

But Belisarius, when he heard that the Goths
were marching against him with their whole force,
was in a dilemma. For he was unwilling, on the one
hand, to dispense with the troops of Constantinus
and Bessas, especially since his army was exceedingly
small, and, on the other, it seemed to him inexpe-
dient to abandon the strongholds in Tuscany, lest
the Goths should hold these as fortresses against the
Romans. So after considering the matter he sent
word to Constantinus and Bessas to leave garrisons
in the positions which absolutely required them, large
enough to guard them, while they themselves with
the rest of the army should come to Rome with all
speed. And Constantinus acted accordingly. For
he established garrisons in Perusia and Spolitium,
and with all the rest of his troops marched off to
Rome. But while Bessas, in a more leisurely manner,
was making his dispositions in Narnia, it so happened
that, since the enemy were passing that way, the
plains in the outskirts of the city were filled with
Goths. These were an advance guard preceding the
rest of the army; and Bessas engaged with them and
unexpectedly routed those whom he encountered and
killed many; but then, since he was overpowered by
their superior numbers, he retired into Narnia. And

ἀπολιπών, καθάπερ οἱ ἐπέστελλε Βελισάριος, ἐς
Ῥώμην κατὰ τάχος ᾔει παρέσεσθαί τε[1] ὅσον
οὔπω τοὺς πολεμίους ἀπήγγελλε. Ῥώμης γὰρ
Ναρνία πεντήκοντα καὶ τριακοσίοις σταδίοις
7 διέχει. Οὐίττιγις δὲ Περυσίας μὲν καὶ Σπολιτίου
ἀποπειρᾶσθαι ἥκιστα ἐνεχείρει· τὰ γὰρ χωρία
ἐχυρὰ ὡς μάλιστά ἐστι, καὶ τρίβεσθαί οἱ τὸν
8 χρόνον ἐνταῦθα οὐδαμῇ ἤθελε· μόνον γάρ οἱ ἐν
ἐπιθυμίᾳ ἐγένετο Βελισάριον οὔπω ἀποδράντα
ἐν Ῥώμῃ εὑρέσθαι. ἀλλὰ καὶ Ναρνίαν ἔχεσθαι
πρὸς τῶν[2] πολεμίων μαθὼν οὐδὲν ἐνταῦθα
κινεῖν ἤθελε, δυσπρόσοδόν τε καὶ ἄλλως ἄναντες
ὂν τὸ χωρίον εἰδώς· κεῖται μὲν γὰρ ἐν ὑψηλῷ
9 ὄρει. ποταμὸς δὲ Νάρνος τὸν[3] τοῦ ὄρους
παραρρεῖ πρόποδα, ὃς καὶ τὴν ἐπωνυμίαν τῇ
πόλει παρέσχεν. ἄνοδοί τε δύο ἐνταῦθα δὴ
ἄγουσιν, ἡ μὲν πρὸς ἀνίσχοντα ἥ ιον, ἡ δὲ πρὸς
10 δύοντα. ταύταιν ἀτέρα μὲν στενοχωρίαν τινὰ
δύσκολον ἐξ ἀποτόμων πετρῶν ἔλαχεν, ἐς δὲ τὴν
ἑτέραν οὐκ ἔστιν ὅτι μὴ διὰ τῆς γεφύρας ἰέναι ἢ
τὸν ποταμὸν ἐπικαλύπτουσα διάβασιν ταύτῃ
11 ἐργάζεται. ταύτην δὲ τὴν γέφυραν Καῖσαρ
Αὔγουστος ἐν τοῖς ἄνω χρόνοις ἐδείματο, θέαμα
λόγου πολλοῦ ἄξιον· τῶν γὰρ κυρτωμάτων
πάντων ὑψηλότατόν ἐστιν ὧν ἡμεῖς ἴσμεν.
12 Οὐίττιγις οὖν οὐκ ἀναμείνας τὸν χρόνον σφίσιν
ἐνταῦθα τρίβεσθαι κατὰ τάχος ἐνθένδε ἀπαλ-
λαγεὶς τῷ παντὶ στρατῷ ἐπὶ Ῥώμην ᾔει, διὰ

___

[1] παρέσεσθαί τε Kraśeninnikov: παρέσεσθαι τότε K, καὶ
παρέσεσθαι τότε L.
[2] τῶν Kraśeninnikov: τῶν ῥώμης K, τῶν ἐν ῥώμῃ L.
[3] τὸν Scheftlein: ἐς τὸν MSS.

leaving a garrison there according to the instructions of Belisarius, he went with all speed to Rome, and reported that the enemy would be at hand almost instantly. For Narnia is only three hundred and fifty stades distant from Rome. But Vittigis made no attempt at all to capture Perusia and Spolitium ; for these places are exceedingly strong and he was quite unwilling that his time should be wasted there, his one desire having come to be to find Belisarius not yet fled from Rome. Moreover, even when he learned that Narnia also was held by the enemy, he was unwilling to attempt anything there, knowing that the place was difficult of access and on steep ground besides; for it is situated on a lofty hill. And the river Narnus flows by the foot of the hill, and it is this which has given the city its name. There are two roads leading up to the city, the one on the east, and the other on the west. One of these is very narrow and difficult by reason of precipitous rocks, while the other cannot be reached except by way of the bridge which spans the river and provides a passage over it at that point. This bridge was built by Caesar Augustus in early times, and is a very noteworthy sight; for its arches are the highest of any known to us.

So Vittigis, not enduring to have his time wasted there, departed thence with all speed and went with the whole army against Rome, making the journey

PROCOPIUS OF CAESAREA

13 Σαβίνων τὴν πορείαν ποιούμενος. καὶ ἐπειδὴ
'Ρώμης ἀγχοῦ ἐγένετο, σταδίοις τε αὐτῆς[1] οὐ
μᾶλλον ἢ τέσσαρσι καὶ δέκα διεῖχε, Τιβέριδος
14 τοῦ ποταμοῦ γεφύρᾳ ἐνέτυχεν. ἔνθα δὴ Βελι-
σάριος ὀλίγῳ πρότερον πύργον τε δειμάμενος καὶ
πύλας αὐτῷ ἐπιθέμενος στρατιωτῶν φρουρὰν
κατεστήσατο, οὐχ ὅτι τοῖς πολεμίοις ταύτῃ
μόνον ὁ Τίβερις διαβατὸς ἦν (νῆές τε γὰρ καὶ
γέφυραι πολλαχόσε τοῦ ποταμοῦ τυγχάνουσιν
οὖσαι), ἀλλ' ὅτι πλείονα χρόνον ἐν τῇ πορείᾳ
τοῖς ἐναντίοις τρίβεσθαι ἤθελε, στράτευμά τε
ἄλλο ἐκ βασιλέως καραδοκῶν, καὶ ὅπως ἔτι μᾶλ-
15 λον 'Ρωμαῖοι τὰ ἐπιτήδεια ἐσκομίζωνται. ἤν τε
γὰρ ἐνθένδε ἀποκρουσθέντες οἱ βάρβαροι δια-
βαίνειν ἐγχειρήσωσιν ἐπὶ γεφύρας ἑτέρωθί πη
οὔσης,[2] οὐχ ἧσσον ἢ εἴκοσιν ἡμέρας δαπανᾶσθαι
σφίσιν ἐνόμιζε, καὶ πλοῖα βουλομένοις ἐς Τίβεριν
κατασπάσαι τοσαῦτα τὸ πλῆθος πλείω αὐτοῖς,
16 ὡς τὸ εἰκός, τετρίψεσθαι χρόνον. ἃ δὴ ἐν νῷ
ἔχων τὴν τῇδε φρουρὰν κατεστήσατο· ἔνθα οἱ
Γότθοι ἐκείνῃ τῇ ἡμέρᾳ ηὐλίσαντο, ἀπορούμενοί
τε καὶ πολεμητέα ἔσεσθαι σφίσιν ἐς τὸν πύργον
17 τῇ ὑστεραίᾳ οἰόμενοι· ἦλθον δὲ αὐτοῖς αὐτόμολοι
δύο καὶ εἴκοσι, βάρβαροι μὲν γένος, στρατιῶται
δὲ 'Ρωμαῖοι, ἐκ καταλόγου ἱππικοῦ οὗπερ 'Ιν-
18 νοκέντιος ἦρχεν. ἔννοια δὲ τότε Βελισαρίῳ ἐγένετο
ἀμφὶ Τίβεριν ποταμὸν ἐνστρατοπεδεύσασθαι,
ὅπως δὴ τῇ τε διαβάσει τῶν πολεμίων ἔτι μᾶλ-
λον ἐμπόδιοι γένωνται καὶ θάρσους τοῦ σφετέρου

[1] αὐτῆς Maltretus : αὐτὸ K, αὐτοῖς L.
[2] ἑτέρωθί πη οὔσης Kraševinnikov : ἑτέρωθι μὴ οὔσης K,
ἑτέρωθι οὔσης L.

168

through Sabine territory. And when he drew near
to Rome, and was not more than fourteen stades
away from it, he came upon a bridge over the Tiber Feb. 21,
537 A.D.
River.[1] There a little while before Belisarius had
built a tower, furnished it with gates, and stationed
in it a guard of soldiers, not because this is the only
point at which the Tiber could be crossed by the
enemy (for there are both boats and bridges at many
places along the river), but because he wished the
enemy to have to spend more time in the journey,
since he was expecting another army from the
emperor, and also in order that the Romans might
bring in still more provisions. For if the barbarians,
repulsed at that point, should try to cross on a
bridge somewhere else, he thought that not less
than twenty days would be consumed by them, and
if they wished to launch boats in the Tiber to the
necessary number, a still longer time would probably
be wasted by them. These, then, were the con-
siderations which led him to establish the garrison
at that point; and the Goths bivouacked there that
day, being at a loss and supposing that they would
be obliged to storm the tower on the following day;
but twenty-two deserters came to them, men who
were barbarians by race but Roman soldiers, from
the cavalry troop commanded by Innocentius.[2] Just
at that time it occurred to Belisarius to establish
a camp near the Tiber River, in order that they
might hinder still more the crossing of the enemy
and make some kind of a display of their own daring

[1] The Mulvian Bridge.   [2] Cf. chap. v. 3.

169

ἐπίδειξίν τινα ἐς τοὺς ἐναντίους ποιήσωνται.
19 στρατιῶται μέντοι ὅσοι φρουράν, ὥσπερ ἐρρήθη,
ἐν τῇ γεφύρᾳ εἶχον, καταπεπληγμένοι τὸν Γότθων
ὅμιλον καὶ τοῦ κινδύνου κατωρρωδηκότες τὸ
μέγεθος, νύκτωρ τὸν πύργον ἐκλιπόντες ὅνπερ
20 ἐφύλασσον, ἐς φυγὴν ὥρμηντο. ἐς Ῥώμην δὲ
σφίσιν οὐκ οἰόμενοι εἰσιτητὰ εἶναι ἐπὶ Καμπανίας
λάθρα ἐχώρησαν, ἢ τὴν ἐκ τοῦ στρατηγοῦ κόλα-
σιν δείσαντες, ἢ τοὺς ἑταίρους ἐρυθριῶντες.

XVIII

Τῇ δὲ ἐπιγενομένῃ ἡμέρᾳ οἱ μὲν Γότθοι τὰς τοῦ
πύργου πύλας πόνῳ οὐδενὶ διαφθείραντες τὴν
διάβασιν ἐποιήσαντο, οὐδενὸς σφίσιν ἐμποδὼν
2 ἱσταμένου. Βελισάριος δὲ οὔπω τι πεπυσμένος
τῶν ἀμφὶ τῇ φρουρᾷ ξυμπεσόντων ἱππέας χιλί-
ους ἐπαγόμενος ἐς τοῦ ποταμοῦ τὴν γέφυραν ᾔει,
τὸν χῶρον ἐπισκεψόμενος οὗπερ ἂν σφίσιν ἐς
3 στρατοπεδεύσασθαι ἄμεινον εἴη. καὶ ἐπειδὴ ἐγ-
γυτέρω ἐγένοντο, ἐντυγχάνουσι τοῖς πολεμίοις
ἤδη τὸν ποταμὸν διαβᾶσιν, ἐς χεῖράς τε αὐτῶν
τισιν οὔτι ἐθελούσιοι ἦλθον. ἐξ ἱππέων δὲ ξυνί-
4 στατο ἡ ξυμβολὴ ἑκατέρωθεν. τότε Βελισάριος,
καίπερ ἀσφαλὴς τὰ πρότερα ὤν, οὐκέτι τοῦ
στρατηγοῦ τὴν τάξιν ἐφύλασσεν, ἀλλ' ἐν τοῖς
5 πρώτοις ἅτε στρατιώτης ἐμάχετο· καὶ ἀπ' αὐτοῦ
τὰ Ῥωμαίων πράγματα ξυνέβη ἐς κίνδυνον πολὺ
ἐκπεπτωκέναι, ἐπεὶ ξύμπασα ἡ τοῦ πολέμου ῥοπὴ
6 ἐπ' αὐτῷ ἔκειτο. ἔτυχε δὲ ἵππῳ τηνικαῦτα ὀχού-
μενος, πολέμων τε λίαν ἐμπείρῳ καὶ διασώσασθαι

to their opponents. But all the soldiers who, as has been stated, were keeping guard at the bridge, being overcome with terror at the throng of Goths and quailing at the magnitude of their danger, abandoned by night the tower they were guarding and rushed off in flight. But thinking that they could not enter Rome, they stealthily marched off toward Campania, either because they were afraid of the punishment the general would inflict or because they were ashamed to appear before their comrades.

XVIII

On the following day the Goths destroyed the gates of the tower with no trouble and made the crossing, since no one tried to oppose them. But Belisarius, who had not as yet learned what had happened to the garrison, was bringing up a thousand horsemen to the bridge over the river, in order to look over the ground and decide where it would be best for his forces to make camp. But when they had come rather close, they met the enemy already across the river, and not at all willingly they engaged with some of them. And the battle was carried on by horsemen on both sides. Then Belisarius, though he was safe before, would no longer keep the general's post, but began to fight in the front ranks like a soldier; and consequently the cause of the Romans was thrown into great danger, for the whole decision of the war rested with him. But it happened that the horse he was riding at that time was unusually experienced in warfare and knew well

τὸν ἐπιβάτην ἐπισταμένῳ, ὃς δὴ ὅλον μὲν τὸ
σῶμα φαιὸς ἦν, τὸ μέτωπον δὲ ἅπαν ἐκ κεφαλῆς
μέχρι ἐς ῥῖνας λευκὸς μάλιστα. τοῦτον Ἕλληνες
μὲν φαλιόν, βάρβαροι δὲ βάλαν καλοῦσι. καὶ
ξυνέπεσε Γότθων τοὺς πλείστους βάλλειν ἐπ᾽
αὐτόν τε καὶ Βελισάριον τά τε ἀκόντια καὶ τὰ
7 ἄλλα βέλη ἐξ αἰτίας τοιᾶσδε. αὐτόμολοι ὅσοι
τῇ προτεραίᾳ ἐς Γότθους ἦκον, ἐπεὶ ἐν τοῖς πρώ-
τοις[1] μαχόμενον Βελισάριον εἶδον, ἐπιστάμενοι
ὡς, ἢν αὐτὸς πέσῃ, διαφθαρήσεται Ῥωμαίοις
αὐτίκα δὴ μάλα τὰ πράγματα, κραυγῇ ἐχρῶντο,
8 βάλλειν ἐγκελευόμενοι ἐς ἵππον τὸν βάλαν. καὶ
ἀπ᾽ αὐτοῦ ἐς τὴν Γότθων στρατιὰν ξύμπασαν
οὗτος δὴ περιφερόμενος ὁ λόγος ἦλθε, ζήτησιν
μέντοι αὐτοῦ ἅτε ἐν θορύβῳ μεγάλῳ ἥκιστα
ἐποιήσαντο, οὐδὲ ὅτι ἐς Βελισάριον ἔφερε σαφῶς
9 ἔγνωσαν. ἀλλὰ ξυμβάλλοντες οὐκ εἰκῆ τὸν λόγον
ἐπιπολάζοντα ὡς πάντας[2] ἰέναι, τῶν ἄλλων ἀφέ-
μενοι πάντων, οἱ πλεῖστοι ἐπὶ Βελισάριον ἔβαλ-
10 λον. ἤδη δὲ αὐτῶν καὶ φιλοτιμίᾳ μεγάλῃ ἐχόμενοι
ὅσοι ἀρετῆς τι μετεποιοῦντο, ὡς ἀγχοτάτω παρα-
γενόμενοι, ἅπτεσθαί τε αὐτοῦ ἐνεχείρουν καὶ τοῖς
δόρασι καὶ τοῖς ξίφεσι θυμῷ πολλῷ ἐχόμενοι[3]
11 ἔπαιον. Βελισάριος δὲ αὐτός τε ἐπιστροφάδην
τοὺς ἀεὶ ὑπαντιάζοντας ἔκτεινε καὶ τῶν αὐτοῦ
δορυφόρων τε καὶ ὑπασπιστῶν τῆς εἰς αὐτὸν
εὐνοίας ὡς μάλιστα δὴ ἐν[4] τούτῳ τῷ κινδύνῳ
12 ἀπήλαυσε. γενόμενοι γὰρ ἀμφ᾽ αὐτὸν ἅπαντες

---

[1] πρώτοις L : γότθοις K in context, ᾱοις K in margin.
[2] ὡς πάντας K : ἐς πάντα L.
[3] ἐχόμενοι K : χρώμενοι L.
[4] ἐν Maltretus : om. MSS.

how to save his rider; and his whole body was dark grey, except that his face from the top of his head to the nostrils was the purest white. Such a horse the Greeks call "phalius"[1] and the barbarians "balan." And it so happened that the most of the Goths threw their javelins and other missiles at him and at Belisarius for the following reason. Those deserters who on the previous day had come to the Goths, when they saw Belisarius fighting in the front ranks, knowing well that, if he should fall, the cause of the Romans would be ruined instantly, cried aloud urging them to "shoot at the white-faced horse." Consequently this saying was passed around and reached the whole Gothic army, and they did not question it at all, since they were in a great tumult of fighting, nor did they know clearly that it referred to Belisarius. But conjecturing that it was not by mere accident that the saying had gained such currency as to reach all, the most of them, neglecting all others, began to shoot at Belisarius. And every man among them who laid any claim to valour was immediately possessed with a great eagerness to win honour, and getting as close as possible they kept trying to lay hold of him and in a great fury kept striking with their spears and swords. But Belisarius himself, turning from side to side, kept killing as they came those who encountered him, and he also profited very greatly by the loyalty of his own spearmen and guards in this moment of danger. For they all surrounded

---

[1] Having a white spot, "White-face."

ἀρετὴν ἐπεδείξαντο οἵαν πρὸς οὐδενὸς ἀνθρώπων

13 ἐς τήνδε τὴν ἡμέραν δεδηλῶσθαι οἶμαι· τὰς γὰρ
ἀσπίδας τοῦ τε στρατηγοῦ καὶ τοῦ ἵππου προβε-
βλημένοι, τά τε βέλη πάντα ἐδέχοντο καὶ τοὺς
ἀεὶ ἐπιόντας ὠθισμῷ χρώμενοι ἀπεκρούοντο.
οὕτω τε ἡ ξυμβολὴ πᾶσα ἐς σῶμα ἑνὸς ἀπεκρίθη

14 ἀνδρός. ἐν τούτῳ τῷ πόνῳ πίπτουσι μὲν Γότθοι
οὐχ ἥσσους ἢ χίλιοι, καὶ αὐτοὶ ἄνδρες οἳ ἐν τοῖς
πρώτοις ἐμάχοντο, θνήσκουσι δὲ τῆς Βελισαρίου
οἰκίας πολλοί τε καὶ ἄριστοι, καὶ Μαξέντιος ὁ
δορυφόρος, ἔργα μεγάλα ἐς [1] τοὺς πολεμίους ἐπι-

15 δειξάμενος. Βελισαρίῳ δὲ ξυνέβη τις τύχη ἐκείνῃ
τῇ ἡμέρᾳ, μήτε τετρῶσθαι μήτε βεβλῆσθαι, καί-
περ ἀμφ' αὐτῷ μόνῳ γενομένης τῆς μάχης.

16 Τέλος δὲ ἀρετῇ τῇ σφετέρᾳ Ῥωμαῖοι τοὺς πο-
λεμίους ἐτρέψαντο, ἔφευγέ τε πάμπολύ τι βαρ-
βάρων πλῆθος, ἕως ἐς στρατόπεδον τὸ αὐτῶν
ἵκοντο. ἐνταῦθα γὰρ οἱ Γότθων πεζοὶ ἅτε ἀκμῆτες
ὄντες ὑπέστησάν τε τοὺς πολεμίους καὶ πόνῳ

17 οὐδενὶ ἀπεώσαντο. βεβοηθηκότων τε αὖθις ἱπ-
πέων ἑτέρων κατὰ κράτος Ῥωμαῖοι ἔφυγον, ἕως
ἀναβάντες ἔς τι γεώλοφον ἔστησαν. καταλαβόν-
των τε σφᾶς βαρβάρων ἱππέων, αὖθις ἱππομαχία

18 ἐγένετο. ἔνθα δὴ Βαλεντῖνος, ὁ Φωτίου τοῦ Ἀν-
τωνίνης παιδὸς ἱπποκόμος, ἀρετῆς δήλωσιν ὡς
μάλιστα ἐποιήσατο. μόνος γὰρ ἐσπηδήσας ἐς
τῶν πολεμίων τὸν ὅμιλον ἐμπόδιός τε τῇ Γότθων
ὁρμῇ ἐγεγόνει καὶ τοὺς ξὺν αὐτῷ διεσώσατο.

19 οὕτω τε διαφυγόντες ἐς τὸν Ῥώμης περίβολον
ἦλθον, διώκοντές τε οἱ βάρβαροι ἄχρι ἐς τὸ

---

[1] ἐς K : ἐπὶ L.

him and made a display of valour such, I imagine, as has never been shewn by any man in the world to this day; for, holding out their shields in defence of both the general and his horse, they not only received all the missiles, but also forced back and beat off those who from time to time assailed him. And thus the whole engagement was centred about the body of one man. In this struggle there fell among the Goths no fewer than a thousand, and they were men who fought in the front ranks; and of the household of Belisarius many of the noblest were slain, and Maxentius, the spearman, after making a display of great exploits against the enemy. But by some chance Belisarius was neither wounded nor hit by a missile on that day, although the battle was waged around him alone.

Finally by their valour the Romans turned the enemy to flight, and an exceedingly great multitude of barbarians fled until they reached their main army. For there the Gothic infantry, being entirely fresh, withstood their enemy and forced them back without any trouble. And when another body of cavalry in turn reinforced the Goths, the Romans fled at top speed until they reached a certain hill, which they climbed, and there held their position. But the enemy's horsemen were upon them directly, and a second cavalry battle took place. There Valentinus, the groom of Photius, the son of Antonina, made a remarkable exhibition of valour. For by leaping alone into the throng of the enemy he opposed himself to the onrush of the Goths and thus saved his companions. In this way the Romans escaped, and arrived at the fortifications of Rome, and the barbarians in pursuit pressed upon them

τεῖχος ἐνέκειντο[1] ἀμφὶ τὴν πύλην ἣ Σαλαρία
20 ὠνόμασται.[2] δείσαντες δὲ Ῥωμαῖοι μὴ τοῖς φεύ-
γουσιν οἱ πολέμιοι ξυνεισβαλόντες τοῦ περιβόλου
ἐντὸς γένωνται, ἀνακλίνειν τὰς πύλας ἥκιστα
ἤθελον, καίπερ Βελισαρίου πολλά τε σφίσιν
21 ἐγκελευομένου καὶ ξὺν ἀπειλῇ ἀναβοῶντος. οὔτε
γὰρ τὸν ἄνδρα οἱ ἐκ τοῦ πύργου διακύπτοντες
ἐπιγινώσκειν οἷοί τε ἦσαν, ἐπεί οἱ τό τε πρόσω-
πον καὶ ἡ κεφαλὴ ξύμπασα λύθρῳ τε καὶ κονι-
ορτῷ ἐκαλύπτετο, ἅμα δὲ οὐδὲ καθορᾶν τις ἀκρι-
βῶς εἶχεν· ἦν γὰρ τῆς ἡμέρας ἀμφὶ ἡλίου δύσιν.
22 οὐ μὴν οὐδὲ περιεῖναι τὸν στρατηγὸν Ῥωμαῖοι
ᾤοντο· ὅσοι γὰρ ἐν τῇ πρότερον γενομένῃ[3] τροπῇ
φεύγοντες ἧκον, τεθνάναι Βελισάριον ἐν τοῖς
23 πρώτοις ἀριστεύοντα ἤγγελλον. ὁ μὲν οὖν ὅμιλος
τῶν πολεμίων ῥεύσας τε πολὺς καὶ θυμῷ μεγάλῳ
ἐχόμενος, τήν τε τάφρον εὐθὺς διαβῆναι καὶ τοῖς
24 φεύγουσιν ἐνταῦθα ἐπιθέσθαι διενοοῦντο, Ῥω-
μαῖοι δὲ ἀμφὶ τὸ τεῖχος ἀθρόοι τῆς τάφρου ἐντὸς
γεγενημένοι ἐν χρῷ τε ξυνιόντες ἀλλήλοις ἐς
25 ὀλίγον συνήγοντο. οἱ μέντοι τοῦ περιβόλου ἐντὸς
ἅτε ἀστρατήγητοί[4] τε καὶ ἀπαράσκευοι παντά-
πασιν ὄντες καὶ περὶ σφίσι τε αὐτοῖς καὶ τῇ
πόλει πεφοβημένοι, ἀμύνειν τοῖς σφετέροις, καί-
περ ἐς τοσοῦτον κινδύνου ἐλθοῦσιν, οὐδαμῇ εἶχον.
26 Τότε Βελισάριον ἔννοιά τε καὶ τόλμα εἰσῆλθεν,
ἣ Ῥωμαίοις ἐκ τοῦ ἀπροσδοκήτου τὰ πράγματα
διεσώσατο. ἐγκελευσάμενος γὰρ τοῖς ξὺν αὐτῷ
27 πᾶσιν ἐξαπιναίως τοῖς ἐναντίοις ἐνέπεσεν. οἱ

---

[1] ἐνέκειντο K : ἤκοντο L.
[2] Σαλαρία ὠνόμασται K : βελισαρία ὠνόμασται νῦν L.
[3] γενομένῃ Haury : γενόμενοι MSS.
[4] ἀστρατηγοί K, ἀστρατήγοιτοί L.

as far as the wall by the gate which has been named the Salarian Gate.[1] But the people of Rome, fearing lest the enemy should rush in together with the fugitives and thus get inside the fortifications, were quite unwilling to open the gates, although Belisarius urged them again and again and called upon them with threats to do so. For, on the one hand, those who peered out of the tower were unable to recognise the man, for his face and his whole head were covered with gore and dust, and at the same time no one was able to see very clearly, either; for it was late in the day, about sunset. Moreover, the Romans had no reason to suppose that the general survived; for those who had come in flight from the rout which had taken place earlier reported that Belisarius had died fighting bravely in the front ranks. So the throng of the enemy, which had rushed up in strength and possessed with great fury, were purposing to cross the moat straightway and attack the fugitives there; and the Romans, finding themselves massed along the wall, after they had come inside the moat, and so close together that they touched one another, were being crowded into a small space. Those inside the fortifications, however, since they were without a general and altogether unprepared, and being in a panic of fear for themselves and for the city, were quite unable to defend their own men, although these were now in so perilous a situation.

Then a daring thought came to Belisarius, which unexpectedly saved the day for the Romans. For urging on all his men he suddenly fell upon the

[1] See plan p. 455.

δὲ καὶ πρότερον ἀκοσμία πολλῇ ἅτε ἐν σκότῳ
καὶ διώξει χρώμενοι, ἐπεὶ σφίσιν ἐπιόντας παρὰ
δόξαν τοὺς φεύγοντας εἶδον, ὑποτοπήσαντες καὶ
ἄλλο βεβοηθηκέναι ἐκ τῆς πόλεως στράτευμα,
ἐς φόβον τε πολὺν ἀπ' αὐτοῦ καταστάντες κατὰ
28 κράτος ἤδη ἅπαντες ἔφευγον. Βελισάριος δὲ
ἥκιστα ἐκπεσὼν ἐς τὴν δίωξιν αὐτίκα ἐς τὸ τεῖχος
ἀνέστρεψεν. οὕτω τε Ῥωμαῖοι θαρσήσαντες
αὐτόν τε καὶ τοὺς ἀμφ' αὐτὸν ἅπαντας τῇ πόλει
29 ἐδέξαντο. παρὰ τοσοῦτον μὲν κινδύνου Βελι-
σάριός τε καὶ τὰ βασιλέως πράγματα ἦλθεν· ἥ
τε μάχη πρωῒ ἀρξαμένη ἐτελεύτα ἐς νύκτα.
ἠρίστευσαν δὲ ἐν ταύτῃ τῇ μάχῃ Ῥωμαίων μὲν
Βελισάριος, Γότθων δὲ Οὐίσανδος Βανδαλάριος,
ὅς, ἡνίκα ἡ μάχη ἀμφὶ Βελισαρίῳ ἐγένετο, ἐπειδὴ
αὐτῷ τὰ πρῶτα ἐπέπεσεν, οὐ πρότερον ἀπέστη
ἕως τρισκαίδεκα πληγὰς λαβὼν τῷ σώματι
30 ἔπεσε. δόξας δὲ αὐτίκα τεθνάναι, ἠμελήθη τε
πρὸς τῶν ἑταίρων, καίπερ νενικηκότων, καὶ ξὺν
31 τοῖς νεκροῖς αὐτοῦ ἔκειτο. τρίτῃ δὲ ἡμέρᾳ ἐπειδὴ
στρατοπεδευσάμενοι ἄγχιστα τοῦ Ῥώμης περι-
βόλου οἱ βάρβαροι ἔπεμψάν τινας ἐφ' ᾧ νεκρούς
τε τοὺς σφετέρους θάψουσι καὶ τὰ νόμιμα ἐπὶ
ὁσίᾳ τῇ ἐκείνων ποιήσονται, οἱ τὰ σώματα τῶν
κειμένων διερευνώμενοι Οὐίσανδον Βανδαλάριον
ἔτι ἔμπνουν εὑρίσκουσι, καὶ αὐτὸν[1] τῶν τις
32 ἑταίρων φωνήν τινα οἱ ἀφεῖναι ἠξίου. ὁ δέ, οὐδὲ
γὰρ ἐδύνατο, ἐπεί οἱ τὰ ἐντὸς τῷ τε λιμῷ καὶ τῷ
ἐκ τῆς ἄλλης κακοπαθείας αὐχμῷ λίαν ἐκάετο,
ὕδωρ οἱ ἔνευεν[2] ἐς τὸ στόμα ἐμβάλλεσθαι.

---

[1] αὐτὸν Hoeschel : αὐτῶν MSS.
[2] ὕδωρ οἱ ἔνευεν K : καὶ ὕδωρ οἱ ἐνθένδεν ἐδέετο L.

enemy. And they, even before this, had been in great disorder because of the darkness and the fact that they were making a pursuit, and now when, much to their surprise, they saw the fugitives attacking them, they supposed that another army also had come to their assistance from the city, and so were thrown into a great panic and all fled immediately at top speed. But Belisarius by no means rushed out to pursue them, but returned straightway to the wall. And at this the Romans took courage and received him and all his men into the city. So narrowly did Belisarius and the emperor's cause escape peril; and the battle which had begun early in the morning did not end until night. And those who distinguished themselves above all others by their valour in this battle were, among the Romans, Belisarius, and among the Goths, Visandus Vandalarius, who had fallen upon Belisarius at the first when the battle took place about him, and did not desist until he had received thirteen wounds on his body and fell. And since he was supposed to have died immediately, he was not cared for by his companions, although they were victorious, and he lay there with the dead. But on the third day, when the barbarians had made camp hard by the circuit-wall of Rome and had sent some men in order to bury their dead and to perform the customary rites of burial, those who were searching out the bodies of the fallen found Visandus Vandalarius with life still in him, and one of his companions entreated him to speak some word to him. But he could not do even this, for the inside of his body was on fire because of the lack of food and the thirst caused by his suffering, and so he nodded to him to put water into his

πιόντα τε αὐτὸν καὶ ἐν αὐτῷ γεγονότα ἀράμενοι
33 ἐς τὸ στρατόπεδον ἤνεγκαν. μέγα τε ὄνομα Οὐί-
σανδος Βανδαλάριος ἐκ τοῦ ἔργου τούτου ἐν
Γότθοις ἔσχε, καὶ τὰ μάλιστα εὐδοκιμῶν πάμ-
πολύν τινα ἐπεβίω χρόνον. ταῦτα μὲν οὖν τρίτῃ
ἀπὸ τῆς μάχης ἡμέρᾳ γεγενῆσθαι ξυνέπεσε.

34 Τότε δὲ Βελισάριος, ἐπεὶ ἐν τῷ ἀσφαλεῖ ξὺν
τοῖς ἑπομένοις ἐγένετο, στρατιώτας τε καὶ τὸν
Ῥωμαίων δῆμον σχεδόν τι ἅπαντα ἐς τὸ τεῖχος
ἀγείρας, πυρά τε πολλὰ καίειν καὶ τὴν νύκτα
ὅλην ἐγρηγορέναι ἐκέλευε. καὶ τὸν περίβολον
περιιὼν κύκλῳ τά τε ἄλλα διεῖπε καὶ πύλῃ
35 ἑκάστῃ τῶν τινα ἀρχόντων ἐπέστησε. Βέσσας
δέ, ὃς ἐν πύλῃ τῇ καλουμένῃ Πραινεστίνῃ φυλα-
κὴν ἔσχεν, ἄγγελον παρὰ Βελισάριον πέμψας
ἐκέλευε λέγειν ἔχεσθαι πρὸς τῶν πολεμίων τὴν
πόλιν, δι᾽ ἄλλης πύλης ἐμβεβληκότων ἢ ὑπὲρ
ποταμὸν Τίβεριν ἐστι Παγκρατίου ἀνδρὸς ἁγίου
36 ἐπώνυμος οὖσα. ταῦτα ἀκούσαντες ὅσοι ἀμφὶ
Βελισάριον ἦσαν, σώζεσθαι ὅτι τάχιστα διὰ
πύλης ἑτέρας παρῄνουν. αὐτὸς μέντοι οὔτε
κατωρρώδησεν, οὔτε τὸν λόγον ὑγιᾶ ἰσχυρίζετο
37 εἶναι. ἔπεμψε δὲ καὶ τῶν ἱππέων τινὰς ὑπὲρ
ποταμὸν Τίβεριν κατὰ τάχος, οἳ τὰ ἐκείνῃ ἐπι-
σκεψάμενοι οὐδὲν πολέμιον τῇ πόλει ἐνταῦθα
38 ξυμβῆναι ἀπήγγελλον. πέμψας οὖν εὐθὺς ἐς
πύλην ἑκάστην ἄρχουσι τοῖς πανταχῆ οὖσιν
ἐπέστελλεν ὥστε, ἐπειδὰν τοὺς πολεμίους ἀκού-
σωσι κατ᾽ ἄλλην τινὰ τοῦ περιβόλου ἐσβεβλη-

mouth. Then when he had drunk and become himself again, they lifted and carried him to the camp. And Visandus Vandalarius won a great name for this deed among the Goths, and he lived on a very considerable time, enjoying the greatest renown. This, then, took place on the third day after the battle.

But at that time Belisarius, after reaching safety with his followers, gathered the soldiers and almost the whole Roman populace to the wall, and commanded them to burn many fires and keep watch throughout the whole night. And going about the circuit of the fortifications, he set everything in order and put one of his commanders in charge of each gate. But Bessas, who took command of the guard at the gate called the Praenestine,[1] sent a messenger to Belisarius with orders to say that the city was held by the enemy, who had broken in through another gate which is across the Tiber River[2] and bears the name of Pancratius, a holy man. And all those who were in the company of Belisarius, upon hearing this, urged him to save himself as quickly as possible through some other gate. He, however, neither became panic-stricken, nor did he hesitate to declare that the report was false. And he also sent some of his horsemen across the Tiber with all speed, and they, after looking over the ground there, brought back word that no hostile attack had been made on the city in that quarter. He therefore sent immediately to each gate and instructed the commanders everywhere that, whenever they heard that the enemy had broken in at any other part of

[1] See plan p. 455.
[2] For Procopius' description of the wall "across the Tiber," see chap. xix. 6-10.

κέναι μοῖραν, μήτε ἀμύνειν μήτε φυλακὴν τὴν
σφετέραν ἐκλιπεῖν, ἀλλ' ἡσυχῆ μένειν· αὐτῷ γὰρ
39 ὑπὲρ τούτων μελήσειν. ἔπρασσε δὲ ταῦτα, ὅπως
μὴ ἐκ φήμης οὐκ ἀληθοῦς ἐς ταραχὴν αὖθις
καθιστῶνται.

Οὐίττιγις δέ, Ῥωμαίων ἔτι ἐν θορύβῳ πολλῷ
καθεστώτων, ἐς πύλην Σαλαρίαν τῶν τινα ἀρ-
χόντων, Οὔακιν ὄνομα, ἔπεμψεν, οὐκ ἀφανῆ
40 ἄνδρα. ὃς ἐνταῦθα ἐλθὼν καὶ Ῥωμαίους τῆς
ἐς Γότθους ἀπιστίας κακίσας τὴν προδοσίαν
ὠνείδιζεν ἣν αὐτοὺς ἐπί τε τῇ πατρίδι πεποιῆσθαι
καὶ σφίσιν αὐτοῖς ἔλεγεν, οἳ τῆς Γότθων δυνά-
μεως Γραικοὺς τοὺς σφίσιν οὐχ οἵους τε ἀμύνειν
ὄντας ἠλλάξαντο, ἐξ ὧν τὰ πρότερα οὐδένα ἐς
Ἰταλίαν ἥκοντα εἶδον, ὅτι μὴ τραγῳδούς τε καὶ
41 μίμους καὶ ναύτας λωποδύτας. ταῦτά τε καὶ πολλὰ
τοιαῦτα Οὔακις εἰπών, ἐπεί οἱ οὐδεὶς ἀπεκρίνατο,
42 ἐς Γότθους τε καὶ Οὐίττιγιν ἀνεχώρησε. Βελι-
σάριος δὲ γέλωτα πολὺν πρὸς Ῥωμαίων ὦφλεν,
ἐπεὶ μόλις τοὺς πολεμίους διαφυγὼν θαρσεῖν τε
ἤδη καὶ περιφρονεῖν τῶν βαρβάρων ἐκέλευεν·
εὖ γὰρ εἰδέναι ὡς κατὰ κράτος αὐτοὺς νικήσει.
ὅπως δὲ τοῦτο καταμαθὼν ἔγνω ἐν τοῖς ὄπισθεν
43 λόγοις εἰρήσεται. ἐπεὶ δὲ πόρρω ἦν τῶν νυκτῶν,
νῆστιν ἔτι Βελισάριον ὄντα ἥ τε γυνὴ καὶ τῶν
ἐπιτηδείων ὅσοι παρῆσαν ἄρτου βραχέος κομιδῆ
γεύσασθαι μόλις ἠνάγκασαν. ταύτην μὲν οὖν
τὴν νύκτα οὕτως ἑκάτεροι διενυκτέρευσαν.

---

[1] See plan p. 455.
[2] Cf. Book IV. xxvii. 38, note.

the fortifications, they should not try to assist in the defence nor abandon their post, but should remain quiet; for he himself would take care of such matters. And he did this in order that they might not be thrown into disorder a second time by a rumour which was not true.

But Vittigis, while the Romans were still in great confusion, sent to the Salarian Gate [1] one of his commanders, Vacis by name, a man of no mean station. And when he had arrived there, he began to reproach the Romans for their faithlessness to the Goths and upbraided them for the treason which he said they had committed against both their fatherland and themselves, for they had exchanged the power of the Goths for Greeks who were not able to defend them, although they had never before seen any men of the Greek race come to Italy except actors of tragedy and mimes and thieving sailors. [2] Such words and many like them were spoken by Vacis, but since no one replied to him, he returned to the Goths and Vittigis. As for Belisarius, he brought upon himself much ridicule on the part of the Romans, for though he had barely escaped from the enemy, he bade them take courage thenceforth and look with contempt upon the barbarians; for he knew well, he said, that he would conquer them decisively. Now the manner in which he had come to know this with certainty will be told in the following narrative. [3] At length, when it was well on in the night, Belisarius, who had been fasting up to this time, was with difficulty compelled by his wife and those of his friends who were present to taste a very little bread. Thus, then, the two armies passed this night.

[3] Chap. xxvii. 25–29.

XIX

Τῇ δὲ ἐπιγενομένῃ ἡμέρᾳ Γότθοι μὲν Ῥώμην
πολιορκίᾳ ἑλεῖν διὰ μέγεθος τῆς πόλεως οὐδενὶ
πόνῳ οἰόμενοι, Ῥωμαῖοι δὲ αὐτῆς ἀμυνόμενοι
ἐτάξαντο ὧδε. ἔχει μὲν τῆς πόλεως ὁ περίβολος
2 δὶς ἑπτὰ πύλας καὶ πυλίδας τινάς. Γότθοι δὲ
οὐχ οἷοί τε ὄντες ὅλῳ τῷ [1] στρατοπέδῳ τὸ τεῖχος
περιλαβέσθαι κύκλῳ, ἓξ ποιησάμενοι χαρακώ-
ματα πέντε πυλῶν χῶρον ἠνώχλουν, ἐκ τῆς
Φλαμινίας ἄχρι ἐς τὴν καλουμένην Πραινεστίναν·
ταῦτά τε αὐτοῖς τὰ χαρακώματα ξύμπαντα ἐντὸς
3 Τιβέριδος τοῦ ποταμοῦ ἐπεποίητο. δείσαντες
οὖν οἱ βάρβαροι μὴ τὴν γέφυραν διαφθείραντες οἱ
πολέμιοι, ἣ Μολιβίου ἐπώνυμός ἐστιν, ἄβατα
σφίσι ποιήσωνται ἅπαντα ὅσα ἐκτὸς τοῦ ποτα-
μοῦ ἐστι διήκοντα μέχρι ἐς θάλασσαν, καὶ ἀπ'
αὐτοῦ αἴσθησιν τῶν ἐν πολιορκίᾳ κακῶν ἥκιστα
ἔχοιεν, χαράκωμα ἕβδομον Τιβέριδος ἐκτὸς ἐν
Νέρωνος πεδίοις ἐπήξαντο, ὅπως σφίσιν ἡ γέφυρα
4 τῶν στρατοπέδων ἐν μέσῳ εἴη. διὸ δὴ ἄλλας
δύο τῆς πόλεως πύλας ἐνοχλεῖσθαι πρὸς τῶν
πολεμίων ξυνέβαινε, τήν τε Αὐρηλίαν (ἣ νῦν
Πέτρου τοῦ τῶν Χριστοῦ ἀποστόλων κορυφαίου
ἅτε που πλησίον κειμένου ἐπώνυμός ἐστι) καὶ
5 τὴν ὑπὲρ ποταμὸν Τίβεριν. οὕτω τε Γότθοι τῷ
μὲν στρατοπέδῳ τὴν ἡμίσειαν μάλιστα περι-
εβάλλοντο τοῦ τείχους μοῖρα, ἅτε δὲ τῷ ποταμῷ
οὐδαμῆ τὸ παράπαν εἰργόμενοι, ἐς ἅπαντα τὸν

[1] ὅλῳ τῷ K : ὅλον L.

XIX

But on the following day they arrayed themselves
for the struggle, the Goths thinking to capture
Rome by siege without any trouble on account of
the great size of the city, and the Romans defending
it. Now the wall of the city has fourteen large
gates and several smaller ones. And the Goths,
being unable with their entire army to envelop the
wall on every side, made six fortified camps from
which they harassed the portion of the wall contain-
ing five gates, from the Flaminian as far as the one
called the Praenestine Gate; and all these camps
were made by them on the left bank of the Tiber
River. Wherefore the barbarians feared lest their
enemy, by destroying the bridge which bears the
name of Mulvius, should render inaccessible to them
all the land on the right bank of the river as far as
the sea, and in this way have not the slightest
experience of the evils of a siege, and so they fixed
a seventh camp across the Tiber in the Plain of
Nero, in order that the bridge might be between their
two armies. So in this way two other gates came to
be exposed to the attacks of the enemy, the Aurelian [1]
(which is now named after Peter, the chief of the
Apostles of Christ, since he lies not far from there [2])
and the Transtiburtine Gate. [3] Thus the Goths sur-
rounded only about one-half of the wall with their
army, but since they were in no direction wholly shut
off from the wall by the river, they made attacks upon

---

[1] This is an error. Procopius means the Porta Cornelia.

[2] According to tradition the Basilica of St. Peter was built
over the grave of the Apostle.   [3] The Aurelian.

περίβολον κύκλῳ, ἡνίκα ἐβούλοντο, τῷ πολέμῳ ἤεσαν.[1]

6 Ὅντινα δὲ τρόπον Ῥωμαῖοι τοῦ ποταμοῦ ἐφ' ἑκάτερα τὸ τῆς πόλεως τεῖχος ἐδείμαντο ἐρῶν ἔρχομαι. πάλαι[2] μὲν ὁ Τίβερις παραρρέων ἐπὶ
7 πλεῖστον τοῦ περιβόλου ἐφέρετο τῇδε. ὁ δὲ χῶρος οὗτος, ἐφ' οὗ ὁ περίβολος κατὰ τὸν ῥοῦν τοῦ ποταμοῦ ἀνέχει, ὕπτιός τε καὶ λίαν εὐέφοδός
8 ἐστι. τούτου τε ἀντικρὺ τοῦ χώρου, ἐκτὸς τοῦ Τιβέριδος, λόφον τινὰ μέγαν ξυμβαίνει εἶναι, ἔνθα δὴ οἱ τῆς πόλεως μύλωνες ἐκ παλαιοῦ πάντες πεποίηνται, ἅτε ὕδατος ἐνταῦθα πολλοῦ διὰ μὲν ὀχετοῦ ἀγομένου ἐς τὴν τοῦ λόφου ὑπερβολήν, ἐς τὸ κάταντες δὲ ξὺν ῥύμῃ μεγάλῃ ἐν-
9 θένδε ἰόντος. διὸ δὴ οἱ πάλαι Ῥωμαῖοι τόν τε λόφον καὶ τὴν κατ' αὐτὸν τοῦ ποταμοῦ ὄχθην τείχει[3] περιβαλεῖν ἔγνωσαν, ὡς μήποτε τοῖς πολεμίοις δυνατὰ εἴη τούς τε μύλωνας διαφθεῖραι καὶ τὸν ποταμὸν διαβᾶσιν εὐπετῶς τῷ τῆς πόλεως
10 περιβόλῳ ἐπιβουλεύειν. ζεύξαντες οὖν ταύτῃ τὸν ποταμὸν γεφύρᾳ, ξυνάπτειν τε τὸ τεῖχος ἔδοξαν καὶ οἰκίας συχνὰς ἐν χωρίῳ τῷ ἀντιπέρας δειμάμενοι μέσον τῆς πόλεως τὸ τοῦ Τιβέριδος πεποίηνται ῥεῦμα. ταῦτα μὲν δὴ ὧδέ πη ἔσχε.

11 Γότθοι δὲ τάφρους τε βαθείας ἀμφὶ τὰ χαρακώματα ξύμπαντα ὤρυξαν, καὶ τὸν χοῦν ὃν ἐνθένδε ἀφείλοντο ξυννήσαντες ὑπὲρ[4] τοίχου τοῦ ἔνδον, ὑψηλόν τε αὐτὸν ὡς μάλιστα ποιησάμενοι καὶ σκολόπων ὀξέων καθύπερθεν πάμπολύ τι χρῆμα πηξάμενοι, οὐδέν τι καταδεέστερον τῶν ἐν τοῖς

---

[1] ἤεσαν: ἴεσαν K, ἦσαν L. [2] πάλαι K: πολὺς L.
[3] τείχει K: τύχῃ L. [4] ὑπὲρ: ὑπὸ K, ὑπὲρ τοῦ L.

it throughout its whole extent whenever they wished.

Now the way the Romans came to build the city-wall on both sides of the river I shall now proceed to tell. In ancient times the Tiber used to flow alongside the circuit-wall for a considerable distance, even at the place where it is now enclosed. But this ground, on which the wall rises along the stream of the river, is flat and very accessible. And opposite this flat ground, across the Tiber, it happens that there is a great hill [1] where all the mills of the city have been built from of old, because much water is brought by an aqueduct to the crest of the hill, and rushes thence down the incline with great force. For this reason the ancient Romans [2] determined to surround the hill and the river bank near it with a wall, so that it might never be possible for an enemy to destroy the mills, and crossing the river, to carry on operations with ease against the circuit-wall of the city. So they decided to span the river at this point with a bridge, and to attach it to the wall ; and by building many houses in the district across the river they caused the stream of the Tiber to be in the middle of the city. So much then for this.

And the Goths dug deep trenches about all their camps, and heaped up the earth, which they took out from them, on the inner side of the trenches, making this bank exceedingly high, and they planted great numbers of sharp stakes on the top,

[1] The Janiculum.
[2] The wall described was a part of the wall of Aurelian.

φρουρίοις ὀχυρωμάτων τὰ στρατόπεδα πάντα
12 εἰργάσαντο. καὶ χαρακώματος μὲν τοῦ ἐν Νέρω-
νος πεδίῳ Μαρκίας ἦρχεν (ἤδη γὰρ ἐκ Γαλλιῶν
ξὺν τοῖς ἑπομένοις ἀφῖκτο, ξὺν οἷς ἐνταῦθα ἐστρα-
τοπέδευσε), τῶν δὲ δὴ ἄλλων Οὐίττιγις ἡγεῖτο
ἕκτος αὐτός· ἄρχων γὰρ ἦν εἷς κατὰ χαράκωμα
13 ἕκαστον. Γότθοι μὲν οὖν¹ οὕτω ταξάμενοι διεῖλον
τοὺς ὀχετοὺς ἅπαντας, ὅπως δὴ ὕδωρ ὡς ἥκιστα
ἐς τὴν πόλιν ἐνθένδε εἰσίοι. Ῥώμης δὲ ὀχετοὶ
τεσσαρεσκαίδεκα μὲν τὸ πλῆθός εἰσιν, ἐκ πλίνθου
δὲ ὠπτημένης τοῖς πάλαι ἀνθρώποις πεποίηνται,
ἐς τοσοῦτον εὔρους καὶ βάθους διήκοντες ὥστε
ἀνθρώπῳ ἵππῳ ὀχουμένῳ ἐνταῦθα ἱππεύειν δυ-
14 νατὰ εἶναι. Βελισάριος δὲ τὰ ἐς τὴν φυλακὴν
τῆς πόλεως διεκόσμει ὧδε. πυλίδα μὲν αὐτὸς τὴν
Πιγκιανὴν καὶ πύλην τὴν ταύτης ἐν δεξιᾷ εἶχεν,
15 ἣ Σαλαρία ὠνόμασται. κατὰ ταύτας γὰρ ἐπίμα-
χος ἦν ὁ περίβολος,² καὶ Ῥωμαίοις ἐξιτητὰ ἐπὶ
τοὺς πολεμίους ὄντα ἐτύγχανε. Πραινεστίναν δὲ
16 Βέσσᾳ ἔδωκε. καὶ τῇ Φλαμινίᾳ, ἣ Πιγκιανῆς ἐπὶ
θάτερά ἐστι, Κωνσταντῖνον³ ἐπέστησε, τάς τε
πύλας ἐπιθεὶς πρότερον, καὶ λίθων μεγάλων οἰκο-
δομίᾳ ἔνδοθεν αὐτὰς ἀποφράξας ὡς μάλιστα, ὅπως
17 δὴ αὐτὰς μηδενὶ ἀνακλίνειν δυνατὰ εἴη. τῶν γὰρ
χαρακωμάτων ἑνὸς ἀγχοτάτω ὄντος ἔδεισε μή τις
ἐπὶ τῇ πόλει ἐνέδρα πρὸς τῶν πολεμίων ἐνταῦθα
18 ἔσται. τὰς δὲ λειπομένας τῶν πεζικῶν κατα-
λόγων τοὺς ἄρχοντας διαφυλάσσειν ἐκέλευε. τῶν
τε ὀχετῶν ἕκαστον ὡς ἀσφαλέστατα οἰκοδομίᾳ

---

¹ οὖν K: om. L.
² ἐπίμαχος ἦν ὁ περίβολος : ἐπιμαχόμενος ἦν ὁ περίβολος K :
ἐπίμαχός τε ὁ περίβολος ἦν L.
³ Κωνστ.: κωνσταντιανὸν MSS.

thus making all their camps in no way inferior to fortified strongholds. And the camp in the Plain of Nero was commanded by Marcias (for he had by now arrived from Gaul with his followers, with whom he was encamped there), and the rest of the camps were commanded by Vittigis with five others; for there was one commander for each camp. So the Goths, having taken their positions in this way, tore open all the aqueducts, so that no water at all might enter the city from them. Now the aqueducts of Rome are fourteen in number, and were made of baked brick by the men of old, being of such breadth and height that it is possible for a man on horseback to ride in them.[1] And Belisarius arranged for the defence of the city in the following manner. He himself held the small Pincian Gate and the gate next to this on the right, which is named the Salarian. For at these gates the circuit-wall was assailable, and at the same time it was possible for the Romans to go out from them against the enemy. The Praenestine Gate he gave to Bessas. And at the Flaminian, which is on the other side of the Pincian, he put Constantinus in command, having previously closed the gates and blocked them up most securely by building a wall of great stones on the inside, so that it might be impossible for anyone to open them. For since one of the camps was very near, he feared least some secret plot against the city should be made there by the enemy. And the remaining gates he ordered the commanders of the infantry forces to keep under guard. And he closed each of the aqueducts as securely as possible by filling their channels with masonry for a consider-

---

[1] This is an exaggeration; the channels vary from four to eight feet in height.

ἐπὶ πλεῖστον κατέλαβε, μή τις ἔξωθεν κακουρ-
γήσων ἐνταῦθα ἴοι.

19   Ἐπεὶ δὲ τῶν ὀχετῶν, καθάπερ μοι εἴρηται,
διαιρεθέντων οὐκέτι τὰς μύλας τὸ ὕδωρ ἐνήργει,
ζῴοις τέ τισιν ἐργάζεσθαι αὐτὰς οὐδαμῇ εἶχον,
τροφῆς ἁπάσης ἅτε ἐν πολιορκίᾳ σπανίζοντες, οἵ
γε καὶ ἵππων μόλις τῶν σφίσιν ἀναγκαίων ἐδύ-
20   ναντο ἐπιμελεῖσθαι, Βελισάριος ἐξεῦρε τόδε. ἔμ-
προσθεν τῆς γεφύρας ἧς ἄρτι πρὸς τῷ περιβόλῳ
οὔσης ἐμνήσθην, σχοίνους ἀρτήσας ἐξ ἑκατέρας
τοῦ ποταμοῦ ὄχθης ὡς ἄριστα ἐντεταμένας, ταύ-
ταις τε λέμβους δύο παρ᾽ ἀλλήλους ξυνδήσας,
πόδας δύο ἀπ᾽ ἀλλήλων διέχοντας, ᾗ μάλιστα ἡ
τῶν ὑδάτων ἐπιρροὴ ἐκ τοῦ τῆς γεφύρας κυρτώ-
ματος ἀκμάζουσα κατῄει, μύλας τε δύο ἐν λέμβῳ
ἑκατέρῳ ἐνθέμενος ἐς τὸ μεταξὺ τὴν μηχανὴν
21   ἀπεκρέμασεν ᾗ τὰς μύλας στρέφειν εἰώθει. ἐπέ-
κεινα δὲ ἄλλας τε ἀκάτους ἐχομένας τῶν ἀεὶ ὄπι-
σθεν κατὰ λόγον ἐδέσμευε, καὶ τὰς μηχανὰς τρόπῳ
22   τῷ αὐτῷ ἐπὶ πλεῖστον ἐνέβαλε. προϊούσης οὖν
τῆς τοῦ ὕδατος ῥύμης αἱ μηχαναὶ ἐφεξῆς ἅπασαι
ἐφ᾽ ἑαυτὰς καλινδούμεναι ἐνήργουν τε τὰς κατ᾽
αὐτὰς μύλας καὶ τῇ πόλει τὰ αὐτάρκη ἤλουν.
ἃ δὴ οἱ πολέμιοι πρὸς τῶν αὐτομόλων γνόντες
23   ἀφανίζουσι τὰς μηχανὰς τρόπῳ τοιῷδε. δένδρα
μεγάλα καὶ σώματα Ῥωμαίων νεοσφαγῆ ἐς τὸν
24   ποταμὸν συμφοροῦντες ἐρρίπτουν. τούτων τε τὰ
πλεῖστα ξὺν τῷ ῥεύματι ἐς μέσα τὰ σκάφη φερό-
μενα τὴν μηχανὴν ἀπεκαύλιζε. Βελισάριος δὲ

ble distance, to prevent anyone from entering through them from the outside to do mischief.

But after the aqueducts had been broken open, as I have stated, the water no longer worked the mills, and the Romans were quite unable to operate them with any kind of animals owing to the scarcity of all food in time of siege ; indeed they were scarcely able to provide for the horses which were indispensable to them. And so Belisarius hit upon the following device. Just below the bridge[1] which I lately mentioned as being connected with the circuit-wall, he fastened ropes from the two banks of the river and stretched them as tight as he could, and then attached to them two boats side by side and two feet apart, where the flow of the water comes down from the arch of the bridge with the greatest force, and placing two mills on either boat, he hung between them the mechanism by which mills are customarily turned. And below these he fastened other boats, each attached to the one next behind in order, and he set the water-wheels between them in the same manner for a great distance. So by the force of the flowing water all the wheels, one after the other, were made to revolve independently, and thus they worked the mills with which they were connected and ground sufficient flour for the city. Now when the enemy learned this from the deserters, they destroyed the wheels in the following manner. They gathered large trees and bodies of Romans newly slain and kept throwing them into the river ; and the most of these were carried with the current between the boats and broke off the mill-wheels. But Belisarius, observing what was being

---

[1] The Pons Aurelius. See section 10 of this chapter.

κατιδὼν τὰ ποιούμενα προσεπετεχνήσατο τάδε.
25 ἀλύσεις μακρὰς¹ σιδηρᾶς πρὸ τῆς γεφύρας²
ἤρτησεν, ἐξικνουμένας ἐς Τίβεριν ὅλον. αἷς δὴ
προσπίπτοντα ξύμπαντα ὅσα ὁ ποταμὸς ἔφερε,
ξυνίστατό τε καὶ οὐκέτι ἐς τὰ πρόσω ἐχώρει.
26 ταῦτά τε ἀνέλκοντες ἀεὶ οἷς τὸ ἔργον τοῦτο ἐπέ-
κειτο εἰς τὴν γῆν ἔφερον. ταῦτα δὲ Βελισάριος
ἐποίει οὐ τοσοῦτον τῶν μυλῶν ἕνεκα ὅσον ὅτι
ἐνθένδε ἐς δέος τε καὶ ἔννοιαν ἦλθε μὴ λάθωσιν
ἀκάτοις πολλαῖς οἱ πολέμιοι ἐντὸς τῆς γεφύρας
27 καὶ ἐν μέσῃ πόλει γενόμενοι. οὕτω τε οἱ βάρβαροι
τῆς πείρας, ἐπεὶ οὐδὲν σφίσι ταύτῃ προὐχώρει,
ἀπέσχοντο. καὶ τὸ λοιπὸν Ῥωμαῖοι τούτοις μὲν
τοῖς μύλωσιν ἐχρῶντο, τῶν δὲ βαλανείων τοῦ
ὕδατος τῇ ἀπορίᾳ παντάπασιν ἀπεκέκλειντο.
28 ὕδωρ μέντοι ὅσον πιεῖν διαρκὲς εἶχον, ἐπεὶ καὶ
τοῖς τοῦ ποταμοῦ ἑκαστάτω οἰκοῦσι παρῆν ἐκ
29 φρεάτων ὑδρεύεσθαι. ἐς δὲ τοὺς ὑπονόμους, οἵπερ
ἐκ τῆς πόλεως εἴ τι οὐ καθαρὸν ἐκβάλλουσιν ἔξω,
ἀσφάλειαν ἐπινοεῖν οὐδεμίαν ἠνάγκαστο, ἐπεὶ ἐς
ποταμὸν Τίβεριν τὰς ἐκβολὰς ἔχουσιν ἅπαντες,
καὶ διὰ τοῦτο οὐδεμίαν οἷόν τε τῇ πόλει ἐνθένδε
πρὸς τῶν πολεμίων ἐπιβουλὴν γενέσθαι.

XX

Τὰ μὲν οὖν ἐς τὴν πολιορκίαν τῇδε Βελισάριος³
διῳκήσατο.⁴ Σαμνιτῶν δὲ παῖδες πολλοί, πρό-
βατα ἐν χώρᾳ τῇ σφετέρᾳ ποιμαίνοντες, δύο τοῦ

¹ μακρὰς L : om. K.
² πρὸ τῆς γεφύρας Haury : πρὸς τῇ γεφύρᾳ MSS.

one, contrived the following device against it. He
fastened above the bridge long iron chains, which
reached completely across the Tiber. All the objects
which the river brought down struck upon these
chains, and gathered there and went no farther.
And those to whom this work was assigned kept
pulling out these objects as they came and bore them
to the land. And Belisarius did this, not so much on
account of the mills, as because he began to think
with alarm that the enemy might get inside the bridge
at this point with many boats and be in the middle of
the city before their presence became known. Thus
the barbarians abandoned the attempt, since they met
with no success in it. And thereafter the Romans
continued to use these mills; but they were entirely
excluded from the baths because of the scarcity of
water. However, they had sufficient water to drink,
since even for those who lived very far from the river
it was possible to draw water from wells. But as for
the sewers, which carry out from the city whatever is
unclean, Belisarius was not forced to devise any plan
of safety, for they all discharge into the Tiber River,
and therefore it was impossible for any plot to be made
against the city by the enemy in connection with
them.

XX

Thus, then, did Belisarius make his arrangements
for the siege. And among the Samnites a large
company of children, who were pasturing flocks in

---

[3] Βελισάριος Krašeninnikov : βελισαρίῳ MSS.
[4] διωκήσατο MSS.: διῴκητο Scaliger.

σώματος ἐν σφίσιν εὖ ἥκοντας ἀπολέξαντες, καὶ
αὐτῶν ἕνα μὲν καλέσαντες ἐπὶ τοῦ Βελισαρίου
ὀνόματος, Οὐίττιγιν δὲ τὸν ἕτερον ὀνομάσαντες,
2 παλαίειν ἐκέλευον. ὧν δὴ ἰσχυρότατα ἐς τὸν
ἀγῶνα καθισταμένων, τὸν Οὐίττιγιν δῆθεν ξυνη-
νέχθη πεσεῖν. καὶ αὐτὸν ὁ τῶν παίδων ὅμιλος
3 παίζοντες ἐπὶ[1] δένδρου ἐκρήμνων. λύκου δὲ τύχῃ
τινὶ ἐνταῦθα φανέντος οἱ μὲν παῖδες ἔφυγον
ἅπαντες, ὁ δὲ ἐπὶ[2] τοῦ δένδρου ἠρτημένος Οὐίτ-
τιγις χρόνου οἱ τριβέντος ἐν ταύτῃ δὴ τῇ τιμωρίᾳ
4 θνήσκει. καὶ ἐπεὶ ταῦτα ἐς Σαμνίτας ἔκπυστα
ἐγεγόνει, οὔτε κόλασίν τινα ἐς τὰ παιδία ταῦτα
ἐξήνεγκαν καὶ τὰ ξυμπεσόντα ξυμβαλόντες νική-
σειν κατὰ κράτος Βελισάριον ἰσχυρίζοντο. ταῦτα
μὲν δὴ οὕτως ἐγένετο.
5   Ῥωμαίων δὲ ὁ δῆμος, τῶν ἐν πολέμῳ τε καὶ
πολιορκίᾳ κακῶν ἀήθεις παντάπασιν ὄντες, ἐπειδὴ
τῇ μὲν ἀλουσίᾳ ἐπιέζοντο καὶ τῶν ἀναγκαίων
τῇ ἀπορίᾳ, φυλάσσειν τε ἄϋπνοι τὸν περίβολον
ἠναγκάζοντο, καὶ τὴν πόλιν ἁλώσεσθαι οὐκ εἰς
μακρὰν ὑπετόπαζον, ἅμα δὲ καὶ τοὺς πολεμίους
ἑώρων τούς τε ἀγροὺς καὶ τἆλλα πάντα ληιζο-
μένους, ἤσχαλλόν τε καὶ δεινὰ ἐποιοῦντο, εἰ[3]
αὐτοὶ οὐδὲν ἠδικηκότες πολιορκοῖντό τε καὶ ἐς
6 τοσοῦτον κινδύνου μέγεθος ἥκοιεν. ἐν σφίσι τε
αὐτοῖς ξυνιστάμενοι Βελισαρίῳ ἐκ τοῦ ἐμφανοῦς
ἐλοιδοροῦντο, ὅς γε οὐκ ἀξιόχρεων πρὸς βασιλέως
δύναμιν λαβὼν ἐτόλμησεν ἐπὶ Γότθους στρατεύε-
7 σθαι. ταῦτα δὲ καὶ οἱ ἐκ βουλῆς ἣν σύγκλητοι
καλοῦσι Βελισαρίῳ ἐν παραβύστῳ ὠνείδιζον.

----

[1] ἐπὶ MSS.: ἀπὸ editors.   [2] ἐπὶ K : ἀπὸ L.
[3] εἰ L : οἱ K.

their own country, chose out two among them who
were well favoured in strength of body, and calling
one of them by the name of Belisarius, and naming
the other Vittigis, bade them wrestle. And they
entered into the struggle with the greatest vehemence
and it so fell out that the one who impersonated
Vittigis was thrown. Then the crowd of boys in play
hung him to a tree. But a wolf by some chance
appeared there, whereupon the boys all fled, and the
one called Vittigis, who was suspended from the
tree, remained for some time suffering this punish-
ment and then died. And when this became known
to the Samnites, they did not inflict any punishment
upon these children, but divining the meaning of
the incident declared that Belisarius would conquer
decisively. So much for this.

But the populace of Rome were entirely unacquain-
ted with the evils of war and siege. When, therefore,
they began to be distressed by their inability to bathe
and the scarcity of provisions, and found themselves
obliged to forgo sleep in guarding the circuit-wall,
and suspected that the city would be captured at no
distant date; and when, at the same time, they saw
the enemy plundering their fields and other posses-
sions, they began to be dissatisfied and indignant that
they, who had done no wrong, should suffer siege and
be brought into peril of such magnitude. And gather-
ing in groups by themselves, they railed openly
against Belisarius, on the ground that he had dared
to take the field against the Goths before he had
received an adequate force from the emperor. And
these reproaches against Belisarius were secretly
indulged in also by the members of the council which

ἅπερ Οὐίττιγις πρὸς τῶν αὐτομόλων ἀκούσας
συγκρούειν τε αὐτοὺς ἔτι μᾶλλον ἐθέλων καὶ ἐς
πολλὴν ταραχὴν ἐμπεσεῖσθαι τὰ Ῥωμαίων πράγ-
ματα ταύτῃ οἰόμενος, πρέσβεις παρὰ Βελισάριον

8 ἄλλους τε καὶ Ἄλβιν ἔπεμψεν. οἵ, ἐπειδὴ ἐς
ὄψιν τὴν Βελισαρίου ἀφίκοντο, παρόντων Ῥω-
μαίων τε τῶν ἐκ βουλῆς καὶ ὅσοι τοῦ στρατοῦ
ἄρχοντες ἦσαν, ἔλεξαν τοιάδε·

"Πάλαι, ὦ στρατηγέ, τοῖς ἀνθρώποις εὖ τε καὶ
καλῶς διώρισται τὰ τῶν πραγμάτων ὀνόματα· ἐν
9 οἷς ἐν τόδε ἐστί, θράσος κεχώρισται ἀνδρείας. τὸ
μὲν γὰρ αὐτῶν οἷς ἂν προσγένοιτο, ξὺν ἀτιμίᾳ ἐς
κίνδυνον ἄγει, τὸ δὲ δόξαν ἀρετῆς ἱκανῶς φέρεται.
10 τούτων θάτερόν σε εἰς ἡμᾶς ἤνεγκεν, ὁπότερον
μέντοι, αὐτίκα δηλώσεις. εἰ μὲν γὰρ ἀνδρείᾳ
πιστεύων ἐπὶ Γότθους ἐστράτευσας, ὁρᾷς γὰρ
δήπου ἀπὸ τοῦ τείχους τὸ τῶν πολεμίων στρατό-
πεδον καί σοι ἀνδραγαθίζεσθαι, ὦ γενναῖε, διαρκῶς
πάρεστιν· εἰ δέ γε θράσει ἐχόμενος ἐφ' ἡμᾶς
ὥρμησαι, πάντως σοι καὶ μεταμέλει τῶν εἰκῆ
11 πεπραγμένων. τῶν γὰρ ἀπονενοημένων αἱ γνῶ-
μαι, ὅταν ἐν τοῖς ἀγῶσι γένωνται, μετανοεῖν
φιλοῦσι. νῦν οὖν μήτε Ῥωμαίοις τοῖσδε περαι-
τέρω τὴν ταλαιπωρίαν μηκύνεσθαι ποίει, οὓς δὴ
Θευδέριχος ἐν βίῳ τρυφερῷ τε καὶ ἄλλως ἐλευ-
θέρῳ ἐξέθρεψε, μήτε τῷ Γότθων τε καὶ Ἰταλιω-
12 τῶν δεσπότῃ ἐμποδὼν ἵστασο. πῶς γὰρ οὐκ

they call the senate. And Vittigis, hearing all this from the deserters and desiring to embroil them with one another still more, and thinking that in this way the affairs of the Romans would be thrown into great confusion, sent to Belisarius some envoys, among whom was Albis. And when these men came before Belisarius, they spoke as follows in the presence of the Roman senators and all the commanders of the army :

"From of old, general, mankind has made true and proper distinctions in the names they give to things ; and one of these distinctions is this—rashness is different from bravery. For rashness, when it takes possession of a man, brings him into danger with discredit, but bravery bestows upon him an adequate prize in reputation for valour. Now one of these two has brought you against us, but which it is you will straightway make clear. For if, on the one hand, you placed your confidence in bravery when you took the field against the Goths, there is ample opportunity, noble sir, for you to do the deeds of a brave man, since you have only to look down from your wall to see the army of the enemy ; but if, on the other hand, it was because you were possessed by rashness that you came to attack us, certainly you now repent you of the reckless undertaking. For the opinions of those who have made a desperate venture are wont to undergo a change whenever they find themselves in serious straits. Now, therefore, do not cause the sufferings of these Romans to be prolonged any further, men whom Theoderic fostered in a life not only of soft luxury but also of freedom, and cease your resistance to him who is the master both of the Goths and of the Italians. Is it not monstrous that you

ἄτοπον, σὲ μὲν οὕτω καθειργμένον τε καὶ τοὺς
πολεμίους κατεπτηχότα ἐν Ῥώμῃ καθῆσθαι, τὸν
δὲ ταύτης βασιλέα ἐν χαρακώματι διατρίβοντα
τὰ τοῦ πολέμου κακὰ τοὺς αὐτοῦ κατηκόους
13 ἐργάζεσθαι; ἡμεῖς δὲ σοί τε καὶ τοῖς ἑπομένοις
ποιεῖσθαι ἤδη τὴν ἄφοδον κατ' ἐξουσίαν παρέξο-
μεν, ἅπαντα τὰ ὑμέτερα αὐτῶν ἔχουσι. τὸ γὰρ
ἐπεμβαίνειν τοῖς τὸ σῶφρον μεταμαθοῦσιν οὔτε
ὅσιον οὔτε ἄξιον τρόπου τοῦ ἀνθρωπίνου εἶναι
14 νομίζομεν. ἡδέως δ' ἂν καὶ Ῥωμαίους ἔτι ἐροίμεθα
τούσδε, τί ποτε ἄρα Γότθοις ἐπικαλεῖν ἔχοντες
ἡμᾶς τε αὖ καὶ σφᾶς αὐτοὺς προύδοσαν, οἵ γε τῆς
μὲν ἡμετέρας ἐπιεικείας ἄχρι τοῦδε ἀπήλαυσαν,
νῦν δὲ καὶ τῆς παρ' ὑμῶν ἐπικουρίας εἰσὶν
ἔμπειροι."
15 Τοσαῦτα μὲν οἱ πρέσβεις εἶπον. Βελισάριος
δὲ ἀμείβεται ὧδε· "Ὁ μὲν τῆς ξυμβουλῆς[1] και-
ρὸς οὐκ ἐφ' ὑμῖν κείσεται. γνώμῃ γὰρ τῶν πολε-
μίων ἥκιστα εἰώθασι πολεμεῖν ἄνθρωποι, ἀλλ'
αὐτόν τινα τὰ οἰκεῖα διατίθεσθαι νόμος, ὅπῃ ἂν
16 αὐτῷ δοκῇ ὡς ἄριστα ἔχειν. φημὶ δὲ ὑμῖν ἀφί-
ξεσθαι χρόνον ἡνίκα ὑπὸ ταῖς ἀκάνθαις βουλό-
μενοι τὰς κεφαλὰς κρύπτεσθαι οὐδαμῇ ἕξετε.
17 Ῥώμην μέντοι ἑλόντες ἡμεῖς τῶν ἀλλοτρίων οὐδὲν
ἔχομεν, ἀλλ' ὑμεῖς ταύτης τὰ πρότερα ἐπιβατεύ-
σαντες, οὐδὲν ὑμῖν προσῆκον, νῦν οὐχ ἑκόντες
18 τοῖς πάλαι κεκτημένοις ἀπέδοτε. ὅστις δὲ ὑμῶν
Ῥώμης ἐλπίδα ἔχει ἀμαχητὶ ἐπιβήσεσθαι, γνώμης
ἁμαρτάνει. ζῶντα γὰρ Βελισάριον μεθήσεσθαι
ταύτης ἀδύνατον." τοσαῦτα μὲν καὶ Βελισάριος
19 εἶπε. Ῥωμαῖοι δὲ ἐν δέει μεγάλῳ γενόμενοι ἡσυχῇ

---

[1] ξυμβουλῆς K and editors: ξυμβολῆς L.

should sit in Rome hemmed in as you are and in abject
terror of the enemy, while the king of this city passes
his time in a fortified camp and inflicts the evils of
war upon his own subjects? But we shall give both
you and your followers an opportunity to take your
departure forthwith in security, retaining all your
possessions. For to trample upon those who have
learned to take a new view of prudence we consider
neither holy nor worthy of the ways of men. And,
further, we should gladly ask these Romans what
complaints they could have had against the Goths
that they betrayed both us and themselves, seeing
that up to this time they have enjoyed our kindness,
and now are acquainted by experience with the
assistance to be expected from you."

Thus spoke the envoys. And Belisarius replied as
follows: " It is not to rest with you to choose the
moment for conference. For men are by no means
wont to wage war according to the judgment of their
enemies, but it is customary for each one to arrange
his own affairs for himself, in whatever manner seems
to him best. But I say to you that there will come a
time when you will want to hide your heads under
the thistles but will find no shelter anywhere. As
for Rome, moreover, which we have captured, in
holding it we hold nothing which belongs to others,
but it was you who trespassed upon this city in former
times, though it did not belong to you at all, and now
you have given it back, however unwillingly, to its
ancient possessors. And whoever of you has hopes
of setting foot in Rome without a fight is mistaken in
his judgment. For as long as Belisarius lives, it is
impossible for him to relinquish this city." Such
were the words of Belisarius. But the Romans,

ἐκάθηντο, καὶ οὐδὲν τοῖς πρέσβεσιν ἀντιλέγειν
ἐτόλμων, καίπερ ἐπὶ τῇ ἐς Γότθους προδοσίᾳ
πολλὰ πρὸς αὐτῶν κακιζόμενοι, πλήν γε δὴ ὅτι
20 Φιδέλιος αὐτοὺς ἐρεσχελεῖν ἔγνω. ὃς τότε τῆς
αὐλῆς ὕπαρχος καταστὰς πρὸς Βελισαρίου ἐτύγ-
χανε, καὶ ἀπ᾽ αὐτοῦ πάντων μάλιστα ἔδοξε
βασιλεῖ εὐνοϊκῶς ἔχειν.

XXI

Οὕτω μὲν δὴ οἱ πρέσβεις ἐς τὸ σφέτερον στρα-
τόπεδον ἐκομίζοντο. καὶ ἐπεὶ αὐτῶν Οὐίττιγις
ἐπυνθάνετο ὁποῖός τε ἀνὴρ Βελισάριος εἴη καὶ
γνώμης ὅπως ποτὲ ἀμφὶ τῇ ἐνθένδε ἀναχωρήσει
ἔχοι,[1] ἀπεκρίναντο ὡς οὐκ εἰκότα Γότθοι ἐλπί-
ζουσι, δεδίξεσθαι Βελισάριον ὅτῳ δὴ τρόπῳ οἰό-
2 μενοι. Οὐίττιγις δὲ ταῦτα ἀκούσας τειχομαχεῖν
τε πολλῇ σπουδῇ ἐβουλεύετο καὶ τὰ ἐς τὴν τοῦ
3 περιβόλου ἐπιβουλὴν ἐξηρτύετο ὧδε. πύργους
ξυλίνους ἐποιήσατο ἴσους τῷ τείχει τῶν πολε-
μίων, καὶ ἔτυχέ γε τοῦ ἀληθοῦς μέτρου πολλάκις
4 ξυμμετρησάμενος ταῖς τῶν λίθων ἐπιβολαῖς. τού-
τοις δὲ τοῖς πύργοις τροχοὶ ἐς τὴν βάσιν ἐμβε-
βλημένοι πρὸς γωνίᾳ ἑκάστῃ ὑπέκειντο, οἳ δὴ
αὐτοὺς κυλινδούμενοι ῥᾶστα περιάξειν ἔμελλον
ὅπῃ οἱ τειχομαχοῦντες ἀεὶ βούλοιντο, καὶ βόες
5 τοὺς πύργους ξυνδεδεμένοι εἷλκον. ἔπειτα δὲ
κλίμακας πολλάς τε τὸ πλῆθος καὶ ἄχρι ἐς τὰς
ἐπάλξεις ἐξικνουμένας ἡτοίμαζε καὶ μηχανὰς
6 τέσσαρας αἳ κριοὶ καλοῦνται. ἔστι δὲ ἡ μηχανὴ

[1] τῇ ... ἀναχωρήσει ἔχοι K : τὴν ... ἀναχώρησιν ἔχων L.

being overcome by a great fear, sat in silence, and, even though they were abused by the envoys at length for their treason to the Goths, dared make no reply to them, except, indeed, that Fidelius saw fit to taunt them. This man was then praetorian prefect, having been appointed to the office by Belisarius, and for this reason he seemed above all others to be well disposed toward the emperor.

XXI

THE envoys then betook themselves to their own army. And when Vittigis enquired of them what manner of man Belisarius was and how his purpose stood with regard to the question of withdrawing from Rome, they replied that the Goths were hoping for vain things if they supposed that they would frighten Belisarius in any way whatsoever. And when Vittigis heard this, he began in great earnest to plan an assault upon the wall, and the preparations he made for the attempt upon the fortifications were as follows. He constructed wooden towers equal in height to the enemy's wall, and he discovered its true measure by making many calculations based upon the courses of stone. And wheels were attached to the floor of these towers under each corner, which were intended, as they turned, to move the towers to any point the attacking army might wish at a given time, and the towers were drawn by oxen yoked together. After this he made ready a great number of ladders, that would reach as far as the parapet, and four engines which are called rams. Now this

τοιαύτη. κίονες ὀρθοὶ ξύλινοι τέσσαρες. ἀντίοι
τε καὶ ἴσοι ἀλλήλοις ἑστᾶσι. τούτοις δὲ τοῖς
κίοσι δοκοὺς ὀκτὼ ἐγκαρσίας ἐνείροντες τέσσαρας
μὲν ἄνω, τοσαύτας δὲ πρὸς ταῖς βάσεσιν ἐναρμό-
7 ζουσιν. οἰκίσκου τε σχῆμα τετραγώνου ἐργαζό-
μενοι προκάλυμμα πανταχόθεν ἀντὶ τοίχων τε
καὶ τείχους διφθέρας αὐτῷ περιβάλλουσιν, ὅπως
ἥ τε μηχανὴ τοῖς ἕλκουσιν[1] ἐλαφρὰ εἴη καὶ οἱ
ἔνδον ἐν ἀσφαλεῖ ὦσιν, ὡς πρὸς τῶν ἐναντίων
8 ἥκιστα βάλλεσθαι. ἐντὸς δὲ αὐτῆς δοκὸν ἑτέραν
ἄνωθεν ἐγκαρσίαν ἀρτήσαντες χαλαραῖς ταῖς
ἁλύσεσι κατὰ μέσην μάλιστα τὴν μηχανὴν ἔχου-
σιν. ἧς δὴ ὀξεῖαν ποιούμενοι τὴν ἄκραν, σιδήρῳ
πολλῷ καθάπερ ἀκίδα καλύπτουσι βέλους, ἣν[2]
καὶ τετράγωνον, ὥσπερ ἄκμονα, τὸν σίδηρον
9 ποιοῦσι. καὶ τροχοῖς μὲν ἡ μηχανὴ τέσσαρσι
πρὸς κίονι ἑκάστῳ κειμένοις ἐπῆρται, ἄνδρες δὲ
αὐτὴν οὐχ ἧσσον ἢ κατὰ πεντήκοντα κινοῦσιν
10 ἔνδοθεν. οἳ ἐπειδὰν αὐτὴν τῷ περιβόλῳ ἐρείσωσι,
τὴν δοκὸν ἧς δὴ ἄρτι ἐμνήσθην μηχανῇ τινι
στρέφοντες ὀπίσω ἀνέλκουσιν, αὖθίς τε αὐτὴν
11 ξὺν ῥύμῃ πολλῇ ἐπὶ τὸ τεῖχος ἀφιᾶσιν. ἡ δὲ
συχνὰ ἐμβαλλομένη κατασεῖσαί τε ὅπη προσπί-
πτοι καὶ διελεῖν ῥᾷστα[3] οἵα τέ ἐστι, καὶ ἀπ'
αὐτοῦ τὴν ἐπωνυμίαν ταύτην ἡ μηχανὴ ἔχει, ἐπεὶ
τῆς δοκοῦ ταύτης ἡ ἐμβολὴ προὔχουσα πλήσσειν
ὅπου παρατύχοι, καθάπερ τῶν προβάτων τὰ ἄρ-
12 ρενα, εἴωθε. τῶν μὲν οὖν τειχομαχούντων οἱ κριοὶ
13 τοιοίδε εἰσί. Γότθοι δὲ πάμπολύ τι φακέλλων
χρῆμα ἔκ τε ξύλων καὶ καλάμων ποιησάμενοι ἐν

---

[1] τοῖς ἕλκουσιν L: om. K.
[2] ἣν: οἱ K, ἡ L.   [3] ῥᾷστα L: om. K.

engine is of the following sort. Four upright wooden beams, equal in length, are set up opposite one another. To these beams they fit eight horizontal timbers, four above and an equal number at the base, thus binding them together. After they have thus made the frame of a four-sided building, they surround it on all sides, not with walls of wood or stone, but with a covering of hides, in order that the engine may be light for those who draw it and that those within may still be in the least possible danger of being shot by their opponents. And on the inside they hang another horizontal beam from the top by means of chains which swing free, and they keep it at about the middle of the interior. They then sharpen the end of this beam and cover it with a large iron head, precisely as they cover the round point of a missile, or they sometimes make the iron head square like an anvil. And the whole structure is raised upon four wheels, one being attached to each upright beam, and men to the number of no fewer than fifty to each ram move it from the inside. Then when they apply it to the wall, they draw back the beam which I have just mentioned by turning a certain mechanism, and then they let it swing forward with great force against the wall. And this beam by frequent blows is able quite easily to batter down and tear open a wall wherever it strikes, and it is for this reason that the engine has the name it bears, because the striking end of the beam, projecting as it does, is accustomed to butt against whatever it may encounter, precisely as do the males among sheep. Such, then, are the rams used by the assailants of a wall. And the Goths were holding in readiness an exceedingly great number of bundles of faggots,

παρασκευῇ εἶχον, ὅπως δὴ ἐς τὴν τάφρον ἐμβα-
λόντες ὁμαλόν τε τὸν χῶρον ἐργάσωνται καὶ
ταύτῃ διαβαίνειν αἱ μηχαναὶ ἥκιστα εἴργωνται.
οὕτω μὲν δὴ Γότθοι παρασκευασάμενοι τειχομα-
χεῖν ὥρμηντο.

14   Βελισάριος δὲ μηχανὰς μὲν ἐς τοὺς πύργους [1]
ἐτίθετο ἃς καλοῦσι βαλλίστρας. τόξου δὲ σχῆμα
ἔχουσιν αἱ μηχαναὶ αὗται, ἔνερθέν τε αὐτοῦ κοίλη
τις ξυλίνη [2] κεραία προὔχει, αὐτὴ μὲν χαλαρὰ
ἠρτημένη, σιδηρᾷ δὲ εὐθείᾳ τινὶ ἐπικειμένη.
15 ἐπειδὰν οὖν τοὺς πολεμίους ἐνθένδε βάλλειν ἐθέ-
λουσιν ἄνθρωποι, βρόχου βραχέος ἐνέρσει τὰ
ξύλα ἐς ἄλληλα νεύειν ποιοῦσιν ἃ δὴ τοῦ τόξου
ἄκρα ξυμβαίνει εἶναι, τόν τε ἄτρακτον ἐν τῇ
κοίλῃ κεραίᾳ τίθενται, τῶν ἄλλων βελῶν, ἅπερ
ἐκ τῶν τόξων ἀφιᾶσι, μῆκος μὲν ἔχοντα ἥμισυ
16 μάλιστα, εὖρος δὲ κατὰ τετραπλάσιον. πτεροῖς
μέντοι οὐ τοῖς εἰωθόσιν ἐνέχεται, ἀλλὰ ξύλα
λεπτὰ ἐς τῶν πτερῶν τὴν χώραν ἐνείροντες ὅλον
ἀπομιμοῦνται τοῦ βέλους τὸ σχῆμα, μεγάλην
αὐτῷ λίαν καὶ τοῦ πάχους κατὰ λόγον τὴν ἀκίδα
17 ἐμβάλλοντες. σφίγγουσί τε σθένει [3] πολλῷ οἱ [4]
ἀμφοτέρωθεν μηχαναῖς τισι, καὶ τότε ἡ κοίλη
κεραία προϊοῦσα ἐκπίπτει [5] μέν, ξὺν ῥύμῃ δὲ
τοσαύτῃ ἐκπίπτει τὸ βέλος ὥστε ἐξικνεῖται μὲν

---

[1] πύργους K in margin, L : γότθους K in context.
[2] ξυλίνη K : om. L.
[3] σθένει added by Haury : om. MSS., πόνῳ Christ.
[4] οἱ L : ἢ K.
[5] The sense (see translation) seems to require ἐκλείπει or
the like.

---

[1] Cf. the description of the ballista and other engines of
war in Ammianus Marcellinus, XXIII. iv. The engine here

which they had made of pieces of wood and reeds, in order that by throwing them into the moat they might make the ground level, and that their engines might not be prevented from crossing it. Now after the Goths had made their preparations in this manner, they were eager to make an assault upon the wall.

But Belisarius placed upon the towers engines which they call "ballistae."[1] Now these engines have the form of a bow, but on the under side of them a grooved wooden shaft projects; this shaft is so fitted to the bow that it is free to move, and rests upon a straight iron bed. So when men wish to shoot at the enemy with this, they make the parts of the bow which form the ends bend toward one another by means of a short rope fastened to them, and they place in the grooved shaft the arrow, which is about one half the length of the ordinary missiles which they shoot from bows, but about four times as wide. However, it does not have feathers of the usual sort attached to it, but by inserting thin pieces of wood in place of feathers, they give it in all respects the form of an arrow, making the point which they put on very large and in keeping with its thickness. And the men who stand on either side wind it up tight by means of certain appliances, and then the grooved shaft shoots forward and stops, but the missile is discharged from the shaft,[2] and with such force that it

described by Procopius is the catapult of earlier times ; the ballista hurled stones, not arrows. See the Classical Dictionaries for illustrations.

[2] The "shaft" is a holder for the missile, and it (not the missile) is driven by the bowstring. When the holder stops, the missile goes on.

οὐχ ἧσσον ἢ κατὰ δύο τῆς τοξείας βολάς, δένδρου
18 δὲ ἢ λίθου ἐπιτυχὸν τέμνει ῥᾳδίως. τοιαύτη μὲν
ἡ μηχανή ἐστιν ἐπὶ τοῦ ὀνόματος τούτου, ὅτι δὴ
βάλλει ὡς μάλιστα, ἐπικληθεῖσα. ἑτέρας δὲ
μηχανὰς ἐπήξαντο ἐν ταῖς τοῦ περιβόλου ἐπάλ-
19 ξεσιν ἐς λίθων βολὰς ἐπιτηδείας. σφενδόνῃ δὲ
αὗταί εἰσιν ἐμφερεῖς καὶ ὄναγροι ἐπικαλοῦνται.
ἐν δὲ ταῖς πύλαις λύκους ἔξω ἐπετίθεντο, οὓς δὴ
20 ποιοῦσι τρόπῳ τοιῷδε. δοκοὺς δύο ἱστᾶσιν ἐκ
γῆς ἄχρι καὶ ἐς τὰς ἐπάλξεις ἐξικνουμένας, ξύλα
τε εἰργασμένα ἐπ᾽ ἄλληλα θέμενοι τὰ μὲν ὀρθά,
τὰ δὲ ἐγκάρσια ἐναρμόζουσιν, ὡς τῶν ἐνέρσεων
τὰ ἐν μέσῳ εἰς ἄλληλα[1] τρυπήματα φαίνεσθαι.
21 ἑκάστης δὲ ἁρμονίας ἐμβολή τις προύχει, κέντρῳ
παχεῖ ἐς τὰ μάλιστα ἐμφερὴς οὖσα. καὶ τῶν
ξύλων τὰ ἐγκάρσια ἐς δοκὸν ἑκατέραν πηξάμενοι,
ἄνωθεν ἄχρι ἐς μοῖραν διήκοντα τὴν ἡμίσειαν,
ὑπτίας τὰς δοκοὺς ἐπὶ τῶν πυλῶν ἀνακλίνουσι.
22 καὶ ἐπειδὰν αὐτῶν[2] ἐγγυτέρω οἱ πολέμιοι ἴκωνται,
οἱ δὲ ἄνωθεν ἄκρων δοκῶν ἁψάμενοι ὠθοῦσιν,
αὗται δὲ ἐς τοὺς ἐπιόντας ἐκ τοῦ αἰφνιδίου ἐμπί-
πτουσαι τοῖς προέχουσι τῶν ἐμβολῶν, ὅσους ἂν
λάβοιεν, εὐπετῶς κτείνουσι. Βελισάριος μὲν οὖν
ταῦτα ἐποίει.

---

[1] ἄλληλα Capps : ἀλλήλοις MSS.
[2] αὐτῶν Haury : αὐτῷ K, αὐτῆς L.

attains the distance of not less than two bow-shots, and that, when it hits a tree or a rock, it pierces it easily. Such is the engine which bears this name, being so called because it shoots with very great force.[1] And they fixed other engines along the parapet of the wall adapted for throwing stones. Now these resemble slings and are called "wild asses."[2] And outside the gates they placed "wolves,"[3] which they make in the following manner. They set up two timbers which reach from the ground to the battlements; then they fit together beams which have been mortised to one another, placing some upright and others crosswise, so that the spaces between the intersections appear as a succession of holes. And from every joint there projects a kind of beak, which resembles very closely a thick goad. Then they fasten the cross-beams to the two upright timbers, beginning at the top and letting them extend half way down, and then lean the timbers back against the gates. And whenever the enemy come up near them, those above lay hold of the ends of the timbers and push, and these, falling suddenly upon the assailants, easily kill with the projecting beaks as many as they may catch. So Belisarius was thus engaged.

[1] A popular etymology of βάλλιστρα, a corrupted form of βάλλιστα; the point is in the Greek words βάλλω + μάλιστα, an etymology correct only as far as βάλλω is concerned.

[2] Called also "scorpions"; described by Ammianus, *l.c.*

[3] This contrivance was not one familiar to classical times. The "lupi" of Livy XXVIII. iii. were hooks; Vegetius, *De Re Militari*, ii. 25 and iv. 23, mentions "lupi" (also hooks), used to put a battering-ram out of action.

XXII

Γότθοι δὲ ὀκτωκαιδεκάτῃ ἀπὸ τῆς προσεδρείας
ἡμέρᾳ, Οὐιττίγιδος σφίσιν ἡγουμένου, ἀμφὶ ἡλίου
ἀνατολὰς ὡς τειχομαχήσοντες ἐπὶ[1] τὸν περίβολον
ᾖεσαν, καὶ Ῥωμαίους ἅπαντας προϊοῦσα ἡ τῶν
πύργων τε καὶ κριῶν ὄψις παντάπασί τε ἀήθης
2 οὖσα ἐξέπληξε. Βελισάριος δὲ βαδίζουσαν ξὺν
ταῖς μηχαναῖς ὁρῶν τὴν τῶν πολεμίων παράταξιν,
ἐγέλα τε καὶ τοὺς στρατιώτας ἡσυχάζειν ἐκέλευε,
καὶ τῶν χειρῶν μηδαμῶς ἄρχειν, ἕως αὐτὸς
σημήνῃ. ὅτου δὲ ἕνεκα γελῴη, ἐν μὲν τῷ αὐτίκα
3 ἥκιστα ἐδήλου, ὕστερον δὲ ἐγνώσθη. Ῥωμαῖοι
μέντοι αὐτὸν εἰρωνεύεσθαι ὑποτοπάσαντες ἐκά-
κιζόν τε καὶ ἀναιδῆ ἐκάλουν, καὶ ὅτι ἐς τὰ πρόσω
ἰόντας οὐκ ἀναστέλλοι τοὺς ἐναντίους, δεινὰ
4 ἐποιοῦντο. ἐπεὶ δὲ Γότθοι τῆς τάφρου ἐγγυτέρω
ἵκοντο, πρῶτος ὁ στρατηγὸς τὸ τόξον ἐντείνας,
τῶν[2] τινα τεθωρακισμένων[3] τε καὶ τῆς στρατιᾶς
5 ἡγουμένων[4] εἰς τὸν αὐχένα ἐπιτυχὼν βάλλει. καὶ
ὁ μὲν καιρίαν πληγεὶς ἔπεσεν ὕπτιος, Ῥωμαίων
δὲ ὁ λεὼς ἅπας ἀνέκραγον ἐξαίσιόν τε καὶ ἀκοῆς
κρεῖσσοι, ἄριστον οἰωνὸν ξυνενεχθῆναι σφίσιν
6 οἰόμενοι. δὶς δὲ Βελισαρίου τὸ βέλος ἀφέντος,
ταὐτὸ τοῦτο καὶ αὖθις ξυνέβη, καὶ ἥ τε κραυγὴ
μείζων ἀπὸ τοῦ περιβόλου ἤρθη καὶ τοὺς πο-
7 λεμίους ἡσσῆσθαι ἤδη Ῥωμαῖοι ᾤοντο. καὶ τότε
μὲν Βελισάριος τῇ μὲν στρατιᾷ πάσῃ κινεῖν τὰ

---

[1] ἐπὶ L: ἀμφὶ K.   [2] τῶν L: τὸν K, αὐτῶν editors.
[3] τεθωρακισμένων Krašeninnikov: τεθωρακισμένον MSS.
[4] ἡγουμένων Krašeninnikov: ἡγούμενον MSS.

XXII

On the eighteenth day from the beginning of the siege the Goths moved against the fortifications at about sunrise under the leadership of Vittigis in order to assault the wall, and all the Romans were struck with consternation at the sight of the advancing towers and rams, with which they were altogether unfamiliar. But Belisarius, seeing the ranks of the enemy as they advanced with the engines, began to laugh, and commanded the soldiers to remain quiet and under no circumstances to begin fighting until he himself should give the signal. Now the reason why he laughed he did not reveal at the moment, but later it became known. The Romans, however, supposing him to be hiding his real feelings by a jest, abused him and called him shameless, and were indignant that he did not try to check the enemy as they came forward. But when the Goths came near the moat, the general first of all stretched his bow and with a lucky aim hit in the neck and killed one of the men in armour who were leading the army on. And he fell on his back mortally wounded, while the whole Roman army raised an extraordinary shout such as was never heard before, thinking that they had received an excellent omen. And twice did Belisarius send forth his bolt, and the very same thing happened again a second time, and the shouting rose still louder from the circuit-wall, and the Romans thought that the enemy were conquered already. Then Belisarius gave the signal for the

τοξεύματα πάντα ἐσήμαινε, τοὺς δὲ ἀμφ' αὐτὸν
ἅπαντας ἐς μόνους τοὺς βόας ἐκέλευε βάλλειν.

8 πάντων τε τῶν βοῶν αὐτίκα πεσόντων, οὔτε τοὺς
πύργους περαιτέρω κινεῖν οἱ πολέμιοι εἶχον οὔτε
τι ἐπιτεχνήσασθαι ἀπορούμενοι ἐν αὐτῷ τῷ ἔργῳ

9 οἷοί τε ἦσαν. οὕτω δὲ Βελισαρίου τε ἡ πρόνοια
ἐγνώσθη τοῦ μὴ ἑκαστάτω ὄντας τοὺς πολεμίους
ἀναστέλλειν πειρᾶσθαι, καὶ ὅτι γελῴη τὴν τῶν
βαρβάρων εὐήθειαν, οἳ δὴ βόας περιάξειν ἐς τῶν
ἐναντίων τὸ τεῖχος οὕτως ἀνεπισκέπτως ἐλπίδα
εἶχον. ταῦτα μὲν ἀμφὶ Σαλαρίαν[1] πύλην ἐγένετο.

10 Οὐίττιγις δὲ ταύτῃ ἀποκρουσθείς, Γότθων μὲν
στρατιὰν πολλὴν αὐτοῦ εἴασε, φάλαγγα δὲ αὐτῶν
βαθεῖαν κομιδῇ ποιησάμενος καὶ τοῖς ἄρχουσιν
ἐπιστείλας προσβολὴν μὲν μηδαμῆ τοῦ περιβόλου
ποιεῖσθαι, μένοντας δὲ ἐν τάξει βάλλειν τε συχνὰ
ἐς τὰς ἐπάλξεις καὶ ὡς ἥκιστα Βελισαρίῳ καιρὸν
ἐνδιδόναι ἐπιβοηθεῖν ἑτέρωσε[2] τοῦ τείχους ὅπη
ἂν αὐτὸς προσβάλλειν μέλλῃ στρατῷ πλείονι,
οὕτω δὴ ἀμφὶ πύλην Πραινεστίναν ἐπὶ μοῖραν
τοῦ περιβόλου ἣν Ῥωμαῖοι Βιβάριον καλοῦσι,
καὶ ᾗ τὸ τεῖχος ἦν ἐπιμαχώτατον μάλιστα,

11 πολλῷ στρατῷ ᾔει. ἐτύγχανον δὲ ἤδη καὶ μη-
χαναὶ ἄλλαι πύργων τε καὶ κριῶν καὶ κλίμακες
πολλαὶ ἐνταῦθα οὖσαι.

12 Ἐν τούτῳ δὲ Γότθων προσβολὴ ἑτέρα ἐς πύ-
λην Αὐρηλίαν ἐγίνετο τρόπῳ τοιῷδε. Ἀδριανοῦ
τοῦ Ῥωμαίων αὐτοκράτορος τάφος ἔξω πύλης
Αὐρηλίας ἐστίν, ἀπέχων τοῦ περιβόλου ὅσον

13 λίθου βολήν, θέαμα λόγου πολλοῦ ἄξιον. πεποί-

---

[1] σαλαρίαν K : βελισαρίαν L.
[2] ἑτέρωσε Haury : ἑτέρωθεν MSS.

whole army to put their bows into action, but those near himself he commanded to shoot only at the oxen. And all the oxen fell immediately, so that the enemy could neither move the towers further nor in their perplexity do anything to meet the emergency while the fighting was in progress. In this way the forethought of Belisarius in not trying to check the enemy while still at a great distance came to be understood, as well as the reason why he had laughed at the simplicity of the barbarians, who had been so thoughtless as to hope to bring oxen up to the enemy's wall. Now all this took place at the Salarian Gate. But Vittigis, repulsed at this point, left there a large force of Goths, making of them a very deep phalanx and instructing the commanders on no condition to make an assault upon the fortifications, but remaining in position to shoot rapidly at the parapet, and give Belisarius no opportunity whatever to take reinforcements to any other part of the wall which he himself might propose to attack with a superior force; he then went to the Praenestine Gate with a great force, to a part of the fortifications which the Romans call the "Vivarium," [1] where the wall was most assailable. Now it so happened that engines of war were already there, including towers and rams and a great number of ladders.

But in the meantime another Gothic assault was being made at the Aurelian Gate [2] in the following manner. The tomb of the Roman Emperor Hadrian [3] stands outside the Aurelian Gate, removed about a stone's throw from the fortifications, a very note-

[1] See chap. xxiii. 15-17 and note.
[2] Procopius errs again (cf. chap. xix. 4). He means the Porta Cornelia.
[3] Now called Castello di Sant' Angelo.

ηται γὰρ ἐκ λίθου Παρίου καὶ οἱ λίθοι ἐπ'
ἀλλήλοις¹ μεμύκασιν, οὐδὲν ἄλλο ἐντὸς ἔχοντες.
πλευραί τε αὐτοῦ τέσσαρές εἰσιν ἴσαι ἀλλήλαις,
εὖρος μὲν σχεδόν τι ἐς λίθου βολὴν ἑκάστη
ἔχουσα, μῆκος δὲ ὑπὲρ τὸ τῆς πόλεως τεῖχος·
14 ἀγάλματά τε ἄνω ἐκ λίθου εἰσὶ τοῦ αὐτοῦ ἀνδρῶν
τε καὶ ἵππων θαυμάσια οἷα. τοῦτον δὴ τὸν τάφον
οἱ παλαιοὶ ἄνθρωποι (ἐδόκει γὰρ τῇ πόλει ἐπιτεί-
χισμα εἶναι) τειχίσμασι δύο ἐς αὐτὸν ἀπὸ τοῦ
περιβόλου διήκουσι περιβάλλουσι καὶ μέρος
15 εἶναι τοῦ τείχους πεποίηνται. ἔοικε γοῦν πύργῳ
ὑψηλῷ πύλης τῆς ἐκείνῃ προβεβλημένῳ. ἦν μὲν
οὖν τὸ ἐνταῦθα ὀχύρωμα ἱκανώτατον. τούτου²
δὲ τῷ φυλακτηρίῳ Κωνσταντῖνον³ ἐπιστήσας
16 Βελισάριος ἔτυχεν. ᾧ δὴ ἐπέστειλε καὶ τῆς
φυλακῆς τείχους τοῦ ἐχομένου ἐπιμελεῖσθαι,
φαύλην τινὰ καὶ οὐκ ἀξιόλογον φρουρὰν ἔχοντος.
ἥκιστα γὰρ ταύτῃ ἐπιμάχου ὄντος τοῦ περιβόλου,
ἅτε τοῦ ποταμοῦ παραρρέοντος, οὐδεμίαν αὐτόθι
προσβολὴν ἔσεσθαι ὑποτοπήσας, οὐκ ἀξιόλογον
ἐνταῦθα φυλακτήριον κατεστήσατο, ἀλλ' ὀλίγων
οἱ τῶν στρατιωτῶν ὄντων, τοῖς τῶν χωρίων ἀναγ-
17 καιοτάτοις τὸ πλῆθος ἔνειμεν. ἐς πεντακισχιλί-
ους γὰρ μάλιστα τὸ βασιλέως στράτευμα ἐν
Ῥώμῃ κατ' ἀρχὰς τῆσδε τῆς πολιορκίας ξυνῄει.

---

¹ ἐπ' ἀλλήλοις K: ἐς ἀλλήλους L.
² τούτου Maltretus: τούτῳ MSS.
³ Κωνστ.: κωνσταντιανὸν MSS.

---

¹ *i.e.* no mortar or other binding material.
² The square structure was the base of the monument,
each side measuring 300 Roman feet in length and 85 feet in

worthy sight. For it is made of Parian marble, and the stones fit closely one upon the other, having nothing at all [1] between them. And it has four sides which are all equal, each being about a stone's throw in length, while their height exceeds that of the city wall; and above there are statues of the same marble, representing men and horses, of wonderful workmanship.[2] But since this tomb seemed to the men of ancient times a fortress threatening the city, they enclosed it by two walls, which extend to it from the circuit-wall,[3] and thus made it a part of the wall. And, indeed, it gives the appearance of a high tower built as a bulwark before the gate there. So the fortifications at that point were most adequate. Now Constantinus, as it happened, had been appointed by Belisarius to have charge of the garrison at this tomb. And he had instructed him also to attend to the guarding of the adjoining wall, which had a small and inconsiderable garrison. For, since that part of the circuit-wall was the least assailable of all, because the river flows along it, he supposed that no assault would be made there, and so stationed an insignificant garrison at that place, and, since the soldiers he had were few, he assigned the great majority to the positions where there was most need of them. For the emperor's army gathered in Rome at the beginning of this siege amounted at most to

height. Above this rose a cylindrical drum, surrounded by columns and carrying the statues, and perhaps capped by a second drum. For details see Jordan, *Topographie der Stadt Rom*, iii. 663 ff.

[3] Procopius neglects to say that the tomb was across the river from the circuit-wall at this point, at the end of a bridge (Pons Aelius) which faced the gate (Porta Cornelia) which he calls the Aurelian Gate.

PROCOPIUS OF CAESAREA

18 Κωνσταντῖνος ¹ δὲ (καὶ γάρ οἱ ἠγγέλλοντο οἱ
πολέμιοι τῆς ἐς τὸν Τίβεριν ἀποπειρώμενοι δια-
βάσεως) δείσας περὶ τῷ ἐκείνῳ τειχίσματι αὐτὸς
μὲν κατὰ τάχος ἐκεῖσε ξὺν ὀλίγοις τισὶν ἐβοήθει,
τοῖς δὲ πλείοσι τῆς ἐν τῇ πύλῃ τε καὶ τῷ τάφῳ
19 φρουρᾶς ἐπιμελεῖσθαι παρήγγελλεν. ἐν τούτῳ
δὲ οἱ Γότθοι πύλῃ τῇ Αὐρηλίᾳ καὶ τῷ Ἀδριανοῦ
πύργῳ προσέβαλλον, μηχανὴν μὲν οὐδεμίαν
ἔχοντες, κλιμάκων δὲ πάμπολύ τι ἐπαγόμενοι
χρῆμα καὶ τοξευμάτων πλήθει ῥᾷον ἔς τε ἀπορίαν
καταστήσασθαι τοὺς πολεμίους οἰόμενοι καὶ τοῦ
ἐνταῦθα φυλακτηρίου κρατήσειν δι' ὀλιγανθρω-
20 πίαν οὐδενὶ πόνῳ. θύρας δὲ προβεβλημένοι
ἐβάδιζον, οὐδὲν ἐλασσουμένας τῶν ἐν Πέρσαις
θυρεῶν,² καὶ ἔλαθόν γε τοὺς ἐναντίους ἀγχοτάτω
21 αὐτῶν ἤκοντες. ὑπὸ γὰρ τῇ στοᾷ κρυπτόμενοι
ἦλθον ³ ἢ ἐς τὸν Πέτρου τοῦ ἀποστόλου νεὼν διή-
κει. ἐνθένδε φανέντες ἐξαπιναίως ἔργου εἴχοντο,
ὡς μήτε τῇ καλουμένῃ βαλλίστρα χρῆσθαι τοὺς
φύλακας οἵους τε εἶναι (οὐ γὰρ πέμπουσιν ὅτι
μὴ ⁴ ἐξ ἐναντίας αἱ μηχαναὶ αὗται τὰ βέλη)
οὐ μὴν οὐδὲ τοῖς τοξεύμασι τοὺς ἐπιόντας ἀμύ-
νεσθαι, τοῦ πράγματος σφίσι διὰ τὰς θύρας
22 ἀντιστατοῦντος. ἐπεὶ δὲ καρτερῶς τε οἱ Γότθοι
ἐνέκειντο, βάλλοντες συχνὰ ἐς τὰς ἐπάλξεις, καὶ
τὰς κλίμακας ἤδη προσθήσειν τῷ τειχίσματι
ἔμελλον, κυκλώσαντες σχεδόν τι τοὺς ἐκ τοῦ
τάφου ἀμυνομένους, ἀεὶ γὰρ αὐτοῖς, εἰ χωρήσειαν,
κατὰ νώτου ἐκ τῶν πλαγίων ἐγίνοντο, χρόνον μέν

---

¹ Κωνστ.: κωνσταντιανὸς MSS.
² θυρεῶν K : δέρρεων L, γέρρων Scaliger.
³ ἦλθον K : ἔλαθον L.   ⁴ ὅτι μὴ L : om. K.

only five thousand men. But since it was reported to Constantinus that the enemy were attempting the crossing of the Tiber, he became fearful for that part of the fortifications and went thither himself with all speed, accompanied by some few men to lend assistance, commanding the greater part of his men to attend to the guarding of the gate and the tomb. But meanwhile the Goths began an assault upon the Aurelian Gate and the Tower of Hadrian, and though they had no engines of war, they brought up a great quantity of ladders, and thought that by shooting a vast number of arrows they would very easily reduce the enemy to a state of helplessness and overpower the garrison there without any trouble on account of its small numbers. And as they advanced, they held before them shields no smaller than the long shields used by the Persians, and they succeeded in getting very close to their opponents without being perceived by them. For they came hidden under the colonnade which extends[1] to the church of the Apostle Peter. From that shelter they suddenly appeared and began the attack, so that the guards were neither able to use the engine called the ballista (for these engines do not send their missiles except straight out), nor, indeed, could they ward off their assailants with their arrows, since the situation was against them on account of the large shields. But the Goths kept pressing vigorously upon them, shooting many missiles at the battlements, and they were already about to set their ladders against the wall, having practically surrounded those who were fighting from the tomb; for whenever the Goths advanced they always got in the rear of the Romans

[1] From the Pons Aelius.

τινα ὀλίγον ἔκπληξις τοῖς Ῥωμαίοις ἐγένετο οὐκ
ἔχουσι[1] καθ' ὅ τι χρὴ ἀμυνομένους σωθῆναι, μετὰ
δὲ ξυμφρονήσαντες τῶν ἀγαλμάτων τὰ πλεῖστα,
μεγάλα λίαν ὄντα, διέφθειρον, αἴροντές τε λί-
θους περιπληθεῖς ἐνθένδε χερσὶν ἀμφοτέραις
κατὰ κορυφὴν ἐπὶ τοὺς πολεμίους ἐρρίπτουν, οἱ
23 δὲ βαλλόμενοι ἐνεδίδοσαν. κατὰ βραχύ τε αὐ-
τῶν ὑποχωρούντων, τὸ πλέον ἤδη Ῥωμαῖοι
ἔχοντες, ἐθάρσησάν τε καὶ ξὺν βοῇ μείζονι τόξοις
τε καὶ λίθων βολαῖς τοὺς τειχομαχοῦντας ἠμύ-
24 νοντο. καὶ τῶν μηχανῶν ἁψάμενοι ἐς δέος μέγα
τοὺς ἐναντίους ἦγον, ἥ τε προσβολὴ αὐτῶν δι'
25 ὀλίγου ἐγένετο. παρῆν δὲ ἤδη καὶ Κωνσταντῖνος[2]
δεδιξάμενός τε τοὺς τοῦ ποταμοῦ ἀποπειρασα-
μένους καὶ ῥᾳδίως ὠσάμενος, ἐπεὶ οὐ παντάπασιν
ἀφύλακτον, ὥσπερ ᾤοντο, τὸ ἐκείνῃ τείχισμα
εὗρον. οὕτω τε ἐν τῷ ἀσφαλεῖ τὰ ἀμφὶ πύλην
Αὐρηλίαν ἐγένετο.

XXIII

Ἐς μέντοι πύλην τὴν ὑπὲρ ποταμὸν Τίβεριν,
ἣ Παγκρατιανὴ καλεῖται, δύναμις τῶν πολεμίων
ἐλθοῦσα οὐδὲν ὅ τι καὶ ἄξιον λόγου ἔδρασε,
χωρίου ἰσχύϊ· ἀνάντης τε γὰρ καὶ πρὸς τὰς
ἐφόδους οὐκ εὐπετὴς ταύτῃ ὁ τῆς πόλεως περί-
2 βολός ἐστι. Παῦλος ἐνταῦθα φυλακὴν εἶχε, ξὺν
καταλόγῳ πεζικῷ οὗ αὐτὸς ἦρχεν. οὐ μὴν οὐδὲ

---

[1] ἔχουσι Haury : ἔχουσιν ἐλπίδα MSS.
[2] Κωνστ.: κωνσταντιανὸς MSS.

on both flanks[1]; and for a short time consternation
fell upon the Romans, who knew not what means of
defence they should employ to save themselves, but
afterwards by common agreement they broke in
pieces the most of the statues, which were very large,
and taking up great numbers of stones thus secured,
threw them with both hands down upon the heads
of the enemy, who gave way before this shower of
missiles. And as they retreated a little way, the
Romans, having by now the advantage, plucked up
courage, and with a mighty shout began to drive
back their assailants by using their bows and hurling
stones at them. And putting their hands to the
engines, they reduced their opponents to great fear,
and their assault was quickly ended. And by this
time Constantinus also was present, having frightened
back those who had tried the river and easily driven
them off, because they did not find the wall there
entirely unguarded, as they had supposed they would.
And thus safety was restored at the Aurelian Gate.[2]

XXIII

But at the gate beyond the Tiber River, which is
called the Pancratian Gate, a force of the enemy
came, but accomplished nothing worth mentioning
because of the strength of the place; for the
fortifications of the city at this point are on a steep
elevation and are not favourably situated for assaults.
Paulus was keeping guard there with an infantry
detachment which he commanded in person. In

---

[1] Because of the quadrangular shape of the building the
Goths were able to take their enemy in flank and in rear by
advancing beyond the corners.   [2] *i.e.* the Cornelian.

πύλης Φλαμινίας ἀπεπειράσαντο, ἐπεὶ ἐν χώρῳ
3 κρημνώδει κειμένη οὐ λίαν ἐστὶν εὐπρόσοδος. οἱ
Ῥῆγες ἐνταῦθα, πεζικὸν τέλος, ἐφύλασσον καὶ
Οὐρσικῖνος, ὃς αὐτῶν ἦρχε. ταύτης δὲ μεταξὺ
τῆς πύλης καὶ τῆς ἐν δεξιᾷ ἐχομένης πυλίδος, ἣ
Πιγκιανὴ ὀνομάζεται, μοῖρά τις τοῦ περιβόλου
δίχα τὸ παλαιὸν ἀπὸ ταὐτομάτου διαιρεθεῖσα,
οὐκ ἐξ ἐδάφους μέντοι, ἀλλ' ὅσον ἐκ μήκους τοῦ
ἡμίσεος, οὐκ ἔπεσε μὲν οὐδὲ ἄλλως διεφθάρη,
ἐκλίθη δὲ οὕτως ἐφ' ἑκάτερα, ὡς τὸ μὲν ἐκτὸς
4 τοῦ ἄλλου τείχους, τὸ δὲ ἐντὸς φαίνεσθαι. καὶ
ἀπ' αὐτοῦ Περίβολον Διερρωγότα Ῥωμαῖοι τῇ
σφετέρᾳ γλώσσῃ ἐκ παλαιοῦ καλοῦσι τὸν χῶρον.
5 τοῦτο δὲ τὸ μέρος καθελεῖν τε καὶ ἀνοικοδομή-
σασθαι Βελισάριον κατ' ἀρχὰς ἐγχειροῦντα
ἐκώλυον Ῥωμαῖοι, Πέτρον σφίσι τὸν ἀπόστολον
ὑποσχέσθαι ἰσχυριζόμενοι αὐτῷ μελήσειν τοῦ
ἐνταῦθα φυλακτηρίου. τοῦτον δὲ τὸν ἀπόστολον
σέβονται Ῥωμαῖοι καὶ τεθήπασι πάντων μά-
6 λιστα. ἀπέβη τε αὐτοῖς ἅπαντα ἐν τῷδε τῷ
χωρίῳ ᾗ διενοοῦντο καὶ προσεδόκων. οὐδὲ γὰρ
τῇ ἡμέρᾳ ἐκείνῃ, οὐ μὴν οὐδὲ ἐς τὸν ἅπαντα
χρόνον καθ' ὃν Γότθοι Ῥώμην ἐπολιόρκουν, οὔτε
πολεμίων τις δύναμις ἐνταῦθα ἀφίκετο οὔτε τινὰ
7 ταραχὴν γενέσθαι ξυνέβη. καὶ ἐθαυμάζομέν γε
ὅτι οὐδὲ ἐς μνήμην ἡμετέραν ἢ τῶν πολεμίων

---

[1] "No doubt these are the same as the *Regii*, one of the
seventeen 'Auxilia Palatina' under the command of the
Magister Militum Praesentalis, mentioned in the *Notitia
Orientis*, cap. v."—HODGKIN.

like manner they made no attempt on the Flaminian Gate, because it is situated on a precipitous slope and is not very easy of access. The " Reges," [1] an infantry detachment, were keeping guard there with Ursicinus, who commanded them. And between this gate and the small gate next on the right, which is called the Pincian, a certain portion of the wall had split open of its own accord in ancient times, not clear to the ground, however, but about half way down, but still it had not fallen or been otherwise destroyed, though it leaned so to either side that one part of it appeared outside the rest of the wall and the other inside. And from this circumstance the Romans from ancient times have called the place "Broken Wall" [2] in their own tongue. But when Belisarius in the beginning undertook to tear down this portion and rebuild it, the Romans prevented him, declaring that the Apostle Peter had promised them that he would care for the guarding of the wall there. This Apostle is reverenced by the Romans and held in awe above all others. And the outcome of events at this place was in all respects what the Romans contemplated and expected. For neither on that day nor throughout the whole time during which the Goths were besieging Rome did any hostile force come to that place, nor did any disturbance occur there. And we marvelled indeed that it never occurred to us nor to the enemy to remember this portion of the

---

[2] Murus Ruptus. " Here, to this day, notwithstanding some lamentable and perfectly unnecessary ' restorations ' of recent years, may be seen some portions of the Muro Torto, a twisted, bulging, overhanging mass of *opus reticulatum*."— HODGKIN.

αὕτη τοῦ περιβόλου¹ ἡ μοῖρα παρὰ πάντα τὸν
χρόνον ἦλθεν, οὔτε τειχομαχούντων οὔτε νύκτωρ
ἐπιβουλευόντων τῷ τείχει, οἷα πολλὰ ἐνεχεί-
8 ρησαν. διὸ δὴ οὐδὲ ὕστερόν τις ἀνοικοδομήσασθαι
τοῦτο ἐτόλμησεν, ἀλλ᾽ ἐς ἡμέραν τήνδε οὕτω τὸ
ἐκείνῃ διῄρηται τεῖχος. ταῦτα μὲν οὖν ὧδέ πη
ἔσχεν.

9 Ἐν δὲ Σαλαρίᾳ πύλῃ Γότθος ἀνὴρ εὐμήκης τε
καὶ ἀγαθὸς τὰ πολέμια θώρακά τε ἐνδιδυσκόμενος
καὶ κράνος ἐν τῇ κεφαλῇ ἔχων, ὧν τε οὐκ ἀφανὴς ἐν
τῷ Γότθων ἔθνει, οὐκ ἐν τάξει ξὺν τοῖς ἄλλοις
ἔμεινεν, ἀλλ᾽ ἐπὶ δένδρου ἱστάμενος ἔβαλλε²
10 συχνὰ³ ἐς τὰς ἐπάλξεις. τοῦτον δὲ τὸν ἄνδρα
μηχανῇ ἐν πύργῳ κατὰ μέρος τὸ λαιὸν οὖσα
11 τύχῃ τινὶ ἔβαλε.⁴ διαβὰν δὲ τόν τε θώρακα καὶ
τὸ τοῦ ἀνθρώπου σῶμα τὸ βέλος ὑπὲρ ἥμισυ ἐς
τὸ δένδρον ἔδυ, ἐνέρσει τε αὐτοῦ τὸν ἄνδρα
12 ξυνδῆσαν νεκρὸν ἤρτησεν. ὅπερ ἐπεὶ οἱ Γότθοι
κατεῖδον, κατορρωδήσαντες καὶ βελῶν ἔξω γενό-
μενοι ἔμενον μὲν ἔτι ἐν τάξει, τοὺς δὲ ἐν τῷ τείχει
οὐκέτι ἐλύπουν.

13 Βέσσας δὲ καὶ Περάνιος, Οὐιττίγιδος ἐν Βι-
βαρίῳ ἰσχυρότατα ἐγκειμένου σφίσι, Βελισάριον
μετεπέμποντο. ὁ δὲ δείσας περὶ τῷ ἐνταῦθα
τείχει (ἦν γὰρ ταύτῃ ἐπιμαχώτατον, ὥσπερ
εἴρηται) κατὰ τάχος ἐβοήθει αὐτός,⁵ τῶν τινα

¹ ὅτι . . . περιβόλου Κ : ὅτι ἐς μνήμην ἥκιστα τῶν πολεμίων
ἢ ἐς πεῖραν αὕτη ἡ τοῦ περιβόλου μοῖρα L.
² ἔβαλλε L : ἔβαλε Κ.   ³ συχνὰ Κ : σχοῖνον L.

fortifications during the whole time, either while they were making their assaults or carrying out their designs against the wall by night; and yet many such attempts were made. It was for this reason, in fact, that at a later time also no one ventured to rebuild this part of the defences, but up to the present day the wall there is split open in this way So much, then, for this.

And at the Salarian Gate a Goth of goodly stature and a capable warrior, wearing a corselet and having a helmet on his head, a man who was of no mean station in the Gothic nation, refused to remain in the ranks with his comrades, but stood by a tree and kept shooting many missiles at the parapet. But this man by some chance was hit by a missile from an engine which was on a tower at his left. And passing through the corselet and the body of the man, the missile sank more than half its length into the tree, and pinning him to the spot where it entered the tree, it suspended him there a corpse. And when this was seen by the Goths they fell into great fear, and getting outside the range of missiles, they still remained in line, but no longer harassed those on the wall.

But Bessas and Peranius summoned Belisarius, since Vittigis was pressing most vigorously upon them at the Vivarium. And he was fearful concerning the wall there (for it was most assailable at that point, as has been said [1]), and so came to the rescue himself with all speed, leaving one of his friends at

[1] Chap. xxii. 10.

⁴ ἔβαλε K : ἔβαλλε L.
⁵ αὐτὸς Christ : αὐτὸς ἕνα MSS.

14 ἐπιτηδείων λιπὼν ἐν Σαλαρίᾳ. καὶ τοὺς στρα-
τιώτας εὑρὼν¹ ἐν Βιβαρίῳ τὴν προσβολὴν τῶν
ἐναντίων πεφοβημένους, μεγάλην τε οὖσαν καὶ
πολυάνθρωπον, ὑπερφρονεῖν τε τῶν πολεμίων
15 ἐκέλευε καὶ ἐπὶ τὸ θαρσεῖν ἀντικαθίστη. ἦν δὲ
ὁ ταύτῃ χῶρος ὁμαλὸς κομιδῇ καὶ ἀπ' αὐτοῦ ταῖς
ἐφόδοις τῶν προσιόντων ἐκκείμενος.² τύχῃ τέ
τινι τὸ ἐκείνη τεῖχος οὕτως ἐπὶ πλεῖστον διερ-
ρυήκει ὡς τῶν πλίνθων μὴ λίαν τὴν ξυνθήκην
16 ξυνίστασθαι. τείχισμα δὲ ἄλλο βραχὺ περιέ-
βαλλον ἔξωθεν αὐτῷ οἱ πάλαι Ῥωμαῖοι, οὐκ
ἀσφαλείας τινὸς ἕνεκα (οὐ γὰρ οὖν οὐδὲ πύργων
ὀχύρωμα εἶχεν, οὐ μὴν οὐδὲ ἐπάλξεις τινὲς ἐν-
ταῦθα πεποίηντο οὐδέ τι ἄλλο ὅθεν ἂν καὶ
ἀπώσασθαι οἷόν τε ἦν τὴν ἐς τὸν περίβολον
ἐπιβουλὴν τῶν πολεμίων), ἀλλὰ τρυφῆς τινος
οὐκ εὐπρεποῦς χάριν, ὅπως δὴ λέοντάς τε καὶ
17 τἆλλα θηρία καθείρξαντες ἐνταῦθα τηροῖεν. διὸ
δὴ καὶ Βιβάριον τοῦτο ὠνόμασται· οὕτω γὰρ
Ῥωμαῖοι καλοῦσι τὸν χῶρον οὗ ἂν τῶν ζῴων τὰ
μὴ χειροήθη τρέφεσθαι εἴωθεν. Οὐίττιγις μὲν
οὖν μηχανάς τε ἄλλας ἄλλῃ τοῦ τείχους ἡτοίμαζε
καὶ ὀρύσσειν³ τὸ ἔξω τείχισμα τοὺς Γότθους ἐκέ-
λευεν,⁴ οἰόμενος, ἢν τούτου ἐντὸς γένωνται, πόνῳ
οὐδενὶ τοῦ τείχους κρατήσειν, ὅπερ οὐδαμῆ ἐχυρὸν
18 ξυνηπίστατο εἶναι. Βελισάριος δὲ ὁρῶν τοὺς
πολεμίους τό τε Βιβάριον διορύσσοντας καὶ
πολλαχῆ τοῦ περιβόλου προσβάλλοντας, οὔτε

---

¹ εὑρὼν K : ὁρῶν L.
² ἐκκείμενος Haury : ἐγκείμενος MSS.
³ ὀρύσσειν K : κατὰ L.
⁴ ἐκέλευεν K : ἰέναι ἐκέλευεν L.

he Salarian Gate. And finding that the soldiers in
he Vivarium dreaded the attack of the enemy,
which was being pressed with great vigour and by
very large numbers, he bade them look with con-
empt upon the enemy and thus restored their confi-
dence. Now the ground there [1] was very level, and
consequently the place lay open to the attacks of
any assailant. And for some reason the wall at that
point had crumbled a great deal, and to such an
extent that the binding of the bricks did not hold
together very well. Consequently the ancient Romans
had built another wall of short length outside of it
and encircling it, not for the sake of safety (for it was
neither strengthened with towers, nor indeed was
there any battlement built upon it, nor any other
means by which it would have been possible to
repulse an enemy's assault upon the fortifications),
but in order to provide for an unseemly kind of
luxury, namely, that they might confine and keep
there lions and other wild animals. And it is for
this reason that this place has been named the
Vivarium; for thus the Romans call a place where
untamed animals are regularly cared for. So Vit-
igis began to make ready various engines at dif-
ferent places along the wall and commanded the
Goths to mine the outside wall, thinking that, if
they should get inside that, they would have no
trouble in capturing the main wall, which he knew
to be by no means strong. But Belisarius, seeing
that the enemy was undermining the Vivarium and
assaulting the fortifications at many places, neither

---

[1] The exact location is hard to determine; the majority
of the authorities agree on the location given in the plan
(p. 455), near the Porta Labicana.

ἀμύνειν τοὺς στρατιώτας οὔτε ἐν ταῖς ἐπάλξεσ
μένειν, ὅτι μὴ λίαν ὀλίγους, εἴα, καίπερ ἅπαν ξὺι
αὑτῷ ἔχων εἴ τι ἐν τῷ στρατοπέδῳ λόγιμον ἦν

19 κάτω δὲ ἅπαντας ἀμφὶ τὰς πύλας ἐν παρασκευῇ
εἶχε τεθωρακισμένους τε καὶ ξίφη μόνα ἐν χερσὶ
φέροντας. ἐπεὶ δὲ οἱ Γότθοι, διελόντες τὸν τοῖ-
χον, ἐντὸς Βιβαρίου ἐγένοντο, Κυπριανὸν ξὺν
ἄλλοις τισὶ κατὰ τάχος ἐπ᾽ αὐτοὺς ἐσβιβάσας

20 ἔργου ἐκέλευεν[1] ἔχεσθαι. καὶ οἱ μὲν[2] τοὺς
ἐσπεπτωκότας[3] ἅπαντας ἔκτεινον, οὔτε ἀμυνομέ-
νους καὶ ὑπὸ σφῶν αὐτῶν διαφθειρομένους ἐν τῇ

21 ἐς τὴν ἔξοδον στενοχωρίᾳ. τῶν δὲ πολεμίων τῷ
ἀπροσδοκήτῳ καταπλαγέντων καὶ οὐκ ἐν τάξει
συντεταγμένων, ἀλλὰ ἄλλου ἄλλῃ φερομένου,
τοῦ περιβόλου τὰς πύλας ἀνακλίνας ἐξαπιναίως

22 ἅπαν ἐπὶ τοὺς ἐναντίους ᾔει τὸ στράτευμα. καὶ
οἱ μὲν Γότθοι ἐς ἀλκὴν ἥκιστα ἔβλεπον, ἀλλ᾽ ἐς
φυγήν, ὅπῃ ἕκαστος ἔτυχεν, ὥρμηντο· ἐπισπό-
μενοι δὲ Ῥωμαῖοι τοὺς ἀεὶ ἐν ποσὶ ῥᾷστα ἔκτει-
νον, ἥ τε δίωξις πολλὴ γέγονεν, ἐπεὶ οἱ Γότθοι
μακρὰν ἀπολελειμμένοι τῶν σφετέρων χαρα-

23 κωμάτων τῇδε ἐτειχομάχουν. Βελισάριος δὲ τὰς
τῶν πολεμίων μηχανὰς καίειν ἐκέλευεν, ἐπὶ πλεῖ-
στόν τε ἡ φλὸξ αἰρομένη μείζονα τὴν ἔκπληξιν,
ὡς τὸ εἰκός, τοῖς φεύγουσιν ἐποίει.[4]

24 Ἐν τούτῳ δὲ καὶ κατὰ πύλην Σαλαρίαν ξυμ-
πεσεῖν τὴν ὁμοίαν τύχην ξυνέβη. τάς τε γὰρ
πύλας ἐξαπιναίως ἀνέῳγον καὶ ἐς τοὺς βαρβάρους
ἐκ τοῦ ἀπροσδοκήτου ἐνέπιπτον, τούτους τε οὐκ
ἀμυνομένους, ἀλλὰ τὰ νῶτα στρέψαντας ἔκτεινον,

---

[1] ἐκέλευεν K : εἴα L.   [2] μὲν K : μὲν τῷ φόβῳ L.
[3] τοὺς ἐσπεπτωκότας K : πεπτωκότας L.
[4] ἐποίει K : ἐνεποίει L.

allowed the soldiers to defend the wall nor to remain at the battlement, except a very few, although he had with him whatever men of distinction the army contained. But he held them all in readiness below about the gates, with their corselets on and carrying only swords in their hands. And when the Goths, after making a breach in the wall, got inside the Vivarium, he quickly sent Cyprian with some others into the enclosure against them, commanding them to set to work. And they slew all who had broken in, for these made no defence and at the same time were being destroyed by one another in the cramped space about the exit. And since the enemy were thrown into dismay by the sudden turn of events and were not drawn up in order, but were rushing one in one direction and one in another, Belisarius suddenly opened the gates of the circuit-wall and sent out his entire army against his opponents. And the Goths had not the least thought of resistance, but rushed off in flight in any and every direction, while the Romans, following them up, found no difficulty in killing all whom they fell in with, and the pursuit proved a long one, since the Goths, in assaulting the wall at that place, were far away from their own camps. Then Belisarius gave the order to burn the enemy's engines, and the flames, rising to a great height, naturally increased the consternation of the fugitives.

Meanwhile it chanced that the same thing happened at the Salarian Gate also. For the Romans suddenly opened the gates and fell unexpectedly upon the barbarians, and, as these made no resistance but turned their backs, slew them; and they

25 καὶ τὰ κατ᾽ αὐτοὺς μηχανήματα ἔκαιεν. καὶ ἥ
τε φλὸξ πολλαχῇ τοῦ τείχους ἐπὶ μέγα ἤρθη ἥ τε
τῶν Γότθων ὑπαγωγὴ κατὰ κράτος ἤδη ἐκ παντὸς
τοῦ περιβόλου ἐγίνετο, καὶ ἡ κραυγὴ ἀμφοτέρωθεν
ὑπερφυὴς ἦν, τῶν μὲν ἐν τῷ τείχει[1] τοῖς διώ-
κουσιν ἐγκελευομένων, τῶν δὲ ἐν τοῖς χαρακώμασι
26 τὴν τοῦ πάθους ὑπερβολὴν ὀδυρομένων. ἀπέ-
θανον δὲ Γότθων ἐκείνῃ τῇ ἡμέρᾳ τρισμύριοι, ὡς
αὐτῶν οἱ ἄρχοντες ἰσχυρίζοντο, καὶ τραυματίαι
πλείους ἐγένοντο· ἅτε γὰρ ἐν πλήθει πολλῷ οἵ
τε ἀπὸ τῶν ἐπάλξεων τὰ πλεῖστα ἐτύγχανον εἰς
αὐτοὺς βάλλοντες καὶ οἱ τὰς ἐπεκδρομὰς ποιού-
μενοι πάμπολύ τι χρῆμα καταπεπληγμένων τε
27 καὶ φευγόντων ἀνθρώπων διέφθειρον. ἥ τε τειχο-
μαχία πρωῒ ἀρξαμένη ἐτελεύτα ἐς δείλην ὀψίαν.
ταύτῃ μὲν οὖν τὴν νύκτα ηὐλίσαντο ἑκάτεροι,
Ῥωμαῖοι μὲν ἐν τῷ περιβόλῳ παιανίζοντες καὶ
Βελισάριον ἐν εὐφημίαις ποιούμενοι καὶ τὰ τῶν
νεκρῶν σκυλεύματα ἔχοντες, Γότθοι δὲ τούς τε
τραυματίας σφῶν θεραπεύοντες καὶ τοὺς τελευτή-
σαντας ὀδυρόμενοι.

XXIV

Βελισάριός τε γράμματα βασιλεῖ ἔγραψεν·
ἐδήλου δὲ ἡ γραφὴ τάδε· "Ἀφίγμεθα εἰς τὴν
Ἰταλίαν, ὥσπερ ἐκέλευες, χώραν τε αὐτῆς
περιβεβλημένοι πολλὴν καὶ Ῥώμην κατελάβο-
μεν, ἀπωσάμενοι τοὺς ταύτῃ βαρβάρους, ὧνπερ
ἔναγχος τὸν ἄρχοντα Λεύδεριν ἐς ὑμᾶς ἔπεμψα.
2 συμβέβηκε δὲ ἡμῖν τῶν στρατιωτῶν πλῆθος ἔν

---

[1] τείχει Haury : τείχει ρωμαίων MSS.

burned the engines of war which were within their
reach. And the flames at many parts of the wall
rose to a great height, and the Goths were already
being forced to retire from the whole circuit-wall;
and the shouting on both sides was exceedingly
loud, as the men on the wall urged on the pursuers,
and those in the camps bewailed the overwhelming
calamity they had suffered. Among the Goths there
perished on that day thirty thousand, as their leaders
declared, and a larger number were wounded; for
since they were massed in great numbers, those
fighting from the battlement generally hit somebody
when they shot at them, and at the same time those
who made the sallies destroyed an extraordinary
number of terrified and fleeing men. And the fight-
ing at the wall, which had commenced early in the
morning, did not end until late in the afternoon.
During that night, then, both armies bivouacked
where they were, the Romans singing the song of
victory on the fortifications and lauding Belisarius to
the skies, having with them the spoils stripped from
the fallen, while the Goths cared for their wounded
and bewailed their dead.

XXIV

And Belisarius wrote a letter to the emperor of
the following purport: "We have arrived in Italy,
as thou didst command, and we have made ourselves
masters of much territory in it and have taken pos-
session of Rome also, after driving out the barbarians
who were here, whose leader, Leuderis, I have
recently sent to you. But since we have stationed

τε Σικελίᾳ καὶ Ἰταλίᾳ ἐπὶ φυλακῇ τῶν ὀχυρω
μάτων καταστησαμένοις ὧνπερ δυνατοὶ κατα
κεκρατηκέναι γεγόναμεν, τὸ στράτευμα ἐς πεντα
3 κισχιλίους ἀπολελεῖφθαι. οἱ δὲ πολέμιοι ἥκουσιν
ἐφ' ἡμᾶς ἐς μυριάδας πεντεκαίδεκα συνειλεγμένοι.
καὶ πρῶτον μὲν ἡμῖν ἐπὶ κατασκοπῇ τῶν ἀνδρῶν
γενομένοις παρὰ Τίβεριν ποταμόν, ἠναγκασμέ
νοις τε παρὰ γνώμην αὐτοῖς ἐς χεῖρας ἐλθεῖν,
μικροῦ κατακεχῶσθαι δοράτων συμβέβηκε πλή
4 θει. ἔπειτα δὲ τειχομαχήσαντες οἱ βάρβαροι
παντὶ τῷ στρατῷ καὶ μηχαναῖς τισι προσβα
λόντες πανταχόσε τοῦ τείχους, ὀλίγου ἐδέησαν
ἡμᾶς τε αὐτοβοεὶ καὶ τὴν πόλιν ἑλεῖν, εἰ
5 μή τις ἡμᾶς ἀνήρπασε τύχη. τὰ γὰρ τῶν
πραγμάτων νικῶντα τὴν φύσιν οὐκ ἂν εἰκότως
ἐς ἀνδρῶν ἀρετήν, ἀλλ' ἐς τὸ κρεῖσσον, ἀναφέ
6 ρεσθαι πρέποι. τὰ μὲν οὖν ἄχρι τοῦδε ἡμῖν
πεπραγμένα, εἴτε τύχῃ τινὶ εἴτε ἀρετῇ, ὡς
ἄριστα ἔχει· τὰ δὲ ἐνθένδε βουλοίμην ἂν ἀμείνω
7 τοῖς πράγμασι τοῖς σοῖς ἔσεσθαι. ὅσα μέν
τοι προσήκει ἐμέ τε εἰπεῖν καὶ ὑμᾶς πρᾶξαι, οὐ
μήποτε ἀποκρύψομαι, ἐκεῖνο εἰδώς, ὡς πρόεισι
μὲν τὰ ἀνθρώπινα ὅπη ἂν βουλομένῳ τῷ θεῷ
εἴη, οἱ δὲ τῶν ἔργων ἁπάντων προστάται ἐκ
τῶν σφίσιν αὐτοῖς πεπραγμένων τὰς αἰτίας ἢ
8 τοὺς ἐπαίνους ἐς ἀεὶ φέρονται. οὐκοῦν ὅπλα τε
καὶ στρατιῶται στελλέσθων ἐς ἡμᾶς τοσοῦτοι
τὸ πλῆθος ὥστε τοῖς πολεμίοις ἡμᾶς τὸ λοιπὸν
ἐξ ἀντιπάλου τῆς δυνάμεως ἐς πόλεμον τόνδε
9 καθίστασθαι. οὐ γὰρ ἅπαντα χρεὼν πιστεύ
ειν τῇ τύχῃ, ἐπεὶ οὐδὲ ὁμοίως ἐς πάντα τὸν

a great number of soldiers both in Sicily and in Italy
to guard the strongholds which we have proved able
to capture, our army has in consequence been re-
duced to only five thousand men. But the enemy
have come against us, gathered together to the num-
ber of one hundred and fifty thousand. And first of
all, when we went out to spy upon their forces along
the Tiber River and were compelled, contrary to our
intention, to engage with them, we lacked only a
little of being buried under a multitude of spears.
And after this, when the barbarians attacked the
wall with their whole army and assaulted the fortifi-
cations at every point with sundry engines of war,
they came within a little of capturing both us
and the city at the first onset, and they would
have succeeded had not some chance snatched us
from ruin. For achievements which transcend the
nature of things may not properly and fittingly be
ascribed to man's valour, but to a stronger power.
Now all that has been achieved by us hitherto,
whether it has been due to some kind fortune or to
valour, is for the best; but as to our prospects from
now on, I could wish better things for thy cause.
However, I shall never hide from you anything that
it is my duty to say and yours to do, knowing that
while human affairs follow whatever course may be
in accordance with God's will, yet those who are in
charge of any enterprise always win praise or blame
according to their own deeds. Therefore let both
arms and soldiers be sent to us in such numbers that
from now on we may engage with the enemy in this
war with an equality of strength. For one ought
not to trust everything to fortune, since fortune, on
its part, is not given to following the same course

χρόνον φέρεσθαι πέφυκεν. ἀλλὰ σέ, ὦ βασιλεῦ,
ἐκεῖνο εἰσίτω, ὡς ἢν [1] νῦν ἡμῶν οἱ βάρβαροι
περιέσονται, Ἰταλίας τε τῆς σῆς ἐκπεσούμεθα
καὶ προσαποβαλοῦμεν τὸ στράτευμα, καὶ προσ-
έσται ἡμῖν τοσαύτη τις οὖσα ἡ ὑπὲρ τῶν
10 πεπραγμένων αἰσχύνη. ἐῶ γὰρ λέγειν ὡς καὶ
Ῥωμαίους ἀπολεῖν δόξαιμεν, οἵ γε περὶ ἐλάσσονος
τὴν σωτηρίαν τῆς ἐς τὴν σὴν βασιλείαν πεποί-
11 ηνται πίστεως. ὥστε ἡμῖν καὶ τὴν ἄχρι τοῦδε
γενομένην εὐημερίαν εἰς συμφορῶν ὑπόθεσιν
12 τετελευτηκέναι ξυμβήσεται. εἰ γὰρ Ῥώμης
ἡμῖν καὶ Καμπανίας καὶ πολλῷ πρότερον Σικελίας
ἀποκεκροῦσθαι τετύχηκε, τὸ πάντων ἂν ἡμᾶς
κουφότατον τῶν κακῶν ἔδακνε τὸ μὴ τοῖς ἀλλο-
13 τρίοις δεδυνῆσθαι πλουτεῖν. καὶ μὴν καὶ τοῦτο
ἐκλογίζεσθαι ὑμᾶς ἄξιον, ὡς Ῥώμην πώποτε
πλείω τινὰ χρόνον οὐδὲ μυριάσι πολλαῖς δια-
φυλάξαι δυνατὸν γέγονε, χώραν τε περιβεβλη-
μένην πολλὴν καὶ τῷ μὴ ἐπιθαλασσίαν εἶναι
14 τῶν ἀναγκαίων ἀποκεκλεισμένην ἁπάντων. καὶ
Ῥωμαῖοι νῦν μὲν [2] εὐνοϊκῶς ἡμῖν ἔχουσι, τῶν δὲ
κακῶν αὐτοῖς, ὡς τὸ εἰκός, μηκυνομένων, οὐδὲν
μελλήσουσιν ὑπὲρ αὐτῶν ἑλέσθαι τὰ κρείσσω.
15 οἱ γὰρ ἐξ ὑπογύου τισὶν ἐς εὔνοιαν καθιστάμενοι,
οὐ κακοτυχοῦντες, ἀλλ' εὖ πάσχοντες, τὸ πιστὸν
16 ἐς αὐτοὺς διασώζειν εἰώθασιν. ἄλλως τε καὶ
λιμῷ Ῥωμαῖοι ἀναγκασθήσονται πολλὰ ὧν οὐκ

[1] ὡς ἢν L: ἢν γὰρ K.
[2] νῦν μὲν Haury: μέν, νῦν μὲν K, μὲν νῦν L.

forever. But do thou, O Emperor, take this thought to heart, that if at this time the barbarians win the victory over us, we shall be cast out of Italy which is thine and shall lose the army in addition, and besides all this we shall have to bear the shame, however great it may be, that attaches to our conduct. For I refrain from saying that we should also be regarded as having ruined the Romans, men who have held their safety more lightly than their loyalty to thy kingdom. Consequently, if this should happen, the result for us will be that the successes we have won thus far will in the end prove to have been but a prelude to calamities. For if it had so happened that we had been repulsed from Rome and Campania and, at a much earlier time, from Sicily, we should only be feeling the sting of the lightest of all misfortunes, that of having found ourselves unable to grow wealthy on the possessions of others. And again, this too is worthy of consideration by you, that it has never been possible even for many times ten thousand men to guard Rome for any considerable length of time, since the city embraces a large territory, and, because it is not on the sea, is shut off from all supplies. And although at the present time the Romans are well disposed toward us, yet when their troubles are prolonged, they will probably not hesitate to choose the course which is better for their own interests. For when men have entered into friendship with others on the spur of the moment, it is not while they are in evil fortune, but while they prosper, that they are accustomed to keep faith with them. Furthermore, the Romans will be compelled by hunger to do many things they would prefer not to do.

17 ἂν βούλοιντο πρᾶξαι. ἐγὼ μὲν οὖν οἶδα θάνατον
ὀφείλων τῇ σῇ βασιλείᾳ, καὶ διὰ τοῦτο ζῶντά
με οὐδεὶς ἂν ἐνθένδε ἐξελᾶν[1] δύναιτο· σκόπει δὲ
ὁποίαν ποτέ σοι δόξαν ἡ τοιαύτη Βελισαρίου
τελευτὴ φέρει."

18 Τοσαῦτα μὲν Βελισάριος ἔγραψε. βασιλεὺς
δὲ λίαν[2] ξυνταραχθεὶς στράτευμά τε καὶ ναῦς
σπουδῇ ἤγειρε καὶ τοῖς ἀμφὶ Βαλεριανόν τε καὶ

19 Μαρτῖνον ἐπέστελλε κατὰ τάχος ἰέναι. σταλέντες
γὰρ ξὺν στρατεύματι ἄλλῳ ἀμφὶ τὰς χειμερινὰς
τροπὰς ἔτυχον, ἐφ' ᾧ πλεύσουσιν ἐς Ἰταλίαν.

20 οἱ δὲ καταπλεύσαντες ἐς τὴν Ἑλλάδα (περαιτέρω
γὰρ βιάζεσθαι τὸν πλοῦν οὐχ οἷοί τε ἦσαν)
διεχείμαζον ἐς τὰ ἐπὶ Αἰτωλίας τε καὶ Ἀκαρ-

21 νανίας χωρία. ταῦτά τε Βελισαρίῳ δηλώσας
Ἰουστινιανὸς βασιλεὺς ἔτι μᾶλλον αὐτόν τε καὶ
Ῥωμαίους ἅπαντας ἐς τὴν προθυμίαν ἐπέρρωσεν.

22 Ἐν τούτῳ δὲ ξυνηνέχθη ἐν Νεαπόλει τοιόνδε
γενέσθαι. Θευδερίχου τοῦ Γότθων ἄρχοντος
εἰκὼν ἐν τῇ ἀγορᾷ ἐτύγχανεν οὖσα, ἐκ ψηφίδων
τινῶν ξυγκειμένη, μικρῶν μὲν ἐς ἄγαν, χροιαῖς

23 δὲ βεβαμμένων σχεδόν τι ἁπάσαις. ταύτης τῆς
εἰκόνος ποτὲ τὴν κεφαλὴν διαρρυῆναι ζῶντος
Θευδερίχου ξυμβέβηκε, τῆς τῶν ψηφίδων ἐπι-
βολῆς ἐκ τοῦ αὐτομάτου ξυνταραχθείσης, καὶ
Θευδερίχῳ ξυνηνέχθη τελευτῆσαι τὸν βίον αὐτίκα

24 δὴ μάλα. ἐνιαυτοῖς δὲ ὀκτὼ ὕστερον αἱ τὴν τῆς
εἰκόνος γαστέρα ποιοῦσαι ψηφῖδες διερρύησαν
ἐξαπιναίως, καὶ Ἀταλάριχος ὁ Θευδερίχου

25 θυγατριδοῦς εὐθὺς ἐτελεύτα. χρόνου τε τριβέντος

---

[1] ἐξελᾶν K : ἐξελεῖν L.
[2] δὲ λίαν K : τε L.

Now as for me, I know I am bound even to die for thy kingdom, and for this reason no man will ever be able to remove me from this city while I live ; but I beg thee to consider what kind of a fame such an end of Belisarius would bring thee."

Such was the letter written by Belisarius. And the emperor, greatly distressed, began in haste to gather an army and ships, and sent orders to the troops of Valerian and Martinus[1] to proceed with all speed. For they had been sent, as it happened, with another army at about the winter solstice, with instructions to sail to Italy. But they had sailed as far as Greece, and since they were unable to force their way any farther, they were passing the winter in the land of Aetolia and Acarnania. And the Emperor Justinian sent word of all this to Belisarius, and thus filled him and all the Romans with still greater courage and confirmed their zeal.

At this time it so happened that the following event took place in Naples. There was in the market-place a picture of Theoderic, the ruler of the Goths, made by means of sundry stones which were exceedingly small and tinted with nearly every colour. At one time during the life of Theoderic it had come to pass that the head of this picture fell apart, the stones as they had been set having become disarranged without having been touched by anyone, and by a coincidence Theoderic finished his life forthwith. And eight years later the stones which formed the body of the picture fell apart suddenly, and Atalaric, the grandson of Theoderic, immediately died. And after the passage of a short time, the

---

[1] Leaders of foederati; see Book III. xi. 4-6 ; they had been recalled from Africa to Byzantium, cf. Book IV. xix. 2.

ὀλίγου πίπτουσι μὲν ἐς γῆν αἱ περὶ τὰ αἰδοῖα
ψηφῖδες, Ἀμαλασοῦνθα δὲ ἡ Θευδερίχου παῖς
ἐξ ἀνθρώπων ἠφάνιστο. ταῦτα μὲν οὖν τῇδε
26 ἐχώρησε. Γότθων δὲ Ῥώμης ἐς τὴν πολιορκίαν
καθισταμένων τὰ ἐκ τῶν τῆς εἰκόνος μηρῶν ἄχρι
27 ἐς ἄκρους πόδας διεφθάρθαι τετύχηκε, ταύτῃ τε
ἅπασα ἐκ τοῦ τοίχου ἐξίτηλος ἡ εἰκὼν γέγονεν·
οἵ τε Ῥωμαῖοι τὸ πρᾶγμα τοῦτο ξυμβαλόντες
περιέσεσθαι τῷ πολέμῳ ἰσχυρίζοντο τὸν τοῦ
βασιλέως στρατόν, οὐκ ἄλλο οὐδὲν εἶναι τοὺς
Θευδερίχου πόδας ἢ τὸν Γότθων λεὼν ὧν ἐκεῖνος
ἦρχεν οἰόμενοι, καὶ ἀπ᾽ αὐτοῦ εὐέλπιδες ἔτι
μᾶλλον ἐγένοντο.
28 Ἐν μέντοι[1] Ῥώμῃ τῶν τινες πατρικίων τὰ
Σιβύλλης λόγια προὔφερον, ἰσχυριζόμενοι τὸν
κίνδυνον τῇ πόλει ἄχρι ἐς τὸν Ἰούλιον μῆνα
29 γεγενῆσθαι μόνον. χρῆναι γὰρ τότε βασιλέα
Ῥωμαίοις καταστῆναί τινα, ἐξ οὗ δὴ Γετικὸν
30 οὐδὲν Ῥώμη τὸ λοιπὸν δείσειε· Γετικὸν γάρ
φασιν ἔθνος τοὺς Γότθους εἶναι. εἶχε δὲ
τὸ λόγιον ὧδε· Quintili mense * * rege nihil
31 Geticum iam *[2]. πέμπτον δὲ μῆνα τὸν Ἰούλιον
ἰσχυρίζοντο εἶναι, οἱ μέν, ὅτι Μαρτίου ἱστα-
μένου ἡ πολιορκία κατ᾽ ἀρχὰς γέγονεν, ἀφ᾽ οὗ
δὴ πέμπτον Ἰούλιον ξυμβαίνει εἶναι, οἱ δέ, ὅτι
Μάρτιον πρῶτον πρὸ τῆς Νουμᾶ βασιλείας ἐνό-
μιζον μῆνα, ὅτε δὴ Ῥωμαίοις ἐς δέκα μῆνας
ὁ τοῦ ἐνιαυτοῦ χρόνος ξυνῄει,[3] Ἰούλιός τε ἀπ᾽

[1] μέντοι K : μὲν τῇ L.
[2] The original Greek characters of this oracle may be read in Haury, note a.l. It is very difficult to decipher. Bury proposes *Quintili mense si regnum stat in urbe nihil Geticum iam (metuat ?)*. [3] ξυνῄει : ξυνίει K, ξυνίῃ ὁ L.

stones about the groin fell to the ground, and Amala-
suntha, the child of Theoderic, passed from the
world. Now these things had already happened as
described. But when the Goths began the siege of
Rome, as chance would have it, the portion of the
picture from the thighs to the tips of the feet fell
into ruin, and thus the whole picture disappeared
from the wall. And the Romans, divining the mean-
ing of the incident, maintained that the emperor's
army would be victorious in the war, thinking that
the feet of Theoderic were nothing else than the
Gothic people whom he ruled, and, in consequence,
they became still more hopeful.

In Rome, moreover, some of the patricians
brought out the Sibylline oracles,[1] declaring that
the danger which had come to the city would con-
tinue only up till the month of July. For it was
fated that at that time someone should be appointed
king over the Romans, and thenceforth Rome should
have no longer any Getic peril to fear; for they
say that the Goths are of the Getic race. And the
oracle was as follows: " In the fifth (Quintilis) month
. . . under . . . as king nothing Getic longer . . ."
And they declared that the " fifth month " was July,
some because the siege began on the first day of
March, from which July is the fifth month, others
because March was considered the first month until
the reign of Numa, the full year before that time
containing ten months and our July for this reason

---

[1] The story of the origin of these oracles is given in
Dionysius of Halicarnassus, *Ant. Rom.* IV. lxii. They were
burned with the Capitol in 83 B.C. The second collection
was burned by Stilicho in 405 A.D. The oracles Procopius
saw (cf. § 35 of this chapter) were therefore a third collection.

αὐτοῦ Κυιντίλιος ὠνομάζετο. ἀλλ' ἦν ἄρα τού-
32 των οὐδὲν ὑγιές. οὔτε γὰρ βασιλεὺς τότε Ῥω-
μαίοις κατέστη, καὶ ἡ πολιορκία ἐνιαυτῷ [1]
ὕστερον διαλυθήσεσθαι ἔμελλε, καὶ αὖθις ἐπὶ
Τουτίλα Γότθων ἄρχοντος ἐς τοὺς ὁμοίους Ῥώμη
κινδύνους ἰέναι, ὥς μοι ἐν τοῖς ὄπισθε λελέξε-
33 ται λόγοις. δοκεῖ γάρ μοι οὐ ταύτην δὴ τὴν
τῶν βαρβάρων ἔφοδον τὸ μαντεῖον δηλοῦν, ἀλλ'
ἑτέραν τινὰ ἢ ἤδη ξυμβᾶσαν ἢ ὕστερόν ποτε
34 ἐσομένην. τῶν γὰρ Σιβύλλης λογίων τὴν διά-
νοιαν πρὸ τοῦ ἔργου ἐξευρεῖν ἀνθρώπῳ οἶμαι
35 ἀδύνατον εἶναι. αἴτιον δὲ ὅπερ ἐγὼ αὐτίκα
δηλώσω ἐκεῖνα ἀναλεξάμενος ἅπαντα. ἡ Σίβυλλα
οὐχ ἅπαντα ἑξῆς τὰ πράγματα λέγει οὐδὲ ἁρμο-
νίαν τινὰ ποιουμένη τοῦ λόγου, ἀλλ' ἔπος εἰποῦσα
ὅ τι δὴ ἀμφὶ τοῖς Λιβύης κακοῖς ἀπεπήδησεν
36 εὐθὺς ἐς τὰ Περσῶν ἤθη, ἐνθένδε τε Ῥωμαίων ἐς
μνήμην ἐλθοῦσα μεταβιβάζει ἐς τοὺς Ἀσσυρίους
τὸν λόγον. καὶ πάλιν ἀμφὶ Ῥωμαίοις μαντευο-
37 μένη προλέγει τὰ Βρεττανῶν πάθη. ταύτῃ τε
ἀδύνατά ἐστιν ἀνθρώπῳ ὁτῳοῦν πρὸ τοῦ ἔργου
τῶν Σιβύλλης λογίων ξυνεῖναι, ἢν μὴ ὁ χρόνος
αὐτὸς ἐκβάντος ἤδη τοῦ πράγματος καὶ τοῦ λόγου
ἐς πεῖραν ἐλθόντος ἀκριβὴς τοῦ ἔπους ἑρμηνεὺς
γένοιτο. ἀλλὰ ταῦτα μὲν λογιζέσθω ἕκαστος
ὅπῃ αὐτῷ φίλον. ἐγὼ δὲ ὅθενπερ ἐξέβην ἐπάν-
ειμι.

[1] ἐνιαυτῷ K : om. L.

having its name Quintilis. But after all, none of these predictions came true. For neither was a king appointed over the Romans at that time, nor was the siege destined to be broken up until a year later, and Rome was again to come into similar perils in the reign of Totila, ruler of the Goths, as will be told by me in the subsequent narrative.[1] For it seems to me that the oracle does not indicate this present attack of the barbarians, but some other attack which has either happened already or will come at some later time. Indeed, in my opinion, it is impossible for a mortal man to discover the meaning of the Sibyl's oracles before the actual event. The reason for this I shall now set forth, having read all the oracles in question. The Sibyl does not invariably mention events in their order, much less construct a well-arranged narrative, but after uttering some verse or other concerning the troubles in Libya she leaps straightway to the land of Persia, thence proceeds to mention the Romans, and then transfers the narrative to the Assyrians. And again, while uttering prophecies about the Romans, she foretells the misfortunes of the Britons. For this reason it is impossible for any man soever to comprehend the oracles of the Sibyl before the event, and it is only time itself, after the event has already come to pass and the words can be tested by experience, that can shew itself an accurate interpreter of her sayings. But as for these things, let each one reason as he desires. But I shall return to the point from which I have strayed.

[1] Book VII. xx.

PROCOPIUS OF CAESAREA

XXV

Ἐπειδὴ Γότθοι ἀπεκρούσθησαν τειχομαχοῦν-
τες, ηὐλίσαντο τὴν νύκτα ἐκείνην οὕτως ὥσπερ
2 ἐρρήθη ἑκάτεροι. τῇ δὲ ὑστεραίᾳ Βελισάριος
πάντας Ῥωμαίους ἐκέλευε παῖδάς τε καὶ γυναῖκας
ἐς Νεάπολιν ὑπεκκομίζειν, καὶ τῶν οἰκετῶν ὅσους
μὴ ἀναγκαίους σφίσιν ἐς τοῦ τείχους τὴν φυλα-
κὴν ἔσεσθαι ᾤοντο, ὅπως δὴ μὴ ἐς ἀπορίαν τῶν
3 ἐπιτηδείων καθιστῶνται. ταὐτὸ δὲ τοῦτο ποιεῖν
καὶ τοῖς στρατιώταις ἐπήγγελλεν, εἴ τινι οἰκέτης
ἢ θεράπαινα ἦν. οὐ γὰρ ἔτι οἷός τε εἶναι τὰς
σιτήσεις αὐτοῖς ἔφασκεν ἐν πολιορκίᾳ κατὰ τὰ
εἰωθότα παρέχεσθαι, ἀλλ' αὐτοὺς τὸ μὲν ἥμισυ ἐς
ἡμέραν ἑκάστην ἐν αὐτοῖς φέρεσθαι τοῖς ἐπι-
τηδείοις ἐπάναγκες εἶναι, τὸ δὲ λειπόμενον ἐν
4 ἀργυρίῳ. οἱ δὲ κατὰ ταῦτα ἐποίουν. καὶ πλῆθος
πολὺ αὐτίκα ἐς Καμπανίαν ᾔει. ἐκομίζοντο δὲ οἱ
μὲν πλοίων ἐπιτυχόντες ἅπερ ἐν τῷ Ῥώμης λιμένι
ὡρμίζετο, οἱ δὲ καὶ πεζῇ ὁδῷ τῇ καλουμένῃ
5 Ἀππίᾳ ἰόντες. κίνδυνός τε οὐδεὶς ἢ δέος ἐκ τῶν
πολιορκούντων ἐγίνετο οὔτε τοῖς ταύτῃ βαδί-
6 ζουσιν οὔτε τοῖς ἐπὶ τοῦ λιμένος ἰοῦσιν. οἱ γὰρ
πολέμιοι οὔτε Ῥώμην ξύμπασαν τοῖς χαρακώμασι
περιβαλέσθαι διὰ μέγεθος τῆς πόλεως οἷοί τε
ἦσαν οὔτε κατ' ὀλίγους ἐτόλμων μακρὰν ἀπο-
λείπεσθαι τῶν στρατοπέδων, φοβούμενοι τὰς

XXV

WHEN the Goths had been repulsed in the fight at the wall, each army bivouacked that night in the manner already described.[1] But on the following day Belisarius commanded all the Romans to remove their women and children to Naples, and also such of their domestics as they thought would not be needed by them for the guarding of the wall, his purpose being, naturally, to forestall a scarcity of provisions. And he issued orders to the soldiers to do the same thing, in case anyone had a male or female attendant. For, he went on to say, he was no longer able while besieged to provide them with food to the customary amount, but they would have to accept one half their daily ration in actual supplies, taking the remainder in silver. So they proceeded to carry out his instructions. And immediately a great throng set out for Campania. Now some, who had the good fortune to secure such boats as were lying at anchor in the harbour[2] of Rome, secured passage, but the rest went on foot by the road which is called the Appian Way. And no danger or fear, as far as the besiegers were concerned, arose to disturb either those who travelled this way on foot or those who set out from the harbour. For, on the one hand, the enemy were unable to surround the whole of Rome with their camps on account of the great size of the city, and, on the other, they did not dare to be found far from the camps in small

[1] Chap. xxiii. 27.
[2] At this time the town of Portus, on the north side of the Tiber's mouths, Ostia, on the south side, having been long neglected. Cf. chap. xxvi. 7, 8.

7 ἐπεκδρομὰς τῶν ἐναντίων. καὶ δι᾽ αὐτὸ τοῖς
πολιορκουμένοις ἐπὶ χρόνον τινὰ πολλὴ ἐξουσία
ἐγίνετο τῆς τε πόλεως ἀπανίστασθαι καὶ τὰ
8 ἐπιτήδεια ἔξωθεν ἐς αὐτὴν ἐσκομίζεσθαι. μάλιστα
δὲ νύκτωρ οἱ βάρβαροι ἐς δέος τε ἀεὶ μέγα
καθίσταντο καὶ φυλακὰς ποιούμενοι ἐν τοῖς
9 στρατοπέδοις ἡσύχαζον. ἐπεὶ ἐκ τῆς πόλεως
ἄλλοι τε καὶ Μαυρούσιοι συχνοὶ ἐξιόντες, ὅπη
τοὺς πολεμίους ἢ καθεύδοντας ἢ ὁδῷ ἰόντας κατ᾽
ὀλίγους εὑρήσειαν (οἷα πολλὰ ἐν στρατῷ μεγάλῳ
γίνεσθαι εἴωθεν, ἄλλων τε ἀναγκαίων χρειῶν
ἕνεκα καὶ τοῦ βόσκειν ἵππους τε καὶ ἡμιόνους
καὶ ζῷα ὅσα ἐς βρῶσιν ἐπιτήδεια ἦν) ἔκτεινόν τε
καὶ κατὰ τάχος ἐσκυλευκότες, πλειόνων σφίσιν,
ἂν οὕτω τύχοι,[1] πολεμίων ἐπεισπεσόντων[2] ὑπε-
χώρουν δρόμῳ, ἄνδρες φύσει τε ποδώκεις καὶ
κούφως ἐσκευασμένοι καὶ τῇ φυγῇ προλαμβά-
10 νοντες. οὕτω μὲν ἐκ Ῥώμης ὑποχωρεῖν ὁ πολὺς
ὅμιλος ἴσχυον, καὶ οἱ μὲν ἐπὶ Καμπανίας, οἱ δὲ
ἐπὶ Σικελίας ᾔεσαν, οἱ δὲ ὅπη ῥᾷόν τε σφίσιν
11 ἐνομίσθη καὶ βέλτιον εἶναι. Βελισάριος δὲ ὁρῶν
τόν τε τῶν στρατιωτῶν ἀριθμὸν ἥκιστα ἐς τὴν
τοῦ τείχους περίοδον ἐξικνούμενον, ὀλίγοι τε γὰρ
ἦσαν, ὥσπερ μοι ἔμπροσθεν εἴρηται, καὶ οὐκ ἀεὶ
φυλάσσειν οἱ αὐτοὶ ἄϋπνοι ἴσχυον, ἀλλ᾽ οἱ μὲν
ὕπνον, ὡς τὸ εἰκός, ᾑροῦντο, οἱ δὲ ἐς τὴν φυλακὴν
ἐτετάχατο, καὶ τοῦ δήμου τὸ πλεῖστον μέρος
πενίᾳ τε πιεζομένους[3] καὶ τῶν ἀναγκαίων σπανί-

---

[1] τύχοι K, L pr. m. corr.: τύχη L pr. m.
[2] ἐπεισπεσόιτων K: ἐπιπεσόντων L.
[3] πιεζομένους K: πιεζόμενοι L, πιεζόμενον Maltretus, Dindorf.

companies, fearing the sallies of their opponents.
And on this account abundant opportunity was
afforded for some time to the besieged both to move
out of the city and to bring provisions into it from
outside. And especially at night the barbarians
were always in great fear, and so they merely posted
guards and remained quietly in their camps. For
parties were continually issuing from the city, and
especially Moors in great numbers, and whenever
they found their enemies either asleep or walking
about in small companies (as is accustomed to happen
often in a large army, the men going out not only
to attend to the needs of nature, but also to pasture
horses and mules and such animals as are suitable
for food), they would kill them and speedily strip
them, and if perchance a larger number of the
enemy should fall upon them, they would retire
on the run, being men swift of foot by nature
and lightly equipped, and always distancing their
pursuers in the flight. Consequently, the great
majority were able to withdraw from Rome, and
some went to Campania, some to Sicily, and others
wherever they thought it was easier or better to go.
But Belisarius saw that the number of soldiers at
his command was by no means sufficient for the
whole circuit of the wall, for they were few, as I have
previously stated,[1] and the same men could not keep
guard constantly without sleeping, but some would
naturally be taking their sleep while others were
stationed on guard. At the same time he saw that
the greatest part of the populace were hard pressed
by poverty and in want of the necessities of life;

[1] Five thousand ; cf. chap. xxiv. 2.

ζοντας,[1] ἅτε γὰρ βαναύσοις ἀνθρώποις ἐφήμερά
τε ἅπαντα ἔχουσι καὶ ἀργεῖν διὰ τὴν πολιορκίαν
ἠναγκασμένοις πόρος οὐδεὶς τῶν ἐπιτηδείων ἐγί-
νετο, στρατιώτας τε καὶ ἰδιώτας ξυνέμιξε καὶ
φυλακτηρίῳ ἑκάστῳ ἔνειμε,[2] ῥητόν τινα μισθὸν
12 ἰδιώτῃ ἀνδρὶ τάξας ἐς ἡμέραν ἑκάστην. ὧν δὴ
ἐγίνοντο μὲν ξυμμορίαι ἐς τὴν φυλακὴν ἱκανῶς
ἔχουσαι, νύκτα δὲ τακτὴν ἡ φυλακὴ τοῦ περι-
βόλου ἐπέκειτο ξυμμορίᾳ ἑκάστῃ, ἐφύλασσόν τε
αὐτῶν ἐκ περιτροπῆς ἅπαντες. καὶ ταύτῃ Βελι-
σάριος ἑκατέρων τὴν ἀπορίαν διέλυεν.

13 Ὑποψίας δὲ ἐς Σιλβέριον τὸν τῆς πόλεως
ἀρχιερέα γεγενημένης, ὡς δὴ προδοσίαν ἐς Γότθους
πράσσοι, αὐτὸν μὲν ἐς τὴν Ἑλλάδα ἔπεμψεν αὐ-
τίκα, ἕτερον δὲ ἀρχιερέα ὀλίγῳ ὕστερον, Βιγίλιον
14 ὄνομα, κατεστήσατο. τινὰς δὲ καὶ τῶν ἐκ
βουλῆς ἐπ' αἰτίᾳ τῇ αὐτῇ[3] ἐνθένδε ἐξελάσας,
ἐπειδὴ τὴν πολιορκίαν οἱ πολέμιοι διαλύσαντες
15 ἀνεχώρησαν, ἐς τὰ οἰκεῖα κατήγαγεν αὖθις. ἐν
τοῖς καὶ Μάξιμος ἦν, οὗ δὴ ὁ προπάτωρ Μάξιμος
τὸ ἐς Βαλεντινιανὸν βασιλέα πάθος εἰργάσατο.
δείσας δὲ μή τις πρὸς φυλάκων τῶν κατὰ πύλας
ἐπιβουλὴ γένηται, καί τις ἔξωθεν χρήμασί τε[4]
αὐτοὺς κακουργήσων ἴοι, δὶς ἑκάστου μηνὸς τάς
τε κλεῖς ἁπάσας ἀφανίζων ἀνενεοῦτο ἀεὶ ἐς
ἕτερον σχῆμα, καὶ τοὺς φύλακας ἐς φυλακτήριον
ἄλλο μακράν που ἄποθεν τοῦ προτέρου ἀντι-

---

[1] σπανίζοντας K : σπανίζον L
[2] φυλακτηρίῳ ἑκάστῳ ἔνειμεν K : φυλακτήριον ἔνειμε L.
[3] τῇ αὐτῇ K : τοιαύτῃ L.
[4] χρήμασί τε MSS. : χρήμασιν Christ.

242

for since they were men who worked with their hands, and all they had was what they got from day to day, and since they had been compelled to be idle on account of the siege, they had no means of procuring provisions. For these reasons Belisarius mingled soldiers and citizens together and distributed them to each post, appointing a certain fixed wage for an unenlisted man for each day. In this way companies were made up which were sufficient for the guarding of the wall, and the duty of keeping guard on the fortifications during a stated night was assigned to each company, and the members of the companies all took turns in standing guard. In this manner, then, Belisarius did away with the distress of both soldiers and citizens.

But a suspicion arose against Silverius, the chief priest of the city, that he was engaged in treasonable negotiations with the Goths, and Belisarius sent him immediately to Greece, and a little later appointed another man, Vigilius by name, to the office of chief priest. And he banished from Rome on the same charge some of the senators, but later, when the enemy had abandoned the siege and retired, he restored them again to their homes. Among these was Maximus, whose ancestor Maximus[1] had committed the crime against the Emperor Valentinian. And fearing lest the guards at the gates should become involved in a plot, and lest someone should gain access from the outside with intent to corrupt them with money, twice in each month he destroyed all the keys and had new ones made, each time of a different design, and he also changed the guards to other posts which were far removed from those they

---

[1] Book III. iv. 36.

καθίστη, τοῖς τε ἐν τῷ περιβόλῳ φυλακὴν
ἔχουσιν¹ ἐς νύκτα ἑκάστην ἑτέρους ἐφίστη.

16 οἷς δὴ ἐπέκειτο μέτρον τι τοῦ τείχους περιιοῦσιν
ἐκ περιτροπῆς ἀναγράφεσθαι τὰ τῶν φυλάκων
ὀνόματα, καὶ ἤν τις ἐνθένδε ἀπολειφθείη, ἕτερον
μὲν ἀντ' αὐτοῦ καταστήσασθαι ἐν τῷ παραυτίκα,
ἀναφέρειν δὲ τῇ ὑστεραίᾳ ἐφ' ἑαυτόν, ὅστις ποτὲ
ὁ ἀπολειφθεὶς εἴη, ὅπως δὴ κόλασις ἡ προσή-
17 κουσα ἐς αὐτὸν γίνοιτο. καὶ μουσικοῖς μὲν ὀργά-
νοις χρῆσασθαι τοὺς τεχνίτας ἐν τῷ περιβόλῳ
νύκτωρ ἐκέλευε, τῶν δὲ στρατιωτῶν τινας καὶ
οὐχ ἥκιστα τῶν Μαυρουσίων ἔξω ἔπεμπεν, οἳ
ἀμφὶ τὴν τάφρον διαννυκτερεύσειν ἀεὶ ἔμελλον,
καὶ ξὺν αὐτοῖς κύνας ἡφίει, ὅπως δὴ μηδὲ ἄποθέν
τις ἐπὶ τὸν περίβολον ἰὼν διαλάθοι.

18 Τότε καὶ τοῦ Ἰάνου νεὼ τὰς θύρας τῶν τινες
Ῥωμαίων βιασάμενοι ἀνακλῖναι λάθρα ἐπειρά-
19 σαντο.² ὁ δὲ Ἴανος οὗτος πρῶτος μὲν ἦν τῶν
ἀρχαίων θεῶν οὓς δὴ Ῥωμαῖοι γλώσσῃ τῇ σφε-
τέρᾳ Πένατες ἐκάλουν. ἔχει δὲ τὸν νεὼν ἐν
τῇ ἀγορᾷ πρὸ τοῦ βουλευτηρίου ὀλίγον ὑπερ-
20 βάντι τὰ Τρία Φᾶτα· οὕτω γὰρ Ῥωμαῖοι τὰς
Μοίρας νενομίκασι καλεῖν. ὅ τε νεὼς ἅπας
χαλκοῦς ἐν τῷ τετραγώνῳ σχήματι ἕστηκε,
τοσοῦτος μέντοι, ὅσον τὸ ἄγαλμα τοῦ Ἰάνου
21 σκέπειν. ἔστι δὲ χαλκοῦν οὐχ ἧσσον ἢ πηχῶν

---

¹ φυλακὴν ἔχουσιν K : ἄρχοντας L.
² ἐπειράσαντο Haury : ἐπείρασαν MSS.

---

¹ Janus was an old Italian divinity, whose worship was
said to have been introduced by Romulus. We are not told
by anyone else that he was included among the Penates,
but the statement is doubtless true.

had formerly occupied, and every night he set different men in charge of those who were doing guard-duty on the fortifications. And it was the duty of these officers to make the rounds of a section of the wall, taking turns in this work, and to write down the names of the guards, and if anyone was missing from that section, they put another man on duty in his stead for the moment, and on the morrow reported the missing man to Belisarius himself, whoever he might be, in order that the fitting punishment might be given him. And he ordered musicians to play their instruments on the fortifications at night, and he continually sent detachments of soldiers, especially Moors, outside the walls, whose duty it was always to pass the night about the moat, and he sent dogs with them in order that no one might approach the fortifications, even at a distance, without being detected.

At that time some of the Romans attempted secretly to force open the doors of the temple of Janus. This Janus was the first of the ancient gods whom the Romans call in their own tongue "Penates."[1] And he has his temple in that part of the forum in front of the senate-house which lies a little above the "Tria Fata"[2]; for thus the Romans are accustomed to call the Moirai.[3] And the temple is entirely of bronze and was erected in the form of a square, but it is only large enough to cover the statue of Janus. Now this statue is of bronze, and

[2] "This temple of Janus—the most celebrated, but not the only one in Rome—must have stood a little to the right of the Arch of Septimius Severus (as one looks toward the Capitol) and a little in front of the Mamertine Prison."— HODGKIN. The "Tria Fata" were three ancient statues of Sibyls which stood by the Rostra.   [3] *i.e.* the Fates.

πέντε τὸ ἄγαλμα τοῦτο, τὰ μὲν ἄλλα πάντα
ἐμφερὲς ἀνθρώπῳ, διπρόσωπον δὲ τὴν κεφαλὴν
ἔχον, καὶ τοῖν προσώποιν θάτερον μὲν πρὸς
ἀνίσχοντα, τὸ δὲ ἕτερον πρὸς δύοντα ἥλιον
22 τέτραπται. θύραι τε χαλκαῖ ἐφ' ἑκατέρῳ προσ-
ώπῳ εἰσίν, ἃς δὴ ἐν μὲν εἰρήνῃ καὶ ἀγαθοῖς
πράγμασιν ἐπιτίθεσθαι τὸ παλαιὸν Ῥωμαῖοι
ἐνόμιζον, πολέμου δὲ σφίσιν ὄντος ἀνέῳγον.
23 ἐπεὶ δὲ τὸ Χριστιανῶν δόγμα, εἴπερ τινὲς ἄλλοι,
Ῥωμαῖοι ἐτίμησαν, ταύτας δὴ τὰς θύρας οὐκέτι
24 οὐδὲ πολεμοῦντες ἀνέκλινον. ἀλλ' ἐν ταύτῃ δὴ
τῇ πολιορκίᾳ τινὲς τὴν παλαιάν, οἶμαι, δόξαν ἐν
νῷ ἔχοντες ἐγκεχειρήκασι μὲν αὐτὰς ἀνοιγνύναι
λάθρα, οὐ μέντοι παντάπασιν ἴσχυσαν, πλήν
γε δὴ ὅσον μὴ ἐς ἀλλήλας, ὥσπερ τὸ πρότερον,
25 μεμυκέναι[1] τὰς θύρας. καὶ ἔλαθόν γε οἱ τοῦτο
δρᾶν ἐγκεχειρηκότες· ζήτησις δὲ τοῦ ἔργου
οὐδεμία ἅτε ἐν μεγάλῳ θορύβῳ ἐγεγόνει, ἐπεὶ
οὔτε τοῖς ἄρχουσιν ἐγνώσθη, οὔτε ἐς τὸ πλῆθος,
ὅτι μὴ ἐς ὀλίγους κομιδῇ, ἦλθεν.

XXVI

Οὐίττιγις δὲ τὰ μὲν πρῶτα θυμῷ τε καὶ ἀπορίᾳ
ἐχόμενος τῶν δορυφόρων τινὰς ἐς Ῥάβενναν
πέμψας, Ῥωμαίων τοὺς ἐκ βουλῆς ἅπαντας
οὕσπερ κατ' ἀρχὰς τοῦδε τοῦ πολέμου ἐνταῦθα
2 ἤγαγε κτείνειν ἐκέλευε. καὶ αὐτῶν τινες μὲν
προμαθόντες φυγεῖν ἴσχυσαν, ἐν οἷς Βηργεντῖνός
τε ἦν καὶ Ῥεπάρατος, Βιγιλίου ἀδελφός, τοῦ
Ῥώμης ἀρχιερέως, οἵπερ ἄμφω ἐς Λιγούρους

───────────
[1] μεμυκέναι Hoeschel : δεδυκέναι MSS.

246

not less than five cubits high; in all other respects
it resembles a man, but its head has two faces, one
of which is turned toward the east and the other
toward the west. And there are brazen doors fronting
each face, which the Romans in olden times were
accustomed to close in time of peace and prosperity,
but when they had war they opened them. But
when the Romans came to honour, as truly as any
others, the teachings of the Christians, they gave up
the custom of opening these doors, even when they
were at war. During this siege, however, some, I
suppose, who had in mind the old belief, attempted
secretly to open them, but they did not succeed
entirely, and moved the doors only so far that they
did not close tightly against one another as formerly.
And those who had attempted to do this escaped
detection; and no investigation of the act was made,
as was natural in a time of great confusion, since it
did not become known to the commanders, nor did
it reach the ears of the multitude, except of a
very few.

XXVI

Now Vittigis, in his anger and perplexity, first
sent some of his bodyguards to Ravenna with orders
to kill all the Roman senators whom he had taken
there at the beginning of this war. And some
of them, learning of this beforehand, succeeded
in making their escape, among them being Vergen-
tinus and Reparatus, the brother of Vigilius, the
chief priest of Rome, both of whom betook them-

κομισθέντες αὐτοῦ ἔμενον· οἱ δὲ λοιποὶ ἅπαντες
3 διεφθάρησαν. μετὰ δὲ Οὐίττιγις πολλὴν ἄδειαν
ὁρῶν τοῖς πολεμίοις οὖσαν ἐκφορεῖν τε εἴ τι ἐκ
τῆς πόλεως βούλοιντο, καὶ τὰ ἐπιτήδεια κατά τε
γῆν καὶ θάλασσαν ἐσκομίζεσθαι, τὸν λιμένα, ὃν
δὴ Πόρτον Ῥωμαῖοι καλοῦσι, καταλαβεῖν ἔγνω.
4 Ὃς δὴ ἀπέχει μὲν τῆς πόλεως ἓξ καὶ εἴκοσι
καὶ ἑκατὸν σταδίους· μέτρῳ γὰρ τοσούτῳ τὸ μὴ
5 ἐπιθαλασσία εἶναι διείργεται Ῥώμη· ἔστι δὲ ἡ
ὁ ποταμὸς Τίβερις τὰς ἐκβολὰς ἔχει, ὃς δὴ ἐκ
Ῥώμης φερόμενος, ἐπειδὰν τῆς θαλάσσης ἐγγυ-
τέρω γένηται ὅσον ἀπὸ σταδίων πεντεκαίδεκα,
δίχα σχιζόμενος τὴν ἱερὰν νῆσον καλουμένην
6 ἐνταῦθα ποιεῖ. προϊόντος τε τοῦ ποταμοῦ εὐ-
ρυτέρα ἡ νῆσος γίνεται, ὡς τῷ μήκει τὸ τοῦ
εὔρους μέτρον κατὰ λόγον εἶναι, σταδίους γὰρ
πεντεκαίδεκα ῥεῦμα ἑκάτερον ἐν μέσῳ ἔχει·
7 ναυσίπορός τε ὁ Τίβερις ἀμφοτέρωθι μένει. τὸ
μὲν οὖν ἐν δεξιᾷ τοῦ ποταμοῦ μέρος ἐς τὸν λιμένα
τὰς ἐκβολὰς ποιεῖται, ὧν ἐκτὸς πόλιν ἐκ παλαιοῦ
Ῥωμαῖοι πρὸς τῇ ὄχθῃ ἐδείμαντο, τεῖχος περιβε-
βλημένην ἐχυρὸν μάλιστα, Πόρτον τε αὐτὴν τῷ
8 λιμένι ὁμωνύμως καλοῦσιν. ἐν ἀριστερᾷ δὲ πρὸς
τῇ ἑτέρᾳ τοῦ Τιβέριδος ἐς τὴν θάλασσαν ἐκβολῇ [1]
πόλις Ὀστία κεῖται, τῆς τοῦ ποταμοῦ ἠϊόνος
ἐκτός, λόγου μὲν πολλοῦ τὸ παλαιὸν ἀξία, νῦν
9 δὲ ἀτείχιστος παντάπασιν οὖσα. ὁδὸν τοίνυν, ἣ

[1] πρὸς τῇ ἑτέρᾳ . . . ἐκβολῇ Haury, coll. πρὸς τῇ ὄχθῃ
(above): πρὸ τῆς ἑτέρας . . . ἐκβολῆς MSS.

selves into Liguria and remained there; but all the rest were destroyed. After this Vittigis, seeing that the enemy were enjoying a large degree of freedom, not only in taking out of the city whatever they wished, but also in bringing in provisions both by land and by sea, decided to seize the harbour, which the Romans call " Portus."

This harbour is distant from the city one hundred and twenty-six stades; for Rome lacks only so much of being on the sea; and it is situated where the Tiber River has its mouth.[1] Now as the Tiber flows down from Rome, and reaches a point rather near the sea, about fifteen stades from it, the stream divides into two parts and makes there the Sacred Island, as it is called. As the river flows on the island becomes wider, so that the measure of its breadth corresponds to its length, for the two streams have between them a distance of fifteen stades; and the Tiber remains navigable on both sides. Now the portion of the river on the right empties into the harbour, and beyond the mouth the Romans in ancient times built on the shore a city,[2] which is surrounded by an exceedingly strong wall; and it is called, like the harbour, " Portus." But on the left at the point where the other part of the Tiber empties into the sea is situated the city of Ostia, lying beyond the place where the river-bank ends, a place of great consequence in olden times, but now entirely without walls. Moreover, the Romans

---

[1] The northern mouth.
[2] The Emperor Claudius cut the northern channel for the river, in order to prevent inundations of Rome, and made the " Portus Claudii," opening to the sea, near its mouth; a second enclosed harbour, adjoining that of Claudius, was built by Trajan.

ἐς Ῥώμην ἐκ τοῦ Πόρτου φέρει, ὁμαλήν τε καὶ
ἐμπόδιον οὐδὲν ἔχουσαν τὸ ἐξ ἀρχῆς Ῥωμαῖοι
10 πεποίηνται. βάρεις τε ἀεὶ πολλαὶ ἐξεπίτηδες ἐν
τῷ λιμένι ὁρμίζονται, καὶ βόες οὐκ ὀλίγοι ἐν
11 παρασκευῇ ἀγχοτάτω ἑστᾶσιν. ἐπειδὰν οὖν οἱ
ἔμποροι ταῖς ναυσὶν ἐς τὸν λιμένα ἀφίκωνται,
ἄραντες τὰ φορτία ἐνθένδε καὶ ταῦτα ἐνθέμενοι ἐν
ταῖς βάρεσι, πλέουσι διὰ τοῦ Τιβέριδος ἐπὶ τὴν
Ῥώμην, ἱστίοις μὲν ἢ κώπαις ἥκιστα χρώμενοι,
ἐπεὶ οὔτε ἀνέμῳ τινὶ ἐνταῦθα οἷά τέ ἐστι τὰ
πλοῖα ὠθεῖσθαι συχνά τε τοῦ ποταμοῦ ἐπὶ πλεῖ-
στον [1] ἑλισσομένου καὶ οὐκ ἐκ τοῦ εὐθέος ἰόντος,
οὐδέ τι ἐνεργεῖν αἱ κῶπαι δύνανται, τῆς τοῦ ὕδα-
τος ῥύμης ἀπ᾿ ἐναντίας αὐταῖς ἀεὶ φερομένης.
12 βρόχους δὲ ἀπὸ τῶν βάρεων ἐς τῶν βοῶν τοὺς
αὐχένας ἀρτήσαντες ἕλκουσιν αὐτὰς ὥσπερ ἁμά-
13 ξας ἄχρι ἐς Ῥώμην. ἑτέρωθι δὲ τοῦ ποταμοῦ ἐκ
πόλεως Ὀστίας ἐς Ῥώμην ἰόντι ὑλώδης τε ἡ ὁδός
ἐστι καὶ ἄλλως ἀπημελημένη καὶ οὐδὲ τῆς τοῦ
Τιβέριδος ἠϊόνος ἐγγύς, ἅτε τῆς τῶν βάρεων
ἀνολκῆς ἐνταῦθα οὐκ οὔσης.
14 Ἀφύλακτον οὖν τὴν πρὸς τῷ λιμένι πόλιν
εὑρόντες οἱ Γότθοι αὐτήν τε αὐτοβοεὶ εἷλον καὶ
Ῥωμαίων τῶν ταύτῃ ᾠκημένων πολλοὺς ἔκτειναν,
15 καὶ τὸν λιμένα ξὺν αὐτῇ ἔσχον. χιλίους τε σφῶν
ἐνταῦθα φρουροὺς καταστησάμενοι ἐς τὰ στρατό-
16 πεδα οἱ λοιποὶ ἀνεχώρησαν. καὶ ἀπ᾿ αὐτοῦ τοῖς
πολιορκουμένοις τὰ ἐκ θαλάσσης ἐσκομίζεσθαι
ἀδύνατα ἦν, ὅτι μὴ διὰ τῆς Ὀστίας πόνῳ τε, ὡς
17 τὸ εἰκός, καὶ κινδύνῳ μεγάλῳ. οὐδὲ γὰρ καταί-

---

[1] ἐπὶ πλεῖστον K : om. L.

at the very beginning made a road leading from Portus to Rome, which was smooth and presented no difficulty of any kind. And many barges are always anchored in the harbour ready for service, and no small number of oxen stand in readiness close by. Now when the merchants reach the harbour with their ships, they unload their cargoes and place them in the barges, and sail by way of the Tiber to Rome; but they do not use sails or oars at all, for the boats cannot be propelled in the stream by any wind since the river winds about exceedingly and does not follow a straight course, nor can oars be employed, either, since the force of the current is always against them. Instead of using such means, therefore, they fasten ropes from the barges to the necks of oxen, and so draw them just like waggons up to Rome. But on the other side of the river, as one goes from the city of Ostia to Rome, the road is shut in by woods and in general lies neglected, and is not even near the bank of the Tiber, since there is no towing of barges on that road.

So the Goths, finding the city at the harbour un-guarded, captured it at the first onset and slew many of the Romans who lived there, and so took posses-sion of the harbour as well as the city. And they established a thousand of their number there as guards, while the remainder returned to the camps. In consequence of this move it was impossible for the besieged to bring in the goods which came by sea, except by way of Ostia, a route which naturally involved great labour and danger besides. For the

ρεῖν ἐνταῦθα Ῥωμαίων νῆες τὸ λοιπὸν εἶχον, ἀλλ'
ἐν τῷ Ἀνθίῳ ὡρμίζοντο, ἡμέρας ὁδῷ τῆς Ὀστίας
18 ἀπέχοντι. ἐνθένδε τε τὰ φορτία αἰρόμενοι
ἐκόμιζον μόλις· αἴτιον δὲ ἡ ὀλιγανθρωπία ἐγί-
νετο. Βελισάριος γὰρ περὶ τῷ Ῥώμης περιβόλῳ
δείσας τὸν λιμένα κρατύνασθαι οὐδεμιᾷ φυλακῇ[1]
19 ἴσχυσεν. οἶμαι γὰρ ἂν εἰ καὶ τριακόσιοι ἐνταῦθα
ἐφύλασσον, οὔ ποτε τοὺς βαρβάρους ἀποπειρᾶ-
σθαι τοῦ χωρίου, ἐχυροῦ ἐς τὰ μάλιστα ὄντος.

XXVII

Ταῦτα μὲν οὖν, ἐπειδὴ τειχομαχοῦντες ἀπε-
κρούσθησαν, τρίτῃ ἡμέρᾳ οἱ Γότθοι ἔδρασαν.
ἡμέραις δὲ ὕστερον εἴκοσιν ἢ ὁ Πόρτος ἤ τε πόλις
καὶ ὁ λιμὴν ἑάλω, Μαρτῖνός τε καὶ Βαλεριανὸς
ἧκον, ἑξακοσίους τε καὶ χιλίους στρατιώτας
2 ἱππεῖς ἐπαγομένω. καὶ αὐτῶν οἱ πλεῖστοι Οὗν-
νοί τε ἦσαν καὶ Σκλαβηνοὶ καὶ Ἄνται, οἳ ὑπὲρ
ποταμὸν Ἴστρον οὐ μακρὰν τῆς ἐκείνῃ ὄχθης
3 ἵδρυνται. Βελισάριος δὲ ἤσθη τε αὐτῶν τῇ
παρουσίᾳ καὶ πολεμητέα σφίσιν ἐπὶ τοὺς πολε-
4 μίους εἶναι τὸ λοιπὸν ᾤετο. τῇ γοῦν ὑστεραίᾳ
τῶν δορυφόρων τῶν αὑτοῦ ἕνα, θυμοειδῆ τε καὶ
δραστήριον, Τραϊανὸν ὄνομα, τῶν ὑπασπιστῶν
διακοσίους ἱππέας λαβόντα, ἐκέλευεν εὐθὺ τῶν
βαρβάρων ἰέναι, καὶ ἐπειδὰν τῶν χαρακωμάτων
ἐγγυτέρω ἴκωνται, ἀναβάντας ἐπὶ λόφου ὑψηλοῦ

[1] φυλακῇ K : μηχανῇ L.

Roman ships were not even able to put in there any longer, but they anchored at Anthium,[1] a day's journey distant from Ostia. And they found great difficulty in carrying the cargoes thence to Rome, the reason for this being the scarcity of men. For Belisarius, fearing for the fortifications of Rome, had been unable to strengthen the harbour with any garrison at all, though I think that if even three hundred men had been on guard there, the barbarians would never have made an attempt on the place, which is exceedingly strong.

XXVII

This exploit, then, was accomplished by the Goths on the third day after they were repulsed in the assault on the wall. But twenty days after the city and harbour of Portus were captured, Martinus and Valerian arrived, bringing with them sixteen hundred horsemen, the most of whom were Huns and Sclaveni[2] and Antae,[3] who are settled above the Ister River not far from its banks. And Belisarius was pleased by their coming and thought that thenceforth his army ought to carry the war against the enemy. On the following day, accordingly, he commanded one of his own bodyguards, Trajan by name, an impetuous and active fighter, to take two hundred horsemen of the guards and go straight towards the enemy, and as soon as they came near the camps to go up on a high hill (which he pointed out to him)

[1] *i.e.* Antium.
[2] *i.e.* Slavonians, described in Book VI. xxvi. and Book VII. xiv. ff.
[3] A Slavic people, described in Book VII. xiv.

5 ἡσυχάζειν, δείξας τι χωρίον αὐτῷ. ἢν δὲ οἱ
πολέμιοι ἐπ᾽ αὐτοὺς ἴωσιν, ἐκ χειρὸς μὲν τὴν
μάχην οὐκ ἐᾶν γενέσθαι, οὐδὲ ξίφους ἢ δορατίου
τινὸς ἅπτεσθαι, χρῆσθαι δὲ μόνοις τοξεύμασιν,
ἡνίκα τέ οἱ τὴν φαρέτραν οὐδὲν ἐντὸς ἔχουσαν
ἴδῃ,[1] φεύγειν τε κατὰ κράτος οὐδὲν αἰδεσθέντα
6 καὶ ἐς τὸν περίβολον ἀναχωρεῖν δρόμῳ. ταῦτα
ἐπιστείλας, τῶν τε τοξευμάτων τὰς μηχανὰς καὶ
τοὺς ἀμφὶ ταύταις τεχνίτας ἐν παρασκευῇ εἶχε.
Τραϊανὸς δὲ ξὺν τοῖς διακοσίοις ἐκ πύλης Σα-
λαρίας ᾔει ἐπὶ τὸ τῶν πολεμίων στρατόπεδον.
7 καὶ οἱ μέν, καταπεπληγμένοι τῷ αἰφνιδίῳ, ἐβοή-
θουν ἐκ τῶν χαρακωμάτων, ὡς ἑκάστῳ ἐκ τῶν
8 δυνατῶν ἐσκευάσθαι τετύχηκεν. οἱ δὲ ἀμφὶ
Τραϊανὸν ἀναβάντες ἐπὶ τοῦ λόφου ὅνπερ αὐτοῖς
Βελισάριος ἔδειξεν, ἐνθένδε τοὺς βαρβάρους ἠμύ-
9 νοντο βάλλοντες. καὶ αὐτῶν τοὺς ἀτράκτους ἅτε
ἐς πολὺν ἐμπίπτοντας ὅμιλον ἀνθρώπου ἢ ἵππου
ἐπὶ πλεῖστον ἐπιτυγχάνειν ξυνέβαινεν. ἐπεὶ δὲ
ἅπαντα σφᾶς τὰ βέλη ἤδη ἐπελελοίπει, οἵδε κατὰ
τάχος ὀπίσω ἀπήλαυνον, διώκοντές τε οἱ Γότθοι
10 ἐνέκειντο. ὡς δὲ τοῦ περιβόλου ἐγγυτέρω ἵκοντο,
τά τε ἐκ τῶν μηχανῶν τοξεύματα οἱ τεχνῖται
ἐνήργουν, καὶ τῆς διώξεως οἱ βάρβαροι κατωρ-
11 ρωδηκότες ἀπέσχοντο. λέγονται δὲ Γότθοι οὐχ
ἧσσον ἢ χίλιοι ἐν τῷ ἔργῳ τούτῳ[2] ἀποθανεῖν.
ἡμέραις δὲ ὀλίγαις ὕστερον Βελισάριος Μουνδί-
λαν τῶν δορυφόρων τῶν αὐτοῦ ἕτερον,[3] καὶ Διο-
γένην, διαφερόντως ἀγαθοὺς τὰ πολέμια, ξὺν

---

[1] ἴδῃ Hoeschel: ἴδοιεν K, ἴδει L.
[2] τούτῳ L: om. K.
[3] τῶν δορ. . . . ἕτερον K: τὸν δορυφόρον τὸ αὐτοῦ ἑταῖρον L.

and remain quietly there. And if the enemy should come against them, he was not to allow the battle to come to close quarters, nor to touch sword or spear in any case, but to use bows only, and as soon as he should find that his quiver had no more arrows in it, he was to flee as hard as he could with no thought of shame and retire to the fortifications on the run. Having given these instructions, he held in readiness both the engines for shooting arrows and the men skilled in their use. Then Trajan with the two hundred men went out from the Salarian Gate against the camp of the enemy. And they, being filled with amazement at the suddenness of the thing, rushed out from the camps, each man equipping himself as well as he could. But the men under Trajan galloped to the top of the hill which Belisarius had shewn them, and from there began to ward off the barbarians with missiles. And since their shafts fell among a dense throng, they were for the most part successful in hitting a man or a horse. But when all their missiles had at last failed them, they rode off to the rear with all speed, and the Goths kept pressing upon them in pursuit. But when they came near the fortifications, the operators of the engines began to shoot arrows from them, and the barbarians became terrified and abandoned the pursuit. And it is said that not less than one thousand Goths perished in this action. A few days later Belisarius sent Mundilas, another of his own bodyguard, and Diogenes, both exceptionally capable warriors, with three hundred guardsmen,

ὑπασπισταῖς τριακοσίοις στείλας, ταὐτὸ ποιεῖν
τοῖς προτέροις ἐκέλευε. καὶ οἱ μὲν κατὰ ταῦτα
12 ἐποίουν. ὑπαντιασάντων δὲ τῶν πολεμίων ξυνη-
νέχθη αὐτῶν οὐχ ἥσσους, εἰ μὴ καὶ πλείους, ἢ ἐν
τῷ προτέρῳ ἔργῳ τρόπῳ τῷ αὐτῷ ἀπολωλέναι.
13 πέμψας δὲ καὶ τρίτον ξὺν ἱππεῦσι τριακοσίοις
Ὀΐλαν τὸν δορυφόρον, ἐφ' ᾧ τὰ ὅμοια τοὺς
14 πολεμίους ἐργάσονται, ταῦτα ἔδρασε. τρεῖς τε,
καθάπερ μοι ἐρρήθη, ἐπεκδρομὰς ποιησάμενος
τῶν ἐναντίων ἀμφὶ τετρακισχιλίους διέφθειρεν.
15 Οὐίττιγις δὲ (οὐ γὰρ αὐτὸν εἰσῄει τὸ διαλλάσ-
σον ἐν τοῖς στρατοπέδοις τῆς τε ὁπλίσεως καὶ
τῆς ἐς τὰ πολέμια ἔργα μελέτης) ῥᾷστα καὶ αὐτὸς
ᾤετο τὰ ἀνήκεστα τοὺς πολεμίους ἐργάσασθαι,
ἤν γε στρατῷ ὀλίγῳ ἐπ' αὐτοὺς τὴν ἔφοδον
16 ποιοίη. ἔπεμψεν οὖν ἱππεῖς πεντακοσίους, ἄγ-
χιστά τε τοῦ περιβόλου ἰέναι κελεύσας, καὶ
ὅσα πρὸς ὀλίγων πολλάκις πολεμίων πεπόνθασι,
ταῦτα δὴ ἐς ξύμπασαν τὴν ἐκείνων στρατιὰν
17 ἐπιδείξασθαι. καὶ οἱ μὲν ἐν χωρίῳ ὑψηλῷ γενό-
μενοι τῆς πόλεως οὐ μακρὰν ἄποθεν, ἀλλ' ὅσον
18 ἔξω βελῶν, ἵσταντο. Βελισάριος δὲ ἄνδρας τε
ἀπολέξας χιλίους καὶ Βέσσαν αὐτοῖς ἄρχοντα
ἐπιστήσας ὁμόσε χωρεῖν ἐπὶ τοὺς πολεμίους
19 ἐπέστελλεν. οἱ δὲ κύκλωσίν τε τῶν βαρβάρων
ποιησάμενοι καὶ κατὰ νώτου ἀεὶ βάλλοντες
κτείνουσί τε συχνοὺς καὶ τοὺς λοιποὺς βιασά-
20 μενοι κατελθεῖν ἐς τὸ πεδίον ἠνάγκασαν. ἔνθα
δὴ τῆς μάχης οὐκ ἐξ ἀντιπάλου τῆς δυνάμεως ἐκ
χειρὸς γενομένης, τῶν Γότθων οἱ μὲν πολλοὶ
διεφθάρησαν, ὀλίγοι δέ τινες μόλις διαφυγόντες

commanding them to do the same thing as the others had done before. And they acted according to his instructions. Then, when the enemy confronted them, the result of the encounter was that no fewer than in the former action, perhaps even more, perished in the same way. And sending even a third time the guardsman Oilas with three hundred horsemen, with instructions to handle the enemy in the same way, he accomplished the same result. So in making these three sallies, in the manner told by me, Belisarius destroyed about four thousand of his antagonists.

But Vittigis, failing to take into account the difference between the two armies in point of equipment of arms and of practice in warlike deeds, thought that he too would most easily inflict grave losses upon the enemy, if only he should make his attack upon them with a small force. He therefore sent five hundred horsemen, commanding them to go close to the fortifications, and to make a demonstration against the whole army of the enemy of the very same tactics as had time and again been used against them, to their sorrow, by small bands of the foe. And so, when they came to a high place not far from the city, but just beyond the range of missiles, they took their stand there. But Belisarius selected a thousand men, putting Bessas in command, and ordered them to engage with the enemy. And this force, by forming a circle around the enemy and always shooting at them from behind, killed a large number, and by pressing hard upon the rest compelled them to descend into the plain. There a hand-to-hand battle took place between forces not evenly matched in strength, and most of the Goths were destroyed, though some few with difficulty

21 εἰς τὸ σφέτερον στρατόπεδον ἀνεχώρησαν. οὓς
δὴ ὁ Οὐίττιγις ἅτε τῷ ἀνάνδρῳ ἡσσημένους ἐκά-
κιζε, καὶ τὸ πάθος ἑτέροις τισὶν ἀνασώσασθαι
οὐκ ἐς μακρὰν ὑποσχόμενος, ἐν μὲν τῷ παρόντι
ἡσύχαζε, τρισὶ δὲ ὕστερον ἡμέραις ἐκ πάντων
τῶν χαρακωμάτων ἄνδρας ἀπολεξάμενος πεντα-
κοσίους ἔργα ἐς τοὺς πολεμίους ἐκέλευεν ἐπι-
22 δείξασθαι ἀρετῆς ἄξια. οὓς ἐπειδὴ Βελισάριος
ἐγγυτέρω ἥκοντας εἶδε, πεντακοσίους τε καὶ
χιλίους καὶ ἄρχοντας Μαρτῖνόν τε καὶ Βαλε-
23 ριανὸν ἐπ᾽ αὐτοὺς ἔστελλεν. ἱππομαχίας τε ἐκ
τοῦ εὐθέος γεγενημένης, τῷ πλήθει Ῥωμαῖοι παρὰ
πολὺ ὑπεραίροντες τῶν πολεμίων, τρέπουσί τε
αὐτοὺς οὐδενὶ πόνῳ καὶ σχεδόν τι ἅπαντας
διαφθείρουσι.

24 Καὶ τοῖς μὲν πολεμίοις δεινόν τε καὶ τύχης
ἐναντίωμα παντάπασιν ἐδόκει εἶναι, εἰ πολλοί
τε ὄντες πρὸς ὀλίγων πολεμίων ἐπιόντων σφίσιν
ἡσσῶνται καὶ κατ᾽ ὀλίγους αὖθις ἰόντες ἐπ᾽
25 αὐτοὺς διαφθείρονται. Βελισάριον δὲ δημοσίᾳ
μὲν τῆς ξυνέσεως Ῥωμαῖοι ἐπῄνουν, ἐν θαύματι
αὐτήν,[1] ὡς τὸ εἰκός, μεγάλῳ ποιούμενοι, ἰδίᾳ δὲ
αὐτὸν ἠρώτων οἱ ἐπιτήδειοι ὅτῳ ποτὲ τεκμαιρό-
μενος ἐκείνῃ τῇ ἡμέρᾳ ᾗ τοὺς πολεμίους οὕτως
ἡσσημένος διέφυγεν, εὔελπις ἐγεγόνει τῷ πολέμῳ
26 κατὰ κράτος αὐτῶν περιέσεσθαι. καὶ αὐτὸς
ἔλεγεν ὡς αὐτοῖς κατ᾽ ἀρχὰς ξὺν ὀλίγοις τισὶν
ἐς χεῖρας ἐλθὼν κατενόησεν ὅτι ποτὲ τὸ διαφέρον

[1] αὐτήν K : αὐτόν L.

258

made their escape and returned to their own camp. And Vittigis reviled these men, insisting that cowardice had been the cause of their defeat, and undertaking to find another set of men to retrieve the loss after no long time, he remained quiet for the present ; but three days later he selected men from all the camps, five hundred in number, and bade them make a display of valorous deeds against the enemy. Now as soon as Belisarius saw that these men had come rather near, he sent out against them fifteen hundred men under the commanders Martinus and Valerian. And a cavalry battle taking place immediately, the Romans, being greatly superior to the enemy in numbers, routed them without any trouble and destroyed practically all of them.

And to the enemy it seemed in every way a dreadful thing and a proof that fortune stood against them, if, when they were many and the enemy who came against them were few, they were defeated, and when, on the other hand, they in turn went in small numbers against their enemy, they were likewise destroyed. Belisarius, however, received a public vote of praise from the Romans for his wisdom, at which they not unnaturally marvelled greatly, but in private his friends asked him on what he had based his judgment on that day when he had escaped from the enemy after being so completely defeated,[1] and why he had been confident that he would overcome them decisively in the war. And he said that in engaging with them at the first with only a few men he had noticed just what the difference was between the two armies, so

[1] Referring to the battle described in chap. xviii.

ἐν ἑκατέρᾳ στρατιᾷ εἴη, ὥστε ἢν κατὰ λόγον
τῆς δυνάμεως τὰς ξυμβολὰς ποιοίη, οὐδὲν ἂν τῇ
σφετέρᾳ ὀλιγανθρωπίᾳ τὸ τῶν πολεμίων λυμή-
27 νασθαι πλῆθος. διαφέρειν δέ,[1] ὅτι Ῥωμαῖοι
μὲν[2] σχεδόν τι ἅπαντες καὶ οἱ ξύμμαχοι Οὗννοι
ἱπποτοξόται εἰσὶν ἀγαθοί, Γότθων δὲ τὸ ἔργον
τοῦτο οὐδενὶ ἤσκηται, ἀλλ᾽ οἱ μὲν ἱππεῖς αὐτοῖς
μόνοις δορατίοις τε καὶ ξίφεσιν εἰώθασι χρῆσθαι,
οἱ δὲ τοξόται πεζοί τε ὄντες καὶ πρὸς τῶν ὁπλι-
28 τῶν καλυπτόμενοι ἐς μάχην καθίστανται. οἵ
τε οὖν ἱππεῖς, ἢν μὴ ἐκ χειρὸς ἡ ξυμβολὴ εἴη,
οὐκ ἔχοντες καθ᾽ ὅ τι ἀμυνοῦνται πρὸς τῶν ἐναν-
τίων τοξεύμασι χρωμένων, εὐπετῶς ἂν[3] βαλλό-
μενοι διαφθείρονται,[4] καὶ οἱ πεζοὶ κατ᾽ ἀνδρῶν
ἱππέων ἐπεκδρομὰς ποιεῖσθαι οὐκ ἄν ποτε ἱκανοὶ
29 εἶεν. διὰ ταῦτα μὲν Βελισάριος ἰσχυρίζετο τοὺς
βαρβάρους ἐν ταύταις δὴ ταῖς ξυμβολαῖς πρὸς
Ῥωμαίων ἡσσῆσθαι. Γότθοι δὲ τῶν σφίσι ξυμ-
βεβηκότων τὸ παράλογον ἐν νῷ ἔχοντες οὔτε
κατ᾽ ὀλίγους τὸ λοιπὸν ἐπὶ τὸν Ῥώμης περίβολον
ἐχώρουν οὔτε τοὺς πολεμίους ἐνοχλοῦντας ἐδίω-
κον, πλήν γε δὴ ὅσον ἐκ τῶν χαρακωμάτων
ἀπώσασθαι.

XXVIII

Ὕστερον δὲ Ῥωμαῖοι μὲν ἅπαντες, ἐπαρθέντες
τοῖς φθάσασιν εὐτυχήμασι, παντί τε τῷ Γότθων
στρατεύματι ὤργων διὰ μάχης ἰέναι καὶ πολε-
μητέα εἶναι ἐκ τοῦ ἐμφανοῦς σφίσιν ᾤοντο.

---

[1] διαφέρειν δέ Haury : διαφέρειν μὲν K, καὶ διαφέρειν μὲν L.
[2] μὲν K : om. L.   [3] ἂν K : om. L.
[4] διαφθείρονται L : διαφθείρωνται K.

that if he should fight his battles with them with a force which was in strength proportionate to theirs,[1] the multitudes of the enemy could inflict no injury upon the Romans by reason of the smallness of their numbers. And the difference was this, that practically all the Romans and their allies, the Huns, are good mounted bowmen, but not a man among the Goths has had practice in this branch, for their horsemen are accustomed to use only spears and swords, while their bowmen enter battle on foot and under cover of the heavy-armed men. So the horsemen, unless the engagement is at close quarters, have no means of defending themselves against opponents who use the bow, and therefore can easily be reached by the arrows and destroyed; and as for the foot-soldiers, they can never be strong enough to make sallies against men on horseback. It was for these reasons, Belisarius declared, that the barbarians had been defeated by the Romans in these last engagements. And the Goths, remembering the unexpected outcome of their own experiences, desisted thereafter from assaulting the fortifications of Rome in small numbers and also from pursuing the enemy when harassed by them, except only so far as to drive them back from their own camps.

XXVIII

But later on the Romans, elated by the good fortune they had already enjoyed, were with one accord eager to do battle with the whole Gothic army and thought that they should make war in the open field.

---

[1] *i.e.* smaller, but equal in strength.

2 Βελισάριος δέ, πάμπολυ ἔτι εἶναι τὸ διαφέρον
ἐν ἀμφοτέροις οἰόμενος, ὤκνει τε ἀεὶ τῷ παντὶ
διακινδυνεύειν στρατεύματι καὶ τὰς ἐπεκδρομὰς
ἐσπούδαζέ τε ἔτι μᾶλλον καὶ ἐπενόει ἐπὶ τοὺς πο-
3 λεμίους. ἐπεὶ δὲ κακιζόμενος πρός τε τοῦ στρα-
τοῦ καὶ Ῥωμαίων τῶν ἄλλων ἀπεῖπε, παντὶ μὲν
τῷ στρατῷ μάχεσθαι ἤθελε, τὴν δὲ ξυμβολὴν ἐξ
4 ἐπιδρομῆς οὐδέν τι ἧσσον ποιήσασθαι. πολλάκις
τε ἀπεκρούσθη ἐς τοῦτο ὁρμήσας, καὶ τὴν ἔφοδον
ἐς τὴν ὑστεραίαν ἀποθέσθαι ἠνάγκαστο, ἐπεὶ
προγνόντας τὰ ἐσόμενα πρὸς τῶν αὐτομόλων τοὺς
5 πολεμίους ἐν παρασκευῇ παρὰ δόξαν εὗρε. διὸ
δὴ καὶ ἐκ τοῦ ἐμφανοῦς διαμαχήσασθαι τὸ λοιπὸν
ἤθελε, καὶ οἱ βάρβαροι ἄσμενοι ἐς τὴν μάχην
καθίσταντο. καὶ ἐπεὶ ἀμφοτέροις τὰ ἐς τὴν
ξυμβολὴν ὡς ἄριστα ἤσκητο, Βελισάριος μὲν
ἀγείρας τὸ στράτευμα ὅλον τοιάδε παρεκελεύ-
σατο·

6 "Οὐ μαλακίαν τινὰ καταγνοὺς ὑμῶν, ἄνδρες
συστρατιῶται, οὐδὲ τῶν πολεμίων κατορρωδήσας
τὴν δύναμιν τὴν πρὸς αὐτοὺς συμβολὴν ὤκνουν,
ἀλλ' ἐπεὶ τὸν πόλεμον ἡμῖν ἐξ ἐπιδρομῆς δια-
φέρουσιν εὖ καθεισττήκει τὰ πράγματα, διασώ-
σασθαι ᾤμην δεῖν ἐς ἀεὶ τὴν τῆς εὐπραξίας
7 αἰτίαν. οἷς γὰρ κατὰ νοῦν τὰ παρόντα χωρεῖ,
ἐφ' ἕτερον[1] μεταβάλλεσθαι ἀξύμφορον οἶμαι.
ὁρῶν μέντοι ἐς τόνδε ὑμᾶς προθυμουμένους τὸν
κίνδυνον, εὐέλπις τέ εἰμι καὶ οὔποτε ὑμῶν τῇ

[1] ἐφ' ἕτερον K : ὑφ' ἑτέρων L, ἐφ' ἑτέρων V₁.

Belisarius, however, considering that the difference in size of the two armies was still very great, continued to be reluctant to risk a decisive battle with his whole army; and so he busied himself still more with his sallies and kept planning them against the enemy. But when at last he yielded his point because of the abuse heaped upon him by the army and the Romans in general, though he was willing to fight with the whole army, yet nevertheless he wished to open the engagement by a sudden sally. And many times he was frustrated when he was on the point of doing this, and was compelled to put off the attack to the following day, because he found to his surprise that the enemy had been previously informed by deserters as to what was to be done and were unexpectedly ready for him. For this reason, then, he was now willing to fight a decisive battle even in the open field, and the barbarians gladly came forth for the encounter. And when both sides had been made ready for the conflict as well as might be, Belisarius gathered his whole army and exhorted them as follows:

"It is not because I detected any cowardice on your part, fellow-soldiers, nor because I was terrified at the strength of the enemy, that I have shrunk from the engagement with them, but I saw that while we were carrying on the war by making sudden sallies matters stood well with us, and consequently I thought that we ought to adhere permanently to the tactics which were responsible for our success. For I think that when one's present affairs are going to one's satisfaction, it is inexpedient to change to another course of action. But since I see that you are eager for this danger, I am filled with con-

8 ὁρμῇ ἐμποδὼν στήσομαι.¹ οἶδα γὰρ ὡς τὸ
πλεῖστον ἀεὶ τῆς ἐν τοῖς πολέμοις ῥοπῆς ἡ τῶν
μαχομένων κεκλήρωται γνώμῃ καὶ τὰ πολλὰ τῇ
9 τούτων προθυμίᾳ κατορθοῦσθαι φιλεῖ. ὡς μὲν
οὖν ὀλίγοι μετὰ τῆς ἀρετῆς τεταγμένοι πλήθους
περιεῖναι οἷοί τέ εἰσι τῶν ἐναντίων ἐξεπίσταται
ὑμῶν ἕκαστος, οὐκ ἀκοῇ λαβών, ἀλλ' ἐς πεῖραν
10 ἀγῶνος τὴν καθ' ἡμέραν ἥκων. ὅπως δὲ μὴ
καταισχύνητε μήτε τὴν προτέραν τῶν ἐμῶν
στρατηγημάτων δόξαν μήτε τὴν ἐκ τῆσδε ὑμῶν
11 τῆς προθυμίας ἐλπίδα, ἐφ' ὑμῖν κείσεται. πάντα
γὰρ ὅσα ἡμῖν ἐν τῷδε τῷ πολέμῳ πεπρᾶχθαι
ξυμβαίνει πρὸς τὴν ἀπόβασιν κρίνεσθαι τῆς
12 παρούσης ἡμέρας ἀνάγκη. ὁρῶ δὲ καὶ τὸν πα-
ρόντα καιρὸν ἡμῖν ξυλλαμβάνοντα, ὃς ἡμῖν
δεδουλωμένου τοῖς φθάσασι τοῦ τῶν πολεμίων
φρονήματος ῥᾴδιον, ὡς τὸ εἰκός, τὴν ἐκείνων
13 ἐπικράτησιν θήσεται. τῶν γὰρ πολλάκις ἠτυχη-
κότων ἥκιστα ἀνδραγαθίζεσθαι φιλοῦσιν αἱ γνῶ-
μαι. ἵππου δὲ ἢ τόξου ἢ ἄλλου ὁτουοῦν ὅπλου
14 ὑμῶν φειδέσθω μηδείς. ἐγὼ γὰρ ὑμῖν ἐν τῷ
παραυτίκα ὑπὲρ πάντων ἕτερα τῶν κατὰ τὴν
μάχην διαφθειρομένων ἀνθυπουργήσω."

15 Βελισάριος μὲν τοσαῦτα παρακελευσάμενος
ἐξῆγε τὸ στράτευμα διά τε πυλίδος Πιγκιανῆς
καὶ Σαλαρίας πύλης, ὀλίγους δέ τινας διὰ πύλης
16 Αὐρηλίας ἐς Νέρωνος πεδίον ἐκέλευεν ἰέναι. οἷς
δὴ Βαλεντῖνον ἐπέστησε καταλόγου ἱππικοῦ
ἄρχοντα, καὶ αὐτῷ ἐπέστελλε μάχης μὲν μηδε-
μιᾶς ἄρχειν, μηδὲ τοῦ στρατοπέδου τῶν ἐναντίων
ἐγγυτέρω ἰέναι, δόκησιν δὲ παρέχειν ἀεὶ τοῦ

¹ ἐμποδὼν στήσομαι Κ : ἐμποδὼν ἔσομαι L.

fidence and shall never oppose your ardour. For I know that the greatest factor in the decision of war is always the attitude of the fighting men, and it is generally by their enthusiasm that successes are won. Now, therefore, the fact that a few men drawn up for battle with valour on their side are able to overcome a multitude of the enemy, is well known by every man of you, not by hearsay, but by daily experience of fighting And it will rest with you not to bring shame upon the former glories of my career as general, nor upon the hope which this enthusiasm of yours inspires. For the whole of what has already been accomplished by us in this war must of necessity be judged in accordance with the issue of the present day. And I see that the present moment is also in our favour, for it will, in all probability, make it easier for us to gain the mastery over the enemy, because their spirit has been enslaved by what has gone before. For when men have often met with misfortune, their hearts are no longer wont to thrill even slightly with manly valour. And let no one of you spare horse or bow or any weapon. For I will immediately provide you with others in place of all that are destroyed in the battle."

After speaking these words of exhortation, Belisarius led out his army through the small Pincian Gate and the Salarian Gate, and commanded some few men to go through the Aurelian Gate into the Plain of Nero. These he put under the command of Valentinus, a commander of a cavalry detachment, and he directed him not to begin any fighting, or to go too close to the camp of the enemy, but constantly to give the appearance of being

αὐτίκα προσβάλλειν, ὅπως μὴ τῶν ἐνταῦθα
πολεμίων τινὲς τὴν ἐκείνῃ γέφυραν διαβαίνοντες
ἐπιβοηθεῖν τοῖς ἐκ τῶν ἄλλων χαρακωμάτων
17 οἷοί τε ὦσι. πολλῶν γὰρ ὄντων, ὥσπερ μοι
προδεδήλωται, τῶν ἐν Νέρωνος πεδίῳ στρατο-
πεδευομένων βαρβάρων ἱκανόν οἱ ἐφαίνετο τού-
τους δὴ ἅπαντας οὐ μεταλαχόντας τῆς ξυμβολῆς
18 ἀπὸ τοῦ ἄλλου στρατοῦ κεχωρίσθαι. καὶ ἐπειδὴ
Ῥωμαίων τοῦ δήμου ἐθελούσιοί τινες ὅπλα ἀνε-
λόμενοι εἵποντο, ἐς μὲν τὴν ξυμβολὴν αὐτοὺς
ξυντετάχθαι σφίσιν οὐκ εἴασε, δείσας μὴ ἐν τῷ
ἀγῶνι γενόμενοι κατορρωδήσωσί τε τὸν κίνδυνον
καὶ τὸ στράτευμα ξυνταράξωσιν ὅλον, βάναυσοί
τε ἄνδρες καὶ πολέμου ἀμελέτητοι παντάπασιν
19 ὄντες. ἐκτὸς δὲ πυλῶν Παγκρατιανῶν, αἳ ὑπὲρ
Τίβεριν ποταμόν εἰσι, φάλαγγα ποιησαμένους
ἡσυχάζειν ἐκέλευεν ἕως αὐτὸς σημήνῃ, λογισά-
μενος, ὅπερ ἐγένετο, ὡς, εἴπερ αὐτούς τε καὶ τοὺς
ἀμφὶ Βαλεντῖνον ἴδωσιν οἱ ἐν Νέρωνος πεδίῳ
πολέμιοι, οὔ ποτε θαρσήσουσι τὸ σφέτερον
ἀπολιπόντες χαράκωμα ἐπὶ σφᾶς ξὺν τῷ ἄλλῳ
20 στρατῷ ἐς μάχην ἰέναι. ἕρμαιον δὲ καὶ λόγου
πολλοῦ ἄξιον εἶναι ἄνδρας τοσούτους τὸ πλῆθος
τοῦ τῶν ἐναντίων στρατοπέδου ἀποκεκρίσθαι.

21 Οὕτως μὲν οὖν ἱππομαχίαν μόνον ἐκείνῃ τῇ
ἡμέρᾳ ποιήσασθαι ἤθελεν, καὶ τῶν ἄλλων πεζῶν
οἱ πλεῖστοι ἤδη μένειν ἐν τοῖς καθεστῶσιν οὐκ
ἀξιοῦντες, ἵππους τε τῶν πολεμίων λῃσάμενοι
καὶ τοῦ ἱππεύειν οὐκ ἀμελέτητοι γεγενημένοι,

about to attack immediately, so that none of the enemy in that quarter might be able to cross the neighbouring bridge and come to the assistance of the soldiers from the other camps. For since, as I have previously stated,[1] the barbarians encamped in the Plain of Nero were many, it seemed to him sufficient if these should all be prevented from taking part in the engagement and be kept separated from the rest of the army. And when some of the Roman populace took up arms and followed as volunteers, he would not allow them to be drawn up for battle along with the regular troops, fearing lest, when they came to actual fighting, they should become terrified at the danger and throw the entire army into confusion, since they were labouring men and altogether unpractised in war. But outside the Pancratian Gate, which is beyond the Tiber River, he ordered them to form a phalanx and remain quiet until he himself should give the signal, reasoning, as actually proved to be the case, that if the enemy in the Plain of Nero should see both them and the men under Valentinus, they would never dare leave their camp and enter battle with the rest of the Gothic army against his own forces. And he considered it a stroke of good luck and a very important advantage that such a large number of men should be kept apart from the army of his opponents.

Such being the situation, he wished on that day to engage in a cavalry battle only; and indeed most of the regular infantry were now unwilling to remain in their accustomed condition, but, since they had captured horses as booty from the enemy and had become not unpractised in horsemanship, they were

---

[1] Chap. xix. 12, xiii. 15.

22 ἱππόται ἦσαν. τοὺς δὲ πεζούς, ὀλίγους τε ὄντας
καὶ οὔτε φάλαγγα ἔχοντας λόγου ἀξίαν ποιή-
σασθαι οὔτε τοῖς βαρβάροις θαρσήσαντάς πω ἐς
χεῖρας ἰέναι, ἀλλ᾿ ἐς φυγὴν ἀεὶ ἐν τῇ πρώτῃ
ὁρμῇ καθισταμένους, οὐκ ἀσφαλὲς ἐνόμιζεν εἶναι
ἄποθεν τοῦ περιβόλου παρατάσσεσθαι, ἀλλ᾿
αὐτοῦ ἄγχιστα τῆς τάφρου ἐν τάξει μένειν,
ὅπως, εἴ γε σφῶν τοὺς ἱππέας τρέπεσθαι ξυμ-
βαίνοι, δέχεσθαί τε οἷοί τε ὦσι τοὺς φεύγοντας
καὶ ξὺν αὐτοῖς ἅτε ἀκμῆτες τοὺς ἐναντίους ἀμύ-
νεσθαι.

23 Πριγκίπιος δέ τις ἐν τοῖς αὐτοῦ δορυφόροις,
ἀνὴρ δόκιμος, Πισίδης γένος, καὶ Ταρμοῦτος
Ἴσαυρος, Ἔννου τοῦ Ἰσαύρων ἀρχηγοῦ ἀδελφός,
Βελισαρίῳ ἐς ὄψιν ἐλθόντες ἔλεξαν τοιάδε·

24 "Στρατηγῶν ἄριστε, μήτε τὸ στράτευμά σοι,
ὀλίγον τε ὂν καὶ πρὸς μυριάδας βαρβάρων
πολλὰς μαχησόμενον, ἀποτέμνεσθαι ἀξίου τῆς
πεζῶν φάλαγγος, μήτε χρῆναι τὸ Ῥωμαίων
πεζικὸν ὑβρίζεσθαι οἴου, δι᾿ οὗ τὴν ἀρχὴν τοῖς
πάλαι Ῥωμαίοις ἐς τόδε μεγέθους κεχωρηκέναι

25 ἀκούομεν. εἰ γάρ τι οὐκ ἀξιόλογον αὐτοῖς ἐν
τῷδε τῷ πολέμῳ εἰργάσθαι ξυμβαίνει, οὐ τῆς
τῶν στρατιωτῶν κακίας τεκμήριον τοῦτο, ἀλλ᾿ οἱ
τῶν πεζῶν ἄρχοντες τὴν αἰτίαν φέρεσθαι δίκαιοι,
ἵπποις μὲν ἐν τῇ παρατάξει μόνοι ὀχούμενοι,
κοινὴν δὲ ἡγεῖσθαι οὐκ ἀξιοῦντες τὴν τοῦ πολέμου
τύχην, ἀλλὰ φυγῇ αὐτῶν μόνος ἕκαστος[1] καὶ

26 πρὸ τῆς ἀγωνίας τὰ πολλὰ[2] χρώμενοι. σὺ δὲ

---

[1] αὐτῶν μόνος ἕκαστος Haury: αὐτῷ μόνῳ K, αὐτῶν μόνη
ἕκαστος L.

[2] τὰ πολλὰ K: πολλῇ L.

now mounted. And since the infantry were few in number and unable even to make a phalanx of any consequence, and had never had the courage to engage with the barbarians, but always turned to flight at the first onset, he considered it unsafe to draw them up at a distance from the fortifications, but thought it best that they should remain in position where they were, close by the moat, his purpose being that, if it should so happen that the Roman horsemen were routed, they should be able to receive the fugitives and, as a fresh body of men, help them to ward off the enemy.

But there were two men among his bodyguards, a certain Principius, who was a man of note and a Pisidian by birth, and Tarmutus, an Isaurian, brother of Ennes who was commander of the Isaurians. These men came before Belisarius and spoke as follows : "Most excellent of generals, we beg you neither to decide that your army, small as it is and about to fight with many tens of thousands of barbarians, be cut off from the phalanx of the infantry, nor to think that one ought to treat with contumely the infantry of the Romans, by means of which, as we hear, the power of the ancient Romans was brought to its present greatness. For if it so happens that they have done nothing of consequence in this war, this is no evidence of the cowardice of the soldiers, but it is the commanders of the infantry who would justly bear the blame, for they alone ride on horseback in the battle-line and are not willing to consider the fortunes of war as shared by all, but as a general thing each one of them by himself takes to flight before the struggle begins. But do you keep all the commanders of

πάντας μὲν τοὺς πεζῶν ἄρχοντας, ἱππέας γὰρ [1]
ὁρᾷς γεγενημένους ἥκιστά τε ξυντάττεσθαι τοῖς
σφῶν ὑπηκόοις ἐθέλοντας, ξὺν [2] τῷ ἄλλῳ τῶν
ἱππέων στρατεύματι ἔχων ἐς τὴν ξυμβολὴν
τήνδε καθίστασο, ἡμᾶς δὲ τοῖς πεζοῖς ἐς τὴν
27 παράταξιν ἡγεῖσθαι ξυγχώρει. πεζοὶ γὰρ καὶ
ἡμεῖς τὸ τῶν βαρβάρων πλῆθος ξὺν αὐτοῖς οἴσο-
μεν, ἐλπίδα ἔχοντες ὅσα ἂν ὁ θεὸς διδῷ τοὺς
πολεμίους ἐργάσασθαι."

28   Ταῦτα ἀκούσας Βελισάριος κατ' ἀρχὰς μὲν οὐ
ξυνεχώρησεν· αὐτῷ γὰρ ἄνδρε μαχίμω ἐς [3] ἄγαν
ὄντε ὑπερηγάπα καὶ πεζοὺς ὀλίγους διακινδυ-
29 νεύειν οὐκ ἤθελε. τέλος δὲ τῇ τῶν ἀνδρῶν προ-
θυμίᾳ βιαζόμενος ὀλίγους μέν τινας ἔς τε τὰς
πύλας καὶ ἄνω ἐς τὰς ἐπάλξεις ξὺν Ῥωμαίων
τῷ δήμῳ ἀμφὶ τὰς μηχανὰς εἴασε, τοῖς δὲ ἄλλοις
Πριγκίπιόν τε καὶ Ταρμοῦτον ἐπιστήσας ὄπισθεν
αὐτοὺς ἵστασθαι ἐν τάξει ἐκέλευεν, ὅπως αὐτοί
τε μὴ τὸν κίνδυνον κατορρωδήσαντες τὸ ἄλλο
στράτευμα ξυνταράξωσι, καὶ τῶν ἱππέων ἤν τίς
ποτε μοῖρα τρέποιτο, μὴ ὡς ἀπωτάτω χωρήσαιεν,
ἀλλ' ἐς τοὺς πεζοὺς καταφεύγοντες τοὺς διώ-
κοντας οἷοί τε ὦσι ξὺν ἐκείνοις ἀμύνεσθαι.

---

[1] ἱππέας γὰρ Haury: ἱππέας MSS., οὕς γε δὴ ἱππέας
Comparetti.   [2] ξὺν Κ: οὕς γε δὴ ξὺν L.
[3] ξυνεχώρησεν αὐτὸ ἄνδρε μαχίμω ἐς Κ, ξυνεχώρησεν. αὐτῷ
γὰρ ἀνδριμάχω ἐς L.

infantry, since you see that they have become cavalry
and that they are quite unwilling to take their stand
beside their subordinates, and include them with the
rest of the cavalry and so enter this battle, but permit
us to lead the infantry into the combat. For since
we also are unmounted, as are these troops, we shall
do our part in helping them to support the attack
of the multitude of barbarians, full of hope that we
shall inflict upon the enemy whatever chastisement
God shall permit."

When Belisarius heard this request, at first he did
not assent to it; for he was exceedingly fond of these
two men, who were fighters of marked excellence,
and he was unwilling to have a small body of infantry
take such a risk. But finally, overborne by the eager-
ness of the men, he consented to leave only a small
number of their soldiers, in company with the Roman
populace, to man the gates and the battlement along
the top of the wall where the engines of war were,
and to put the rest under command of Principius
and Tarmutus, ordering them to take position in
the rear in regular formation. His purpose in this
was, in the first place, to keep these troops from
throwing the rest of the army into confusion if they
themselves should become panic-stricken at the dan-
ger, and, in the second place, in case any division of
the cavalry should be routed at any time, to prevent
the retreat from extending to an indefinite distance,
but to allow the cavalry simply to fall back upon the
infantry and make it possible for them, with the
infantry's help, to ward off the pursuers.

XXIX

Ῥωμαίοις μὲν τὰ ἐς τὴν ξυμβολὴν παρεσκεύ-
αστο ὧδε. Οὐίττιγις δὲ Γότθους ἐξώπλισεν
ἅπαντας, οὐδένα ἐν τοῖς χαρακώμασιν, ὅτι μὴ
2 τοὺς ἀπομάχους, ἀπολιπών. καὶ τοὺς μὲν ἀμφὶ
Μαρκίαν ἐν Νέρωνος πεδίῳ μένειν ἐκέλευε, φυλα-
κῆς τε τῆς ἐν γεφύρᾳ ἐπιμελεῖσθαι, ὅπως δὴ μὴ
ἐνθένδε οἱ πολέμιοι ἐπὶ σφᾶς ἴωσιν· αὐτὸς δὲ τὸ
ἄλλο στράτευμα ξυγκαλέσας ἔλεξε τοιάδε·
3 "Ἴσως ἂν ὑμῶν τισι περὶ τῇ ἀρχῇ δεδιέναι
δοκοίην καὶ ἀπ' αὐτοῦ τήν τε ἄλλην ἐς ὑμᾶς
φιλοφροσύνην ἐνδείξασθαι καὶ τανῦν ὑπὲρ εὐ-
4 τολμίας ὑμῖν ἐπαγωγὰ φθέγγεσθαι. καὶ τοῦτο
οὐκ ἀπὸ τοῦ ἀνθρωπείου τρόπου λογίζονται.
εἰώθασι γὰρ ἀμαθεῖς ἄνθρωποι, ὧν μὲν ἂν
δέοιντο, πρᾳότητι ἐς αὐτοὺς χρῆσθαι, κἂν πολλῷ
τῷ διαλλάσσοντι καταδεέστεροι τύχωσιν ὄντες,
ἐς δὲ τοὺς ἄλλους δυσπρόσοδοι[1] εἶναι, ὧν τῆς
5 ὑπουργίας οὐ χρῄζουσιν. ἐμοὶ μέντοι οὔτε βίου
καταστροφῆς οὔτε ἀρχῆς στερήσεως μέλει. εὐ-
ξαίμην γὰρ ἂν καὶ τὴν πορφυρίδα ταύτην ἀπο-
δύσασθαι τήμερον, εἰ Γότθος ἀνὴρ αὐτὴν ἐνδιδύ-
6 σκεσθαι μέλλοι. καὶ τὸ Θευδάτου πέρας ὄλβιον
ἐν τοῖς μάλιστα γεγενῆσθαι νενόμικα, ᾧ γε
ταῖς τῶν ὁμοφύλων χερσὶ τήν τε ἀρχὴν ἀφεῖ-
7 ναι καὶ τὴν ψυχὴν ἅμα τετύχηκε. συμφορὰ
γὰρ ἰδίᾳ προσπίπτουσα μὴ συμφθειρομένου τοῦ
γένους τοῖς γε οὐκ ἀνοήτοις παραψυχῆς οὐκ

---

[1] δυσπρόσοδοι K : δυσπρόσωποι L.

XXIX

In this fashion the Romans had made their preparations for the encounter. As for Vittigis, he had armed all the Goths, leaving not a man behind in the camps, except those unfit for fighting. And he commanded the men under Marcias to remain in the Plain of Nero, and to attend to the guarding of the bridge, that the enemy might not attack his men from that direction. He himself then called together the rest of the army and spoke as follows:

"It may perhaps seem to some of you that I am fearful about my sovereignty, and that this is the motive which has led me, in the past, to shew a friendly spirit toward you and, on the present occasion, to address you with seductive words in order to inspire you with courage. And such reasoning is not out of accord with the ways of men. For unenlightened men are accustomed to shew gentleness toward those whom they want to make use of, even though these happen to be in a much humbler station than they, but to be difficult of access to others whose assistance they do not desire. As for me, however, I care neither for the end of life nor for the loss of power. Nay, I should even pray that I might put off this purple to-day, if a Goth were to put it on. And I have always regarded the end of Theodatus as one of the most fortunate, in that he was privileged to lose both his sovereignty and his life at the hands of men of his own nation. For a calamity which falls upon an individual without involving his nation also in destruction does not lack an element of consolation, in the view, at least, of men who are not wanting in

8 ἐστέρηται. ἐννοοῦντά με δὲ τό τε Βανδίλων
πάθος καὶ τὸ τοῦ Γελίμερος τέλος οὐδὲν εἰσέρ-
χεται μέτριον, ἀλλὰ Γότθους μὲν ὁρᾶν μοι δοκῶ
ξὺν τοῖς παισὶ δεδουλωμένους, γυναῖκας δὲ ὑμετέ-
ρας ἀνδράσιν ἐχθίστοις τὰ πάντων αἴσχιστα
ὑπηρετούσας, ἐμαυτὸν δὲ ἀγόμενον καὶ τὴν τῆς
Θευδερίχου θυγατρὸς παῖδα ὅπῃ ποτὲ τοὺς νῦν
πολεμίους ἀρέσκει· ταῦτα βουλοίμην ἂν καὶ ὑμᾶς
ὅπως μὴ προσπέσωσι δείσαντας ἐς μάχην τήνδε
9 καθίστασθαι. οὕτω γὰρ ἂν ἐν τῷ τῆς ξυμβολῆς
χωρίῳ τὴν τοῦ βίου καταστροφὴν περὶ πλείονος
τῆς μετὰ τὴν ἧτταν σωτηρίας ποιήσαισθε. ἐνὶ
γὰρ μόνῳ κακοτυχεῖν ἄνδρες γενναῖοι τῷ τῶν
10 πολεμίων ἐλασσοῦσθαι νομίζουσι. θάνατος δέ,
ἄλλως τε καὶ ταχὺς ἥκων, εὐδαίμονας ἀεὶ τοὺς
11 πρόσθεν οὐκ εὐτυχοῦντας ἐργάζεται. εὔδηλόν τε
ὡς, ἢν μετὰ τούτων ὑμεῖς τῶν λογισμῶν τήνδε
τὴν ξυμβολὴν διενέγκητε, ῥᾷστα μὲν τοὺς ἐναν-
τίους νικήσετε, ὀλίγους τε ὄντας καὶ Γραικούς,[1]
κολάσετε δὲ αὐτοὺς αὐτίκα δὴ μάλα τῆς τε ἀδι-
12 κίας καὶ ὕβρεως ἧς ἐς ἡμᾶς ἦρξαν. ἡμεῖς μὲν γὰρ
αὐτῶν ἀρετῇ τε καὶ πλήθει καὶ τοῖς ἄλλοις
ἅπασιν ὑπεραίρειν αὐχοῦμεν, οἱ δὲ θρασύνονται
καθ᾽ ἡμῶν τοῖς ἡμετέροις κακοῖς ἐπαρθέντες, καὶ
μόνον ἐφόδιον ἔχοντες τὴν ἡμετέραν ὀλιγωρίαν.
βόσκει γὰρ αὐτῶν τὴν παρρησίαν τὸ παρὰ τὴν
ἀξίαν εὐτύχημα."

13 Τοσαῦτα καὶ Οὐίττιγις παρακελευσάμενος διε-
κόσμει τὸ στράτευμα ἐς παράταξιν, πεζοὺς μὲν ἐς
μέσον καταστησάμενος, τοὺς ἱππέας δὲ ἐς ἄμφω
14 τὰ κέρατα. οὐκ ἄποθεν μέντοι τῶν χαρακωμάτων

---

[1] γραικούς K : γραικοὺς ἢ Ἴσους L, ἢ Ἰσαύρους Grotius.

wisdom. But when I reflect upon the fate of the
Vandals and the end of Gelimer, the thoughts which
come to my mind are of no ordinary kind; nay, I seem
to see the Goths and their children reduced to slavery,
your wives ministering in the most shameful of all
ways to the most hateful of men, and myself and the
granddaughter [1] of Theoderic led wherever it suits
the pleasure of those who are now our enemies; and
I would have you also enter this battle fearing lest
this fate befall us. For if you do this, on the field of
battle you will count the end of life as more to be
desired than safety after defeat. For noble men
consider that there is only one misfortune—to survive
defeat at the hands of their enemy. But as for death,
and especially death which comes quickly, it always
brings happiness to those who were before not blest
by fortune. It is very clear that if you keep these
thoughts in mind as you go through the present
engagement, you will not only conquer your opponents
most easily, few as they are and Greeks,[2] but will also
punish them forthwith for the injustice and insolence
with which they, without provocation, have treated
us. For although we boast that we are their superiors
in valour, in numbers, and in every other respect, the
boldness which they feel in confronting us is due
merely to elation at our misfortunes; and the only
asset they have is the indifference we have shewn.
For their self-confidence is fed by their undeserved
good fortune."

With these words of exhortation Vittigis proceeded
to array his army for battle, stationing the infantry
in the centre and the cavalry on the two wings. He
did not, however, draw up his phalanx far from the

[1] Matasuntha.   [2] Cf. Book IV. xxvii. 38, note.

τὴν φάλαγγα διέτασσεν, ἀλλ᾽ αὐτοῦ ἄγχιστα,
ὅπως, ἐπειδὰν τάχιστα ἡ τροπὴ γένηται, εὐπετῶς
οἱ πολέμιοι καταλαμβανόμενοι διαφθείρωνται, ἐν
15 χώρῳ πολλῷ τῆς διώξεως αὐτοῖς γινομένης. ἤλ-
πιζε γάρ, ἢν ἐν τῷ πεδίῳ ἡ μάχη συσταδὸν γένη-
ται, αὐτοὺς οὐδὲ βραχύν τινα χρόνον ἀνθέξειν,
τεκμαιρόμενος πολλῷ γε ὄντι[1] τῷ παραλόγῳ ὅτι
οὐκ ἀντίπαλον τῷ σφετέρῳ τὸ τῶν πολεμίων
στράτευμα εἴη.
16   Οἱ μὲν οὖν στρατιῶται πρωὶ ἀρξάμενοι ἔργου
ἑκατέρωθεν εἴχοντο· Οὐίττιγις δὲ καὶ Βελισά-
ριος ὄπισθεν ἐγκελευόμενοι ἀμφοτέρους ἐς εὐψυ-
17 χίαν ὥρμων. καὶ τὰ μὲν πρῶτα καθυπέρτερα ἦν
τὰ Ῥωμαίων, οἵ τε βάρβαροι πρὸς τῶν τοξευμά-
των συχνοὶ ἔπιπτον, δίωξις μέντοι αὐτῶν οὐδεμία
18 ἐγίνετο. ἅτε γὰρ ἐν πλήθει μεγάλῳ οἱ Γότθοι
καθεστῶτες ῥᾷστα δὴ ἐς τῶν διαφθειρομένων τὴν
χώραν ἕτεροι ἵσταντο, αἴσθησίν τε οὐδεμίαν τῶν
ἐν σφίσιν ἀπολλυμένων παρείχοντο. καὶ τοῖς
Ῥωμαίοις ἱκανὸν ἐφαίνετο λίαν ὀλίγοις οὖσιν ἐς
19 τόδε αὐτοῖς τὴν ἀγωνίαν ἀποκεκρίσθαι. τήν τε
μάχην ἄχρι ἐς τὰ τῶν ἐναντίων στρατόπεδα διε-
νεγκοῦσιν ἐς μέσην ἡμέραν, καὶ πολλοὺς ἤδη
διαφθείρασι τῶν πολεμίων βουλομένοις ἦν ἐς τὴν
πόλιν ἐπανιέναι, ἤν τις αὐτοῖς γένηται σκῆψις.
20 ἐν τούτῳ τῷ πόνῳ ἄνδρες Ῥωμαίων ἀγαθοὶ πάν-
των μάλιστα ἐγένοντο τρεῖς, Ἀθηνόδωρός τε,
ἀνὴρ Ἴσαυρος, ἐν τοῖς Βελισαρίου δορυφόροις
εὐδόκιμος, καὶ Θεοδωρίσκος τε καὶ Γεώργιος,
21 Μαρτίνου δορυφόροι, Καππαδόκαι γένος. ἀεὶ
γὰρ τοῦ τῆς φάλαγγος ἐξιόντες μετώπου δόρασι

---

[1] γε ὄντι K : τοῦτο L.

amps, but very near them, in order that, as soon as
he rout should take place, the enemy might easily
be overtaken and killed, there being abundance of
oom for the pursuit. For he expected that if the
truggle should become a pitched battle in the plain,
hey would not withstand him even a short time; since
he judged by the great disparity of numbers that the
rmy of the enemy was no match for his own.

So the soldiers on both sides, beginning in the early
norning, opened battle; and Vittigis and Belisarius
vere in the rear urging on both armies and inciting
hem to fortitude. And at first the Roman arms
prevailed, and the barbarians kept falling in great
numbers before their archery, but no pursuit of them
vas made. For since the Gothic cavalry stood in
dense masses, other men very easily stepped into the
places of those who were killed, and so the loss of
hose who fell among them was in no way apparent.
And the Romans evidently were satisfied, in view of
heir very small number, that the struggle should
have such a result for them. So after they had by
midday carried the battle as far as the camps of their
opponents, and had already slain many of the enemy,
hey were anxious to return to the city if any pretext
hould present itself to them. In this part of the
action three among the Romans proved themselves
brave men above all others, Athenodorus an Isaurian,
a man of fair fame among the guards of Belisarius,
and Theodoriscus and George, spearmen of Martinus
and Cappadocians by birth. For they constantly kept
going out beyond the front of the phalanx, and there

διειργάζοντο τῶν βαρβάρων πολλούς. ταῦτα μὲν ἐφέρετο τῇδε.

22 Ἐν δὲ Νέρωνος πεδίῳ χρόνον μὲν συχνὸν ἀντεκάθηντο ἑκάτεροι ἀλλήλοις, καὶ οἱ Μαυρούσιοι ἐπεκδρομάς τε ἀεὶ ποιούμενοι καὶ τὰ δοράτια

23 ἐσακοντίζοντες τοὺς Γότθους ἐλύπουν. ἐπεξιέναι γὰρ αὐτοῖς¹ ἥκιστα ἤθελον, δεδιότες τοὺς ἐκ τοῦ Ῥωμαίων δήμου οὐκ ἄποθεν ὄντας, οὓς δὴ στρατιώτας τε ᾤοντο εἶναι καί τινα ἐνέδραν ἐς σφᾶς ποιουμένους ἡσυχῆ μένειν, ὅπως κατὰ νώτου ἰόντες ἀμφιβόλους τε ποιησάμενοι διαφθεί-

24 ρωσιν. ἤδη δὲ τῆς ἡμέρας μεσούσης ὁρμᾷ μὲν τὸ Ῥωμαίων στράτευμα ἐκ τοῦ αἰφνιδίου ἐπὶ τοὺς πολεμίους, τρέπονται δὲ παρὰ δόξαν οἱ Γότθοι

25 τῷ ἀπροσδοκήτῳ καταπλαγέντες. καὶ οὐδὲ ἐς τὸ χαράκωμα φυγεῖν ἴσχυσαν, ἀλλ᾽ ἐς τοὺς ἐκείνῃ λόφους ἀναβάντες ἡσύχαζον. οἱ δὲ Ῥωμαῖοι

26 πολλοὶ μὲν ἦσαν, οὐ στρατιῶται δὲ πάντες ἀλλ᾽ οἱ πλεῖστοι γυμνὸς ὅμιλος. ἅτε γὰρ τοῦ στρατηγοῦ ἑτέρωθι ὄντος πολλοὶ ἐν τῷ Ῥωμαίων στρατοπέδῳ ναῦται καὶ οἰκέται τοῦ² πολέμου μεταλαχεῖν ἐφιέμενοι ἀνεμίγνυντο τῷ ταύτῃ

27 στρατῷ. καὶ πλήθει μὲν τοὺς βαρβάρους ἐκπλήξαντες, ὥσπερ ἐρρήθη, ἐς φυγὴν ἔτρεψαν, ἀκοσ-

28 μίᾳ δὲ τὰ Ῥωμαίων πράγματα ἔσφηλαν. ἐπιμιξίᾳ γὰρ τῇ ἐκείνων ἐς ἀταξίαν πολλὴν οἱ στρατιῶται ἐμπεπτωκότες, καίπερ σφίσι Βαλεντίνου πολλὰ ἐγκελευομένου, τῶν παραγγελλομένων ἥκιστα

29 ἤκουον. διόπερ οὐδὲ τοῖς φεύγουσιν ἐπισπόμενοι

---

¹ αὐτοῖς K : πρὸς αὐτοὺς L.
² τοῦ K : τούτου τοῦ L.

despatched many of the barbarians with their spears. Such was the course of events here.

But in the Plain of Nero the two armies remained for a long time facing one another, and the Moors, by making constant sallies and hurling their javelins among the enemy, kept harrying the Goths. For the Goths were quite unwilling to go out against them through fear of the forces of the Roman populace which were not far away, thinking, of course, that they were soldiers and were remaining quiet because they had in mind some sort of an ambush against themselves with the object of getting in their rear, exposing them to attack on both sides, and thus destroying them. But when it was now the middle of the day, the Roman army suddenly made a rush against the enemy, and the Goths were unexpectedly routed, being paralyzed by the suddenness of the attack. And they did not succeed even in fleeing to their camp, but climbed the hills near by and remained quiet. Now the Romans, though many in number, were not all soldiers, but were for the most part a throng of men without defensive armour. For inasmuch as the general was elsewhere, many sailors and servants in the Roman camp, in their eagerness to have a share in the war, mingled with that part of the army. And although by their mere numbers they did fill the barbarians with consternation and turn them to flight, as has been said, yet by reason of their lack of order they lost the day for the Romans. For the intermixture of the above-mentioned men caused the soldiers to be thrown into great disorder, and although Valentinus kept constantly shouting orders to them, they could not hear his commands at all. For this reason they did not even follow up the

τινα[1] ἔκτεινον, ἀλλ᾽ ἐν τοῖς λόφοις ἡσυχάζοντας
30 ἀδεῶς τὰ ποιούμενα θεᾶσθαι ξυνεχώρησαν. οὐδὲ
τὴν ἐκείνῃ διελεῖν γέφυραν ἐν νῷ ἐποιήσαντο,
ὅπως τὸ λοιπὸν ἡ πόλις μὴ ἑκατέρωθεν πολιορ-
κοῖτο, τῶν βαρβάρων ἔτι ὑπὲρ ποταμὸν Τίβεριν
31 ἐνστρατοπεδεύεσθαι οὐκ ἂν δυναμένων. οὐ μὴν
οὐδὲ τὴν γέφυραν διαβάντες κατὰ νώτου τῶν
ἐναντίων ἐγένοντο οἳ τοῖς ἀμφὶ Βελισάριον ταύτῃ
ἐμάχοντο. ὅπερ εἰ ἐγεγόνει, οὐκ ἂν ἔτι, οἶμαι, οἱ
Γότθοι πρὸς ἀλκὴν ἔβλεπον, ἀλλ᾽ ἐς φυγὴν
αὐτίκα μάλα ἐτράποντο, ὡς ἕκαστός πῃ ἐδύνατο.
32 νῦν δὲ καταλαβόντες τὸ τῶν πολεμίων χαράκωμα
ἐς ἁρπαγὴν τῶν χρημάτων ἐτράποντο, καὶ πολλὰ
μὲν ἐνθένδε ἀργυρώματα, πολλὰ δὲ ἄλλα χρή-
33 ματα ἔφερον. οἱ δὲ βάρβαροι χρόνον μέν τινα
θεώμενοι τὰ ποιούμενα ἡσύχαζόν τε καὶ αὐτοῦ
ἔμενον, τέλος δὲ ξυμφρονήσαντες θυμῷ τε πολλῷ
καὶ κραυγῇ ἐχόμενοι ἐπὶ τοὺς ἐναντίους ἐχώ-
34 ρησαν. εὑρόντες δὲ ἀνθρώπους κόσμῳ οὐδενὶ τὰ
σφέτερα ληϊζομένους ἔκτεινάν τε συχνοὺς καὶ
τοὺς λοιποὺς κατὰ τάχος ἐξήλασαν. ὅσοι γὰρ[2]
ἐγκαταληφθέντες αὐτῶν οὐ[3] διεφθάρησαν, ἀπὸ
τῶν ὤμων τὰ χρήματα ῥίψαντες ἄσμενοι ἔφευγον.
35 Ἐν ᾧ δὲ ταῦτα ἐν Νέρωνος πεδίῳ ἐγίνετο, ἐν
τούτῳ ὁ ἄλλος τῶν βαρβάρων στρατὸς ἄγχιστα
τῶν σφετέρων στρατοπέδων ταῖς ἀσπίσι φραξά-
μενοι τοὺς ἐναντίους καρτερῶς ἠμύναντο, καὶ
πολλοὺς μὲν ἄνδρας, ἵππους δὲ πολλῷ πλείους
36 διέφθειρον. ἐπεὶ δὲ Ῥωμαίων οἱ μὲν τραυματίαι
γεγενημένοι, οἱ δὲ τῶν ἵππων σφίσι διαφθαρέντων

---

[1] τινα Hoeschel : τινας MSS.
[2] γὰρ L : γὰρ οὐκ K.   [3] οὐ L : om. K.

fugitives or kill a man, but allowed them to stand at
rest on the hills and in security to view what was
going on. Nor did they take thought to destroy the
bridge there, and thus prevent the city from being
afterwards besieged on both sides; for, had they
done so, the barbarians would have been unable to
encamp any longer on the farther side of the Tiber
River. Furthermore, they did not even cross the
bridge and get in the rear of their opponents who
were fighting there with the troops of Belisarius.
And if this had been done, the Goths, I think, would
no longer have thought of resistance, but they would
have turned instantly to flight, each man as he could.
But as it was, they took possession of the enemy's
camp and turned to plundering his goods, and they
set to work carrying thence many vessels of silver
and many other valuables. Meanwhile the barbarians
for some time remained quietly where they were and
observed what was going on, but finally by common
consent they advanced against their opponents with
great fury and shouting. And finding men in com-
plete disorder engaged in plundering their property,
they slew many and quickly drove out the rest. For
all who were caught inside the camp and escaped
slaughter were glad to cast their plunder from their
shoulders and take to flight.

While these things were taking place in the Plain
of Nero, meantime the rest of the barbarian army
stayed very near their camps and, protecting them-
selves with their shields, vigorously warded off their
opponents, destroying many men and a much larger
number of horses. But on the Roman side, when those
who had been wounded and those whose horses had

ἐξέλιπον τὴν παράταξιν, ἐν ὀλίγῃ καὶ πρότερον
τῇ στρατιᾷ οὔσῃ ἔτι μᾶλλον ἡ ὀλιγανθρωπία
διαφανὴς ἦν, πολύ τε τὸ διαλλάσσον τοῦ τῶν
37 Γότθων ὁμίλου ἐφάνη. ἅπερ ἐν νῷ λαβόντες οἱ
τῶν βαρβάρων ἱππεῖς ἐκ τοῦ δεξιοῦ κέρως ἐπὶ
τοὺς κατ᾿ αὐτοὺς πολεμίους[1] ἐχώρησαν δρόμῳ.
ὧν δὴ τὰ δόρατα οὐκ ἐνεγκόντες οἱ ταύτῃ
Ῥωμαῖοι ἐς φυγὴν ὥρμηντο καὶ ἐς τῶν πεζῶν
38 τὴν φάλαγγα ἧκον. οὐ μὴν οὐδὲ οἱ πεζοὶ τοὺς
ἐπιόντας ὑφίσταντο, ἀλλὰ ξὺν τοῖς ἱππεῦσιν οἱ
πολλοὶ ἔφευγον. αὐτίκα δὲ καὶ τὸ ἄλλο Ῥω-
μαίων στράτευμα ὑπεχώρει, ἐγκειμένων σφίσι
τῶν πολεμίων, καὶ ἡ τροπὴ κατὰ κράτος ἐγίνετο.
39 Πριγκίπιος δὲ καὶ Ταρμοῦτος ξὺν ὀλίγοις τισὶ
τῶν ἀμφ᾿ αὐτοὺς πεζῶν ἔργα ἐπεδείξαντο ἀρετῆς
40 ἄξια ἐς αὐτούς. μαχομένους τε γὰρ καὶ[2] τρέπε-
σθαι ξὺν τοῖς ἄλλοις ἥκιστα ἀξιοῦντας τῶν Γότθων
οἱ πλεῖστοι ἐν θαύματι τοῦτο μεγάλῳ ποιούμενοι
ἔστησαν. καὶ ἀπ᾿ αὐτοῦ οἵ τε ἄλλοι πεζοὶ καὶ
τῶν ἱππέων οἱ πλεῖστοι ἀδεέστερον διεσώθησαν.
41 Πριγκίπιος μὲν οὖν, κρεουργηθεὶς τὸ σῶμα ὅλον,
αὐτοῦ ἔπεσε, καὶ πεζοὶ ἀμφ᾿ αὐτὸν τεσσαράκοντα
42 καὶ δύο. Ταρμοῦτος δὲ δύο ἀκόντια Ἰσαυρικὰ
ἐν ἀμφοτέραις ταῖς χερσὶν ἔχων, νύττων τε ἀεὶ
τοὺς ἐπιόντας ἐπιστροφάδην, ἐπειδὴ κοπτόμενος
τὸ σῶμα ἀπεῖπεν, Ἔννου τἀδελφοῦ ξὺν ἱππεῦσί
τισιν ἐπιβεβοηθηκότος, ἀνέπνευσέ τε καὶ δρόμῳ
ὀξεῖ λύθρου τε καὶ πληγῶν ἔμπλεως ἐπὶ τὸν
περίβολον οὐδέτερον τῶν ἀκοντίων ἀποβαλὼν
43 ἤει. ποδώκης δὲ ὢν φύσει διαφυγεῖν ἴσχυσε,

---

[1] τοὺς . . . πολεμίους : τοὺς κατὰ τοὺς πολεμίους K, τῶν κατ᾿
αὐτοὺς πολεμίων L.
[2] ἄξια . . . καὶ K : ἄξια. ἐς αὐτοὺς γὰρ μαχομένους τὲ καὶ L.

been killed left the ranks, then, in an army which had been small even before, the smallness of their numbers was still more evident, and the difference between them and the Gothic host was manifestly great. Finally the horsemen of the barbarians who were on the right wing, taking note of this, advanced at a gallop against the enemy opposite them. And the Romans there, unable to withstand their spears, rushed off in flight and came to the infantry phalanx. However, the infantry also were unable to hold their ground against the oncoming horsemen, and most of them began to join the cavalry in flight. And immediately the rest of the Roman army also began to retire, the enemy pressing upon their heels, and the rout became decisive. But Principius and Tarmutus with some few of the infantry of their command made a display of valorous deeds against the Goths. For as they continued to fight and disdained to turn to flight with the others, most of the Goths were so amazed that they halted. And consequently the rest of the infantry and most of the horsemen made their escape in greater security. Now Principius fell where he stood, his whole body hacked to pieces, and around him fell forty-two foot-soldiers. But Tarmutus, holding two Isaurian javelins, one in each hand, continued to thrust them into his assailants as he turned from side to side, until, finally, he desisted because his body was covered with wounds; but when his brother Ennes came to the rescue with a detachment of cavalry, he revived, and running swiftly, covered as he was with gore and wounds, he made for the fortifications without throwing down either of his javelins. And being fleet of foot by

καίπερ οὕτω τοῦ σώματος ἔχων, παρ' αὐτάς τε
τὰς Πιγκιανὰς πύλας ἐλθὼν ἔπεσε. καὶ αὐτὸν
τετελευτηκέναι δόξαντα ὑπὲρ ἀσπίδος ἄραντες
44 τῶν τινες ἑταίρων ἐκόμισαν. ὁ δὲ ἡμέρας δύο
ἐπιβιοὺς ἐτελεύτησε, λόγον αὐτοῦ πολὺν ἔν τε
Ἰσαύροις καὶ τῷ ἄλλῳ στρατοπέδῳ ἀπολιπών.

45 Πεφοβημένοι τε ἤδη Ῥωμαῖοι φρουρᾶς τῆς ἐν
τῷ τείχει ἐπεμελοῦντο καὶ τὰς πύλας ἐπιθέντες
ξὺν θορύβῳ πολλῷ τῇ πόλει τοὺς φεύγοντας οὐκ
ἐδέχοντο, δεδιότες μὴ ξυνεισβάλλωσιν αὐτοῖς οἱ
46 πολέμιοι. καὶ αὐτῶν ὅσοι οὐκ ἔφθασαν τοῦ
περιβόλου ἐντὸς γεγενημένοι, τὴν τάφρον διαβάν-
τες καὶ τῷ τείχει τὰ νῶτα ἐρείσαντες, ἔτρεμόν
τε καὶ πάσης ἀλκῆς ἐπιλελησμένοι εἱστήκεισαν,
ἀμύνεσθαί τε τοὺς βαρβάρους ἥκιστα ἴσχυον,
καίπερ ἐγκειμένους τε καὶ τὴν τάφρον ὑπερβῆναι
47 ἐπ' αὐτοὺς μέλλοντας. αἴτιον δὲ ἦν ὅτι τοῖς μὲν
πολλοῖς τὰ δόρατα ἔν τε τῇ ξυμβολῇ καὶ τῇ
φυγῇ κατεαγότα ἐτύγχανε, τὰ δὲ τόξα ἐνεργεῖν
στενοχωρίᾳ τῇ πρὸς ἀλλήλους οὐχ οἷοί τε ἦσαν.
48 ἕως μὲν οὖν οὐ πολλοὶ ἐν ταῖς ἐπάλξεσι καθεω-
ρῶντο, οἱ Γότθοι ἐνέκειντο, ἐλπίδα ἔχοντες τούς
τε ἀποκεκλεισμένους ἅπαντας διαφθεῖραι καὶ
49 τοὺς ἐν τῷ περιβόλῳ βιάσασθαι. ἐπεὶ δὲ στρα-
τιωτῶν τε καὶ τοῦ Ῥωμαίων δήμου ἀμυνομένων
πολύ τι χρῆμα ἐς τὰς ἐπάλξεις εἶδον, αὐτίκα δὴ
ἀπογνόντες ἐνθένδε ὀπίσω ἀπήλαυνον, πολλὰ
50 τοὺς ἐναντίους κακίσαντες. ἥ τε μάχη ἐν τοῖς
τῶν βαρβάρων χαρακώμασιν ἀρξαμένη ἔν τε τῇ
τάφρῳ καὶ τῷ τῆς πόλεως ἐτελεύτησε τείχει.

nature, he succeeded in making his escape, in spite of the plight of his body, and did not fall until he had just reached the Pincian Gate. And some of his comrades, supposing him to be dead, lifted him on a shield and carried him. But he lived on two days before he died, leaving a high reputation both among the Isaurians and in the rest of the army.

The Romans, meanwhile, being by now thoroughly frightened, attended to the guarding of the wall, and shutting the gates they refused, in their great excitement, to receive the fugitives into the city, fearing that the enemy would rush in with them. And such of the fugitives as had not already got inside the fortifications, crossed the moat, and standing with their backs braced against the wall were trembling with fear, and stood there forgetful of all valour and utterly unable to ward off the barbarians, although they were pressing upon them and were about to cross the moat to attack them. And the reason was that most of them had lost their spears, which had been broken in the engagement and during the flight, and they were not able to use their bows because they were huddled so closely together. Now so long as not many defenders were seen at the battlement, the Goths kept pressing on, having hopes of destroying all those who had been shut out and of overpowering the men who held the circuit-wall. But when they saw a very great number both of soldiers and of the Roman populace at the battlements defending the wall, they immediately abandoned their purpose and rode off thence to the rear, heaping much abuse upon their opponents. And the battle, having begun at the camps of the barbarians, ended at the moat and the wall of the city.

HISTORY OF THE WARS:
BOOK VI

THE GOTHIC WAR (*continued*)

ΥΠΕΡ ΤΩΝ ΠΟΛΕΜΩΝ ΛΟΓΟΣ ΕΚΤΟΣ

I

Μετὰ δὲ Ῥωμαῖοι παντὶ τῷ στρατῷ διακιν-
δυνεύειν οὐκέτι ἐτόλμων· ἱππομαχίας δὲ ποιού-
μενοι ἐξ ἐπιδρομῆς τρόπῳ τῷ προτέρῳ τὰ πολλὰ
2 τοὺς βαρβάρους ἐνίκων. ᾔεσαν δὲ καὶ πεζοὶ
ἑκατέρωθεν, οὐκ ἐς φάλαγγα ξυντεταγμένοι,
3 ἀλλὰ τοῖς ἱππεῦσιν ἑπόμενοι. καί ποτε Βέσσας
ἐν πρώτῃ ὁρμῇ ἐς τοὺς πολεμίους ξὺν τῷ δόρατι
ἐσπηδήσας τρεῖς τε τῶν ἀρίστων ἱππέων ἔκτεινε
4 καὶ τοὺς ἄλλους ἐς φυγὴν ἔτρεψεν. αὖθις δὲ
Κωνσταντῖνος[1] τοὺς Οὔννους ἐπαγόμενος ἐν
Νέρωνος πεδίῳ ἀμφὶ δείλην ὀψίαν, ἐπειδὴ τῷ
πλήθει ὑπερβιαζομένους τοὺς ἐναντίους εἶδεν,
5 ἐποίει τοιάδε. στάδιον μέγα ἐνταῦθα ἐκ παλαιοῦ
ἐστιν, οὗ δὴ οἱ τῆς πόλεως μονομάχοι τὰ πρότερα
ἠγωνίζοντο, πολλά τε ἄλλα[2] οἱ πάλαι ἄνθρωποι
ἀμφὶ τὸ στάδιον τοῦτο ἐδείμαντο, καὶ ἀπ᾽ αὐτοῦ
στενωποὺς, ὡς τὸ εἰκός, πανταχόθι τοῦ χωρίου
6 ξυμβαίνει εἶναι. τότε οὖν Κωνσταντῖνος,[3] ἐπεὶ
οὔτε περιέσεσθαι τοῦ τῶν Γότθων ὁμίλου εἶχεν
οὔτε κινδύνου μεγάλου ἐκτὸς φεύγειν οἷός τε ἦν,

---

[1] Κωνστ.: κωνσταντιανὸς MSS.   [2] ἄλλα Κ : om. L.

[3] Κωνστ.: κωνσταντιανός MSS.

THE GOTHIC WAR (*continued*)

I

AFTER this the Romans no longer dared risk a battle with their whole army ; but they engaged in cavalry battles, making sudden sallies in the same manner as before, and were generally victorious over the barbarians. Foot-soldiers also went out from both sides, not, however, arrayed in a phalanx, but accompanying the horsemen. And once Bessas in the first rush dashed in among the enemy carrying his spear and killed three of their best horsemen and turned the rest to flight. And another time, when Constantinus had led out the Huns in the Plain of Nero in the late afternoon, and saw that they were being overpowered by the superior numbers of their opponents, he took the following measures. There has been in that place from of old a great stadium [1] where the gladiators of the city used to fight in former times, and the men of old built many other buildings round about this stadium ; consequently there are, as one would expect, narrow passages all about this place. Now on the occasion in question, since Constantinus could neither overcome the throng of the Goths nor flee without great danger, he caused

---

[1] Perhaps the Stadium of Caligula.

ἀπὸ τῶν ἵππων ἅπαντας τοὺς Οὔννους ἀποβι-
βάσας πεζὸς ξὺν αὐτοῖς ἔς τινα τῶν ἐκείνῃ
7 στενωπῶν ἔστη. ὅθεν δὴ βάλλοντες ἐκ τοῦ
ἀσφαλοῦς τοὺς πολεμίους συχνοὺς ἔκτεινον. καὶ
χρόνον μέν τινα οἱ Γότθοι βαλλόμενοι ἀντεῖχον.
8 ἤλπιζον γάρ, ἐπειδὰν τάχιστα τῶν Οὔννων τὰς
φαρέτρας ἐπιλείπῃ τὰ βέλη, κύκλωσίν τε αὐτῶν
οὐδενὶ πόνῳ ποιήσασθαι καὶ δήσαντες ἐς στρατό-
9 πεδον αὐτοὺς τὸ σφέτερον ἄξειν. ἐπεὶ δὲ οἱ
Μασσαγέται, τοξόται μὲν ἀγαθοὶ ὄντες, ἐς πολὺν
δὲ ὅμιλον βάλλοντες, τοξεύματι σχεδόν τι ἑκά-
στῳ πολεμίου ἀνδρὸς ἐπετύγχανον, ἤσθοντο μὲν
ὑπὲρ ἥμισυ ἀπολωλότες, ἤδη δὲ καὶ ἐς δυσμὰς
ἰόντος ἡλίου οὐκ ἔχοντες ὅ τι γένωνται ἐς φυγὴν
10 ὥρμηντο. ἔνθα δὴ αὐτῶν πολλοὶ ἔπεσον· ἐπι-
σπόμενοι γὰρ οἱ Μασσαγέται, ἐπεὶ τοξεύειν ὡς
ἄριστα καὶ πολλῷ χρώμενοι δρόμῳ ἐπίστανται,
οὐδέν τι ἧσσον ἐς νῶτα[1] βάλλοντες ἔκτεινον.
οὕτω τε ἐς Ῥώμην Κωνσταντῖνος[2] ξὺν τοῖς
Οὔννοις ἐς νύκτα ἧκε.
11 Περανίου δὲ ἡμέραις οὐ πολλαῖς ὕστερον Ῥω-
μαίων τισὶ διὰ πύλης Σαλαρίας ἐπὶ τοὺς πολε-
μίους ἡγησαμένου ἔφευγον μὲν κατὰ κράτος οἱ
Γότθοι, παλινδιώξεως[3] δὲ περὶ ἡλίου δυσμὰς ἐκ
τοῦ αἰφνιδίου γεγενημένης, τῶν τις Ῥωμαίων
πεζὸς ἐς μέγαν καταστὰς θόρυβον ἐς βαθεῖάν
τινα κατώρυχα ἐμπίπτει, οἷαι πολλαὶ τοῖς πάλαι
ἀνθρώποις πρὸς σίτου παρακαταθήκην ἐνταῦθα,
12 οἶμαι, πεποίηνται. οὔτε δὲ κραυγῇ χρῆσθαι

---

[1] νῶτα K: αὐτοὺς L.
[2] Κωνστ.: κωνσταντιανὸς MSS.
[3] παλιδιάξεως K, πάλιν. διώξεως L.

all the Huns to dismount from their horses, and on foot, in company with them, took his stand in one of the narrow passages there. Then by shooting from that safe position they slew large numbers of the enemy. And for some time the Goths withstood their missiles. For they hoped, as soon as the supply of missiles in the quivers of the Huns should be exhausted, to be able to surround them without any trouble, take them prisoners, and lead them back to their camp. But since the Massagetae, who were not only good bowmen but also had a dense throng to shoot into, hit an enemy with practically every shot, the Goths perceived that above half their number had perished, and since the sun was about to set, they knew not what to do and so rushed off in flight. Then indeed many of them fell; for the Massagetae followed them up, and since they know how to shoot the bow with the greatest accuracy even when running at great speed, they continued to discharge their arrows no less than before, shooting at their backs, and kept up the slaughter. And thus Constantinus with his Huns came back to Rome at night.

And when Peranius, not many days later, led some of the Romans through the Salarian Gate against the enemy, the Goths, indeed, fled as hard as they could, but about sunset a counter-pursuit was made suddenly, and a Roman foot-soldier, becoming greatly confused, fell into a deep hole, many of which were made there by the men of old, for the storage of grain, I suppose. And he did not dare to cry out,

τολμήσας, ἅτε που ἐγγὺς στρατοπεδευομένων τῶν
πολεμίων, οὔτε τοῦ βόθρου τρόπῳ ὁτῳοῦν ἀπαλ-
λάσσεσθαι οἷός τε ὤν, ἐπεὶ ἀνάβασιν οὐδαμῇ

13 εἶχεν, αὐτοῦ διανυκτερεύειν ἠνάγκαστο. τῇ δὲ
ἐπιγενομένῃ ἡμέρᾳ, τροπῆς αὖθις τῶν βαρβάρων
γεγενημένης, τῶν τις Γότθων ἐς τὴν αὐτὴν κατώ-

14 ρυχα ἐμπίπτει. ἔνθα δὴ ἄμφω ἔς τε φιλο-
φροσύνην καὶ εὔνοιαν ξυνηλθέτην ἀλλήλοιν,
ξυναγούσης αὐτοὺς τῆς ἀνάγκης, τά τε πιστὰ
ἔδοσαν, ἦ μὴν κατεσπουδασμένην ἑκατέρῳ τὴν
θατέρου σωτηρίαν εἶναι, καὶ τότε δὴ μέγα καὶ

15 ἐξαίσιον ἄμφω ἐβόων. Γότθοι μὲν οὖν τῇ τε
φωνῇ ἐπισπόμενοι καὶ ὑπὲρ τῆς κατώρυχος δια-
κύψαντες ἐπυνθάνοντο ὅστις ποτὲ ὁ βοῶν εἴη.

16 οὕτω δὲ τοῖν ἀνδροῖν δεδογμένον, σιωπὴν μὲν ὁ
Ῥωμαῖος εἶχεν, ἅτερος δὲ τῇ πατρίῳ γλώσσῃ
ἔναγχος ἔφασκεν ἐν τῇ γενομένῃ τροπῇ ἐμπεπτω-
κέναι, βρόχον τε αὐτούς,[1] ὅπως ἀναβαίνοι, ἠξίου

17 καθεῖναι. καὶ οἱ μὲν ὡς τάχιστα τῶν κάλων
τὰς ἀρχὰς ἀπορρίψαντες τοῦ Γότθου ποιεῖσθαι
τὴν ἀνολκὴν ᾤοντο, λαβόμενος δὲ ὁ Ῥωμαῖος τῶν
βρόχων[2] εἵλκετο ἄνω, τοιοῦτον εἰπών, ὡς, ἢν μὲν
αὐτὸς ἀναβαίνοι πρῶτος, οὔποτε τοῦ ἑταίρου
ἀμελήσειν τοὺς Γότθους, ἢν δέ γε τὸν πολέμιον
πύθωνται μόνον ἐνταῦθα εἶναι, οὐδένα ἂν αὐτοῦ

18 ποιοῖντο λόγον. ταῦτα εἰπὼν ἀνέβη. καὶ αὐτὸν
ἐπεὶ οἱ Γότθοι εἶδον, ἐθαύμαζόν τε καὶ ἀμηχανίᾳ
πολλῇ εἴχοντο, πάντα τε παρ' αὐτοῦ τὸν λόγον
ἀκούσαντες ἐν δευτέρῳ τὸν ἑταῖρον[3] ἀνεῖλκον,
ὃς δὴ αὐτοῖς τά τε ξυγκείμενα σφίσι καὶ τὰ δεδο-

---

[1] αὐτούς K : αὐτῷ L.   [2] τῶν βρόχων L : τὸν βρόχον K.
[3] ἑταῖρον K : ἕτερον L.

supposing that the enemy were encamped near by,
and was not able in any way whatever to get out
of the pit, for it afforded no means of climbing up;
he was therefore compelled to pass the night there.
Now on the next day, when the barbarians had again
been put to flight, one of the Goths fell into the
same hole. And there the two men were reconciled
to mutual friendship and good-will, brought together
as they were by their necessity, and they exchanged
solemn pledges, each that he would work earnestly
for the salvation of the other; and then both of
them began shouting with loud and frantic cries.
Now the Goths, following the sound, came and
peered over the edge of the hole, and enquired
who it was who shouted. At this, the Roman, in
accordance with the plan decided upon by the two
men, kept silence, and the Goth in his native tongue
said that he had just recently fallen in there during
the rout which had taken place, and asked them to
let down a rope that he might come up. And they
as quickly as possible threw down the ends of ropes,
and, as they thought, were pulling up the Goth, but
the Roman laid hold of the ropes and was pulled up,
saying only that if he should go up first the Goths
would never abandon their comrade, but if they
should learn that merely one of the enemy was there
they would take no account of him. So saying, he
went up. And when the Goths saw him, they
wondered and were in great perplexity, but upon
hearing the whole story from him they drew up his
comrade next, and he told them of the agreement

19 μένα[1] πρὸς ἀμφοτέρων πιστὰ ἔφρασε. καὶ αὐτὸς
μὲν ξὺν τοῖς ἑταίροις ἀπιὼν ᾤχετο, τὸν δὲ Ῥω-
μαῖον κακῶν ἀπαθῆ ἐς τὴν πόλιν ἀφῆκαν ἰέναι.
20 ἔπειτα δὲ ἱππεῖς μὲν πολλάκις ἑκατέρωθεν οὐ
πολλοὶ ὡς ἐς μάχην ὡπλίζοντο, ἐς μονομαχίαν
δὲ ἀεὶ τὰ τῆς ἀγωνίας αὐτοῖς ἐτελεύτα καὶ πάσαις
Ῥωμαῖοι ἐνίκων. ταῦτα μὲν δὴ ὧδέ πη ἔσχεν.

21 Ὀλίγῳ δὲ ὕστερον χρόνῳ ξυμβολῆς ἐν Νέρωνος
γινομένης πεδίῳ, διώξεις τε ἄλλων ἄλλῃ κατ᾽
ὀλίγους[2] ἱππεῖς ποιουμένων, Χορσάμαντις, ἐν
τοῖς Βελισαρίου δορυφόροις εὐδόκιμος, Μασσα-
γέτης γένος, ξὺν ἑτέροις τισὶν ἄνδρας ἑβδομή-
22 κοντα τῶν πολεμίων ἐδίωκεν. ἐπειδή τε τοῦ
πεδίου πόρρω ἐγένετο, οἱ μὲν ἄλλοι Ῥωμαῖοι
ὀπίσω ἀπήλαυνον, Χορσάμαντις δὲ μόνος ἔτι
ἐδίωκεν. ὅπερ[3] κατιδόντες οἱ Γότθοι στρέψαντες
23 τοὺς ἵππους ἐπ᾽ αὐτὸν ᾖεσαν. καὶ ὁ μὲν ἐς
μέσους χωρήσας, ἕνα τε τῶν ἀρίστων δόρατι[4]
κτείνας, ἐπὶ τοὺς ἄλλους ᾖει, οἱ δὲ αὖθις τραπό-
24 μενοι ἐς φυγὴν ὥρμηντο. αἰσχυνόμενοι δὲ τοὺς
ἐν τῷ στρατοπέδῳ (ἤδη γὰρ καὶ πρὸς αὐτῶν
καθορᾶσθαι ὑπώπτευον) πάλιν ἰέναι ἐπ᾽ αὐτὸν
25 ἤθελον. ταὐτὸ δὲ παθόντες, ὅπερ καὶ πρότερον,
ἕνα τε τῶν ἀρίστων ἀποβαλόντες, ἐς φυγὴν οὐδὲν
ἧσσον ἐτράποντο, μέχρι τε τοῦ χαρακώματος
τὴν δίωξιν ὁ Χορσάμαντις ποιησάμενος ἀνέ-
26 στρεψε μόνος. ὀλίγῳ δὲ ὕστερον ἐν μάχῃ ἑτέρᾳ
κνήμην τὴν ἀριστερὰν βληθέντι[5] τούτῳ[6] ἐνο-

---

[1] δεδομένα Haury : δεδεγμένα K, δεδογμένα L.
[2] κατ᾽ ὀλίγους Classen : καταλόγους MSS.
[3] ὅπερ K : ὄνπερ L.   [4] δόρατι K : om. L.
[5] βληθέντι L : βάλλεται K.
[6] τούτῳ Haury : τοῦτο K, om. L.

they had made and of the pledges both had given. So he went off with his companions, and the Roman was released unharmed and permitted to return to the city. After this horsemen in no great numbers armed themselves many times for battle, but the struggles always ended in single combats, and the Romans were victorious in all of them. Such, then, was the course of these events.

A little after this an engagement took place in the Plain of Nero, wherein various small groups of horsemen were engaged in pursuing their opponents in various directions; in one group was Chorsamantis, a man of note among the guards of Belisarius, by birth a Massagete, who with some others was pursuing seventy of the enemy. And when he had got well out in the plain the other Romans rode back, but Chorsamantis went on with the pursuit alone. As soon as the Goths perceived this, they turned their horses about and came against him. And he advanced into their midst, killed one of the best of them with his spear, and then went after the others, but they again turned and rushed off in flight. But they were ashamed before their comrades in the camp, who, they suspected, could already see them, and wished to attack him again. They had, however, precisely the same experience as before and lost one of their best men, and so turned to flight in spite of their shame, and after Chorsamantis had pursued them as far as their stockade he returned alone. And a little later, in another battle, this man was wounded in the left shin, and it was his

μίσθη εἶναι ἄκρου ὀστέου τὸ βέλος ἁψάμενον.
27 ἀπόμαχος μέντοι ἡμέρας ὅσας δὴ ἐπὶ ταύτῃ
γεγονὼς τῇ πληγῇ ἅτε ἀνὴρ βάρβαρος οὐκ ἤνεγκε
πράως, ἀλλ' ἠπείλησε τῆς ἐς τὸ σκέλος ὕβρεως
28 τοὺς Γότθους ὅτι τάχιστα τίσασθαι. ῥαΐσας οὖν
οὐ πολλῷ ὕστερον ἔν τε ἀρίστῳ οἰνωμένος, ὥσπερ
εἰώθει, μόνος ἐπὶ τοὺς πολεμίους ἐβούλευσεν
ἰέναι καὶ τῆς ἐς τὸν πόδα ὕβρεως τίσασθαι, ἔν
τε Πιγκιανῇ γενόμενος πυλίδι, στέλλεσθαι πρὸς
Βελισαρίου ἔφασκεν ἐπὶ τὸ τῶν ἐναντίων στρα-
29 τόπεδον. οἱ δὲ ταύτῃ φρουροὶ (οὐ[1] γὰρ ἀπιστεῖν
ἀνδρὶ τῶν Βελισαρίου δορυφόρων ἀρίστῳ εἶχον)
τάς τε πύλας ἀνέῳξαν καὶ ὅπη βούλοιτο ἀφῆκαν
30 ἰέναι. κατιδόντες τε αὐτὸν οἱ πολέμιοι, τὰ μὲν
πρῶτα αὐτόμολον σφίσι τινὰ προσχωρεῖν ᾤοντο,
ἐπεὶ δὲ ἀγχοῦ γενόμενος τοῦ τόξου εἴχετο, οὐκ εἰ-
δότες ὅστις ποτὲ εἴη, χωροῦσιν ἐπ' αὐτὸν εἴκοσιν.
31 οὓς δὴ εὐπετῶς ἀπωσάμενος ἀπήλαυνε βάδην,
πλειόνων τε Γότθων ἐπ' αὐτὸν ἰόντων οὐκ ἔφυγεν.
32 ὡς δὲ πλήθους πολλοῦ ἐπιρρέοντος ἀμύνεσθαι
ἠξίου, Ῥωμαῖοι ἐκ τῶν πύργων θεώμενοι μαίνεσθαι
μὲν τὸν ἄνδρα ὑπώπτευον, ὡς δὲ Χορσάμαντις
33 εἴη οὔπω ἠπίσταντο. ἔργα μὲν ἐπιδειξάμενος
μεγάλα τε καὶ λόγου πολλοῦ ἄξια, ἔς τε κύκλω-
σιν ἐμπεπτωκὼς τοῦ τῶν πολεμίων στρατεύ-
34 ματος, ποινὰς ἀλόγου θράσους ἐξέτισεν. ἅπερ
ἐπειδὴ Βελισάριός τε καὶ ὁ Ῥωμαίων στρατὸς
ἔμαθον, ἐν πένθει μεγάλῳ γενόμενοι, ἅτε τῆς
πάντων ἐλπίδος ἐπὶ τῷ ἀνθρώπῳ διαφθαρείσης,
ὠδύροντο.

[1] οὐ K : οὐδὲ L.

opinion that the weapon had merely grazed the bone. However, he was rendered unfit for fighting for a certain number of days by reason of this wound, and since he was a barbarian he did not endure this patiently, but threatened that he would right speedily have vengeance upon the Goths for this insult to his leg. So when not long afterwards he had recovered and was drunk at lunch time, as was his custom, he purposed to go alone against the enemy and avenge the insult to his leg; and when he had come to the small Pincian Gate he stated that he was sent by Belisarius to the enemy's camp. And the guards at the gate, who could not doubt the word of a man who was the best of the guards of Belisarius, opened the gates and allowed him to go wherever he would. And when the enemy spied him, they thought at first that some deserter was coming over to them, but when he came near and put his hand to his bow, twenty men, not knowing who he might be, went out against him. These he easily drove off, and then began to ride back at a walk, and when more Goths came against him he did not flee. But when a great throng gathered about him and he still insisted upon fighting them, the Romans, watching the sight from the towers, suspected that the man was crazy, but they did not yet know that it was Chorsamantis. At length, after making a display of great and very noteworthy deeds, he found himself surrounded by the army of the enemy, and paid the penalty for his unreasonable daring. And when Belisarius and the Roman army learned this, they mourned greatly, lamenting that the hope which all placed in the man had come to naught.

II

Εὐθάλιος δέ τις ἀμφὶ θερινὰς τροπὰς ἐς Ταρα-
κίναν ἐκ Βυζαντίου ἧκε, χρήματα ἔχων ἅπερ
2 τοῖς στρατιώταις βασιλεὺς ὦφλε. δείσας τε μὴ
κατὰ τὴν ὁδὸν ἐντυχόντες πολέμιοι τὰ χρήματά
τε ἀφέλωνται καὶ αὐτὸν κτείνωσι, γράφει πρὸς
Βελισάριον ἀσφαλῆ οἱ ἐς Ῥώμην τὴν πορείαν
3 ποιήσασθαι. ὁ δὲ ἄνδρας μὲν ἑκατὸν τῶν αὐτοῦ
ὑπασπιστῶν δοκίμους ἀπολεξάμενος ξὺν δορυ-
φόροις δύο πέμπει ἐς Ταρακίναν οἵπερ αὐτῷ¹
4 τὰ χρήματα ξυγκομίσαιεν.² δόκησιν δὲ ἀεὶ τοῖς
βαρβάροις παρείχετο ὡς παντὶ τῷ στρατῷ μαχε-
σόμενος, ὅπως μὴ ἐνθένδε τῶν πολεμίων τινὲς
ἢ τροφῶν ξυγκομιδῆς ἕνεκα ἢ ἄλλου ὁτουοῦν
5 ἴωσιν. ἐπεὶ δὲ τῇ ὑστεραίᾳ τοὺς ἀμφὶ Εὐθάλιον
ἔγνω παρέσεσθαι, διεῖπέ τε καὶ διεκόσμει ὡς ἐς
μάχην τὸ στράτευμα, καὶ οἱ βάρβαροι ἐν παρα-
6 σκευῇ ἦσαν. ὅλην μὲν οὖν δείλην πρωίαν
κατεῖχεν ἀμφὶ τὰς πύλας τοὺς στρατιώτας· ᾔδει³
γὰρ Εὐθάλιόν τε καὶ τοὺς ξὺν αὐτῷ ἐς νύκτα
7 ἀφίξεσθαι. ἐς δὲ ἡμέραν μέσην ἄριστον ἐκέλευε
τὸ στράτευμα αἱρεῖσθαι, καὶ οἱ Γότθοι ταὐτὸ
τοῦτο ἐποίουν, ἐς τὴν ὑστεραίαν αὐτὸν οἰόμενοι
8 τὴν ξυμβολὴν ἀποτίθεσθαι. ὀλίγῳ δὲ ὕστερον
Μαρτῖνον μὲν καὶ Βαλεριανὸν ξὺν τοῖς ἑπομένοις
ἐς Νέρωνος πεδίον Βελισάριος ἔπεμψε, ξυνταράσ-
σειν ὅτι μάλιστα ἐπιστείλας τὸ τῶν πολεμίων

---

¹ οἵπερ αὐτῷ K : ὑπὲρ τοῦ L.
² ξυγκομίσαιεν Haury : ξυγκομίσειε K, ξυγκομίσαι L.
³ ᾔδει : ἤδη MSS.

II

Now a certain Euthalius, at about the spring equinox, came to Taracina from Byzantium with the money which the emperor owed the soldiers. And fearing lest the enemy should come upon him on the road and both rob him of the money and kill him, he wrote to Belisarius requesting him to make the journey to Rome safe for him. Belisarius accordingly selected one hundred men of note from among his own bodyguards and sent them with two spearmen to Taracina to assist him in bringing the money. And at the same time he kept trying to make the barbarians believe that he was about to fight with his whole army, his purpose being to prevent any of the enemy from leaving the vicinity, either to bring in provisions or for any other purpose. But when he found out that Euthalius and his men would arrive on the morrow, he arrayed his army and set it in order for battle, and the barbarians were in readiness. Now throughout the whole forenoon he merely held his soldiers near the gates; for he knew that Euthalius and those who accompanied him would arrive at night. Then, at midday, he commanded the army to take their lunch, and the Goths did the same thing, supposing that he was putting off the engagement to the following day. A little later, however, Belisarius sent Martinus and Valerian to the Plain of Nero with the troops under their command, directing them to throw the enemy's camp into the

9 στρατόπεδον. ἐκ δὲ πυλίδος Πιγκιανῆς ἱππέας
 ἑξακοσίους ἐπὶ τῶν βαρβάρων τὰ χαρακώματα
10 ἔστελλεν· οἷς δὴ τρεῖς τῶν αὐτοῦ δορυφόρων
 ἐπέστησεν, Ἀρτασίρην τε ἄνδρα Πέρσην καὶ
 Βώχαν Μασσαγέτην γένος καὶ Κουτίλαν Θρᾷκα.
 καὶ πολλοὶ μὲν αὐτοῖς τῶν ἐναντίων ἀπήντησαν.
11 χρόνον δὲ πολὺν ἡ μάχη ἐν[1] χερσὶν οὐκ ἐγίνετο,
 ἀλλ᾽ ἐπιοῦσί τε ὑπεχώρουν ἀλλήλοις καὶ τὰς
 διώξεις ἑκάτεροι ἀγχιστρόφους ποιούμενοι ἐῴ-
 κεισαν βουλομένοις[2] ἐς τοῦτο σφίσι δαπανᾶσθαι
12 τὸν τῆς ἡμέρας χρόνον. προϊόντες μέντοι ὀργῇ
 ἐς ἀλλήλους εἴχοντο ἤδη· καρτερᾶς τε γεγενη-
 μένης τῆς ξυμβολῆς, ἑκατέρων μὲν πολλοὶ καὶ
 ἄριστοι ἔπεσον, ἀμφοτέροις δὲ ἀπό τε τῆς πόλεως
13 καὶ τῶν χαρακωμάτων ἐπίκουροι ἦλθον. ὧν δὴ
 ἀναμιγνυμένων τοῖς μαχομένοις ἔτι μᾶλλον ὁ
 πόνος ἐπὶ μέγα ἤρετο. καὶ ἡ κραυγὴ τήν τε
 πόλιν καὶ τὰ στρατόπεδα περιλαβοῦσα τοὺς
14 μαχομένους ἐξέπλησσε.[3] τέλος δὲ Ῥωμαῖοι
 ἀρετῇ ὠσάμενοι τοὺς πολεμίους ἐτρέψαντο.

 Ἐν τούτῳ τῷ ἔργῳ Κουτίλας μέσην τὴν κεφα-
 λὴν ἀκοντίῳ πληγεὶς καὶ ταύτῃ τὸ δοράτιον
15 ἐμπεπηγὸς ἔχων ἐδίωκε. τῆς τε τροπῆς γενο-
 μένης ἅμα τοῖς περιοῦσιν ἐς τὴν πόλιν ἀμφὶ
 ἡλίου δύσιν ἐσήλασε, κραδαινομένου οἱ ἐν τῇ
 κεφαλῇ τοῦ ἀκοντίου, θέαμα λόγου πολλοῦ ἄξιον.
16 ἐν τούτῳ δὲ καὶ Ἄρζην, τῶν Βελισαρίου ὑπασ-
 πιστῶν ἕνα, τῶν τις Γότθων τοξότης μεταξὺ τῆς

---

[1] ἐν Herwerden : om. MSS.
[2] βουλομένοις : βουλόμενοι K, βουλευομένοις L.
[3] ἐξέπλησσε Dindorf : ἐξέπλησε K, ἔπλησε L.

greatest possible confusion. And from the small Pincian Gate he sent out six hundred horsemen against the camps of the barbarians, placing them under command of three of his own spearmen, Artasires, a Persian, and Bochas, of the race of the Massagetae, and Cutilas, a Thracian. And many of the enemy came out to meet them. For a long time, however, the battle did not come to close quarters, but each side kept retreating when the other advanced and making pursuits in which they quickly turned back, until it looked as if they intended to spend the rest of the day at this sort of thing. But as they continued, they began at last to be filled with rage against each other. The battle then settled down to a fierce struggle in which many of the best men on both sides fell, and support came up for each of the two armies, both from the city and from the camps. And when these fresh troops were mingled with the fighters the struggle became still greater. And the shouting which filled the city and the camps terrified the combatants. But finally the Romans by their valour forced back the enemy and routed them.

In this action Cutilas was struck in the middle of the head by a javelin, and he kept on pursuing with the javelin still embedded in his head. And after the rout had taken place, he rode into the city at about sunset together with the other survivors, the javelin in his head waving about, a most extraordinary sight. During the same encounter Arzes, one of the guards of Belisarius, was hit by one of the Gothic

τε ῥινὸς καὶ ὀφθαλμοῦ τοῦ δεξιοῦ βάλλει.

17 καὶ τοῦ μὲν τοξεύματος ἡ ἀκὶς ἄχρι ἐς τὸν αὐχένα
ὀπίσω διῆλθεν, οὐ μέντοι διεφάνη, τοῦ δὲ ἀτρά-
κτου τὸ λειπόμενον ἐπῆν τε τῷ προσώπῳ καὶ
18 ἱππευομένου τοῦ ἀνθρώπου ἐσείετο. ὃν δὴ ξὺν
τῷ Κουτίλᾳ θεώμενοι ἐν θαύματι μεγάλῳ ἐποι-
οῦντο Ῥωμαῖοι ὅτι δὴ ἱππεύοντο, οὐδεμίαν ἐπι-
στροφὴν τοῦ κακοῦ ἔχοντες. ταῦτα μὲν οὖν
ἐφέρετο τῇδε.

19 Ἐν δὲ Νέρωνος πεδίῳ τὰ βαρβάρων πράγματα
καθυπέρτερα ἦν. οἵ τε ἀμφὶ Βαλεριανὸν καὶ
Μαρτῖνον, πλήθει πολλῷ πολεμίων μαχόμενοι,
καρτερῶς μὲν ὑφίσταντο,[1] ἔπασχον δὲ τὰ δεινό-
τατα, καὶ κινδύνου ἐς μέγα τι ἀφίκοντο χρῆμα.

20 καὶ τότε δὴ Βελισάριος Βώχαν ἐκέλευεν ἐπαγό-
μενον τοὺς ξὺν αὐτῷ ἀκραιφνέσι σώμασί τε καὶ
ἵπποις ἐκ τῆς ξυμβολῆς ἐπανήκοντας ἐς Νέρωνος

21 πεδίον ἰέναι. ἤδη δὲ ἦν τῆς ἡμέρας ὀψέ. καὶ
Ῥωμαίοις τῶν ἀμφὶ Βώχαν ἐπιβεβοηθηκότων ἐκ
τοῦ αἰφνιδίου τροπὴ τῶν βαρβάρων ἐγίνετο, ἐς
ἣν ἐπὶ πλεῖστον Βώχας ἐμπεσὼν ἐς κύκλωσιν
δυοκαίδεκα πολεμίων δόρατα φερόντων ἀφίκετο.

22 καὶ αὐτὸν ἔπαισαν μὲν ὁμοῦ τοῖς δόρασιν ἅπαντες.
τοῦ δὲ θώρακος ὑφισταμένου αἱ μὲν ἄλλαι πλη-
γαὶ οὐ σφόδρα ἐλύπουν, εἷς δὲ τῶν Γότθων
ἐξόπισθεν ὑπὲρ μασχάλην τὴν δεξιὰν γυμνοῦ τοῦ
σώματος ἄγχιστα τοῦ ὤμου ἐπιτυχὼν ἔπληξε
τὸν νεανίαν, οὐ καιρίαν μέντοι, οὐδὲ ἐς θανάτου

23 κίνδυνον ἄγουσαν. ἔμπροσθεν δὲ ἄλλος μηρὸν
αὐτοῦ τὸν εὐώνυμον νύξας τὸν ταύτῃ μυῶνα οὐκ

24 εὐθείᾳ τινί, ἀλλ' ἐγκαρσίᾳ πληγῇ ἔτεμε. Βαλε-

---

[1] ὑφίσταντο Herwerden : ἀφίσταντο K, ἐφίσταντο L.

archers between the nose and the right eye. And
the point of the arrow penetrated as far as the neck
behind, but it did not shew through, and the rest of
the shaft projected from his face and shook as the
man rode. And when the Romans saw him and
Cutilas they marvelled greatly that both men con-
tinued to ride, paying no heed to their hurt. Such,
then, was the course of events in that quarter.

But in the Plain of Nero the barbarians had the
upper hand. For the men of Valerian and Martinus,
fighting with a great multitude of the enemy,
withstood them stoutly, to be sure, but suffered
most terribly, and came into exceedingly great
danger. And then Belisarius commanded Bochas to
take his troops, which had returned from the engage-
ment unwearied, men as well as horses, and go to
the Plain of Nero. Now it was already late in the
day. And when the men under Bochas had come
to the assistance of the Romans, suddenly the bar-
barians were turned to flight, and Bochas, who had
impetuously followed the pursuit to a great distance,
came to be surrounded by twelve of the enemy, who
carried spears. And they all struck him at once with
their spears. But his corselet withstood the other
blows, which therefore did not hurt him much; but
one of the Goths succeeded in hitting him from be-
hind, at a place where his body was uncovered, above
the right armpit, very close to the shoulder, and
smote the youth, though not with a mortal stroke,
nor even one which brought him into danger of
death. But another Goth struck him in front and
pierced his left thigh, and cut the muscles there;
it was not a straight blow, however, but only a
slanting cut. But Valerian and Martinus saw what

ριανὸς δὲ καὶ Μαρτῖνος τὰ ποιούμενα κατεῖδόν τε
καὶ οἱ ἐπιβεβοηθηκότες ὡς τάχιστα ἔτρεψάν τε
τοὺς πολεμίους καὶ τοῦ χαλινοῦ τοῦ Βώχα ἵππου
ἄμφω λαβομένω ἐς τὴν πόλιν ἀφίκοντο. νύξ τε
ἐπεγένετο καὶ ξὺν τοῖς χρήμασιν Εὐθάλιος ἦλθεν.

25 Ἐπεὶ δὲ ἅπαντες ἐν τῇ πόλει ἐγένοντο, τῶν
τραυμάτων ἐπεμελοῦντο. Ἄρζου μὲν οὖν τὸ
βέλος ἀπὸ τοῦ προσώπου ἀφέλκεσθαι[1] βουλό-
μενοι οἱ ἰατροὶ χρόνον τινὰ ἠσχαλλον, οὐχ ὅτι
τοῦ ὀφθαλμοῦ ἕνεκεν, ὃν δὴ οὐκ ἄν ποτε σωθή-
σεσθαι ὑπετόπαζον, ἀλλ' ὅπως μὴ ὑμένων τε καὶ
νεύρων τρήσεσιν, οἷα πολλὰ ἐνταῦθά ἐστιν,
ἄνδρα τῆς Βελισαρίου οἰκίας ἄριστον διαφθεί-
26 ρωσιν. ἔπειτα δὲ τῶν τις ἰατρῶν, Θεόκτιστος
ὄνομα, ὄπισθεν ἐς τὸν αὐχένα ἐρείσας ἐπυνθάνετο
27 τοῦ ἀνθρώπου εἰ λίαν ἀλγοίη. τοῦ δὲ ἀλγεῖν
φήσαντος, "Οὐκοῦν αὐτός τε σωθήσῃ," εἶπε,
"καὶ τὴν ὄψιν οὐκ ἂν βλαβήσῃ." ταῦτα δὲ
ἰσχυρίσατο τεκμηράμενος ὅτι τοῦ βέλους ἡ ἀκὶς
28 τοῦ δέρματος οὐ πόρρω διήκει. τοῦ μὲν οὖν
ἀτράκτου ὅσον ἔξω ἐφαίνετο ἐκτεμὼν ἔρριψε,
διελὼν δὲ τῶν ἰνίων τὸ δέρμα[2] οὗ μάλιστα ὁ ἀνὴρ
πολυώδυνος ἦν, ἐντεῦθεν πόνῳ οὐδενὶ τὴν ἀκίδα
ἐφείλκυσε, τρισί τε προὔχουσαν ὀπίσω ὀξείαις
καὶ μοῖραν τοῦ βέλους τὴν λειπομένην ξὺν αὐτῇ
29 φέρουσαν. οὕτω τε Ἄρζης κακῶν τε παντάπασιν
ἀπαθὴς ἔμεινε[3] καὶ οὐδὲ ἴχνος αὐτοῦ τῆς πληγῆς
30 ἐς τὸ πρόσωπον ἀπελείπετο. Κουτίλας δὲ βιαιό-
τερον τοῦ δορατίου ἐκ τῆς κεφαλῆς ἀφαιρεθέντος
(ἐπεπήγει γὰρ ἐπὶ πλεῖστον) ἐς λειποθυμίαν ἐξέ-

[1] ἀφέλκεσθαι K : ἀφελέσθαι L.
[2] δέρμα Haury : σῶμα MSS., σύστημα Herwerden.
[3] ἔμεινε K : διέμεινε L.

was happening, and coming to his rescue as quickly as possible, they routed the enemy, and both took hold of the bridle of Bochas' horse, and so came into the city. Then night came on and Euthalius entered the city with the money.

And when all had returned to the city, they attended to the wounded men. Now in the case of Arzes, though the physicians wished to draw the weapon from his face, they were for some time reluctant to do so, not so much on account of the eye, which they supposed could not possibly be saved, but for fear lest, by the cutting of membranes and tissues such as are very numerous in that region, they should cause the death of a man who was one of the best of the household of Belisarius. But afterwards one of the physicians, Theoctistus by name, pressed on the back of his neck and asked whether he felt much pain. And when the man said that he did feel pain, he said, "Then both you yourself will be saved and your sight will not be injured." And he made this declaration because he inferred that the barb of the weapon had penetrated to a point not far from the skin. Accordingly he cut off that part of the shaft which shewed outside and threw it away, and cutting open the skin at the back of the head, at the place where the man felt the most pain, he easily drew toward him the barb, which with its three sharp points now stuck out behind and brought with it the remaining portion of the weapon. Thus Arzes remained entirely free from serious harm, and not even a trace of his wound was left on his face. But as for Cutilas, when the javelin was drawn rather violently from his head (for it was very deeply

31 πεσεν. ἐπεὶ δέ οἱ φλεγμαίνειν αἱ τῇδε μήνιγγες
ἤρξαντο, φρενίτιδι νόσῳ ἁλοὺς οὐ πολλῷ ὕστερον

32 ἐτελεύτησε. Βώχαν μέντοι αὐτίκα αἵματός τε
ῥύσις ἄφατος ἐκ τοῦ μηροῦ ἔσχε καὶ τεθνηξο-
μένῳ οὐκ ἐς μακρὰν ἐῴκει. αἴτιον δὲ τούτου
εἶναι ἰατροὶ ἔλεγον ὅτι οὐκ ἐπ' εὐθείας, ἀλλ'
ἐγκαρσίᾳ ἐντομῇ τὸν μυῶνα ἡ πληγὴ ἔκοψεν.

33 ἡμέραις γοῦν ἀπέθανε τρισὶν ὕστερον. διὰ ταῦτα
μὲν οὖν Ῥωμαῖοι τὴν νύκτα ὅλην ἐκείνην ἐν πένθει
μεγάλῳ ἐγένοντο· Γότθων δὲ θρῆνοί τε πολλοὶ
καὶ κωκυτοὶ μεγάλοι ἐκ τῶν χαρακωμάτων ἠκού-

34 οντο. καὶ ἐθαύμαζόν γε Ῥωμαῖοι, ἐπεὶ οὐδὲν
ἐδόκει πάθος ξυμβῆναι τοῖς πολεμίοις λόγου ἄξιον
τῇ προτεραίᾳ, πλήν γε δὴ ὅτι οὐκ ὀλίγοι αὐτῶν

35 ἐν ταῖς ξυμβολαῖς διεφθάρησαν. ὅπερ καὶ πρό-
τερον αὐτοῖς οὐδέν τι ἧσσον, εἰ μὴ καὶ μᾶλλον,
ξυνενεχθὲν οὐ λίαν γε αὐτοὺς διὰ τὴν πολυαν-

36 θρωπίαν ἐτάραξεν. ἐγνώσθη μέντοι τῇ ὑστεραίᾳ
ὡς ἄνδρας δοκίμους ἐς τὰ μάλιστα τοῦ ἐν Νέρωνος
πεδίῳ στρατοπέδου Γότθοι ἐθρήνουν, οὓς δὴ ὁ
Βώχας ἐν τῇ πρώτῃ ὁρμῇ ἔκτεινεν.

37 Ἐγένοντο δὲ καὶ ἄλλαι οὐκ ἀξιόλογοι ξυμ-
βολαί, ἅσπερ μοι ξυγγράψαι οὔτι ἀναγκαῖον
ἔδοξεν εἶναι. πάσας μέντοι ἑπτὰ καὶ ἑξήκοντα
ἐν τῇδε τῇ πολιορκίᾳ ξυνηνέχθη γενέσθαι, καὶ
δύο δὴ ἄλλας ὑστάτας, αἵ μοι ἐν τοῖς ὄπισθεν

38 λόγοις εἰρήσονται. τότε δὲ ὅ τε χειμὼν ἔληγε
καὶ τὸ δεύτερον ἔτος ἐτελεύτα τῷ πολέμῳ τῇδε,
ὃν Προκόπιος ξυνέγραψεν.

embedded), he fell into a swoon. And since the membranes about the wound began to be inflamed, he fell a victim to phrenitis[1] and died not long afterwards. Bochas, however, immediately had a very severe hemorrhage in the thigh, and seemed like one who was presently to die. And the reason for the hemorrhage, according to what the physicians said, was that the blow had severed the muscle, not directly from the front, but by a slanting cut. In any event he died three days later. Because of these things, then, the Romans spent that whole night in deep grief; while from the Gothic camps were heard many sounds of wailing and loud lamentation. And the Romans indeed wondered, because they thought that no calamity of any consequence had befallen the enemy on the previous day, except, to be sure, that no small number of them had perished in the encounters. This had happened to them before in no less degree, perhaps even to a greater degree, but it had not greatly distressed them, so great were their numbers. However, it was learned on the following day that men of the greatest note from the camp in the Plain of Nero were being bewailed by the Goths, men whom Bochas had killed in his first charge.

And other encounters also, though of no great importance, took place, which it has seemed to me unnecessary to chronicle. This, however, I will state, that altogether sixty-seven encounters occurred during this siege, besides two final ones which will be described in the following narrative. And at that time the winter drew to its close, and thus ended the second year of this war, the history of which Procopius has written.

---

[1] Inflammation of the brain.

III

Ἤδη δὲ τῆς θερινῆς τροπῆς ἀρξαμένης λιμός
τε ὁμοῦ καὶ λοιμὸς τοῖς ἐν τῇ πόλει ἐπέπεσε.
καὶ τοῖς στρατιώταις σῖτος μὲν[1] ἔτι ἐλείπετο,
ἄλλο δὲ τῶν ἐπιτηδείων οὐδέν, Ῥωμαίους δὲ
τοὺς ἄλλους ὅ τε σῖτος ἐπελελοίπει καὶ ὁ λιμὸς
2 ἀκριβῶς ξὺν τῷ λοιμῷ ἐπίεζεν. ὧν δὴ οἱ Γότθοι
αἰσθόμενοι μάχῃ μὲν διακινδυνεύειν πρὸς τοὺς
πολεμίους οὐκέτι ἤθελον, ἐφύλασσον δὲ ὅπως
3 αὐτοῖς μηδὲν τοῦ λοιποῦ ἐσκομίζοιτο. ἐστὸν[2]
δὲ[3] ὕδατος ὀχετὼ δύο μεταξὺ Λατίνης τε καὶ
Ἀππίας ὁδοῦ, ὑψηλὼ ἐς ἄγαν, κυρτώμασί τε ἐπὶ
4 πλεῖστον ἀνεχομένω. τούτω δὴ τὼ ὀχετὼ ἐν
χώρῳ διέχοντι Ῥώμης σταδίοις πεντήκοντα ξυμ-
βάλλετόν τε ἀλλήλοιν καὶ τὴν ἐναντίαν ὁδὸν δι'
5 ὀλίγου τρέπεσθον. ὁ γὰρ ἔμπροσθεν χώραν
λαχὼν τὴν ἐν δεξιᾷ τηνικαῦτα χωρεῖ φερόμενος
6 τὰ εὐώνυμα. πάλιν δὲ ξυνιόντε καὶ χώραν τὴν
προτέραν ἀπολαβόντε τὸ λοιπὸν διακέκρισθον,
καὶ ἀπ' αὐτοῦ χῶρον τὸν μεταξὺ ὀχύρωμα ξυμ-
7 βαίνει τῷ ἐκ τῶν ὀχετῶν περιβάλλεσθαι. τούτων
δὲ τὰ κάτω κυρτώματα οἱ βάρβαροι λίθοις τε καὶ
πηλῷ φράξαντες φρουρίου σχῆμα πεποίηνται
κἀνταῦθα οὐχ ἧσσον ἢ ἐς ἑπτακισχιλίους ἐν-
στρατοπεδευσάμενοι φυλακὴν εἶχον τοῦ μηκέτι
τοὺς πολεμίους ἐς τὴν πόλιν τι τῶν ἐπιτηδείων
ἐσκομίζεσθαι.

---

[1] σῖτος μὲν K : μὲν σῖτος L.
[2] ἐστὸν K : ἔστι L.   [3] δὲ K : δὲ ἐς τόδε L.

III

BUT at the beginning of the spring equinox famine and pestilence together fell upon the inhabitants of the city. There was still, it is true, some grain for the soldiers, though no other kind of provisions, but the grain-supply of the rest of the Romans had been exhausted, and actual famine as well as pestilence was pressing hard upon them. And the Goths, perceiving this, no longer cared to risk a decisive battle with their enemy, but they kept guard that nothing in future should be brought in to them. Now there are two aqueducts between the Latin and the Appian Ways, exceedingly high and carried on arches for a great distance. These two aqueducts meet at a place fifty stades distant from Rome[1] and cross each other, so that for a little space they reverse their relative position. For the one which previously lay to the right from then on continues on the left side. And again coming together, they resume their former places, and thereafter remain apart. Consequently the space between them, enclosed, as it is, by the aqueducts, comes to be a fortress. And the barbarians walled up the lower arches of the aqueducts here with stones and mud and in this way gave it the form of a fort, and encamping there to the number of no fewer than seven thousand men, they kept guard that no provisions should thereafter be brought into the city by the enemy.

[1] Torre Fiscale; but it is only about thirty stades from Rome.

8 Τότε δὴ Ῥωμαίους πᾶσα μὲν ἐλπὶς ἀγαθοῦ[1]
ἐπελελοίπει, πᾶσα δὲ ἰδέα κακοῦ περιεστήκει.
τέως μὲν οὖν ὁ σῖτος ἤκμαζε, τῶν στρατιωτῶν οἱ
εὐτολμότατοι ἐναγούσης αὐτοὺς τῆς τῶν χρημά-
των ἐπιθυμίας τοῖς ἵπποις τε ὀχούμενοι καὶ
ἄλλους ἐφέλκοντες ἐν τοῖς ληΐοις ἐγίνοντο νύκτωρ
9 τῆς πόλεως οὐ μακρὰν ἄποθεν. τέμνοντές τε
τοὺς ἀστάχυας καὶ τοῖς ἵπποις οὓς αὐτοὶ ἐφεῖλ-
κον ἐνθέμενοι, ἐς τὴν πόλιν λανθάνοντες τοὺς
πολεμίους ἐκόμιζον χρημάτων τε μεγάλων Ῥω-
10 μαίων τοῖς εὐδαίμοσιν ἀπεδίδοντο. οἱ μέντοι ἄλλοι
βοτάναις τισὶν ἀπέζων, οἷαι πολλαὶ ἀμφί τε
τὰ προάστεια καὶ τοῦ περιβόλου ἐντὸς γίνονται.
βοτάνη γὰρ γῆν τὴν Ῥωμαίων οὔτε χειμῶνος
ὥρᾳ οὔτε ἐς ἄλλον τινὰ ἐπιλείπει καιρόν, ἀλλ'
ἀνθεῖ τε ἀεὶ καὶ τέθηλεν ἐς πάντα τὸν χρόνον.
11 ἀφ' οὗ δὴ καὶ ἱπποφορβεῖν ἐνταῦθα τοὺς πολιορ-
κουμένους τετύχηκε. τινὲς δὲ καὶ ἐξ ἡμιόνων
τῶν ἐν Ῥώμῃ θνησκόντων ἀλλᾶντας ποιούμενοι
12 ἀπεδίδοντο λάθρα. ἐπεὶ δὲ σῖτον τὰ λήϊα οὐκέτι
εἶχε καὶ ἐς μέγα κακὸν[2] ἅπαντες Ῥωμαῖοι ἀφί-
κοντο, Βελισάριόν τε περιΐσταντο καὶ μάχῃ μιᾷ
διακρίνεσθαι πρὸς τοὺς πολεμίους ἠνάγκαζον,
Ῥωμαίων οὐδένα τῆς ξυμβολῆς ἀπολείψεσθαι
ὑποσχόμενοι. καὶ αὐτῷ ἀπορουμένῳ τε τοῖς
παροῦσι καὶ λίαν ἀχθομένῳ τῶν ἀπὸ τοῦ δήμου
ἔλεξάν τινες τοιάδε·

13 "Οὐ προσδεχομένους ἡμᾶς ἡ παροῦσα, ὦ
στρατηγέ, κατέλαβε τύχη, ἀλλ' εἰς πᾶν ἡμῖν
14 τοὐναντίον τὰ τῆς ἐλπίδος ἐκβέβηκε. τετυχη-
κότες γὰρ ὧν πρότερον ἐν ἐπιθυμίᾳ κατέστημεν,

[1] ἀγαθοῦ K : ἀγαθὴ L.   [2] μέγα κακὸν L : ἐσμὸν κακῶν K.

Then indeed every hope of better things aban-
doned the Romans, and every form of evil encom-
passed them round about. As long as there was ripe
grain, however, the most daring of the soldiers, led
on by lust of money, went by night to the grain-
fields not far from the city mounted on horses and
leading other horses after them. Then they cut off
the heads of grain, and putting them on the horses
which they led, would carry them into the city
without being seen by the enemy and sell them at a
great price to such of the Romans as were wealthy.
But the other inhabitants lived on various herbs
such as grow in abundance not only in the outskirts
but also inside the fortifications. For the land of
the Romans is never lacking in herbs either in
winter or at any other season, but they always
flourish and grow luxuriantly at all times. Where-
fore the besieged also pastured their horses in those
places. And some too made sausages of the mules
that died in Rome and secretly sold them. But
when the corn-lands had no more grain and all the
Romans had come into an exceedingly evil plight,
they surrounded Belisarius and tried to compel him
to stake everything on a single battle with the
enemy, promising that not one of the Romans would
be absent from the engagement. And when he was
at a loss what to do in that situation and greatly
distressed, some of the populace spoke to him as
follows :

" General, we were not prepared for the fortune
which has overtaken us at the present time ; on the
contrary, what has happened has been altogether the
opposite of our expectations. For after achieving what

τανῦν ἐς τὴν παροῦσαν ξυμφορὰν ἥκομεν, καὶ
περιέστηκεν ἡμῶν ἡ προλαβοῦσα δόξα τὸ καλῶς
τῆς βασιλέως προμηθείας ἐφίεσθαι, νῦν ἄνοιά τε
15 οὖσα καὶ κακῶν τῶν μεγίστων ὑπόθεσις. ἀφ᾽
οὗ δὴ ἐς τόδε ἀνάγκης ἀφίγμεθα ὥστε ἐν τῷ
παρόντι ἔτι βιάζεσθαι καὶ πρὸς τοὺς βαρβάρους
16 ὁπλίζεσθαι τετολμήκαμεν. καὶ συγγνώμη μὲν εἰ
πρὸς Βελισάριον θρασυνόμεθα, γαστὴρ γὰρ οὐκ
οἶδεν ἀποροῦσα τῶν ἀναγκαίων αἰσχύνεσθαι,
17 ἀπολελογήσθω δὲ ἡμῖν[1] τῆς[2] προπετείας ἡ τύχη.
πάντων γὰρ εἰκότως ἀνιαρότατος εἶναι δοκεῖ
μηκυνόμενος τοῖς οὐκ εὖ φερομένοις ὁ βίος. τὰ
18 μὲν οὖν ξυμπεσόντα ἡμῖν ὁρᾷς δήπουθεν. ἀγροὶ
μὲν οὗτοι καὶ χώρα ξύμπασα ὑποπέπτωκε ταῖς
τῶν πολεμίων χερσίν· ἡ πόλις δὲ αὕτη τῶν
ἀγαθῶν ἀποκέκλεισται πάντων οὐκ ἴσμεν ἐξ
19 ὅτου δὴ χρόνου. Ῥωμαίων δὲ οἱ μὲν ἤδη κεῖν-
ται, τὸ μηδὲ γῇ κρύπτεσθαι κληρωσάμενοι,
ἡμεῖς δὲ οἱ περιόντες, ὡς ἂν συλλήβδην εἴπω-
μεν ἅπαντα τὰ δεινά, ξυντετάχθαι τοῖς οὕτω
20 κειμένοις εὐχόμεθα. πάντα γὰρ τοῖς ἐντυγχά-
νουσιν ὁ λιμὸς τὰ κακὰ φορητὰ[3] δείκνυσιν, ἔνθα
τε ἂν φαίνηται, μετὰ τῆς τῶν ἄλλων ἐπέρχεται
λήθης καὶ θανάτους ἅπαντας, πλὴν τοῦ παρ᾽
αὐτοῦ προσιόντος[4] πρὸς ἡδονῆς εἶναι τοῖς ἀνθρώ-
21 ποις ἐργάζεται. ἕως τοίνυν ἔτι μὴ κεκράτηκεν
ἡμῶν τὸ κακόν, δὸς ἡμῖν ὑπὲρ ἡμῶν αὐτῶν ἀνελέ-
σθαι τὴν ἀγωνίαν, ἐξ ἧς ἡμῖν ἢ περιεῖναι τῶν
πολεμίων ἢ τῶν δυσχερῶν ἀπηλλάχθαι ξυμβή-

---

[1] ἡμῖν Kraševinnikov : ἡμῶν MSS.
[2] τῆς Κ : ὑπὲρ τῆσδε ἡμῶν τῆς L.
[3] φορητὰ Κ : φορητέα L.
[4] προσιόντος : προιόντος Κ, προσιόντας L.

we had formerly set our hearts upon, we have now come into the present misfortune, and we realize at length that our previous opinion that we did well to crave the emperor's watchful care was but folly and the beginning of the greatest evils. Indeed, this course has brought us to such straits that at the present time we have taken courage to use force once more and to arm ourselves against the barbarians. And while we may claim forgiveness if we boldly come into the presence of Belisarius—for the belly knows not shame when it lacks its necessities—our plight must be the apology for our rashness; for it will be readily agreed that there is no plight more intolerable for men than a life prolonged amid the adversities of fortune. And as to the fortune which has fallen upon us, you cannot fail to see our distress. These fields and the whole country have fallen under the hand of the enemy; and this city has been shut off from all good things for we know not how long a time. And as for the Romans, some already lie in death, and it has not been their portion to be hidden in the earth, and we who survive, to put all our terrible misfortunes in a word, only pray to be placed beside those who lie thus. For starvation shews to those upon whom it comes that all other evils can be endured, and wherever it appears it is attended by oblivion of all other sufferings, and causes all other forms of death, except that which proceeds from itself, to seem pleasant to men. Now, therefore, before the evil has yet mastered us, grant us leave on our own behalf to take up the struggle, which will result either in our overcoming the enemy or in deliverance

22 σεται. οἷς μὲν γὰρ ἐλπίδα σωτηρίας ἡ μέλλησις
φέρει, πολλὴ ἄνοια ἂν εἴη προτερήσασιν ἐς κίνδυ-
νον τὸν ὑπὲρ τῶν ὅλων καθίστασθαι, οἷς δὲ τῇ
βραδυτῆτι δυσκολώτερος ὁ ἀγὼν γίνεται, τὸ καὶ
πρὸς ὀλίγον ἀναβάλλεσθαι χρόνον τῆς παραυτίκα
προπετείας μεμπτότερον."

23 Ῥωμαῖοι μὲν τοσαῦτα εἶπον. Βελισάριος δὲ
ἀμείβεται ὧδε· "'Ἀλλ' ἔμοιγε καὶ λίαν προσδε-
χομένῳ τὰ παρ' ὑμῶν γεγένηται πάντα, ἐκβέβηκε
24 δὲ παρὰ δόξαν οὐδέν. ἐγὼ γὰρ πάλαι οἶδα δῆμον
ὅτι πρᾶγμα ἀβουλότατόν ἐστι, καὶ οὔτε τὰ
παρόντα φέρειν πέφυκεν οὔτε τὰ μέλλοντα προ-
βουλεύεσθαι, ἀλλ' ἐγχειρεῖν μὲν εὐπετῶς ἀεὶ
τοῖς ἀμηχάνοις, διαφθείρεσθαι δὲ ἀνεπισκέπτως
25 ἐπίσταται μόνον. ἐγὼ μέντοι οὐκ ἄν ποτε διὰ
τὴν ὑμετέραν ὀλιγωρίαν οὔτε ὑμᾶς ἀπολέσαιμι
ἑκών γε εἶναι οὔτε ὑμῖν τὰ βασιλέως συνδιαφθεί-
26 ραιμι πράγματα. πόλεμος γὰρ οὐκ ἐξ ἀλογίστου
σπουδῆς[1] κατορθοῦσθαι φιλεῖ, ἀλλ' εὐβουλίᾳ τε
καὶ προμηθείᾳ τὴν τῶν καιρῶν ἀεὶ σταθμώμενος
27 ῥοπήν. ὑμεῖς μὲν οὖν πεττεύειν οἰόμενοι τὸν ἕνα
βούλεσθε ὑπὲρ ἁπάντων ἀναρρίπτειν κύβον, ἐμοὶ
δὲ οὐ σύνηθες αἱρεῖσθαι πρὸ τοῦ ξυμφόρου τὸ σύν-
28 τομον. εἶτα σὺν ἡμῖν ἐπαγγέλλεσθε τοῖς πολε-
μίοις διὰ μάχης ἰέναι, πότε τὰς μελέτας τοῦ πολέ-
μου πεποιημένοι; ἢ ποῖος[2] τὰ τοιαῦτα ἐκμαθὼν
τοῖς ὅπλοις οὐκ οἶδεν ὅτι οὐ χωρεῖ[3] ἄχρι τῆς διαπεί-
ρας ἡ μάχη; οὐδὲ αὐτός οἱ ἐμμελετᾶν ὁ πολέμιος
29 ἐν τοῖς ἀγῶσι παρέχεται.[4] νῦν μὲν τὴν προθυμίαν

---

[1] σπουδῆς KL : βουλῆς V₁.   [2] ποῖος L : ποίοις K.
[3] ἐκμαθὼν ... χωρεῖ L : ἐκμαθόντες ὅπλοις, ἃ οὐκ οἶδε χωρεῖν
K, ἐκμαθόντες ὅπλοις ; οὐ γὰρ οἶδε χωρεῖν Krašeninnikov.
[4] οὐδὲ ... παρέχεται L : om. K.

314

from our troubles. For when delay brings men hope of safety, it would be great folly for them prematurely to enter into a danger which involves their all, but when tarrying makes the struggle more difficult, to put off action even for a little time is more reprehensible than immediate and precipitate haste."

So spoke the Romans. And Belisarius replied as follows : " Well, as for me, I have been quite prepared for your conduct in every respect, and nothing that has happened has been contrary to my expectation. For long have I known that a populace is a most unreasoning thing, and that by its very nature it cannot endure the present or provide for the future, but only knows how rashly in every case to attempt the impossible and recklessly to destroy itself. But as for me, I shall never, willingly at least, be led by your carelessness either to destroy you or to involve the emperor's cause in ruin with you. For war is wont to be brought to a successful issue, not by unreasoning haste, but by the use of good counsel and forethought in estimating the turn of the scale at decisive moments. You, however, act as though you were playing at dice, and want to risk all on a single cast; but it is not my custom to choose the short course in preference to the advantageous one. In the second place, you promise that you will help us do battle against the enemy; but when have you ever taken training in war? Or who that has learned such things by the use of arms does not know that battle affords no room for experiment? Nor does the enemy, on his part, give opportunity, while the struggle is on, to practise on him. This

ὑμῶν ἄγαμαι καὶ συγγνώμων εἰμὶ ταραχῆς τῆσδε·
30 ὡς δὲ ὑμῖν ταῦτα οὐκ εἰς καιρὸν γέγονε καὶ
ἡμεῖς μελλήσει προμηθεῖ χρώμεθα ἐγὼ δηλώσω.
στράτευμα ἡμῖν ἀριθμοῦ κρεῖσσον ἐκ πάσης γῆς
ἀθροίσας βασιλεὺς ἔπεμψε καὶ στόλος ὅσος οὐ
πώποτε Ῥωμαίοις ξυνέστη τήν τε Καμπανίας
ἀκτὴν καὶ κόλπου τοῦ Ἰονίου τὰ πλεῖστα κα-
31 λύπτει. ὀλίγων τε ἡμερῶν ξὺν πᾶσι τοῖς ἐπιτη-
δείοις παρ' ἡμᾶς ἥξουσι, τήν τε ἀπορίαν ἡμῖν
διαλύσοντες καὶ πλήθει βελῶν τὰ τῶν βαρβάρων
32 στρατόπεδα καταχώσοντες. ἐλογισάμην οὖν [1] ἐς
τὴν ἐκείνων παρουσίαν τὸν τῆς ξυμβολῆς μᾶλλον
ἀποθέσθαι καιρὸν καὶ ξὺν τῷ ἀσφαλεῖ τὸ τοῦ
πολέμου πορίζεσθαι κράτος, ἢ σπουδῇ ἀλογίστῳ
θρασυνόμενος τὴν τῶν ὅλων σωτηρίαν προΐεσθαι.
ὅπως δὲ αὐτίκα τε ἥξουσι καὶ μὴ περαιτέρω
μελλήσουσιν, ἐγὼ προνοήσω."

IV

Τούτοις μὲν Ῥωμαίων τὸν δῆμον παραθρασύνας
Βελισάριος ἀπεπέμψατο, Προκόπιον δέ, ὃς τάδε
ξυνέγραψεν, αὐτίκα ἐς Νεάπολιν ἐκέλευεν ἰέναι.
φήμη γάρ τις περιήγγελλεν ὡς στράτευμα ἐν-
2 ταῦθα βασιλεὺς πέμψειε. καί οἱ ἐπέστελλε ναῦς
τε ὅτι πλείστας σίτου ἐμπλήσασθαι καὶ στρα-
τιώτας ἀγεῖραι ἅπαντας ὅσους ἐν τῷ παρόντι ἐκ
Βυζαντίου ἥκειν τετύχηκεν, ἢ ἵππων φυλακῆς
ἕνεκα ἢ ἄλλου ὁτουοῦν ἐνταῦθα λελεῖφθαι, οἵους δὴ
πολλοὺς ἐς τὰ ἐν Καμπανίᾳ χωρία ἠκηκόει ἰέναι,

---

[1] ἐλογισάμην οὖν K : ἀνθ' ὧν καὶ ἐλογισάμην L.

time, indeed, I admire your zeal and forgive you for making this disturbance; but that you have taken this action at an unseasonable time and that the policy of waiting which we are following is prudent, I shall now make clear. The emperor has gathered for us from the whole earth and despatched an army too great to number, and a fleet such as was never brought together by the Romans now covers the shore of Campania and the greater part of the Ionian Gulf. And within a few days these reinforcements will come to us and bring with them all kinds of provisions, to put an end to our destitution and to bury the camps of the barbarians under a multitude of missiles. I have therefore reasoned that it was better to put off the time of conflict until they are present, and thus gain the victory in the war with safety, than to make a show of daring in unreasoning haste and thus throw away the salvation of our whole cause. To secure their immediate arrival and to prevent their loitering longer shall be my concern."

IV

With these words Belisarius encouraged the Roman populace and then dismissed them; and Procopius, who wrote this history, he immediately commanded to go to Naples. For a rumour was going about that the emperor had sent an army there. And he commissioned him to load as many ships as possible with grain, to gather all the soldiers who at the moment had arrived from Byzantium, or had been left about Naples in charge of horses or for any other purpose whatever—for he had heard that many such were coming to the various places in

τινὰς δὲ καὶ τῶν ταύτῃ φρουρῶν ἀφελέσθαι,
ἥξειν τε ξὺν αὐτοῖς τὸν σῖτον παρακομίζοντι ἐς
3 Ὀστίαν, ὅθι τὸ Ῥωμαίων ἐπίνειον. καὶ ὁ μὲν
ξὺν τῷ Μουνδίλᾳ τῷ δορυφόρῳ καὶ ὀλίγοις
ἱππεῦσι διὰ πύλης ἣ Παύλου τοῦ ἀποστόλου
ἐπώνυμός ἐστι, νύκτωρ διῆλθε, λαθὼν τὸ τῶν
πολεμίων στρατόπεδον ὅπερ ἄγχιστα ὁδοῦ τῆς
4 Ἀππίας ἐφύλασσεν. ἐπειδή τε ἐς Ῥώμην οἱ
ἀμφὶ Μουνδίλαν ἐπανήκοντες ἀφῖχθαι ἤδη Προ-
κόπιον ἐς Καμπανίαν οὐδενὶ ἐντυχόντα τῶν βαρ-
βάρων ἀπήγγελλον, νύκτωρ γὰρ οὔποτε τοὺς
πολεμίους ἔξω τοῦ στρατοπέδου πορεύεσθαι,[1]
εὐέλπιδες μὲν γεγένηνται πάντες, Βελισάριος δὲ
5 θαρσήσας ἤδη ἐπενόει τάδε. τῶν ἱππέων πολλοὺς
ἐς τὰ πλησίον ἐξέπεμπεν ὀχυρώματα, ἐπιστείλας,
ἤν τινες τῶν πολεμίων ταύτῃ ἴωσιν, ἐφ' ᾧ τὰ
ἐπιτήδεια ἐς τὰ στρατόπεδα ἐσκομίσονται, ἔνθεν
αὐτοῖς ἐπεκδρομάς τε καὶ ἐνέδρας πανταχόθι
τῶν τῇδε χωρίων ἀεὶ ποιουμένους μὴ ἐπιτρέπειν,
ἀλλὰ παντὶ σθένει ἀπείργειν, ὅπως ἥ τε πόλις
ἐλασσόνως ἢ πρότερον τῇ ἀπορίᾳ πιέζοιτο καὶ
οἱ βάρβαροι πολιορκεῖσθαι μᾶλλον ἢ αὐτοὶ
6 πολιορκεῖν Ῥωμαίους δόξειαν. Μαρτῖνον μὲν
οὖν καὶ Τραϊανὸν ξὺν χιλίοις ἐς Ταρακίναν ἐκέ-
λευσεν ἰέναι. οἷς δὴ καὶ Ἀντωνίναν τὴν γυναῖκα
ξυνέπεμψεν, ἐντειλάμενος ἔς τε Νεάπολιν αὐτὴν
στέλλεσθαι ξὺν ὀλίγοις τισὶ καὶ τύχην ἐκ τοῦ
ἀσφαλοῦς τὴν σφίσι ξυμβησομένην καραδοκεῖν.
7 Μάγνον δὲ καὶ Σινθούην τὸν δορυφόρον[2] πεντα-

---

[1] πορεύεσθαι K : ἰέναι L.
[2] τὸν δορυφόρον : τὸν δορυφόρων L rec. m. corr., τῶν δορυφόρων
K, L pr. m.

Campania—and to withdraw some of the men from the garrisons there, and then to come back with them, convoying the grain to Ostia, where the harbour of the Romans was. And Procopius, accompanied by Mundilas the guardsman and a few horsemen, passed out by night through the gate which bears the name of the Apostle Paul,[1] eluding the enemy's camp which had been established very close to the Appian Way to keep guard over it. And when Mundilas and his men, returning to Rome, announced that Procopius had already arrived in Campania without meeting any of the barbarians,—for at night, they said, the enemy never went outside their camp,—everybody became hopeful, and Belisarius, now emboldened, devised the following plan. He sent out many of his horsemen to the neighbouring strongholds, directing them, in case any of the enemy should come that way in order to bring provisions into their camps, that they should constantly make sallies upon them from their positions and lay ambushes everywhere about this region, and thus keep them from succeeding; on the contrary, they should with all their might hedge them in, so that the city might be in less distress than formerly through lack of provisions, and also that the barbarians might seem to be besieged rather than to be themselves besieging the Romans. So he commanded Martinus and Trajan with a thousand men to go to Taracina. And with them he sent also his wife Antonina, commanding that she be sent with a few men to Naples, there to await in safety the fortune which would befall the Romans. And he sent Magnus and Sinthues the guardsman, who took with them

[1] The Porta Ostiensis.

κοσίους μάλιστα ἐπαγομένους ἐς Τίβουριν τὸ
φρούριον ἔπεμψε, σταδίους τεσσαράκοντα καὶ
8 ἑκατὸν Ῥώμης διέχον. ἐς μέντοι τὸ Ἀλβανῶν
πόλισμα, σταδίους μὲν τοσούτους ἀπέχον, ἐν δὲ
τῇ Ἀππίᾳ ὁδῷ κείμενον, πρότερον ἤδη Γόνθαριν
ξὺν Ἐρούλοις τισὶ πέμψας ἔτυχεν, οὓς δὴ οἱ
Γότθοι βιασάμενοι ἐξήλασαν ἐνθένδε οὐ πολλῷ
ὕστερον.

9   Ἔστι δέ τις νεὼς Παύλου τοῦ ἀποστόλου,
Ῥώμης τοῦ περιβόλου τεσσαρεσκαίδεκα σταδίους
ἀπέχων, ὅ τε ποταμὸς αὐτὸν παρρεῖ Τίβερις.
ἐνταῦθα ὀχύρωμα μὲν οὐδαμῆ ἐστι, στοὰ δέ τις
ἄχρι ἐς τὸν νεὼν διήκουσα ἐκ τῆς πόλεως, ἄλλαι
τε πολλαὶ οἰκοδομίαι ἀμφ' αὐτὸν οὖσαι οὐκ
10 εὐέφοδον ποιοῦσι τὸν χῶρον. ἔστι δέ τις καὶ
αἰδὼς πρὸς ταῦτα δὴ τὰ ἱερὰ τοῖς Γότθοις. ἐς
οὐδέτερον γοῦν τοῖν ἀποστόλοιν νεὼν παρὰ πάντα
τὸν τοῦ πολέμου καιρὸν ἄχαρί τι πρὸς αὐτῶν
γέγονεν, ἀλλὰ πάντα τῇδε τοῖς ἱερεῦσιν, ᾗπερ
11 εἰώθει, ἐξοσιοῦσθαι ξυμβέβηκεν. ἐν τούτῳ δὲ
τῷ χωρίῳ Βαλεριανόν, τοὺς Οὔννους ἅπαντας
ἀπαγαγόντα, χαράκωμα παρὰ τοῦ Τιβέριδος τὴν
ὄχθην ἐκέλευε ποιεῖσθαι, ὅπως ἂν αὐτοῖς τε
ἀδεέστερον οἱ ἵπποι τρέφοιντο καὶ οἱ Γότθοι
μᾶλλον ἔτι ἀναστέλλοιντο τοῦ κατ' ἐξουσίαν ὡς
ἀπωτάτω τῶν στρατοπέδων τῶν σφετέρων ἰέναι.
12 ὁ δὲ κατὰ ταῦτα ἐποίει. ἐπειδή τε οἱ Οὖννοι
ἐνταῦθα ἐστρατοπεδεύσαντο οὗπερ ὁ στρατηγὸς
ἐνετέλλετο, ἐς τὴν πόλιν ἀπήλαυνε.

13   Ταῦτα μὲν οὖν Βελισάριος διαπεπραγμένος
ἡσύχαζε, μάχης μὲν οὐκ ἄρχων, ἐκ δὲ τοῦ τείχους
ἀμύνεσθαι προθυμούμενος, ἤν τις ἔξωθεν ἐπ'

about five hundred men, to the fortress of Tibur, one
hundred and forty stades distant from Rome. But
to the town of Albani,[1] which was situated on the
Appian Way at the same distance from the city, he
had already, as it happened, sent Gontharis with a
number of Eruli, and these the Goths had driven out
from there by force not long afterward.

Now there is a certain church of the Apostle Paul,[2]
fourteen stades distant from the fortifications of Rome,
and the Tiber River flows beside it. In that place
there is no fortification, but a colonnade extends all
the way from the city to the church, and many other
buildings which are round about it render the place
not easy of access. But the Goths shew a certain
degree of actual respect for sanctuaries such as this.
And indeed during the whole time of the war no
harm came to either church of the two Apostles[3]
at their hands, but all the rites were performed in
them by the priests in the usual manner. At this
spot, then, Belisarius commanded Valerian to take all
the Huns and make a stockade by the bank of the
Tiber, in order that their horses might be kept in
greater security and that the Goths might be still
further checked from going at their pleasure to great
distances from their camps. And Valerian acted
accordingly. Then, after the Huns had made their
camp in the place where the general directed, he rode
back to the city.

So Belisarius, having accomplished this, remained
quiet, not offering battle, but eager to carry on the
defence from the wall, if anyone should advance

[1] See Book V. vi. 7, note.
[2] The Basilica of St. Paul stood south of the city, outside
the Porta Ostiensis which is still called Porta S. Paolo.
[3] St. Peter and St. Paul.

14 αὐτὸ¹ κακουργήσων ἴοι. καὶ σῖτον μέντοι τισὶ
τοῦ Ῥωμαίων δήμου παρείχετο. Μαρτῖνος δὲ
καὶ Τραϊανὸς διελθόντες νύκτωρ τὰ τῶν πολε-
μίων στρατόπεδα, ἐπειδὴ ἐν Ταρακίνῃ ἐγένοντο,
Ἀντωνίναν μὲν ἐς Καμπανίαν ξὺν ὀλίγοις τισὶν
ἔπεμψαν, αὐτοὶ δὲ τὰ ταύτῃ ὀχυρώματα κατα-
λαβόντες, ἔνθεν τε ὁρμώμενοι καὶ τὰς ἐφόδους ἐκ
τοῦ αἰφνιδίου ποιούμενοι, τῶν Γότθων τοὺς ἐς τὰ
15 ἐκείνῃ χωρία περιιόντας² ἀνέστελλον. Μάγνος
δὲ καὶ Σινθούης τοῦ τε φρουρίου ὅσα καταπεπτώ-
κει ἐν βραχεῖ ἀνῳκοδομήσαντο χρόνῳ καὶ ἐπειδὴ
ἐν τῷ ἀσφαλεῖ ἐγένοντο, ἤδη μᾶλλον ἐλύπουν
τοὺς πολεμίους ἅτε αὐτῶν τὸ ἐπιτείχισμα οὐκ
ἄποθεν ὂν συχνά τε καταθέοντες καὶ τῷ ἀπροσ-
δοκήτῳ ἐκπλήσσοντες ἀεὶ τῶν βαρβάρων τοὺς
τὰ ἐπιτήδεια παραπέμποντας, ἕως Σινθούης ἐν
μάχῃ δή τινι δόρατι πληγεὶς τὴν δεξιὰν χεῖρα
τῶν τε νεύρων οἱ ἀποκοπέντων ἀπόμαχος τὸ
16 λοιπὸν γέγονε. καὶ Οὖννοι δὲ τὸ στρατόπεδον
ἐν γειτόνων, ὥσπερ μοι ἐρρήθη, πεποιημένοι οὐκ
ἐλάσσω κακὰ τοὺς Γότθους ἐποίουν, ὥστε καὶ
αὐτοὶ τῷ λιμῷ³ ἐπιέζοντο ἤδη, οὐκέτι σφίσιν
ἀδείας οὔσης τὰς τροφὰς ὥσπερ τὸ πρότερον
17 ἐσκομίζεσθαι. καὶ λοιμὸς⁴ δὲ αὐτοῖς ἐπεισπεσὼν
πολλοὺς ἔφθειρε, καὶ μάλιστα ἐν τῷ στρατοπέδῳ
ὅπερ αὐτοῖς ἀγχοῦ τῆς Ἀππίας ὁδοῦ ὕστατον,
18 ὥσπερ μοι προδεδήλωται, γεγονὸς ἔτυχε. καὶ
αὐτῶν ὀλίγοι ἐνθένδε ὅσοι οὐ διεφθάρησαν ἐς
τἆλλα χαρακώματα ὑπεχώρησαν. ταυτὸ δὲ

---

¹ ἐπ' αὐτὸ Haury : ἐπ' αὐτῶ K, ἀπ' αὐτῇ L.
² χωρία περιόντας K, περιόντας χωρία L.
³ λιμῷ K : λοιμῷ L.   ⁴ λοιμὸς L : λιμὸς K.

against it from outside with evil intent. And he also furnished grain to some of the Roman populace. But Martinus and Trajan passed by night between the camps of the enemy, and after reaching Taracina sent Antonina with a few men into Campania; and they themselves took possession of the fortified places in that district, and using them as their bases of operations and making thence their sudden attacks, they checked such of the Goths as were moving about in that region. As for Magnus and Sinthues, in a short time they rebuilt such parts of the fortress[1] as had fallen into ruin, and as soon as they had put themselves in safety, they began immediately to make more trouble for the enemy, whose fortress was not far away, not only by making frequent raids upon them, but also by keeping such of the barbarians as were escorting provision-trains in a constant state of terror by the unexpectedness of their movements; but finally Sinthues was wounded in his right hand by a spear in a certain battle, and since the sinews were severed, he became thereafter unfit for fighting. And the Huns likewise, after they had made their camp near by, as I have said, were on their part causing the Goths no less trouble, so that these as well as the Romans were now feeling the pressure of famine, since they no longer had freedom to bring in their food-supplies as formerly. And pestilence too fell upon them and was destroying many, and especially in the camp which they had last made, close by the Appian Way, as I have previously stated.[2] And the few of their number who had not perished withdrew from that camp to the other camps. The Huns also

---

[1] Tibur.   [2] Chap. iii. 7.

τοῦτο καὶ Οὖννοι παθόντες ἐς ῾Ρώμην εἰσῆλθον.
19 ταῦτα μὲν οὖν ἐγίνετο τῇδε. Προκόπιος δέ, ἐπεὶ
ἐν Καμπανίᾳ ἐγένετο, στρατιώτας τε οὐχ ἦσσον
ἢ πεντακοσίους ἐνταῦθα ἤγειρε, καὶ νεῶν πολύ τι
χρῆμα σίτου ἐμπλησάμενος ἐν παρασκευῇ εἶχε.
20 παρῆν δέ οἱ καὶ ᾿Αντωνίνα οὐ πολλῷ ὕστερον καὶ
τοῦ στόλου ἤδη ξὺν αὐτῷ ἐπεμελεῖτο.

21 Τότε καὶ τὸ ὄρος ὁ Βέβιος ἐμυκήσατο μέν, οὐ
μέντοι ἠρεύξατο, καίτοι γε καὶ λίαν ἐπίδοξος ἀπ᾽
αὐτοῦ ἐγεγόνει ὅτι ἐρεύξεται. διὸ δὴ καὶ τοῖς
ἐπιχωρίοις ξυνέβη ἐς δέος μέγα ἐμπεπτωκέναι.
22 τὸ δὲ ὄρος τοῦτο Νεαπόλεως μὲν ἑβδομήκοντα
σταδίοις διέχει, τετραμμένον αὐτῆς πρὸς βορρᾶν
ἄνεμον, ἀπότομον δὲ ἀτεχνῶς ἐστι, τὰ κάτω μὲν
ἀμφιλαφὲς κύκλῳ, τὰ δὲ ὕπερθεν κρημνῶδές τε
23 καὶ δεινῶς ἄβατον.[1] ἐν δὲ τῇ τοῦ Βεβίου ὑπερ-
βολῇ σπήλαιον κατὰ μέσον μάλιστα βαθὺ φαί-
νεται, ὥστε εἰκάζειν αὐτὸ ἄχρι ἐς τὰ ἔσχατα τοῦ
24 ὄρους διήκειν. καὶ πῦρ ἐνταῦθα ὁρᾶν πάρεστιν,
ἤν τις ὑπερκύπτειν τολμήσειε, καὶ χρόνῳ μὲν τῷ
ἄλλῳ ἡ φλὸξ ἐφ᾽ ἑαυτὴν στρέφεται,[2] πράγματα
οὐδενὶ παρεχομένη τῶν ταύτῃ ἀνθρώπων, ἐπειδὰν
δὲ κτύπον τινὰ μυκηθμῷ ἐμφερῆ τὸ ὄρος ἀφῇ,
κόνεως μέγα τι χρῆμα οὐ πολλῷ ὕστερον ἐκ τοῦ
25 ἐπὶ πλεῖστον ἀνίησι. καὶ ἢν μέν τινα ὁδῷ τὸ
κακὸν τοῦτο βαδίζοντα λάβῃ, τοῦτον δὴ τὸν ἄν-
θρωπον οὐδεμία μηχανὴ[3] βιώσεσθαί ἐστιν, ἢν δὲ
οἰκίαις τισὶν ἐπιπέσῃ, πίπτουσι καὶ αὐταὶ τῷ τῆς
26 κόνεως πλήθει ἀχθόμεναι. ἀνέμου δὲ σκληροῦ,

---

[1] ἄβατον K : ἄγριον L.
[2] στρέφεται Hoeschel : τρέφεται MSS.
[3] οὐδεμία μηχανὴ : οὐδεμιᾷ μηχανῇ MSS.

suffered in the same way, and so returned to Rome. Such was the course of events here. But as for Procopius, when he reached Campania, he collected not fewer than five hundred soldiers there, loaded a great number of ships with grain, and held them in readiness. And he was joined not long afterwards by Antonina, who immediately assisted him in making arrangements for the fleet.

At that time the mountain of Vesuvius rumbled, and though it did not break forth in eruption, still because of the rumbling it led people to expect with great certainty that there would be an eruption. And for this reason it came to pass that the inhabitants fell into great terror. Now this mountain is seventy stades distant from Naples and lies to the north [1] of it—an exceedingly steep mountain, whose lower parts spread out wide on all sides, while its upper portion is precipitous and exceedingly difficult of ascent. But on the summit of Vesuvius and at about the centre of it appears a cavern of such depth that one would judge that it extends all the way to the bottom of the mountain. And it is possible to see fire there, if one should dare to peer over the edge, and although the flames as a rule merely twist and turn upon one another, occasioning no trouble to the inhabitants of that region, yet, when the mountain gives forth a rumbling sound which resembles bellowing, it generally sends up not long afterward a great quantity of ashes. And if anyone travelling on the road is caught by this terrible shower, he cannot possibly survive, and if it falls upon houses, they too fall under the weight of the great quantity of ashes. But whenever it so

---

[1] This is an error on the part of Procopius. In point of fact it lies to the south-east of Naples.

ἂν οὕτω τύχῃ, ἐπιπεσόντος, ἀνιέναι μὲν αὐτὴν
ξυμβαίνει ἐς ὕψος μέγα, ὡς μηκέτι ἀνθρώπῳ ὁρα-
τὴν εἶναι,[1] φέρεσθαι δὲ ὅπῃ ἂν αὐτῇ τὸ πνεῦμα
ἐπίφορον ἴοι,[2] ἐμπίπτειν τε ἐς γῆν ἢ ὡς ἑκαστάτω
27 τυγχάνει οὖσα. καί ποτε μέν φασιν ἐν Βυζαντίῳ
ἐπιπεσοῦσαν οὕτως ἐκπλῆξαι τοὺς ταύτῃ ἀνθρώ-
πους ὥστε πανδημεὶ ἐξ ἐκείνου δὴ καὶ ἐς τόδε τοῦ
χρόνου λιταῖς ἐνιαυσίοις ἐξιλάσκεσθαι τὸν θεὸν
ἔγνωσαν, ἐς Τρίπολιν δὲ τῆς Λιβύης χρόνῳ ἑτέρῳ
28 ἐμπεπτωκέναι. καὶ πρότερον μὲν ἐνιαυτῶν ἑκα-
τὸν ἢ καὶ πλειόνων τὸν μυκηθμὸν τοῦτόν φασι
γενέσθαι, ὕστερον δὲ καὶ πολλῷ ἔτι θᾶσσον ξυμ-
29 βῆναι. τοῦτο μέντοι ἀπισχυρισάμενοι λέγουσιν,
ὅτι δὴ ἐπειδὰν τῷ Βεβίῳ ταύτην ἐρεύξασθαι τὴν
κόνιν ξυμβαίη, εὐθηνεῖν ἀνάγκη τὴν ἐκείνην
30 χώραν καρποῖς ἅπασιν. ἀὴρ δὲ λεπτότατός ἐστι
καὶ πρὸς ὑγείαν ἱκανῶς πεφυκὼς ἐν τῷ ὄρει τούτῳ
πάντων μάλιστα. ἐς τοῦτο ἀμέλει τοὺς φθόῃ
ἁλόντας ἐκ τῶν ἄνωθεν χρόνων ἰατροὶ πέμπουσι.
τὰ μὲν οὖν ἀμφὶ τῷ Βεβίῳ ταύτῃ πῃ ἔχει.

V

Ἐν τούτῳ δὲ καὶ ἄλλο στράτευμα ἐκ Βυζαντίου
κατέπλευσεν, Ἰσαύρων μὲν ἐς τὸν Νεαπόλεως
λιμένα τρισχίλιοι, ὧν Παῦλος καὶ Κόνων ἡγοῦν-
το, ἐς Δρυοῦντα δὲ Θρᾷκες ἱππεῖς ὀκτακόσιοι,
ὧν Ἰωάννης ἦρχεν ὁ Βιταλιανοῦ τοῦ πρώην
τετυραννηκότος ἀδελφιδοῦς καὶ ξὺν αὐτοῖς ἕτεροι

---

[1] εἶναι K: γίνεσθαι L.
[2] ἴοι L: εἴη K.

happens that a strong wind comes on, the ashes rise to a great height, so that they are no longer visible to the eye, and are borne wherever the wind which drives them goes, falling on lands exceedingly far away. And once, they say, they fell in Byzantium [1] and so terrified the people there, that from that time up to the present the whole city has seen fit to propitiate God with prayers every year; and at another time they fell on Tripolis in Libya. Formerly this rumbling took place, they say, once in a hundred years or even more,[2] but in later times it has happened much more frequently. This, however, they declare emphatically, that whenever Vesuvius belches forth these ashes, the country round about is bound to flourish with an abundance of all crops. Furthermore, the air on this mountain is very light and by its nature the most favourable to health in the world. And indeed those who are attacked by consumption have been sent to this place by physicians from remote times. So much, then, may be said regarding Vesuvius.

V

At this time another army also arrived by sea from Byzantium, three thousand Isaurians who put in at the harbour of Naples, led by Paulus and Conon, and eight hundred Thracian horsemen who landed at Dryous, led by John, the nephew of the Vitalian who had formerly been tyrant, and with them a

---

[1] During the eruption of 472 A.D.

[2] Since the great eruption of 79 A.D.—the first in historical times—eruptions have succeeded one another at intervals varying from one to more than one hundred years.

στρατιῶται ἐκ καταλόγου ἱππικοῦ χίλιοι· ὧν
ἄλλοι τε καὶ Ἀλέξανδρός τε καὶ Μαρκέντιος
2 ἦρχον. ἐτύγχανε δὲ ἤδη καὶ Ζήνων ξὺν τριακο-
σίοις ἱππεῦσιν ἐς Ῥώμην διά τε Σαμνίου καὶ
Λατίνης ὁδοῦ ἀφικόμενος. ἐπεὶ δὲ καὶ Ἰωάννης
ξὺν τοῖς ἄλλοις ἅπασιν ἐς Καμπανίαν ἦλθεν,
ἁμάξας πολλὰς ἐκ Καλαβρῶν ἔχων, ἀνεμίγνυντο[1]
αὐτοῖς πεντακόσιοι ἠθροισμένοι[2] ἐκ Καμπανίας,
3 ὥσπερ μοι εἴρηται.   οὗτοι μὲν ὁδὸν[3] τὴν παρα-
λίαν ξὺν ταῖς ἁμάξαις ᾔεσαν ἐν νῷ ἔχοντες, ἤν τι
ἀπαντήσῃ πολέμιον σφίσι, κύκλον τέ τινα καὶ
χαρακώματος σχῆμα τὰς ἁμάξας ποιησάμενοι
ἐνθένδε τοὺς ἐπιόντας ἀμύνασθαι, τοὺς δὲ ἀμφὶ
Παῦλόν τε καὶ Κόνωνα πλεῖν κατὰ τάχος ἐκέ-
λευον, καὶ σφίσιν ἐς Ὀστίαν συμμῖξαι τὸ Ῥω-
μαίων ἐπίνειον, σῖτον μὲν ἱκανὸν ἐν ταῖς ἁμάξαις
ἐνθέμενοι, ναῦς δὲ ἁπάσας οὐ σίτου μόνου ἐμπλη-
σάμενοι, ἀλλὰ καὶ οἴνου καὶ τῶν ἀναγκαίων
4 ἁπάντων.   καὶ αὐτοὶ μὲν τοὺς ἀμφὶ Μαρτῖνόν τε
καὶ Τραϊανὸν ᾤοντο ἐς τὰ ἐπὶ Ταρακίνης χωρία
εὑρήσειν καὶ ξὺν αὐτοῖς ἐνθένδε ἰέναι· γεγονότες
δὲ ἄγχιστα ἔμαθον ὡς ὀλίγῳ πρότερον ἐς Ῥώμην
μετάπεμπτοι ἀνεχώρησαν.
5   Βελισάριος δὲ τοὺς ἀμφὶ τὸν Ἰωάννην προσιέ-
ναι[4] μαθὼν καὶ δείσας μὴ σφᾶς οἱ πολέμιοι πλή-
θει πολλῷ ἀπαντήσαντες διαφθείρωσιν ἐποίει
6 τάδε.   πύλην τὴν Φλαμινίαν, οὗ δὴ αὐτῆς ἄγ-
χιστα ἐνστρατοπεδεύσασθαι τοὺς πολεμίους
τετύχηκε, λίθων οἰκοδομίαις αὐτὸς κατ' ἀρχὰς

---

[1] ἀνεμίγνυντο K : ἀνεμίγνυντο L.
[2] αὐτοῖς ... ἠθροισμένοι K : τοῖς πεντακοσίοις ἠθροισμένοις L.
[3] ὁδὸν Haury : ὁδὸν ἔχοντες MSS.
[4] προσιέναι Herwerden : προιέναι MSS.

328

thousand other soldiers of the regular cavalry, under various commanders, among whom were Alexander and Marcentius. And it happened that Zeno with three hundred horsemen had already reached Rome by way of Samnium and the Latin Way. And when John with all the others came to Campania, provided with many waggons by the inhabitants of Calabria, his troops were joined by five hundred men who, as I have said, had been collected in Campania. These set out by the coast road with the waggons, having in mind, if any hostile force should confront them, to make a circle of the waggons in the form of a stockade and thus to ward off the enemy; and they commanded the men under Paulus and Conon to sail with all speed and join them at Ostia, the harbour of Rome[1]; and they put sufficient grain in the waggons and loaded all the ships, not only with grain, but also with wine and all kinds of provisions. And they, indeed, expected to find the forces of Martinus and Trajan in the neighbourhood of Taracina and to have their company from that point on, but when they approached Taracina, they learned that these forces had recently been recalled and had retired to Rome.

But Belisarius, learning that the forces of John were approaching and fearing that the enemy might confront them in greatly superior numbers and destroy them, took the following measures. It so happened that the enemy had encamped very close to the Flaminian Gate; this gate Belisarius himself had blocked up at the beginning of this war by a

[1] The regular harbour, Portus, was held by the Goths.

τοῦδε τοῦ πολέμου ἀπέφραξεν, ὥσπερ μοι ἐν τοῖς
ἔμπροσθεν λόγοις ἐρρήθη, ὅπως δὴ μὴ ἐνθένδε οἱ
πολέμιοι εὐπετῶς ἔχωσιν ἢ βιάζεσθαι ἢ τινα
7 ἐπιβουλὴν ἐς τὴν πόλιν ποιεῖσθαι. καὶ ἀπ᾽
αὐτοῦ ξυμβολὴν οὐδεμίαν ἐν ταύτῃ γεγονέναι
ξυμβέβηκεν, οὐδ᾽ ἄν τι οἱ βάρβαροι ἔσεσθαι
8 σφίσι πολέμιον ἐνθένδε ὑπώπτευον. ταύτης τῆς
πύλης νύκτωρ τὴν οἰκοδομίαν περιελών, οὐδενὶ
τῶν πάντων προειρημένον, τὸ πλεῖστον τοῦ στρα-
9 τοῦ ἐνταῦθα ἡτοίμαζεν. ἅμα τε ἡμέρα διὰ πύλης
Πιγκιανῆς Τραϊανόν τε καὶ Διογένην ξὺν ἱππεῦσι
χιλίοις ἔπεμψεν, οὓς δὴ ἔν τε τοῖς χαρακώμασι
βάλλειν ἐκέλευσε καί, ἐπειδὰν οἱ ἐναντίοι ἐπ᾽
αὐτοὺς ἴωσι, φεύγειν τε ἥκιστα αἰδουμένους καὶ
10 μέχρι ἐς τὸν περίβολον ἀπελαύνειν δρόμῳ. τινὰς
δὲ καὶ ταύτης ἐντὸς τῆς πυλίδος ἔστησεν. οἱ μὲν
οὖν ἀμφὶ Τραϊανόν, καθάπερ σφίσιν ἐπέστελλε
Βελισάριος, τοὺς βαρβάρους ἠρέθιζον, καὶ αὐτοὺς
οἱ Γότθοι ἐκ πάντων ἀγειρόμενοι τῶν χαρακωμά-
11 των ἠμύνοντο. ἀμφότεροί τε ὡς τάχιστα ἐπὶ τὸν
τῆς πόλεως περίβολον ᾔεσαν, οἱ μὲν ὅτι φεύγουσι
δόξαν παρέχοντες, οἱ δὲ διώκειν τοὺς πολεμίους
οἰόμενοι.
12   Βελισάριος δέ, ἐπειδὴ τάχιστα τοὺς ἐναντίους
ἐς τὴν δίωξιν καθισταμένους εἶδε, πύλην τε τὴν
Φλαμινίαν ἀνοίγνυσι καὶ τὸ στράτευμα ἐπὶ τοὺς
13 βαρβάρους οὐ προσδεχομένους ἀφίησιν. ἐν δὲ
τῶν Γότθων στρατόπεδον παρὰ τὴν ταύτῃ ὁδὸν
ἐτύγχανεν ὄν, καί τις αὐτοῦ ἔμπροσθεν ἦν στενο-
14 χωρία κρημνώδης τε καὶ δεινῶς ἄβατος. ἐνταῦθα
τῶν τις βαρβάρων τεθωρακισμένος τε καὶ σώ-
ματος ἐς ἄγαν εὖ ἥκων, ἐπειδὴ εἶδε προϊόντας
330

structure of stone, as has been told by me in the previous narrative,[1] his purpose of course being to make it difficult for the enemy either to force their way in or to make any attempt upon the city at that point. Consequently no engagement had taken place at this gate, and the barbarians had no suspicion that there would be any attack upon them from there. Now Belisarius tore down by night the masonry which blocked this gate, without giving notice to anyone at all, and made ready the greatest part of the army there. And at daybreak he sent Trajan and Diogenes with a thousand horsemen through the Pincian Gate, commanding them to shoot missiles into the camps, and as soon as their opponents came against them, to flee without the least shame and to ride up to the fortifications at full speed. And he also stationed some men inside this gate. So the men under Trajan began to harass the barbarians, as Belisarius had directed them to do, and the Goths, gathering from all the camps, began to defend themselves. And both armies began to move as fast as they could toward the fortifications of the city, the one giving the appearance of fleeing, and the other supposing that they were pursuing the enemy.

But as soon as Belisarius saw the enemy take up the pursuit, he opened the Flaminian Gate and sent his army out against the barbarians, who were thus taken unawares. Now it so happened that one of the Gothic camps was on the road near this gate, and in front of it there was a narrow passage between steep banks which was exceedingly difficult of access. And one of the barbarians, a man of splendid physique and clad in a corselet, when he saw the enemy

[1] Book V. xix. 6.

τοὺς πολεμίους, προτερήσας εἰστήκει καὶ τοὺς
ἑταίρους ἐκάλει τε καὶ τὴν στενοχωρίαν ξυμφυ-
15 λάσσειν ἠξίου. Μουνδίλας δὲ φθάσας αὐτόν τε
ἔκτεινε καὶ τῶν ἄλλων βαρβάρων οὐδένα ἐς τοῦ-
16 τον διελθεῖν τὸν στενωπὸν ξυνεχώρησε. διελθόν-
τες οὖν, οὐδενὸς σφίσιν ἀντιστατοῦντος, ἔς τε τὸ
πλησίον χαράκωμα[1] ἵκοντο καὶ αὐτοῦ τινες δι'
ὀλίγου ἀποπειρασάμενοι οὐκ ἔσχον ἑλεῖν ἰσχύϊ
τοῦ χαρακώματος, καίπερ οὐ πολλῶν ἐνταῦθα
17 ἐγκαταλελειμμένων βαρβάρων. ἥ τε γὰρ τάφρος
ἐς μέγα τι βάθους ὠρώρυκτο χρῆμα[2] καὶ χοῦς ὃς
ἐνθένδε ἀφῄρητο, ἐς τὴν ἐντὸς ἀεὶ ἐντιθέμενος
μοῖραν ἐς ὕψος τε ἤρετο καὶ ἀντὶ τείχους ἐγίνετο,
τοῖς τε σκόλοψι περιεσταύρωτο ὑπερφυῶς, ὀξέσι
18 τε λίαν καὶ συχνοῖς οὖσιν. οἷς δὴ θαρσοῦντες οἱ
βάρβαροι καρτερῶς τοὺς πολεμίους ἠμύνοντο.
εἷς δὲ τῶν Βελισαρίου ὑπασπιστῶν, Ἀκυλῖνος
ὄνομα, δραστήριος ἀνὴρ ἐν τοῖς μάλιστα, λώρου[3]
λαβόμενος ἵππου, ἐνθένδε ξὺν τῷ ἵππῳ ἐς μέσον
τὸ χαράκωμα ἤλατο, καί τινας τῶν ἐναντίων
19 αὐτοῦ ἔκτεινε. περιστάντων δὲ αὐτὸν[4] συχνά τε
ἀκοντιζόντων τῶν ἐναντίων ὁ μὲν ἵππος πληγεὶς
ἔπεσεν, αὐτὸς δὲ παρὰ δόξαν διὰ μέσων τῶν πολε-
20 μίων διέφυγε. πεζὸς δὲ ξὺν τοῖς ἑταίροις ἐπὶ
πύλας Πιγκιανὰς ᾔει. ἔτι τε διώκοντας τοὺς
βαρβάρους καταλαβόντες καὶ κατὰ νώτου βάλ-
λοντες ἔκτειναν.

---

[1] χαράκωμα L: om. K.   [2] χρῆμα K: om. L.
[3] λώρου Hoeschel: om. K, χώρου L.
[4] αὐτὸν L: αὐτῶν K.

advancing, reached this place before them and took his stand there, at the same time calling his comrades and urging them to help in guarding the narrow passage. But before any move could be made Mundilas slew him and thereafter allowed none of the barbarians to go into this passage. The Romans therefore passed through it without encountering opposition, and some of them, arriving at the Gothic camp near by, for a short time tried to take it, but were unable to do so because of the strength of the stockade, although not many barbarians had been left behind in it. For the trench had been dug to an extraordinary depth, and since the earth taken from it had invariably been placed along its inner side, this reached a great height and so served as a wall[1]; and it was abundantly supplied with stakes, which were very sharp and close together, thus making a palisade. These defences so emboldened the barbarians that they began to repel the enemy vigorously. But one of the guards of Belisarius, Aquilinus by name, an exceedingly active man, seized a horse by the bridle and, bestriding it, leaped from the trench into the middle of the camp, where he slew some of the enemy. And when his opponents gathered about him and hurled great numbers of missiles, the horse was wounded and fell, but he himself unexpectedly made his escape through the midst of the enemy. So he went on foot with his companions toward the Pincian Gate. And overtaking the barbarians, who were still engaged in pursuing Roman horsemen,[2] they began to shoot at them from behind and killed some of them.

[1] Cf. Book V. xix. 11.
[2] These were the forces of Trajan and Diogenes.

21 Ὅπερ δὴ οἱ ἀμφὶ Τραϊανὸν κατιδόντες, ἐπιβε-
βοηθηκότων σφίσι καὶ τῶν ταύτῃ ἐν παρασκευῇ
καθεστώτων ἱππέων, ἐπὶ τοὺς διώκοντας δρόμῳ

22 ἐχώρουν. τότε δὴ οἱ Γότθοι καταστρατηγηθέντες
τε καὶ τῶν πολεμίων ἐν μέσῳ ἐκ τοῦ ἀπροσδο-
κήτου ἀπειλημμένοι, οὐδενὶ κόσμῳ ἐκτείνοντο.

23 πολύς τε αὐτῶν γέγονε φόνος καὶ ὀλίγοι κομιδῇ
ἐς τὰ στρατόπεδα διέφυγον μόλις, οἵ τε λοιποὶ
περὶ πᾶσι τοῖς χαρακώμασι δείσαντες αὐτοῦ
φραξάμενοι τὸ λοιπὸν ἔμενον, αὐτίκα δὴ μάλα

24 ἐπιέναι σφίσι τοὺς Ῥωμαίους οἰόμενοι. ἐν τούτῳ
τῷ ἔργῳ τῶν τις βαρβάρων Τραϊανὸν βάλλει ἐς
τὸ πρόσωπον, ὀφθαλμοῦ μὲν τοῦ δεξιοῦ ἄνωθεν,[1]

25 ὀλίγῳ δὲ τῆς ῥινὸς ἄποθεν. καὶ σίδηρος μὲν ἅπας
ἐντός τε ἐπάγη καὶ παντάπασιν ἀφανὴς γέγονε,
καίπερ μεγάλην τε τὴν ἀκίδα ἔχων καὶ μακρὰν
κομιδῇ, τοῦ δὲ βέλους τὸ λειπόμενον ἐς τὴν γῆν
οὐδενὸς βιασαμένου εὐθὺς ἔπεσε· δοκεῖ γάρ μοι
οὐδὲ ἀσφαλῶς ἐς αὐτὸν ὁ σίδηρός πη ἐρηρεῖσθαι.[2]

26 Τραϊανῷ μέντοι αἴσθησις τούτου οὐδεμία ἐγένετο,
ἀλλ' οὐδέν τι ἧσσον κτείνων τε καὶ διώκων τοὺς
πολεμίους διέμεινε. πέμπτῳ δὲ ὕστερον ἐνιαυτῷ
αὐτόματον ἐν τῷ προσώπῳ προὔχον τὸ τοῦ

27 σιδήρου ἄκρον ἐφάνη. τρίτον τε τοῦτο ἔτος ἐξ
οὗ κατὰ βραχὺ πρόεισιν ἔξω ἀεί. ἐπίδοξος οὖν
ἐστι πολλῷ ὕστερον χρόνῳ ἔξω γενήσεσθαι ἡ
ἀκὶς ξύμπασα. ἐμπόδιος δὲ τῷ ἀνθρώπῳ οὐδαμῇ
γέγονε. ταῦτα μὲν δὴ οὕτως ἔσχεν.

---

[1] ἄνωθεν L : ἔνερθεν K.
[2] ἐρηρεῖσθαι Hoeschel : ἠρείριστο K, ἠρείρηστο L.

Now when Trajan and his men perceived this, since they had meanwhile been reinforced by the horsemen who had been standing near by in readiness, they charged at full speed against their pursuers. Then at length the Goths, being now outgeneraled and unexpectedly caught between the forces of their enemy, began to be killed indiscriminately. And there was great slaughter of them, and very few escaped to their camps, and that with difficulty; meanwhile the others, fearing for the safety of all their strongholds, shut themselves in and remained in them thereafter, thinking that the Romans would come against them without the least delay. In this action one of the barbarians shot Trajan in the face, above the right eye and not far from the nose. And the whole of the iron point penetrated the head and disappeared entirely, although the barb on it was large and exceedingly long, but the remainder of the arrow immediately fell to the ground without the application of force by anyone, in my opinion because the iron point had never been securely fastened to the shaft. Trajan, however, paid no heed to this at all, but continued none the less killing and pursuing the enemy. But in the fifth year afterward the tip of the iron of its own accord began to project visibly from his face. And this is now the third year since it has been slowly but steadily coming out. It is to be expected, therefore, that the whole barb will eventually come out, though not for a long time. But it has not been an impediment to the man in any way. So much then for these matters.

VI

Οἱ δὲ βάρβαροι εὐθὺς μὲν ἀπεγίνωσκόν τε τὸν πόλεμον καὶ ὅπως ἐνθένδε ἀναχωρήσωσιν ἐν βουλῇ εἶχον, πρός τε τοῦ λοιμοῦ καὶ τῶν πολεμίων διεφθαρμένοι, ἐς ὀλίγους τε ἤδη ἐκ μυριάδων περιεστηκότες πολλῶν, οὐχ ἥκιστα δὲ καὶ τῷ λιμῷ ἐπιέζοντο τῷ μὲν λόγῳ πολιορκοῦντες, ἔργῳ δὲ πολιορκούμενοι πρὸς τῶν ἐναντίων καὶ πάντων

2 ἀποκεκλεισμένοι τῶν ἀναγκαίων. ἐπεὶ δὲ καὶ στράτευμα ἕτερον ἐλθεῖν τοῖς πολεμίοις κατὰ γῆν τε καὶ θάλασσαν ἐκ Βυζαντίου ἐπύθοντο, οὐχ ὅσον ἐτύγχανεν ὄν, ἀλλ' ὅσον ἡ τῆς φήμης ἐξουσία ποιεῖν ἴσχυε, κατωρρωδηκότες τὸν κίνδυνον[1]

3 τὴν ἀναχώρησιν ἐν βουλῇ ἐποιοῦντο. ἔπεμψαν οὖν πρέσβεις ἐς Ῥώμην, Ῥωμαῖον ἄνδρα ἐν Γότθοις δόκιμον τρίτον αὐτόν, ὃς παρὰ Βελισάριον ἐλθὼν ἔλεξε τοιάδε·

4 "Ὡς μὲν οὐδετέροις ἡμῶν ἐς τὸ ξυμφέρον τὰ τοῦ πολέμου κεχώρηκεν ἐξεπίσταται ἡμῶν ἕκαστος ἐς αὐτὴν ἥκων τῶν ἐνθένδε δυσκόλων τὴν πεῖραν.

5 τί γὰρ ἄν τις ἑκατέρων ἀρνηθείη τῶν στρατο-

6 πέδων, ὧν γε οὐδετέροις ἐν ἀγνοίᾳ κεῖσθαι συμπέπτωκεν; ὡς δὲ ἀξυνέτων ἐστὶν ἀνδρῶν ἀπέραντά τε ταλαιπωρεῖν βούλεσθαι, φιλονεικίας ἕνεκα τῆς αὐτίκα, καὶ λύσιν τῶν ἐνοχλούντων μηδεμίαν εὑρεῖν, οὐδεὶς ἄν, οἶμαι, τῶν γε οὐκ

7 ὄντων ἀνοήτων[2] ἀντείποι. ὅταν δὲ ταῦτα οὕτως

---

[1] κίνδυνον K : πόλεμον L.

[2] τῶν ... ἀνοήτων Haury: τόν γε οὐκ ὄντα ἀνόητον K, τοῦτόν γε οὐκ ὄντως ἀνόητος ὢν L.

VI

Now the barbarians straightway began to despair of winning the war and were considering how they might withdraw from Rome, inasmuch as they had suffered the ravages both of the pestilence and of the enemy, and were now reduced from many tens of thousands to a few men; and, not least of all, they were in a state of distress by reason of the famine, and while in name they were carrying on a siege, they were in fact being besieged by their opponents and were shut off from all necessities. And when they learned that still another army had come to their enemy from Byzantium both by land and by sea—not being informed as to its actual size, but supposing it to be as large as the free play of rumour was able to make it,—they became terrified at the danger and began to plan for their departure. They accordingly sent three envoys to Rome, one of whom was a Roman of note among the Goths, and he, coming before Belisarius, spoke as follows:

"That the war has not turned out to the advantage of either side each of us knows well, since we both have had actual experience of its hardships. For why should anyone in either army deny facts of which neither now remains in ignorance. And no one, I think, could deny, at least no one who does not lack understanding, that it is only senseless men who choose to go on suffering indefinitely merely to satisfy the contentious spirit which moves them for the moment, and refuse to find a solution of the troubles which harass them. And whenever this situation arises, it

ἔχῃ, τοὺς ἑκατέρων ἡγουμένους προσήκει μὴ
δόξῃς τῆς οἰκείας τὴν τῶν ἀρχομένων σωτηρίαν
προΐεσθαι, ἀλλὰ τά τε δίκαια καὶ τὰ ξύμφορα
οὐ σφίσιν αὐτοῖς μόνον, ἀλλὰ καὶ τοῖς σφῶν
ἐναντίοις ἑλέσθαι, οὕτω τε τὴν διάλυσιν τῶν
8 παρόντων ποιεῖσθαι δυσκόλων. τὸ μὲν γὰρ τῶν
μετρίων ἐφίεσθαι πᾶσι χαλεποῖς δίδωσι πόρον,
τῷ δὲ φιλονείκῳ τὸ μηδὲν περαίνεσθαι τῶν δεόν-
9 των συμπέφυκεν. ἡμεῖς μὲν οὖν καταστροφῆς
πέρι τοῦδε βουλευσάμενοι τοῦ πολέμου τὰ ξύμ-
φορα ἑκατέροις προτεινόμενοι, ἐν οἷς τι καὶ τῶν
δικαίων ἐλασσοῦσθαι οἰόμεθα, παρ᾽ ὑμᾶς ἥκομεν.
10 ὅπως δὲ καὶ ὑμεῖς μὴ φιλονεικίᾳ τινὶ πρὸς ἡμᾶς
χρώμενοι ξυνδιαφθείρεσθαι[1] μᾶλλον ἢ τὰ ξυνοί-
11 σοντα ὑμῖν αὐτοῖς ἑλέσθαι βουλεύσησθε. προσή-
κει δὲ μὴ ξυνεχεῖ ῥήσει τοὺς λόγους ἀμφοτέρους
ποιεῖσθαι, ἀλλ᾽ ὑπολαμβάνοντας ἐκ τοῦ παραυ-
12 τίκα, ἤν τι μὴ ἐπιτηδείως εἰρῆσθαι δοκῇ. οὕτω
γὰρ ἑκατέροις εἰρηκέναι τε διὰ βραχέος ὅσα
σφίσι κατὰ νοῦν ἐστι καὶ τὰ δέοντα πεπραχέναι
13 ξυμβήσεται.᾽᾽ ἀπεκρίνατο Βελισάριος· ῞Οὕτω
μέν, ὅπως φατέ, προϊέναι τὸν διάλογον οὐδὲν
κωλύσει, ὅπως δὲ εἰρηναῖά τε καὶ δίκαια πρὸς
ὑμῶν λέγοιτο.᾽᾽
14 Αὖθις οὖν Γότθων οἱ πρέσβεις εἶπον· ῾Ἠδι-
κήκατε ἡμᾶς, ἄνδρες Ῥωμαῖοι, ἐπὶ φίλους τε καὶ
ξυμμάχους ὄντας ὅπλα οὐ δέον ἀράμενοι. ἐροῦμεν
δὲ ἅπερ καὶ ὑμῶν ἕκαστον οἰόμεθα ξυνεπίστα-

---

[1] ξυνδιαφθείρεσθαι K : διαφθείρεσθαι L.

is the duty of the commanders on both sides not to sacrifice the lives of their subjects to their own glory, but to choose the course which is just and expedient, not for themselves alone, but also for their opponents, and thus to put an end to present hardships. For moderation in one's demands affords a way out of all difficulties, but it is the very nature of contentiousness that it cannot accomplish any of the objects which are essential. Now we, on our part, have deliberated concerning the conclusion of this war and have come before you with proposals which are of advantage to both sides, wherein we waive, as we think, some portion even of our rights. And see to it that you likewise in your deliberations do not yield to a spirit of contentiousness respecting us and thus destroy yourselves as well as us, in preference to choosing the course which will be of advantage to yourselves. And it is fitting that both sides should state their case, not in continuous speech, but each interrupting the other on the spur of the moment, if anything that is said shall seem inappropriate. For in this way each side will be able to say briefly whatever it is minded to say, and at the same time the essential things will be accomplished." Belisarius replied : " There will be nothing to prevent the debate from proceeding in the manner you suggest, only let the words spoken by you be words of peace and of justice."

So the ambassadors of the Goths in their turn said : " You have done us an injustice, O Romans, in taking up arms wrongfully against us, your friends and allies. And what we shall say is, we think, well known to each one of you as well as to ourselves.

15 σθαι. Γότθοι γὰρ οὐ βίᾳ Ῥωμαίους ἀφελόμενοι
γῆν τὴν Ἰταλίας ἐκτήσαντο, ἀλλ' Ὀδόακρός
ποτε τὸν αὐτοκράτορα καθελὼν ἐς τυραννίδα τὴν
16 τῇδε πολιτείαν μεταβαλὼν εἶχε. Ζήνων δὲ τότε
τῆς ἑῴας κρατῶν καὶ τιμωρεῖν μὲν τῷ ξυμβεβασι-
λευκότι βουλόμενος καὶ [1] τοῦ τυράννου τήνδε τὴν
χώραν ἐλευθεροῦν, Ὀδοάκρου δὲ καταλῦσαι τὴν
δύναμιν οὐχ οἷός τε ὤν, Θευδέριχον ἀναπείθει
τὸν ἡμῶν ἄρχοντα, καίπερ αὐτόν τε καὶ Βυζάντιον
πολιορκεῖν μέλλοντα, καταλῦσαι μὲν τὴν πρὸς
αὐτὸν ἔχθραν τιμῆς ἀναμνησθέντα πρὸς αὐτοῦ
ἧς τετύχηκεν ἤδη, πατρίκιός τε καὶ Ῥωμαίων
γεγονὼς ὕπατος, Ὀδόακρον δὲ ἀδικίας τῆς ἐς
Αὐγούστουλον τίσασθαι, καὶ τῆς χώρας αὐτόν
τε καὶ Γότθους τὸ λοιπὸν κρατεῖν ὀρθῶς καὶ
17 δικαίως. οὕτω τοίνυν παραλαβόντες τὴν τῆς
Ἰταλίας ἀρχὴν τούς τε νόμους καὶ τὴν πολιτείαν
διεσωσάμεθα τῶν πώποτε βεβασιλευκότων οὐ-
δενὸς ἧσσον, καὶ Θευδερίχου μὲν ἢ ἄλλου ὁτουοῦν
διαδεξαμένου τὸ Γότθων κράτος νόμος τὸ παρά-
παν οὐδεὶς οὐκ ἐν γράμμασιν, οὐκ ἄγραφός ἐστι.
18 τὰ δὲ τῆς εἰς θεὸν εὐσεβείας τε καὶ πίστεως
οὕτω Ῥωμαίοις ἐς τὸ ἀκριβὲς ἐφυλάξαμεν, ὥστε
Ἰταλιωτῶν μὲν τὴν δόξαν οὐδεὶς οὐχ ἑκὼν οὐκ
ἀκούσιος ἐς τήνδε τὴν ἡμέραν μετέβαλε, Γότθων
δὲ μεταβεβλημένων ἐπιστροφή τις οὐδαμῶς γέ-
19 γονε. καὶ μὴν καὶ τὰ Ῥωμαίων ἱερὰ τιμῆς παρ'
ἡμῶν τῆς ἀνωτάτω τετύχηκεν· οὐ γὰρ οὐδεὶς εἴς τι

---

[1] καὶ K: κατὰ L.

---

[1] 476 A.D.   Cf. Book V. i. 6–8 and note.
[2] Cf. Book V. i. 10, 11.

For the Goths did not obtain the land of Italy by wresting it from the Romans by force, but Odoacer in former times dethroned the emperor, changed the government of Italy to a tyranny, and so held it.[1] And Zeno, who then held the power of the East, though he wished to avenge his partner in the imperial office and to free this land from the usurper, was unable to destroy the authority of Odoacer. Accordingly he persuaded Theoderic, our ruler, although he was on the point of besieging him and Byzantium, not only to put an end to his hostility towards himself, in recollection of the honour which Theoderic had already received at his hands in having been made a patrician and consul of the Romans,[2] but also to punish Odoacer for his unjust treatment of Augustulus, and thereafter, in company with the Goths, to hold sway over the land as its legitimate and rightful rulers. It was in this way, therefore, that we took over the dominion of Italy, and we have preserved both the laws and the form of government as strictly as any who have ever been Roman emperors, and there is absolutely no law, either written or unwritten, introduced by Theoderic or by any of his successors on the throne of the Goths. And we have so scrupulously guarded for the Romans their practices pertaining to the worship of God and faith in Him, that not one of the Italians has changed his belief, either willingly or unwillingly, up to the present day, and when Goths have changed,[3] we have taken no notice of the matter. And indeed the sanctuaries of the Romans have received from us the highest honour; for no one who has taken refuge

[3] The Goths were Christians, but followed the Arian heresy.

τούτων καταφυγὼν πώποτε πρὸς οὐδενὸς ἀνθρώ-
πων βεβίασται, ἀλλὰ καὶ πάσας τὰς τῆς πολι-
τείας ἀρχὰς αὐτοὶ μὲν διαγεγόνασιν ἔχοντες,
20 Γότθος δὲ αὐτῶν μετέσχεν οὐδείς. ἢ παρελθών
τις ἡμᾶς ἐλεγχέτω, ἢν μὴ μετὰ τοῦ ἀληθοῦς ἡμῖν
εἰρῆσθαι οἴηται. προσθείη δ' ἄν τις ὡς καὶ τὸ
τῶν ὑπάτων ἀξίωμα Γότθοι ξυνεχώρουν Ῥωμαίοις
πρὸς τοῦ τῶν ἑῴων βασιλέως ἐς ἕκαστον ἔτος
21 κομίζεσθαι. ὑμεῖς δέ, τούτων τοιούτων ὄντων,
Ἰταλίας μὲν οὐ προσεποιεῖσθε κακουμένης ὑπὸ
τῶν Ὀδοάκρου βαρβάρων, καίπερ οὐ δι' ὀλίγου,
ἀλλ' ἐς δέκα ἐνιαυτοὺς τὰ δεινὰ εἰργασμένου, νῦν
δὲ τοὺς δικαίως αὐτὴν κεκτημένους, οὐδὲν ὑμῖν
22 προσῆκον, βιάζεσθε. οὐκοῦν ἐντεῦθεν ἡμῖν ἐκ-
ποδὼν ἵστασθε, τά τε ὑμέτερα αὐτῶν ἔχοντες καὶ
ὅσα λῃσάμενοι τετυχήκατε."

Καὶ ὁ Βελισάριος·[1] "Ἡ μὲν ὑπόσχεσις ὑμῶν
βραχέα τε εἰρῆσθαι καὶ μέτρια προὔλεγεν, ἡ
δὲ ῥῆσις μακρά τε καὶ οὐ πόρρω ἀλαζονείας ὑμῖν
23 γέγονε. Θευδέριχον γὰρ βασιλεὺς Ζήνων Ὀδο-
άκρῳ πολεμήσοντα ἔπεμψεν, οὐκ ἐφ' ᾧ Ἰταλίας
αὐτὸς τὴν ἀρχὴν ἔχοι· τί γὰρ ἂν καὶ τύραννον
τυράννου διαλλάσσειν βασιλεῖ ἔμελεν; ἀλλ' ἐφ'
24 ᾧ ἐλευθέρα τε καὶ βασιλεῖ κατήκοος ἔσται. ὁ
δὲ τὰ περὶ τὸν τύραννον εὖ διαθέμενος ἀγνωμο-
σύνῃ ἐς τἆλλα οὐκ ἐν μετρίοις ἐχρήσατο· ἀπο-
διδόναι γὰρ τῷ κυρίῳ τὴν γῆν οὐδαμῆ ἔγνω.
25 οἶμαι δὲ ἔγωγε τόν τε βιασάμενον καὶ ὃς ἂν τὰ

[1] βελισάριος K : βελισάριος ἔφη L.

in any of them has ever been treated with violence by any man; nay, more, the Romans themselves have continued to hold all the offices of the state, and not a single Goth has had a share in them. Let someone come forward and refute us, if he thinks that this statement of ours is not true. And one might add that the Goths have conceded that the dignity of the consulship should be conferred upon Romans each year by the emperor of the East. Such has been the course followed by us; but you, on your side, did not take the part of Italy while it was suffering at the hands of the barbarians and Odoacer, although it was not for a short time, but for ten years, that he treated the land outrageously; but now you do violence to us who have acquired it legitimately, though you have no business here. Do you therefore depart hence out of our way, keeping both that which is your own and whatever you have gained by plunder."

And Belisarius said: "Although your promise gave us to understand that your words would be brief and temperate, yet your discourse has been both long and not far from fraudulent in its pretensions. For Theoderic was sent by the Emperor Zeno in order to make war on Odoacer, not in order to hold the dominion of Italy for himself. For why should the emperor have been concerned to exchange one tyrant for another? But he sent him in order that Italy might be free and obedient to the emperor. And though Theoderic disposed of the tyrant in a satisfactory manner, in everything else he shewed an extraordinary lack of proper feeling; for he never thought of restoring the land to its rightful owner. But I, for my part, think that he who robs

τοῦ πέλας ἑκουσίως μὴ ἀποδιδῷ ἴσον[1] γε εἶναι.
ἐγὼ μὲν οὖν χώραν τὴν βασιλέως ἑτέρῳ τῳ οὔποτε
26 οὐκ ἂν παραδοίην. εἰ δέ του ἄλλου τυχεῖν
βούλεσθε, λέγειν ἀφίημι."

27 Οἱ δὲ βάρβαροι·[2] "Ὡς μὲν οὖν ἀληθῆ πάντα
ἡμῖν εἴρηται οὐδὲ ὑμῶν τινα λέληθεν. ἡμεῖς
δὲ ὅπως ἥκιστα φιλονεικεῖν δόξαιμεν, καὶ Σικε-
λίας, τοσαύτης τε τὸ μέγεθος καὶ τοιαύτης τὸν
πλοῦτον οὔσης, ὑμῖν ἐξιστάμεθα, ἧς δὴ ἐκτὸς
Λιβύην ὑμᾶς ἀσφαλῶς κεκτῆσθαι οὐ δυνατόν."

28 Καὶ ὁ Βελισάριος·[3] "Καὶ ἡμεῖς δὲ Γότθους
Βρεττανίαν ὅλην ξυγχωροῦμεν ἔχειν, μείζω τε
παρὰ πολὺ Σικελίας οὖσαν καὶ Ῥωμαίων κατή-
29 κοον τὸ ἀνέκαθεν γεγενημένην. τοὺς γὰρ εὐερ-
γεσίας ἢ χάριτός τινος ἄρξαντας τοῖς ἴσοις
ἀμείβεσθαι ἄξιον."

30 Βάρβαροι·[4] "Οὐκοῦν, ἤν τι καὶ περὶ Καμ-
πανίας ὑμῖν ἢ Νεαπόλεως αὐτῆς εἴποιμεν, οὐκ ἂν
δέξαισθε;"

31 Βελισάριος· "Οὐ γάρ ἐσμεν κύριοι τὰ βασι-
λέως πράγματα διοικήσασθαι οὐχ[5] ὅπη αὐτῷ
βουλομένῳ ἐστίν."

Βάρβαροι· "Οὐδ' ἢν χρήματα ῥητὰ φέρειν
βασιλεῖ ἐφ' ἕκαστον ἔτος ἡμᾶς αὐτοὺς τάξω-
μεν;"

32 Βελισάριος· "Οὐ δῆτα. οὐ γὰρ ἄλλου του
ἡμεῖς αὐτοκράτορες ἢ ὥστε τῷ κεκτημένῳ φυ-
λάξαι τὴν χώραν."

33 Βάρβαροι· "Φέρε δή, στέλλεσθαι ἡμᾶς παρὰ

---

[1] ἴσον K : τὸν αὐτὸν ἑκών L.
[2] οἱ δὲ βάρβαροι K : om. L, οἱ γότθοι L in margin.
[3] καὶ ὁ βελισάριος K : om. L, ὁ βελισάριος L in margin.

344

another by violence and he who of his own will does not restore his neighbour's goods are equal. Now, as for me, I shall never surrender the emperor's country to any other. But if there is anything you wish to receive in place of it, I give you leave to speak."

And the barbarians said: "That everything which we have said is true no one of you can be unaware. But in order that we may not seem to be contentious, we give up to you Sicily, great as it is and of such wealth, seeing that without it you cannot possess Libya in security."

And Belisarius replied: "And we on our side permit the Goths to have the whole of Britain, which is much larger than Sicily and was subject to the Romans in early times. For it is only fair to make an equal return to those who first do a good deed or perform a kindness."

The barbarians: "Well, then, if we should make you a proposal concerning Campania also, or about Naples itself, will you listen to it?"

Belisarius: "No, for we are not empowered to administer the emperor's affairs in a way which is not in accord with his wish."

The barbarians: "Not even if we impose upon ourselves the payment of a fixed sum of money every year?"

Belisarius: "No, indeed. For we are not empowered to do anything else than guard the land for its owner."

The barbarians: "Come now, we must send

---

⁴ βάρβαροι: this and the five titles following are supplied by Maltretus.
⁵ οὐχ L: καὶ K.

βασιλέα ἀνάγκη[1] καὶ πρὸς ἐκεῖνον τὰς ξυνθήκας
περὶ τῶν ὅλων ποιήσασθαι. δεῖ δὲ καὶ τακτόν
τινα ὁρίζεσθαι χρόνον καθ' ὃν προσήκει τὰ
στρατόπεδα ἐς ἐκεχειρίαν παρίστασθαι."

34 Βελισάριος· "Ἔστω· γινέσθω ταῦτα. οὐ γάρ
ποτε ὑμῖν εἰρηναῖα βουλευομένοις ἐμποδὼν στή-
σομαι."

35 Τοσαῦτα εἰπόντες διελύθησάν τε ἐκ τῶν λόγων
ἑκάτεροι καὶ οἱ πρέσβεις τῶν Γότθων ἐς τὸ
36 σφέτερον στρατόπεδον ἀπεχώρησαν. ἡμέραις δὲ
ταῖς ἐπιγινομέναις συχνὰ παρ' ἀλλήλους φοι-
τῶντες τά τε ἀμφὶ τῇ ἐκεχειρίᾳ διετίθεντο καὶ
ὅπως δὴ ἐπὶ ταύτῃ τῶν τινας ἐπισήμων ἑκάτεροι
ἀλλήλοις ἐν ὁμήρων λόγῳ παρέχωνται.

VII

Ἐν ᾧ δὲ ταῦτα ἐπράσσετο τῇδε, ἐν τούτῳ ὅ
τε τῶν Ἰσαύρων στόλος τῷ Ῥωμαίων λιμένι
προσέσχε καὶ οἱ ἀμφὶ τὸν Ἰωάννην ἐς Ὀστίαν
ἦλθον, καὶ τῶν μὲν πολεμίων οὐδεὶς οὔτε καταί-
ρουσιν οὔτε στρατοπεδευομένοις ἐμπόδιος σφίσιν
2 ἐγένετο αὐτοῖς. ὅπως δὲ ἐν τῷ ἀσφαλεῖ διαννκ-
τερεύειν οἷοί τε ὦσιν ἐξ ἐπιδρομῆς τῆς πρὸς τῶν
ἐναντίων, οἵ τε Ἴσαυροι τάφρον βαθεῖαν ἄγχιστα
τοῦ λιμένος ὀρύξαντες φυλακὰς ἐκ περιτροπῆς
ἀεὶ ἐποιοῦντο καὶ οἱ ξὺν τῷ Ἰωάννῃ ταῖς ἁμά-
ξαις φραξάμενοι τὸ στρατόπεδον ἡσυχίαν εἶχον.
3 ἐπειδή τε νὺξ ἐπεγένετο, Βελισάριος ἐς Ὀστίαν
ξὺν ἱππεῦσιν ἑκατὸν ἦλθε καὶ τά τε ξυμπεπτω-

---

[1] ἀνάγκη K : ξυγχωρεῖ L.

envoys to the emperor and make with him our treaty concerning the whole matter. And a definite time must also be appointed during which the armies will be bound to observe an armistice."

Belisarius: "Very well; let this be done. For never shall I stand in your way when you are making plans for peace."

After saying these things they each left the conference, and the envoys of the Goths withdrew to their own camp. And during the ensuing days they visited each other frequently and made the arrangements for the armistice, and they agreed that each side should put into the hands of the other some of its notable men as hostages to ensure the keeping of the armistice.

VII

BUT while these negotiations were in progress at Rome, meanwhile the fleet of the Isaurians put in at the harbour [1] of the Romans and John with his men came to Ostia, and not one of the enemy hindered them either while bringing their ships to land or while making their camp. But in order that they might be able to pass the night safe from a sudden attack by the enemy, the Isaurians dug a deep trench close to the harbour and kept a constant guard by shifts of men, while John's soldiers made a barricade of their waggons about the camp and remained quiet. And when night came on Belisarius went to Ostia with a hundred horsemen, and after telling what had taken place in the engagement

[1] Ostia, since the regular harbour, Portus, was held by the Goths.

κότα ἐν τῇ ξυμβολῇ τά τε ξυγκείμενα σφίσι τε
καὶ Γότθοις εἰπὼν καὶ τὰ ἄλλα παραθαρσύνας,
τά τε φορτία πέμπειν ἐκέλευε καὶ ξὺν προθυμίᾳ
ἐς Ῥώμην ἰέναι. "Ὅπως γάρ," ἔφη, "ἄνευ
4 κινδύνου ἡ ὁδὸς ἔσται ἐγὼ προνοήσω." αὐτὸς
μὲν οὖν ὄρθρου βαθέος ἐς τὴν πόλιν ἀπήλαυνεν,
Ἀντωνίνα δὲ ξὺν τοῖς ἄρχουσιν ἅμα ἡμέρᾳ τῶν
φορτίων τὴν παρακομιδὴν ἐν βουλῇ ἐποιεῖτο.
5 ἐδόκει δὲ χαλεπὸν καὶ δεινῶς ἄπορον τὸ πρᾶγμα
εἶναι. οἵ τε γὰρ βόες οὐκέτι ἀντεῖχον, ἀλλ᾽
ἡμιθνῆτες ἅπαντες ἔκειντο, ἦν δὲ οὐδὲ ἀκίνδυνον
στενήν τινα ὁδὸν ξὺν ταῖς ἁμάξαις πορεύεσθαι,
καὶ διὰ¹ τοῦ ποταμοῦ τὰς βάρεις ἀνέλκειν, καθά-
6 περ τὸ παλαιὸν εἴθιστο, ἀδύνατα ἦν. ἡ μὲν γὰρ
ὁδὸς ἣ τοῦ ποταμοῦ ἐν ἀριστερᾷ ἐστιν, ὥσπερ
μοι ἐν τοῖς ἔμπροσθεν λόγοις ἐρρήθη, πρὸς τῶν
πολεμίων ἐχομένη Ῥωμαίοις τηνικαῦτα ἀπό-
ρευτος ἦν, ἡ δὲ αὐτοῦ ἐπὶ θάτερα, ὅσα γε παρ᾽
ὄχθην, ἀστίβητος παντάπασι τυγχάνει οὖσα.
7 διὸ δὴ τοὺς λέμβους νηῶν τῶν μειζόνων ἀπο-
λεξάμενοι, σανίσι τε αὐτοὺς ὑψηλαῖς κύκλῳ
τειχίσαντες, ὅπως οἱ πλέοντες πρὸς τῶν πολεμίων
ἥκιστα βάλλωνται, τοξότας τε καὶ ναύτας ἐσε-
8 βίβασαν κατὰ λόγον ἑκάστου. τῶν τε φορτίων
ἐν αὐτοῖς ὅσα φέρειν οἷοί τε ἦσαν ἐνθέμενοι, διὰ
τοῦ Τιβέριδος ἐς Ῥώμην² πνεῦμα τηρήσαντες
σφίσιν ἐπίφορον ἐναυτίλλοντο, καὶ τοῦ στρατοῦ
μέρος ἐν δεξιᾷ τοῦ ποταμοῦ παρεβεβοηθήκει.
ἐλείποντο δὲ τῶν Ἰσαύρων συχνοὺς τὰς ναῦς

---

¹ διὰ Haury : om. MSS.
² ῥώμην Κ : ῥώμην ἤθελον ἀγαγεῖν. καὶ δὴ L.

and the agreement which had been made between the Romans and the Goths and otherwise encouraging them, he bade them bring their cargoes and come with all zeal to Rome. " For," he said, " I shall take care that the journey is free from danger." So he himself at early dawn rode back to the city, and Antonina together with the commanders began at daybreak to consider means of transporting the cargoes. But it seemed to them that the task was a hard one and beset with the greatest difficulties. For the oxen could hold out no longer, but all lay half-dead, and, furthermore, it was dangerous to travel over a rather narrow road with the waggons, and impossible to tow the barges on the river, as had formerly been the custom. For the road which is on the left[1] of the river was held by the enemy, as stated by me in the previous narrative,[2] and not available for the use of the Romans at that time, while the road on the other side of it is altogether unused, at least that part of it which follows the river-bank. They therefore selected the small boats belonging to the larger ships, put a fence of high planks around them on all sides, in order that the men on board might not be exposed to the enemy's shots, and embarked archers and sailors on them in numbers suitable for each boat. And after they had loaded the boats with all the freight they could carry, they waited for a favouring wind and set sail toward Rome by the Tiber, and a portion of the army followed them along the right[1] bank of the river to support them. But they left a

[1] i.e. facing upstream.
[2] Book IV. xxvi. 14.

φυλάσσοντας. ἔνθα[1] μὲν οὖν ἐκ τοῦ εὐθέος ὁ[2]
ποταμὸς ἥει,[3] πόνῳ οὐδενὶ ἔπλεον, ἀράμενοι τὰ
τῶν λέμβων ἱστία· ᾗ δὲ ὁ ῥοῦς ἑλισσόμενος ὁδὸν[4]
πλαγίαν[5] ἐφέρετο, ἐνταῦθα ἐπεὶ τὰ ἱστία τῷ
πνεύματι οὐδαμῇ ἐνηργεῖτο, ἐρέσσοντές τε καὶ
τὸν ῥοῦν βιαζόμενοι πόνον οἱ ναῦται οὐ μέτριον
10 εἶχον. οἱ δὲ βάρβαροι ἐν τοῖς στρατοπέδοις καθή-
μενοι ἐμπόδιοι γίνεσθαι τοῖς πολεμίοις ἥκιστα
ἤθελον, ἢ κατωρρωδηκότες τὸν κίνδυνον, ἢ οὐκ
ἄν ποτε ταύτῃ Ῥωμαίους ἐσκομίζεσθαί τι τῶν
ἀναγκαίων οἰόμενοι, αἰτία τε οὐ λόγου ἀξία δια-
κωλύειν τὴν τῆς ἐκεχειρίας ἐλπίδα, ἣν ὑποσχέσει
Βελισάριος ἐκρατύνατο, ἀξύμφορον σφίσιν εἶναι
11 ἡγούμενοι. Γότθοι μέντοι ὅσοι ἐν Πόρτῳ ἦσαν,
ἐν χρῷ ἀεὶ παραπλέοντας τοὺς πολεμίους θεώ-
μενοι, οὐδαμῇ ἥπτοντο, ἀλλὰ τεθηπότες ἐκάθηντο
12 τὴν αὐτῶν ἔννοιαν. ἐπεὶ δὲ τρόπῳ τῷ αὐτῷ
πολλάκις ἀναπλεύσαντες ἅπαντα κατ᾽ ἐξουσίαν
ἐσεκομίσαντο τὰ φορτία, οἱ μὲν ναῦται ξὺν ταῖς
ναυσὶν ἀνεχώρησαν κατὰ τάχος (ἤδη γὰρ καὶ τοῦ
ἔτους ἀμφὶ τροπὰς χειμερινὰς ἦν), τὸ δὲ λοιπὸν
στράτευμα ἐς Ῥώμην ἐσῆλθε, πλήν γε δὴ ὅτι
Παῦλος ἐν Ὀστίᾳ ξὺν τῶν Ἰσαύρων τισὶν ἔμεινε.
13 Μετὰ δὲ ἀλλήλοις ἐπὶ τῇ ἐκεχειρίᾳ ὁμήρους
ἔδοσαν, Ζήνωνα μὲν Ῥωμαῖοι, Γότθοι δὲ Οὐλίαν,
οὐκ ἀφανῆ ἄνδρα, ἐφ᾽ ᾧ δὴ ἐν τρισὶ μησὶ μηδεμιᾷ
ἐς ἀλλήλους ἐφόδῳ χρήσονται, ἕως οἱ πρέσβεις

---

[1] ἔνθα K : om. L.
[2] μὲν οὖν ἐκ τοῦ εὐθέος ὁ Krašeninnikov : om. MSS.
[3] ποταμὸς ἥει K : ἐν ποταμῶ σῆι καὶ τοίνυν L.
[4] ὁδὸν K : εἰς ὁδὸν L.
[5] πλαγίαν Haury : πλατεῖαν MSS.

large number of Isaurians to guard the ships. Now where the course of the river was straight, they found no trouble in sailing, simply raising the sails of the boats; but where the stream wound about and took a course athwart the wind, and the sails received no impulse from it, the sailors had no slight toil in rowing and forcing the boats against the current. As for the barbarians, they sat in their camps and had no wish to hinder their enemy, either because they were terrified at the danger, or because they thought that the Romans would never by such means succeed in bringing in any provisions, and considered it contrary to their own interest, when a matter of no consequence was involved, to frustrate their hope of the armistice which Belisarius had already promised. Moreover, the Goths who were in Portus, though they could see their enemy constantly sailing by almost near enough to touch, made no move against them, but sat there wondering in amazement at the plan they had hit upon. And when the Romans had made the voyage up the river many times in the same way, and had thus conveyed all the cargoes into the city without interference, the sailors took the ships and withdrew with all speed, for it was already about the time of the winter solstice; and the rest of the army entered Rome, except, indeed, that Paulus remained in Ostia with some of the Isaurians.

And afterwards they gave hostages to one another to secure the keeping of the armistice, the Romans giving Zeno, and the Goths Ulias, a man of no mean station, with the understanding that during three months they should make no attack upon one

ἐκ Βυζαντίου ἐπανήκοντες γνώμην τὴν βασιλέως
14 ἀγγείλωσιν. ἢν δέ τινες καὶ¹ ἀδικίας οἱ ἕτεροι
ἐς τοὺς ἐναντίους ὑπάρξωσι, τοὺς πρέσβεις οὐδέν
15 τι ἧσσον ἀποδοθήσεσθαι ἐς τὸ σφῶν ἔθνος. τῶν
μὲν οὖν βαρβάρων οἱ πρέσβεις Ῥωμαίων παρα-
πεμπόντων ἐς Βυζάντιον ᾔεσαν, Ἰλδίγερ δέ, ὁ τῆς
Ἀντωνίνης γαμβρός, ξὺν ἱππεῦσιν οὐκ ὀλίγοις
16 ἐκ Λιβύης ἐς Ῥώμην ἦλθε. Γότθοι τε οἳ τὸ ἐν
Πόρτῳ φρούριον εἶχον, ἐπιλελοιπότων σφᾶς τῶν
ἀναγκαίων ἐξέλιπόν τε αὐτὸ Οὐιττίγιδος γνώμῃ,
καὶ ἐς τὸ στρατόπεδον μετάπεμπτοι ἦλθον·
Παῦλος δὲ αὐτὸ ξὺν τοῖς Ἰσαύροις ἐξ Ὀστίας
17 καταλαβὼν ἔσχεν. αἴτιοι δὲ μάλιστα τούτοις
δὴ τοῖς βαρβάροις τῶν ἐπιτηδείων τῆς ἀπορίας
ἐγένοντο θαλασσοκρατοῦντες Ῥωμαῖοι, καί τι
αὐτοῖς ἐσκομίζεσθαι τῶν ἀναγκαίων οὐ ξυγχω-
18 ροῦντες. διὸ δὴ καὶ πόλιν ἐπιθαλασσίαν, λόγου
πολλοῦ ἀξίαν, Κεντουκέλλας ὄνομα, τῶν ἐπιτη-
δείων σπανίζοντες, ὑπὸ τὸν αὐτὸν χρόνον ἐξέλι-
19 πον. ἔστι δὲ ἡ πόλις μεγάλη καὶ πολυάνθρωπος,
ἐς τὰ Ῥώμης πρὸς ἑσπέραν ἐν Τούσκοις κειμένη,
σταδίοις αὐτῆς ὀγδοήκοντα καὶ διακοσίοις ἀπέ-
20 χουσα. καὶ αὐτὴν Ῥωμαῖοι καταλαβόντες ἔτι
μᾶλλον ἐπὶ μέγα δυνάμεως ἦλθον, ἐπεὶ καὶ τὸ
Ἀλβανῶν πόλισμα ἔσχον, Ῥώμης πρὸς ἀνίσχον-
τα ἥλιον κείμενον, ἀνακεχωρηκότων ἐνθένδε διὰ
τὸν αὐτὸν λόγον τηνικαῦτα τῶν πολεμίων,² παν-
ταχόθεν δὲ ἤδη κυκλωσάμενοι τοὺς βαρβάρους
21 ἐν μέσῳ εἶχον. διὸ δὴ Γότθοι διαλύειν τε τὰ
ξυγκείμενα καί τι ἐς Ῥωμαίους κακουργεῖν ὥρ-
γων. πέμψαντες οὖν παρὰ Βελισάριον πρέσβεις

¹ τινες καὶ KW: τινος L.   ² πολεμίων K: ἐναντίων L.

another, until the envoys should return from Byzantium and report the will of the emperor. And even if the one side or the other should initiate offences against their opponents, the envoys were nevertheless to be returned to their own nation. So the envoys of the barbarians went to Byzantium escorted by Romans, and Ildiger, the son-in-law of Antonina, came to Rome from Libya with not a few horsemen. And the Goths who were holding the stronghold at Portus abandoned the place by the order of Vittigis because their supplies were exhausted, and came to the camp in obedience to his summons. Whereupon Paulus with his Isaurians came from Ostia and took possession of it and held it. Now the chief reason why these barbarians were without provisions was that the Romans commanded the sea and did not allow any of the necessary supplies to be brought in to them. And it was for this reason that they also abandoned at about the same time a sea-coast city of great importance, Centumcellae [1] by name, that is, because they were short of provisions. This city is large and populous, lying to the west of Rome, in Tuscany, distant from it about two hundred and eighty stades. And after taking possession of it the Romans went on and extended their power still more, for they took also the town of Albani, which lies to the east of Rome, the enemy having evacuated it at that time for the same reason, and they had already surrounded the barbarians on all sides and now held them between their forces. The Goths, therefore, were in a mood to break the agreement and do some harm to the Romans. So they sent envoys to Belisarius

---

[1] Modern Civita Vecchia.

22 ἠδικῆσθαι σφᾶς ἐν σπονδαῖς ἔφασαν· Οὐιττίγιδος
γὰρ Γότθους τοὺς ἐν Πόρτῳ μεταπεμψαμένου
κατά τινα χρείαν Παῦλόν τε καὶ Ἰσαύρους τὸ
ταύτῃ φρούριον λόγῳ οὐδενὶ καταλαβόντας ἔχειν.

23 ταυτὸ δὲ τοῦτο ἀμφί τε Ἀλβανῷ καὶ Κεντου-
κέλλαις δῆθεν τῷ λόγῳ ᾐτιῶντο, ἠπείλουν τε,
ἢν μὴ ταῦτα σφίσιν ἀποδιδῷ, οὐκ ἐπιτρέψειν.

24 Βελισάριος δὲ ξὺν γέλωτι αὐτοὺς ἀπεπέμψατο,
παραπέτασμα μὲν εἶναι ταύτην δὴ τὴν αἰτίαν
εἰπών, ἀγνοεῖν δὲ οὐδένα ὅτου δὴ ἕνεκα τὰ χωρία

25 ταῦτα Γότθοι ἐκλίποιεν. καὶ τὸ λοιπὸν ὑποψίᾳ
τινὶ ἐς ἀλλήλους ἐχρῶντο.

Ἔπειτα δὲ Βελισάριος, ἐπεὶ Ῥώμην εἶδε στρα-
τιωτῶν πλήθει ἀκμάζουσαν, ἄλλους τε ἱππέας
ἐς χωρία Ῥώμης μακράν που ἄποθεν περιέπεμπε
καὶ Βιταλιανοῦ τὸν ἀδελφιδοῦν Ἰωάννην ἐκέλευε
ξὺν τοῖς ἑπομένοις ἱππεῦσιν, ὀκτακοσίοις οὖσιν,
ἀμφὶ πόλιν Ἄλβαν διαχειμάζειν, ἐν Πικηνοῖς

26 κειμένην· καὶ οἱ τῶν τε Βαλεριανῷ ἑπομένων
τετρακοσίους ξυνέπεμψεν, ὧν Δαμιανὸς ὁ Βαλε-
ριανοῦ ἀδελφιδοῦς ἦρχε, καὶ τῶν αὐτοῦ ὑπα-
σπιστῶν ὀκτακοσίους ἄνδρας, διαφερόντως ἀγα-

27 θοὺς τὰ πολέμια. οἷς δὴ δορυφόρους δύο, Σοῦνταν
τε καὶ Ἄδηγιν, ἐπέστησε, καὶ αὐτοὺς μὲν Ἰωάννῃ
ἕπεσθαι, ὅπῃ ἂν αὐτὸς ἐξηγοῖτο, ἐκέλευε· τῷ δὲ
Ἰωάννῃ ἐπήγγελλε, τέως μὲν τὰ ξυγκείμενα σφίσι
φυλάττοντας ὁρᾷ τοὺς πολεμίους, ἡσυχῇ μένειν·
ὅταν δέ οἱ[1] τὴν ἐκεχειρίαν αὐτοῖς λελύσθαι

28 ξυμβαίῃ,[2] ποιεῖν κατὰ τάδε· παντὶ μὲν τῷ στρα-
τῷ ἄφνω τε καὶ ἐξ ἐπιδρομῆς καταθεῖν τὴν
Πικηνῶν χώραν, ἅπαντά τε ἑξῆς περιιόντα τὰ

---

[1] οἱ K: om. L.   [2] ξυμβαίῃ L: σημαίνῃ K.

and asserted that they had been unjustly treated during a truce; for when Vittigis had summoned the Goths who were in Portus to perform some service for him, Paulus and the Isaurians had seized and taken possession of the fort there for no good reason. And they made this same false charge regarding Albani and Centumcellae, and threatened that, unless he should give these places back to them, they would resent it. But Belisarius laughed and sent them away, saying that this charge was but a pretext, and that no one was ignorant of the reason why the Goths had abandoned these places. And thereafter the two sides were somewhat suspicious of one another.

But later, when Belisarius saw that Rome was abundantly supplied with soldiers, he sent many horsemen to places far distant from Rome, and commanded John, the nephew of Vitalian, and the horsemen under his command, eight hundred in number, to pass the winter near the city of Alba, which lies in Picenum; and with him he sent four hundred of the men of Valerian, whom Damianus, the nephew of Valerian, commanded, and eight hundred men of his own guards who were especially able warriors. And in command of these he put two spearmen, Suntas and Adegis, and ordered them to follow John wherever he should lead; and he gave John instructions that as long as he saw the enemy was keeping the agreement made between them, he should remain quiet; but whenever he found that the armistice had been violated by them, he should do as follows: With his whole force he was to make a sudden raid and overrun the land of Picenum, visiting all the districts of that region and reaching

ἐκείνη χωρία καὶ αὐτοῖς πρὸ τῆς φήμης ἐπιδη-
29 μοῦντα. ταύτης γὰρ σχεδόν τι ἁπάσης τῆς
χώρας ἄνδρας μὲν οὐδαμῆ ἀπολελεῖφθαι, πάντων
ἐπὶ Ῥώμην ὡς φαίνεται[1] στρατευσαμένων, παῖδας
δὲ καὶ γυναῖκας τῶν πολεμίων καὶ χρήματα
30 πανταχῆ εἶναι. ἐξανδραποδίζειν οὖν καὶ ληΐ-
ζεσθαι τὰ ἐν ποσὶν ἅπαντα φυλασσόμενον μή
ποτε Ῥωμαίων τινὶ τῶν ταύτῃ ᾠκημένων λυμή-
31 νηται. ἢν δέ πη χωρίῳ ἐντύχῃ, ἄνδρας τε καὶ ὀχύ-
ρωμα, ὡς τὸ εἰκός, ἔχοντι, πάσῃ αὐτοῦ δυνάμει
32 ἀποπειράσασθαι. καὶ ἢν μὲν ἑλεῖν δύνηται, ἐς τὰ
πρόσω ἰέναι, τοῦ πράγματος δέ οἱ, ἂν οὕτω τύ-
χοι, ἀντιστατοῦντος, ἀπελαύνειν ὀπίσω, ἢ αὐτοῦ
33 μένειν. προϊόντι γάρ οἱ καὶ τοῦτο δὴ τὸ ὀχύρωμα
κατὰ νώτου ἀπολιπόντι κίνδυνος πολὺς ἐπὶ
πλεῖστον ἔσται, ἐπεὶ οὔποτ᾽ ἀμύνειν σφίσιν
εὐπετῶς ἕξουσιν, ἤν που ἐνοχλοῖντο πρὸς τῶν
ἐναντίων. τὴν δὲ λείαν φυλάσσειν ἅπασαν, ὅπως
ἂν αὐτὴν ὀρθῶς καὶ δικαίως ἡ στρατιὰ διανέ-
34 μοιτο. εἶτα ξὺν γέλωτι καὶ τοῦτο ἐπεῖπεν·
" Οὐ γὰρ δίκαιον ὑφ᾽ ἑτέρων μὲν τοὺς κηφῆνας
πόνῳ μεγάλῳ ἀπόλλυσθαι, ἄλλους δὲ τοῦ μέλιτος
οὐδεμιᾷ ταλαιπωρίᾳ ὀνίνασθαι." τοσαῦτα μὲν
ἐπιστείλας Βελισάριος Ἰωάννην ξὺν τῷ στρατεύ-
ματι ἔπεμψεν.

35 Ὑπὸ δὲ τὸν αὐτὸν χρόνον ὅ τε Μεδιολάνων
ἱερεὺς Δάτιος καὶ τῶν πολιτῶν ἄνδρες δόκιμοι ἐς
Ῥώμην ἀφικόμενοι Βελισαρίου ἐδέοντο φρουροὺς
36 ὀλίγους σφίσι ξυμπέμψαι. αὐτοὶ γὰρ ἱκανοὶ
ἰσχυρίζοντο εἶναι, οὐ Μεδιόλανον μόνην, ἀλλὰ

---

[1] ὡς φαίνεται K: om. L.

each one before the report of his coming. For in this whole land there was virtually not a single man left, since all, as it appeared, had marched against Rome, but everywhere there were women and children of the enemy and money. He was instructed, therefore, to enslave or plunder whatever he found, taking care never to injure any of the Romans living there. And if he should happen upon any place which had men and defences, as he probably would, he was to make an attempt upon it with his whole force. And if he was able to capture it, he was to go forward, but if it should so happen that his attempt was unsuccessful, he was to march back or remain there. For if he should go forward and leave such a fortress in his rear, he would be involved in the greatest danger, since his men would never be able to defend themselves easily, if they should be harassed by their opponents. He was also to keep the whole booty intact, in order that it might be divided fairly and properly among the army. Then with a laugh he added this also: "For it is not fair that the drones should be destroyed with great labour by one force, while others, without having endured any hardship at all, enjoy the honey." So after giving these instructions, Belisarius sent John with his army.

And at about the same time Datius, the priest of Milan, and some notable men among the citizens came to Rome and begged Belisarius to send them a few guards. For they declared that they were themselves able without any trouble to detach from

357

καὶ Λιγουρίαν ὅλην πόνῳ οὐδενὶ Γότθων τε ἀπο-
37 στῆσαι καὶ βασιλεῖ ἀνασώσασθαι. αὕτη δὲ ἡ
πόλις ᾤκισται μὲν ἐν Λιγούροις, μέση που μά-
λιστα Ῥαβέννης τε πόλεως καὶ Ἄλπεων τῶν ἐν
38 Γάλλων ὁρίοις κειμένη· ἑκατέρωθεν γὰρ ἐς αὐτὴν
ὀκτὼ ἡμερῶν ὁδὸς ἀνδρὶ εὐζώνῳ ἐστί· πρώτη δὲ
πόλεων τῶν ἑσπερίων μετά γε Ῥώμην μεγέθει τε
καὶ πολυανθρωπίᾳ καὶ τῇ ἄλλῃ εὐδαιμονίᾳ ἐτύγ-
χανεν οὖσα. καὶ αὐτοῖς Βελισάριος ὑποσχόμενος
τὴν δέησιν ἐπιτελῆ ποιήσειν κατεῖχεν αὐτοῦ τὴν
τοῦ χειμῶνος ὥραν.

VIII

Ταῦτα μὲν δὴ ὧδέ πη εἶχε. τῆς δὲ τύχης ὁ
φθόνος ᾤδαινεν ἤδη ἐπὶ Ῥωμαίους, ἐπεὶ τὰ
πράγματα εὖ τε καὶ καλῶς σφίσιν ἐπίπροσθεν
προϊόντα ἑώρα, κακῷ τε κεραννύναι τινὶ ταῦτα
ἐθέλουσα, ἔριν ἐξ οὐδεμιᾶς αἰτίας λόγου ἀξίας
ἐπενόει Βελισαρίῳ τε καὶ Κωνσταντίνῳ,[1] ἢ ὅπως
τε ἔφυ καὶ ἐς ὅ τι ἐτελεύτησεν, ἐρῶν ἔρχομαι.
2 Πρεσίδιος ἦν τις, ἀνὴρ Ῥωμαῖος, ᾠκημένος μὲν
ἐπὶ Ῥαβέννης, ὢν δὲ οὐκ ἀφανής. οὗτος ὁ Πρε-
σίδιος, ὅτι δὴ Γότθοις προσκεκρουκώς, ἡνίκα
Οὐίττιγις ἐπὶ Ῥώμην στρατεύειν ἔμελλε, ξὺν
ὀλίγοις τισὶ τῶν οἰκετῶν ἐπὶ κυνηγέσιον δῆθεν
τῷ λόγῳ στελλόμενος φεύγει, οὔτε τῳ τὴν βου-
λὴν κοινωσάμενος οὔτε τι τῶν χρημάτων ξὺν
αὑτῷ ἔχων, πλήν γε δὴ ὅτι ξιφίδια δύο αὐτὸς
ἔφερεν, ὧν τὼ κουλεὼ χρυσῷ τε πολλῷ καὶ
λίθοις ἐντίμοις κεκαλλωπισμένω ἐτυχέτην. καὶ

[1] Κωνστ.: κωνσταντιανῷ MSS.

the Goths not only Milan, but the whole of Liguria also, and to recover them for the emperor. Now this city is situated in Liguria, and lies about half way between the city of Ravenna and the Alps on the borders of Gaul; for from either one it is a journey of eight days to Milan for an unencumbered traveller; and it is the first of the cities of the West, after Rome at least, both in size and in population and in general prosperity. And Belisarius promised to fulfil their request, but detained them there during the winter season.

VIII

SUCH was the course of these events. But the envy of fortune was already swelling against the Romans, when she saw their affairs progressing successfully and well, and wishing to mingle some evil with this good, she inspired a quarrel, on a trifling pretext, between Belisarius and Constantinus; and how this grew and to what end it came I shall now go on to relate. There was a certain Presidius, a Roman living at Ravenna, and a man of no mean station. This Presidius had given offence to the Goths at the time when Vittigis was about to march against Rome, and so he set out with some few of his domestics ostensibly on a hunting expedition, and went into exile; he had communicated his plan to no one and took none of his property with him, except indeed that he himself carried two daggers, the scabbards of which happened to be adorned with much gold and

ἐπειδὴ ἐν Σπολιτίῳ ἐγένετο, ἐς νεών τινα ἔξω
3 τοῦ περιβόλου κατέλυσεν. ὁ δὴ Κωνσταντῖνος [1]
ἀκούσας (ἐτύγχανε γὰρ ἔτι ἐνταῦθα διατριβὴν
ἔχων), τῶν τινα ὑπασπιστῶν Μαξεντίολον πέμ-
ψας ἄμφω ἀφαιρεῖται λόγῳ οὐδενὶ τὼ ἀκινάκα.
4 περιαλγὴς δὲ γεγονὼς τοῖς ξυμπεσοῦσιν ὁ ἄν-
θρωπος ἐς Ῥώμην ὅτι τάχιστα παρὰ Βελισάριον
στέλλεται, οὗ δὴ οὐκ εἰς μακρὰν καὶ Κωνσταν-
τῖνος ἀφίκετο· ἤδη γὰρ ὁ τῶν Γότθων στρατὸς
5 οὐκ ἄποθεν εἶναι ἠγγέλλετο. ἕως μὲν οὖν ἔν τε
θορύβῳ καὶ κινδύνῳ Ῥωμαίοις καθειστήκει τὰ
πράγματα, σιωπῇ ὁ Πρεσίδιος ἔμενεν· ὡς δὲ τά
τε Ῥωμαίων καθυπέρτερα εἶδε καὶ Γότθων
πρέσβεις παρὰ βασιλέα σταλέντας, καθάπερ
μοι ἔμπροσθεν εἴρηται, Βελισαρίῳ συχνὰ προσ-
ιὼν τήν τε ἀδικίαν ἀπήγγελλε καί οἱ τὰ δίκαια
6 βοηθεῖν ἠξίου. ὁ δὲ Κωνσταντίνῳ πολλὰ μὲν
αὐτός, πολλὰ δὲ δι᾽ ἑτέρων μεμφόμενος, παρῄνει
ἔργου τε ἀδίκου καὶ δόξης αἰσχρᾶς ἀπαλλάσ-
7 σεσθαι. ἀλλὰ Κωνσταντῖνος (χρῆν γάρ οἱ
γενέσθαι κακῶς) τούς τε λόγους ἀεὶ ἐρεσχελῶν
8 διεκρούετο καὶ τὸν ἠδικημένον ἐτώθαζε. Βελι-
σαρίῳ δέ ποτε, ἵππῳ ἐν τῇ ἀγορᾷ ὀχουμένῳ,
ἐντυχὼν ὁ Πρεσίδιος τοῦ τε χαλινοῦ τοῦ ἵππου
ἐλάβετο καὶ μέγα ἀναβοῶν ἠρώτα εἰ ταῦτα
λέγουσιν οἱ βασιλέως νόμοι, ἵνα ἐπειδάν τις τοὺς
βαρβάρους φυγὼν ἱκέτης ἐς αὐτοὺς ἵκοιτο, οἵδε [2]
ἀφέλωνται [3] βίᾳ ὅσα ἂν τύχῃ ἐν χερσὶν ἔχων.
9 πολλῶν δὲ περιεστηκότων ἀνθρώπων καὶ τοῦ

---

[1] κωνστ. Maltretus here and below : κωνσταντιανὸς MSS.
[2] οἵδε : οἱ δὲ Κ, om. L.
[3] ἀφέλωνται Κ : ἀφέληταί τις L.

precious stones. And when he came to Spolitium, he
lodged in a certain temple outside the fortifications.
And when Constantinus, who happened to be still
tarrying there,[1] heard of this, he sent one of his
guards, Maxentiolus, and took away from him both
the daggers for no good reason. The man was deeply
offended by what had taken place, and set out for
Rome with all speed and came to Belisarius, and
Constantinus also arrived there not long afterward ;
for the Gothic army was already reported to be not
far away. Now as long as the affairs of the Romans
were critical and in confusion, Presidius remained
silent; but when he saw that the Romans were
gaining the upper hand and that the envoys of the
Goths had been sent to the emperor, as has been told
by me above, he frequently approached Belisarius
reporting the injustice and demanding that he assist
him in obtaining his rights. And Belisarius reproached
Constantinus many times himself, and many times
through others, urging him to clear himself of the
guilt of an unjust deed and of a dishonouring report.
But Constantinus—for it must needs be that evil
befall him—always lightly evaded the charge and
taunted the wronged man. But on one occasion
Presidius met Belisarius riding on horseback in the
forum, and he laid hold of the horse's bridle, and
crying out with a loud voice asked whether the laws
of the emperor said that, whenever anyone fleeing
from the barbarians comes to them as a suppliant,
they should rob him by violence of whatever he may
chance to have in his hands. And though many men
gathered about and commanded him with threats to

------

[1] Cf. Book V. xvi. 1 ff.

χαλινοῦ ξὺν ἀπειλῇ κελευόντων [1] μεθίεσθαι, οὐ
πρότερον ἀφῆκε, πρὶν δὴ αὐτῷ ὑπέσχετο Βελι-
10 σάριος τὰ ξιφίδια δώσειν. τῇ οὖν ὑστεραίᾳ
Κωνσταντῖνόν τε καὶ τῶν ἀρχόντων πολλοὺς
ἐς οἰκίσκον τινὰ ξυγκαλέσας Βελισάριος ἐν
Παλατίῳ, τῶν μὲν τῇ προτεραίᾳ ξυμπεπτωκότων
ὑπέμνησε, παρῄνει δὲ ὀψὲ γοῦν τοῦ χρόνου τοὺς
11 ἀκινάκας ἀποδιδόναι. ὁ δὲ οὐκ ἔφη δώσειν·
ἥδιον γὰρ ἂν αὐτοὺς ἐς τοῦ Τιβέριδος τὸ ὕδωρ
12 ἐμβάλλοι ἢ τῷ Πρεσιδίῳ διδοίη. θυμῷ τε ἤδη
ἐχόμενος Βελισάριος ἐπυνθάνετο εἰ οὐκ οἴοιτο
Κωνσταντῖνος πρὸς αὐτοῦ ἄρχεσθαι. καὶ αὐτὸς
τὰ μὲν ἄλλα οἱ ὡμολόγει ἅπαντα πείσεσθαι·
βουλομένῳ γὰρ ταῦτα βασιλεῖ εἶναι· τόδε μέντοι,
ὃ ἐν τῷ παρόντι ἐπιτάττοι, οὐ μήποτε δράσειν.
13 Βελισάριος μὲν οὖν εἰσιέναι τοὺς δορυφόρους
ἐκέλευε, Κωνσταντῖνος δὲ ""Οπως με δηλαδὴ
ἀποκτενοῦσιν," ἔφη. "Οὐδαμῶς γε," ὁ Βελισάριος
εἶπεν, " ἀλλ' ἵνα τὸν σὸν ὑπασπιστὴν Μαξεντί-
ολον, ὅς σοι τὰ ξιφίδια βιασάμενος ἤνεγκεν, ἀναγ-
κάσωσι τῷ ἀνθρώπῳ ἀποδιδόναι ἅπερ αὐτοῦ
14 βίᾳ λαβὼν ἔτυχεν." ἀλλὰ Κωνσταντῖνος τεθνή-
ξεσθαι παραυτίκα οἰόμενος δρᾶσαί τι μέγα, πρίν
15 τι αὐτὸς πάθοι, ἐβούλετο. διὸ δὴ τὸ ξιφίδιον
εἷλκεν ὅπερ οἱ πρὸς τῷ μηρῷ ἀπεκρέματο, ἄφνω
τε αὐτὸ ἐπὶ τὴν Βελισαρίου γαστέρα ὦσεν. ὁ
δὲ καταπλαγεὶς ὀπίσω τε ἀπέστη καὶ Βέσσᾳ
ἐγγύς που ἑστηκότι περιπλακεὶς διαφυγεῖν ἴσχυ-
16 σε. Κωνσταντῖνος μὲν οὖν, ἔτι τῷ θυμῷ ζέων,
ἐπῄει,[2] κατιδόντες δὲ Ἰλδίγερ τε καὶ Βαλεριανὸς

---

[1] ξὺν ἀπ. κελευόντων K : ξυναπειλούντων καὶ λεγόντων L.
[2] ἐπῄει K : ἀπίῃ L.

let go his hold of the bridle, he did not let go until at last Belisarius promised to give him the daggers. On the following day, therefore, Belisarius called Constantinus and many of the commanders to an apartment in the palace, and after going over what had happened on the previous day urged him even at that late time to restore the daggers. But Constantinus refused to do so; nay, he would more gladly throw them into the waters of the Tiber than give them to Presidius. And Belisarius, being by now mastered by anger, enquired whether Constantinus did not think that he was subject to his orders. And he agreed to obey him in all other things, for this was the emperor's will; this command, however, which at the present time he was laying upon him, he would never obey. Belisarius then commanded his guards to enter, whereupon Constantinus said: "In order, plainly, to have them kill me." "By no means," said Belisarius, "but to have them compel your bodyguard Maxentiolus, who forcibly carried away the daggers for you, to restore to the man what he took from him by violence." But Constantinus, thinking that he was to die that very instant, wished to do some great deed before he should suffer anything himself. He accordingly drew the dagger which hung by his thigh and suddenly thrust it at the belly of Belisarius. And he in consternation stepped back, and by throwing his arms around Bessas, who was standing near, succeeded in escaping the blow. Then Constantinus, still boiling with anger, made after him; but Ildiger and Valerian, seeing what was

τὸ ποιούμενον ὁ μὲν τῆς δεξιᾶς, ὁ δὲ τῆς ἑτέρας
αὐτοῦ χειρὸς λαμβανόμενος ὀπίσω ἀνθεῖλκον.
17 ἐν τούτῳ δὲ εἰσελθόντες οἱ δορυφόροι οὓς δὴ
ὀλίγῳ πρότερον ἐκάλεσε Βελισάριος, Κωνσταν-
τίνου τε τὸ ξιφίδιον ξὺν βίᾳ πολλῇ ἐκ χειρὸς
αἱροῦσι, καὶ αὐτὸν πολλῷ θορύβῳ ἁρπάσαντες
οὐδὲν μὲν ἄχαρι ἐν τῷ παραυτίκα εἰργάσαντο,
παρόντας αἰδούμενοι τοὺς ἄρχοντας, οἶμαι, ἐς
οἴκημα δὲ ἄλλο ἀπαγαγόντες, Βελισαρίου κελεύ-
18 σαντος, χρόνῳ τινὶ ὕστερον ἔκτειναν. τοῦτο
Βελισαρίῳ εἴργασται μόνον οὐχ ὅσιον ἔργον καὶ
ἤθους τοῦ αὐτοῦ οὐδαμῶς ἄξιον· ἐπιεικείᾳ γὰρ
πολλῇ ἐς πάντας τοὺς ἄλλους ἐχρῆτο. ἀλλὰ¹
ἔδει, ὅπερ ἐρρήθη, Κωνσταντίνῳ γενέσθαι κακῶς.

IX

Γότθοι τε οὐ πολλῷ ὕστερον ἐς Ῥώμης τὸν
περίβολον κακουργεῖν ἤθελον. καὶ πρῶτα μέν
τινας ἐς τῶν ὀχετῶν ἕνα νύκτωρ καθῆκαν, ὧν
αὐτοὶ τὸ ὕδωρ κατ' ἀρχὰς τοῦδε τοῦ πολέμου
2 ἀφῄρηντο. οἱ δὲ λύχνα τε καὶ δᾷδας ἐν χερσὶν
ἔχοντες ἀπεπειρῶντο τῆς ἐς τὴν πόλιν ἐνθένδε
εἰσόδου. ἔτυχε δέ τινα διώρυχα οὐ μακρὰν
Πιγκιανῆς πυλίδος τοῦ ὀχετοῦ τούτου κύρτωμα
3 ἔχον, ὅθεν δὴ τῶν τις φυλάκων τὸ πῦρ κατιδὼν
τοῖς ξυμφυλάσσουσιν ἔφρασεν· οἱ δὲ λύκον αὐτοῦ
4 παριόντα ἰδεῖν ἔφασαν.² ταύτῃ γὰρ τὴν γῆν οὐχ
ὑπερέχειν τὴν τοῦ ὀχετοῦ οἰκοδομίαν ξυνέβαινε,
πυρὶ δὲ εἰκάζεσθαι τοὺς τοῦ λύκου ὀφθαλμοὺς

---

¹ ἀλλὰ L : ἀλλὰ γὰρ K. ² ἔφασαν K : ἔφρασαν L.

being done, laid hold of his hands, one of the right and the other of the left, and dragged him back. And at this point the guards entered whom Belisarius had summoned a moment before, snatched the dagger of Constantinus from his hand with great violence, and seized him amid a great uproar. At the moment they did him no harm, out of respect, I suppose, to the officers present, but led him away to another room at the command of Belisarius, and at a somewhat later time put him to death. This was the only unholy deed done by Belisarius, and it was in no way worthy of the character of the man; for he always shewed great gentleness in his treatment of all others. But it had to be, as I have said, that evil should befall Constantinus.

IX

AND the Goths not long after this wished to strike a blow at the fortifications of Rome. And first they sent some men by night into one of the aqueducts, from which they themselves had taken out the water at the beginning of this war.[1] And with lamps and torches in their hands they explored the entrance into the city by this way. Now it happened that not far from the small Pincian Gate an arch of this aqueduct[2] had a sort of crevice in it, and one of the guards saw the light through this and told his companions; but they said that he had seen a wolf passing by his post. For at that point it so happened that the structure of the aqueduct did not rise high above the ground, and they thought that the guard had imagined the wolf's eyes to be fire. So

[1] Book V. xix. 13. [2] The *Aqua Virgo*.

5 ᾤοντο. τῶν μὲν οὖν βαρβάρων ὅσοι τοῦ ὀχετοῦ
ἀπεπειράσαντο, ἐπειδὴ ἐν μέσῃ πόλει ἐγένοντο,
ἔνθα δὴ ἄνοδός τις ἦν ἐκ παλαιοῦ ἐς αὐτό που τὸ
Παλάτιον φέρουσα, οἰκοδομίᾳ τινὶ ἐνταῦθα ἐνέ-
τυχον οὔτε πρόσω ἰέναι τὸ λοιπὸν συγχωρούσῃ
6 οὔτε τῇ ἀναβάσει τὸ παράπαν χρῆσθαι. ταύτην
δὲ τὴν οἰκοδομίαν Βελισάριος προμηθείᾳ τινὶ κατ᾽
ἀρχὰς τῆσδε τῆς πολιορκίας πεποίηται, ὥσπερ
7 μοι ἐν τοῖς ἔμπροσθεν λόγοις δεδήλωται. λίθον
οὖν ἕνα βραχὺν ἐνθένδε ἀφελόντες ὀπίσω τε
ἀναστρέφειν εὐθὺς ἔγνωσαν καὶ παρὰ τὸν Οὐίττι-
γιν ἐπανήκοντες τόν τε λίθον ἐνδεικνύμενοι πάντα
8 ἀπήγγελλον. καὶ ὁ μὲν τὰ τῆς ἐπιβουλῆς ἅμα
τοῖς Γότθων ἀρίστοις ἐν βουλῇ εἶχε, Ῥωμαίων
δὲ ὅσοι φρουρὰν ἀμφὶ πυλίδα Πιγκιανὴν εἶχον,
μνήμην τῆς τοῦ λύκου ὑποψίας ἐν σφίσιν αὐτοῖς
9 ἐποιοῦντο τῇ ὑστεραίᾳ. ἐπεὶ δὲ ὁ λόγος περι-
φερόμενος ἐς Βελισάριον ἦλθεν, οὐ παρέργως ὁ
στρατηγὸς τὸ πρᾶγμα ἤκουσεν, ἀλλ᾽ ἄνδρας τε
αὐτίκα τῶν ἐν τῷ στρατοπέδῳ δοκίμων ξὺν
Διογένει τῷ δορυφόρῳ ἐς τὸν ὀχετὸν καθῆκε καὶ
διερευνήσασθαι ἅπαντα ξὺν πολλῷ τάχει ἐκέ-
10 λευσεν. οἱ δὲ τὰ λύχνα τῶν πολεμίων καὶ τῶν
δᾴδων ὅσα διερρυήκει πανταχοῦ τοῦ ὀχετοῦ εὗρον,
καὶ τὴν οἰκοδομίαν ᾗ ὁ λίθος πρὸς τῶν Γότθων
ἀφῄρητο κατανενοηκότες Βελισαρίῳ ἀπήγγελλον.
11 διὸ δὴ αὐτός τε τὸν ὀχετὸν ἐν μεγάλῃ φυλακῇ
ἔσχε καὶ οἱ Γότθοι αἰσθόμενοι ταύτης δὴ τῆς
πείρας ἀπέσχοντο.
12 Ἔπειτα δὲ καὶ ἐκ τοῦ ἐμφανοῦς ἔφοδον κατὰ
τοῦ περιβόλου ἐμηχανῶντο οἱ βάρβαροι. τηρή-
σαντες οὖν τὸν τοῦ ἀρίστου καιρὸν κλίμακάς τε

those barbarians who explored the aqueduct, upon
reaching the middle of the city, where there was an
upward passage built in olden times leading to the
palace itself, came upon some masonry there which
allowed them neither to advance beyond that point
nor to use the ascent at all. This masonry had been
put in by Belisarius as an act of precaution at the
beginning of this siege, as has been set forth by me
in the preceding narrative.[1] So they decided first to
remove one small stone from the wall and then to
go back immediately, and when they returned to
Vittigis, they displayed the stone and reported the
whole situation. And while he was considering his
scheme with the best of the Goths, the Romans who
were on guard at the Pincian Gate recalled among
themselves on the following day the suspicion of the
wolf. But when the story was passed around and
came to Belisarius, the general did not treat the
matter carelessly, but immediately sent some of the
notable men in the army, together with the guards-
man Diogenes, down into the aqueduct and bade
them investigate everything with all speed. And
they found all along the aqueduct the lamps of the
enemy and the ashes which had dropped from their
torches, and after observing the masonry where the
stone had been taken out by the Goths, they reported
to Belisarius. For this reason he personally kept
the aqueduct under close guard; and the Goths,
perceiving it, desisted from this attempt.

But later on the barbarians went so far as to plan
an open attack against the fortifications. So they
waited for the time of lunch, and bringing up ladders

---

[1] Book V. xix. 18.

καὶ πῦρ ἐπαγόμενοι, ἥκιστα τῶν πολεμίων προσ-
δεχομένων, ἐπὶ πυλίδα Πιγκιανὴν ᾔεσαν, ἐλπίδι
θαρροῦντες ἐξ ἐπιδρομῆς τὴν πόλιν αἱρήσειν,
ἅτε οὐ πολλῶν στρατιωτῶν ἐνταῦθα λειφθέντων.
13 ἔτυχε δὲ Ἰλδίγερ τηνικαῦτα ξὺν τοῖς ἑπομένοις
φυλακὴν ἔχων· ἕκαστοι γὰρ ἐκ περιτροπῆς ἐς
14 τὴν φρουρὰν ἐτετάχατο. ἐπεὶ οὖν εἶδε προσιόν-
τας οὐκ ἐν τάξει τοὺς πολεμίους, ἀπήντησέ τε
οὐ ξυντεταγμένοις ἐς παράταξιν, ἀλλὰ ξὺν πολλῇ
ἀκοσμίᾳ ἰοῦσι, καὶ τοὺς κατ' αὐτὸν οὐδενὶ πόνῳ
15 τρεψάμενος συχνοὺς¹ ἔκτεινε. κραυγῆς δὲ με-
γάλης καὶ ταραχῆς ἀνὰ τὴν πόλιν, ὡς τὸ εἰκός,
γεγενημένης Ῥωμαῖοί τε ὡς τάχιστα πανταχόσε
τοῦ περιβόλου ξυνέρρεον καὶ οἱ βάρβαροι ἄπρα-
κτοι ἐς τὰ στρατόπεδα οὐκ ἐς μακρὰν ἐχώ-
ρησαν.

16   Οὐίττιγις δὲ αὖθις ἐς ἐπιβουλὴν τοῦ περιβόλου
καθίστατο. καί, ἦν γάρ τις αὐτῷ ἐπιμαχωτάτη
μάλιστα μοῖρα, ᾗ τοῦ Τιβέριδος ἡ ὄχθη ἐστίν,
ἐπεὶ ταύτῃ οἱ πάλαι Ῥωμαῖοι θαρσοῦντες τοῦ
ὕδατος τῷ ὀχυρώματι τὸ τεῖχος ἀπημελημένως
ἐδείμαντο, βραχύ τε αὐτὸ καὶ πύργων ἔρημον
παντάπασι ποιησάμενοι, ῥᾷον ἐνθένδε ἤλπιζε τὴν
πόλιν αἱρήσειν. οὐδὲ γὰρ οὐδέ τι φυλακτήριον
17 λόγου ἄξιον ἐνταῦθα τετύχηκεν εἶναι. δύο οὖν
Ῥωμαίους ἀμφὶ τὸν Πέτρου τοῦ ἀποστόλου νεὼν
ᾠκημένους χρήμασιν ἀναπείθει οἴνου ἀσκὸν ἔχον-
τας παρὰ τοὺς ἐκείνῃ φρουροὺς ἰέναι περὶ λύχνων
ἁφάς, καὶ αὐτοῖς τὸν οἶνον τρόπῳ ὅτῳ δὴ φιλο-
φροσύνην ἐνδεικνυμένους χαρίζεσθαι, εἶτα ξὺν
αὐτοῖς πόρρω τῶν νυκτῶν καθημένους πίνειν,

¹ συχνοὺς K : om. L.

and fire, when their enemy were least expecting them, made an assault upon the small Pincian Gate, emboldened by the hope of capturing the city by a sudden attack, since not many soldiers had been left there. But it happened that Ildiger and his men were keeping guard at that time; for all were assigned by turns to guard-duty. So when he saw the enemy advancing in disorder, he went out against them before they were yet drawn up in line of battle and while they were advancing in great disarray, and routing those who were opposite him without any trouble he slew many. And a great outcry and commotion arose throughout the city, as was to be expected, and the Romans gathered as quickly as possible to all parts of the fortifications; whereupon the barbarians after a short time retired to their camp baffled.

But Vittigis resorted again to a plot against the wall. Now there was a certain part of it that was especially vulnerable, where the bank of the Tiber is, because at this place the Romans of old, confident in the protection afforded by the stream, had built the wall carelessly, making it low and altogether without towers; Vittigis therefore hoped to capture the city rather easily from that quarter. For indeed there was not even any garrison there of any consequence, as it happened. He therefore bribed with money two Romans who lived near the church of Peter the Apostle to pass along by the guards there at about nightfall carrying a skin full of wine, and in some way or other, by making a show of friendship, to give it to them, and then to sit drinking with them well on into the night; and they were to throw

PROCOPIUS OF CAESAREA

ἑκάστῳ τε ἐς τὴν κύλικα ὑπνωτικὸν ἐμβαλεῖν
18 φάρμακον ὅπερ σφίσιν αὐτὸς ἐδεδώκει. ἀκάτους
δὲ λάθρα ἐν τῇ ἑτέρᾳ ὄχθῃ ἐν παρασκευῇ ποιη-
σάμενος εἶχεν, αἷς δὴ τῶν βαρβάρων τινάς, ἐπει-
δὰν τάχιστα οἱ φύλακες ὕπνῳ ἔχοιντο, ξὺν
κλίμαξιν ἐκ σημείου ἑνὸς τὸν ποταμὸν διαβαί-
νοντας τὴν ἐπίθεσιν τῷ περιβόλῳ ποιήσασθαι.
19 τό τε στράτευμα ἐς τοῦτο ἡτοίμαζεν ὅλον, ὅπως
20 ἅπασα κατὰ κράτος ἡ πόλις ἁλῷη. τούτων δὲ
οὕτω ξυγκειμένων σφίσι, τοῖν ἀνδροῖν ἅτερος
τοῖν Οὐιττίγιδι ἐς ταύτην δὴ παρεσκευασμένοιν
τὴν ὑπουργίαν (οὐ γὰρ ἔδει Ῥωμαίους τούτῳ
τῷ Γότθων στρατοπέδῳ ἁλῶναι) αὐτεπάγγελτος
ἐλθὼν Βελισαρίῳ τε ἅπαντα φράζει καὶ τὸν
21 ἕτερον ἐνδείκνυσιν. ὃς δὴ αἰκιζόμενος ἐς φῶς τε
ἅπαντα ἤνεγκεν ὅσα δρᾶν ἔμελλε καὶ τὸ φάρ-
μακον ἐπεδείκνυεν ὅπερ Οὐίττιγις αὐτῷ ἐδεδώκει.
22 καὶ αὐτοῦ[1] Βελισάριος τήν τε ῥῖνα καὶ τὰ ὦτα
λωβησάμενος ἐς τῶν πολεμίων τὸ χαράκωμα ὄνῳ
23 ὀχούμενον ἔπεμψε. καὶ κατιδόντες αὐτὸν οἱ
βάρβαροι ἔγνωσαν ὡς ὁ θεὸς οὐκ ἐφῆ σφῶν τὰ
βουλεύματα ὁδῷ ἰέναι, καὶ δι᾽ αὐτὸ οὐκ ἂν ποτε
ἡ πόλις σφίσιν ἁλώσιμος εἴη.

X

Ἐν ᾧ δὲ ταῦτα ἐγίνετο, ἐν τούτῳ Βελισάριος
γράψας πρὸς Ἰωάννην ἔργου ἐκέλευεν ἔχεσθαι.
ὁ δὲ ξὺν τοῖς δισχιλίοις ἱππεῦσι τὴν Πικηνῶν
περιιὼν χώραν τὰ ἐν ποσὶν ἐληΐζετο πάντα.

¹ αὐτοῦ K : αὐτὸν L.

into the cup of each guard a sleep-producing drug which Vittigis had given them. And he stealthily got ready some skiffs, which he kept at the other bank; as soon as the guards should be overcome by sleep, some of the barbarians, acting in concert, were to cross the river in these, taking ladders with them, and make the assault on the wall. And he made ready the entire army with the intention of capturing the whole city by storm. After these arrangements were all complete, one of the two men who had been prepared by Vittigis for this service (for it was not fated that Rome should be captured by this army of the Goths) came of his own accord to Belisarius and revealed everything, and told who the other man was. So this man under torture brought to light all that he was about to do and displayed the drug which Vittigis had given him. And Belisarius first mutilated his nose and ears and then sent him riding on an ass into the enemy's camp. And when the barbarians saw him, they realised that God would not allow their purposes to have free course, and that therefore the city could never be captured by them.

X

But while these things were happening, Belisarius wrote to John and commanded him to begin operations. And he with his two thousand horsemen began to go about the land of Picenum and to

παῖδάς τε καὶ γυναῖκας τῶν πολεμίων ἐν ἀνδρα-
2 πόδων ποιούμενος λόγῳ. Οὐλίθεόν τε, τὸν Οὐιτ-
τίγιδος θεῖον, ξὺν Γότθων στρατῷ ὑπαντιάσαντα
μάχῃ νικήσας αὐτόν τε κτείνει καὶ πάντα σχεδὸν
3 τὸν τῶν πολεμίων στρατόν. διὸ δὴ οὐδείς οἱ
ἐτόλμα ἔτι ἐς χεῖρας ἰέναι. ἐπεὶ δὲ ἀφῖκτο ἐς
Αὔξιμον πόλιν, Γότθων μὲν ἐνταῦθα φρουρὰν
οὐκ ἀξιόχρεών τινα ἔμαθεν εἶναι, ἄλλως δὲ
ὀχυρόν τε καὶ ἀνάλωτον κατενόησε τὸ χωρίον.
4 καὶ ἀπ᾽ αὐτοῦ προσεδρεύειν μὲν οὐδαμῇ ἤθελεν,
ἀλλὰ ἀπαλλαγεὶς ἐνθένδε[1] ὅτι τάχιστα πρόσω
5 ἤλαυνε. ταὐτὸ δὲ τοῦτο καὶ Οὐρβῖνον ἀμφὶ
πόλιν ἐποίει, ἔς τε Ἀρίμινον Ῥωμαίων αὐτὸν
ἐπαγαγομένων ἐσήλαυνεν, ἥπερ μιᾶς ἡμέρας ὁδῷ
6 Ῥαβέννης διέχει. οἱ μὲν οὖν βάρβαροι ὅσοι
φρουρὰν ἐνταῦθα εἶχον, ὑποψίᾳ ἐς Ῥωμαίους
τοὺς οἰκήτορας πολλῇ χρώμενοι, ἐπειδὴ προῖέναι
τὸ στράτευμα τοῦτο ἐπύθοντο, ἀπεχώρησάν τε
7 καὶ δρόμῳ ἰόντες ἐν Ῥαβέννῃ ἐγένοντο. οὕτω
δὲ Ἰωάννης Ἀρίμινον ἔσχε πολεμίων φρουρὰν
ὄπισθεν ἔν τε Αὐξίμῳ καὶ Οὐρβίνῳ ἀπολιπών,
οὐχ ὅτι τῶν Βελισαρίου ἐντολῶν ἐς λήθην ἦλθεν,
οὐδὲ θράσει ἀλογίστῳ ἐχόμενος, ἐπεὶ ξὺν τῷ
δραστηρίῳ τὸ ξυνετὸν εἶχεν, ἀλλὰ λογισάμενος,
ὅπερ ἐγένετο, ὡς ἢν Γότθοι πύθωνται τὸν Ῥω-
μαίων στρατὸν ἄγχιστά πη[2] Ῥαβέννης εἶναι,
αὐτίκα μάλα τὴν ἐν Ῥώμῃ διαλύσουσι προσε-
8 δρείαν, ἀμφὶ τῷ χωρίῳ τούτῳ δείσαντες. καὶ
ἔτυχέ γε τῆς ἀληθοῦς δόξης. ἐπειδὴ γὰρ Οὐιττι-

---

[1] ἐνθένδε K : om. L.
[2] πη K : ἐπὶ L.

plunder everything before him, treating the women
and children of the enemy as slaves. And when
Ulitheus, the uncle of Vittigis, confronted him with
an army of Goths, he defeated them in battle and
killed Ulitheus himself and almost the whole army
of the enemy. For this reason no one dared any
longer to engage with him. But when he came to
the city of Auximus,[1] though he learned that it con-
tained a Gothic garrison of inconsiderable size, yet in
other respects he observed that the place was strong
and impossible to capture. And for this reason he
was quite unwilling to lay siege to it, but departing
from there as quickly as he could, he moved forward.
And he did this same thing at the city of Urbinus,[2]
but at Ariminum,[3] which is one day's journey distant
from Ravenna, he marched into the city at the
invitation of the Romans. Now all the barbarians
who were keeping guard there were very suspicious
of the Roman inhabitants, and as soon as they
learned that this army was approaching, they with-
drew and ran until they reached Ravenna. And
thus John secured Ariminum; but he had meanwhile
left in his rear a garrison of the enemy both at
Auximus and at Urbinus, not because he had for-
gotten the commands of Belisarius, nor because he
was carried away by unreasoning boldness, since
he had wisdom as well as energy, but because he
reasoned—correctly, as it turned out—that if the
Goths learned that the Roman army was close to
Ravenna, they would instantly break up the siege of
Rome because of their fears regarding this place.
And in fact his reasoning proved to be true. For as

[1] Modern Osimo.   [2] Modern Urbino.
[3] Modern Rimini.

γίς τε καὶ ὁ Γότθων στρατὸς Ἀρίμινον ἔχεσθαι
πρὸς αὐτοῦ ἤκουσαν, ἐς μέγα δέος ἀμφὶ Ῥαβέννῃ
ἐμπεπτωκότες ἄλλο τε ὑπολογισάμενοι τῶν
πάντων οὐδέν, εὐθυωρὸν τὴν ἀναχώρησιν ἐποιή-
9 σαντο, ὥς μοι αὐτίκα λελέξεται. καὶ μέγα τι[1]
κλέος ἐκ τοῦ ἔργου τούτου Ἰωάννης ἔσχε, δια-
10 βόητος καὶ τὸ πρότερον ὤν. τολμητής τε γὰρ
ἦν καὶ αὐτουργὸς ἐν τοῖς μάλιστα, ἔς τε τοὺς
κινδύνους ἄοκνος, δίαιτάν τε σκληρὰν καὶ ταλαι-
πωρίαν τινὰ ἐς ἀεὶ εἶχε βαρβάρου ὁτουοῦν ἢ
στρατιώτου οὐδενὸς ἧσσον. ὁ μὲν οὖν Ἰωάννης
11 τοιόσδε τις ἦν. Ματασοῦνθα δέ, ἡ τοῦ Οὐιττί-
γιδος γυνή, δεινῶς τῷ ἀνδρὶ ἀχθομένη, ὅτι δὴ
οἱ βίᾳ τὸ ἐξ ἀρχῆς ἐς κοίτην ἦλθεν, ἐπειδὴ τὸν
Ἰωάννην ἐς Ἀρίμινον ἥκειν ἐπύθετο, περιχαρής
τε ἀτεχνῶς γέγονε καὶ πέμψασα παρ' αὐτὸν
λάθρα γάμου τε καὶ προδοσίας πέρι ἐς λόγους
ἦλθε.
12 Καὶ οἱ μὲν πέμποντες ἀεὶ κρύφα τῶν ἄλλων
ταῦτα ἔπρασσον. Γότθοι δὲ ἐπεὶ τά τε ἀμφὶ
Ἀρίμινον ἔμαθον καὶ ἅμα ξύμπαντα σφᾶς τὰ
ἀναγκαῖα ἐπελελοίπει, ὅ τε τῶν τριῶν μηνῶν
χρόνος ἐξῆκεν ἤδη, τὴν ἀναχώρησιν ἐποιοῦντο,
καίπερ οὔπω τι τῶν πρέσβεων ἕνεκα πεπυσμένοι.
13 τοῦ μὲν οὖν ἔτους ἀμφὶ τροπὰς ἐαρινὰς ἦν, τῇ δὲ
πολιορκίᾳ ἐνιαυτός τε ἐτέτριπτο καὶ πρὸς αὐτῷ
ἡμέραι ἐννέα, ὅτε οἱ Γότθοι ἅπαντα σφῶν τὰ
χαρακώματα καύσαντες, ἅμα ἡμέρᾳ ὁδοῦ εἴχοντο.
14 Ῥωμαῖοι δὲ φεύγοντας ὁρῶντες τοὺς ἐναντίους
ἐν ἀπόρῳ εἶχον ᾗ τὸ παρὸν θήσονται. τῶν τε

---

[1] καὶ μέγα τι : μέγα τι K, καὶ μέγα L.

soon as Vittigis and the army of the Goths heard
that Ariminum was held by him, they were plunged
into great fear regarding Ravenna, and abandoning
all other considerations, they straightway made their
withdrawal, as will be told by me directly. And
John won great fame from this deed, though he was
renowned even before. For he was a daring and
efficient man in the highest degree, unflinching
before danger, and in his daily life shewing at all
times a certain austerity and ability to endure
hardship unsurpassed by any barbarian or common
soldier. Such a man was John. And Matasuntha,
the wife of Vittigis, who was exceedingly hostile to
her husband because he had taken her to wife by
violence in the beginning,[1] upon learning that John
had come to Ariminum was absolutely overcome by
joy, and sending a messenger to him opened secret
negotiations with him concerning marriage and the
betrayal of the city.

So these two kept sending messengers to each
other without the knowledge of the rest and arrang-
ing these matters. But when the Goths learned
what had happened at Ariminum, and when at the
same time all their provisions had failed them, and
the three months' time had already expired, they
began to make their withdrawal, although they had
not as yet received any information as far as the
envoys were concerned. Now it was about the
spring equinox, and one year had been spent in the
siege and nine days in addition, when the Goths,
having burned all their camps, set out at daybreak.
And the Romans, seeing their opponents in flight,
were at a loss how to deal with the situation. For it

---

[1] Cf. Book V. xi. 27.

γὰρ ἱππέων τὸ πλῆθος οὐ παρεῖναι τηνικαῦτα
ξυνέβαινεν, ἄλλων ἄλλῃ πη ἐσταλμένων, ὥσπερ
μοι ἔμπροσθεν εἴρηται, αὐτοί τε ἀξιόμαχοι πρὸς
τοσοῦτον πλῆθος πολεμίων οὐκ ᾤοντο εἶναι.
ἅπαντας μέντοι πεζούς τε καὶ ἱππέας Βελισάριος
15 ὥπλισε. καὶ ἐπεὶ τῶν πολεμίων ὑπὲρ ἥμισυ δια-
βάντας τὴν γέφυραν εἶδεν, ἐξῆγε διὰ Πιγκιανῆς
πύλης τὸ στράτευμα, ἥ τε μάχη ἐκ χειρὸς γέγονε
16 τῶν προτέρων οὐδεμιᾶς ἧσσον. καὶ κατ᾽ ἀρχὰς
μὲν καρτερῶς τῶν βαρβάρων τοὺς πολεμίους
ὑφισταμένων, πολλοὶ ἑκατέρων ἐν τῇ πρώτῃ ξυμ-
βολῇ ἔπεσον· ἔπειτα δὲ οἱ Γότθοι τραπόμενοι
μέγα τε καὶ ὑπερφυὲς σφίσιν αὐτοῖς τὸ πάθος
17 ἐποίουν· αὐτὸς γὰρ ἕκαστος τὴν γέφυραν δια-
βαίνειν ἠπείγετο πρῶτος. ἀφ᾽ οὗ δὴ ἐς στενο-
χωρίαν πολλὴν ἀφικόμενοι τὰ χαλεπώτατα
ἔπασχον· πρός τε γὰρ σφῶν αὐτῶν καὶ τῶν
18 πολεμίων ἐκτείνοντο. πολλοὶ δὲ καὶ τῆς γεφύρας
ἐφ᾽ ἑκάτερα ἐξέπιπτον ἐς τὸν Τίβεριν καὶ αὐτοῖς
ὅπλοις καταδυόμενοι ἔθνησκον. οὕτω δὲ[1] τοὺς
πλείστους ἀποβαλόντες οἱ λοιποὶ τοῖς πρότερον
19 διαβᾶσι ξυνέμιξαν. Λογγῖνος δὲ Ἴσαυρος καὶ
Μουνδίλας, οἱ Βελισαρίου δορυφόροι, διαφερόν-
τως ἐν ταύτῃ τῇ μάχῃ ἠρίστευσαν. ἀλλὰ Μουν-
δίλας μὲν τέτρασι βαρβάροις καθ᾽ ἕκαστον ἐς
χεῖρας ἐλθὼν ἔκτεινέ τε ἅπαντας καὶ αὐτὸς
20 ἐσώθη· Λογγῖνος δὲ τῆς τῶν πολεμίων τροπῆς
αἰτιώτατος γεγονὼς αὐτοῦ ἔπεσε πολὺν αὐτοῦ
πόθον τῷ Ῥωμαίων στρατοπέδῳ ἀπολιπών.

[1] δὲ L : γε K.

so happened that the majority of the horsemen were
not present at that time, since they had been sent to
various places, as has been stated by me above,[1] and
they did not think that by themselves they were a
match for so great a multitude of the enemy. How-
ever, Belisarius armed all the infantry and cavalry.
And when he saw that more than half of the enemy
had crossed the bridge, he led the army out through
the small Pincian Gate, and the hand-to-hand battle
which ensued proved to be equal to any that had pre-
ceded it. At the beginning the barbarians withstood
their enemy vigorously, and many on both sides fell in
the first encounter; but afterwards the Goths turned
to flight and brought upon themselves a great and
overwhelming calamity; for each man for himself
was rushing to cross the bridge first. As a result of
this they became very much crowded and suffered
most cruelly, for they were being killed both by
each other and by the enemy. Many, too, fell off
the bridge on either side into the Tiber, sank with
all their arms, and perished. Finally, after losing
in this way the most of their number, the remainder
joined those who had crossed before. And Longinus
the Isaurian and Mundilas, the guards of Belisarius,
made themselves conspicuous for their valour in this
battle. But while Mundilas, after engaging with
four barbarians in turn and killing them all, was
himself saved, Longinus, having proved himself the
chief cause of the rout of the enemy, fell where he
fought, leaving the Roman army great regret for his
loss.

[1] Chap. vii. 25.

XI

Οὐίττιγις μὲν οὖν στρατῷ τῷ καταλοίπῳ ἐπὶ
Ῥαβέννης ἰὼν τῶν χωρίων τὰ ὀχυρώματα πλήθει
φρουρῶν ἐκρατύνατο, ἐν Κλουσίῳ μὲν τῇ Τούσκων
πόλει χιλίους τε ἄνδρας καὶ ἄρχοντα Γιβίμερα
ἀπολιπών, ἔν τε Οὐρβιβεντῷ τοσούτους, οἷς δὴ
ἄρχοντα Ἀλβίλαν ἄνδρα Γότθον ἐπέστησε. καὶ
Οὐλιγίσαλον ἐν τῇ Τουδέρᾳ ξὺν τετρακοσίοις
2 κατέλιπεν. ἐν δὲ δὴ Πικηνῶν τῇ χώρᾳ τετρα-
κοσίους μὲν ἐς Πέτραν τὸ φρούριον εἴασεν, οἳ καὶ
πρότερον ταύτῃ ᾤκηντο, ἐν Αὐξίμῳ δέ, ἢ πασῶν
μεγίστη τῶν ἐκείνῃ πόλεών ἐστι, Γότθους τε
ἀριστίνδην ξυνειλεγμένους τετρακισχιλίους κατέ-
λιπε καὶ ἄρχοντα ἐς ἄγαν δραστήριον Οὐίσανδον
ὄνομα, ξύν τε τῷ Μώρᾳ δισχιλίους ἐν Οὐρβίνῳ τῇ
3 πόλει. ἔστι δὲ καὶ ἄλλα φρούρια δύο, Καισῆνά
τε καὶ Μοντεφέρετρα, ὧν δὴ ἐν ἑκατέρῳ φρουρὰν
οὐχ ἧσσον ἢ κατὰ πεντακοσίων ἀνδρῶν κατε-
στήσατο. αὐτὸς δὲ τῷ ἄλλῳ στρατῷ εὐθὺ Ἀρι-
μίνου ὡς πολιορκήσων ἐχώρει.
4 Ἐτύγχανε δὲ Βελισάριος, ἐπειδὴ τάχιστα Γότθοι
τὴν πολιορκίαν διέλυσαν, Ἰλδίγερά τε καὶ Μαρ-
τῖνον ξὺν ἱππεῦσι χιλίοις πέμψας, ἐφ᾽ ᾧ δὴ[1] ἑτέρας
ὁδοῦ θᾶττον ἰόντες φθάσωσι τοὺς πολεμίους ἐς
Ἀρίμινον ἀφικόμενοι, καὶ σφίσιν ἐπέστελλεν
Ἰωάννην μὲν καὶ τοὺς ξὺν αὐτῷ ἅπαντας ἐνθένδε
ἐξαναστῆσαι ὡς τάχιστα, πολλοὺς δὲ ἀντ᾽ αὐτῶν
ἱκανοὺς μάλιστα ἐς τῆς πόλεως τὴν φυλακὴν
καταστήσασθαι, ἐκ φρουρίου ἀφελομένους ὃ δὴ

[1] δὴ K : δι᾽ L.

378

XI

Now Vittigis with the remainder of his army marched toward Ravenna; and he strengthened the fortified places with a great number of guards, leaving in Clusium,[1] the city of Tuscany, one thousand men and Gibimer as commander, and in Urviventus[2] an equal number, over whom he set Albilas, a Goth, as commander. And he left Uligisalus in Tudera[3] with four hundred men. And in the land of Picenum he left in the fortress of Petra four hundred men who had lived there previously, and in Auximus, which is the largest of all the cities of that country, he left four thousand Goths selected for their valour and a very energetic commander, Visandus by name, and two thousand men with Moras in the city of Urbinus. There are also two other fortresses, Caesena and Monteferetra,[4] in each of which he established a garrison of not less than five hundred men. Then he himself with the rest of the army moved straight for Ariminum with the purpose of laying siege to it.

But it happened that Belisarius, as soon as the Goths had broken up the siege of Rome, had sent Ildiger and Martinus with a thousand horsemen, in order that by travelling more quickly by another road they might arrive at Ariminum first, and he directed them promptly to remove John from the city and all those with him, and to put in their place fully enough men to guard the city, taking them

[1] Modern Chiusi. [2] Urbs Vetus, modern Orvieto.
[3] Tuder or Tudertum, modern Todi.
[4] Modern Montefeltro.

πρὸς κόλπῳ τῷ Ἰονίῳ ἐστίν, Ἀγκὼν ὄνομα,
5 δυοῖν ἡμέραιν ὁδὸν Ἀριμίνου διέχον. ἤδη γὰρ
αὐτὸ οὐ πολλῷ πρότερον κατειλήφει, Κόνωνα
ξύν τε Ἰσαύρων καὶ Θρᾳκῶν στρατεύματι οὐκ
6 ὀλίγῳ πέμψας. ἤλπιζε γάρ, ἢν πεζοί τε καὶ
μόνοι ἀρχόντων οὐκ ἀξιολόγων σφίσι παρόντων [1]
Ἀρίμινον ἔχωσιν, οὔποτε αὐτῆς ἐς πολιορκίαν
Γότθων τὴν δύναμιν καταστήσεσθαι, ἀλλ᾽ ὑπερ-
ιδόντας ἐπὶ Ῥαβέννης αὐτίκα ἰέναι, ἤν τε Ἀρί-
μινον πολιορκεῖν ἐθελήσωσι, τοῖς τε πεζοῖς τὰ
7 ἐπιτήδεια ἐς πλείω τινὰ χρόνον ἀρκέσειν· καὶ ὡς
ἱππεῖς δισχίλιοι ἔξωθεν ξὺν τῷ ἄλλῳ στρατῷ
ἰόντες πολλά τε κακά, ὡς τὸ εἰκός, τοὺς πολε-
μίους ἐργάσονται καὶ ῥᾷον ἐς τῆς προσεδρείας
8 αὐτοὺς τὴν διάλυσιν ξυνελάσουσι. τοιαύτη μὲν
γνώμῃ Βελισάριος τοῖς ἀμφὶ Μαρτῖνόν τε καὶ
Ἰλδίγερα ταῦτα ἐπήγγελλεν. οἱ δὲ διὰ Φλα-
μινίας ὁδοῦ πορευόμενοι λίαν τε τοὺς βαρβάρους
9 προτερήσαντες ᾖσαν. ἅτε γὰρ ἐν πολλῷ ὁμίλῳ
οἱ Γότθοι σχολαίτεροι ἐπορεύοντο, καὶ περιόδοις
ἠναγκάζοντο μακραῖς τισι χρῆσθαι τῶν τε ἀναγ-
καίων τῇ ἀπορίᾳ καὶ τῶν ἐν Φλαμινίᾳ ὁδῷ
ὀχυρωμάτων ἥκιστα ἐθέλοντες ἄγχιστά πη ἰέναι,[2]
ἐπεὶ αὐτὰ οἱ πολέμιοι, ὥσπερ μοι ἔμπροσθεν
δεδήλωται, Ναρνίαν τε καὶ Σπολίτιον καὶ Περυ-
σίαν εἶχον.
10 Ῥωμαίων δὲ τὸ στράτευμα, ἐπειδὴ τῇ Πέτρᾳ
ἐνέτυχον, ὁδοῦ ποιούμενοι πάρεργον, ἀπεπειρά-
σαντο τοῦ ταύτῃ φρουρίου. τοῦτο δὲ τὸ ὀχύρωμα
οὐκ ἄνθρωποι ἐτεκτήναντο, ἀλλὰ τοῦ χωρίου ἡ

---

[1] καὶ μόνοι . . . παρόντων L: καὶ μόνοι καὶ ἄρχοντες οὐκ
ἀξιόλογοι σφ. παρόντος K.   [2] ἰέναι L: εἶναι K.

from the fortress which is on the Ionian Gulf, Ancon by name, two days' journey distant from Ariminum. For he had already taken possession of it not long before, having sent Conon with no small force of Isaurians and Thracians. It was his hope that if unsupported infantry under commanders of no great note should hold Ariminum, the Gothic forces would never undertake its siege, but would regard it with contempt and so go at once to Ravenna, and that if they should decide to besiege Ariminum, the provisions there would suffice for the infantry for a somewhat longer time; and he thought also that two thousand horsemen,[1] attacking from outside with the rest of the army, would in all probability do the enemy great harm and drive them more easily to abandon the siege. It was with this purpose that Belisarius gave such orders to Martinus and Ildiger and their men. And they, by travelling over the Flaminian Way, arrived long before the barbarians. For since the Goths were moving in a great throng, they proceeded in a more leisurely manner, and they were compelled to make certain long detours, both because of the lack of provisions, and because they preferred not to pass close to the fortresses on the Flaminian Way, Narnia and Spolitium and Perusia, since these were in the hands of the enemy, as has been stated above.[2]

When the Roman army arrived at Petra, they made an attack upon the fortress there, regarding it as an incident of their expedition. Now this fortress was not devised by man, but it was made by the nature of

---

[1] *i.e.* the force which John had when he had set out on his raid of Picenum (cf. Chap. x. 1) and with which he was now holding Ariminum.   [2] Book V. xxix. 3.

φύσις ἐξεῦρεν· ὁδὸς γάρ ἐστιν ἐς ἄγαν κρημνώ-
11 δης. ταύτης δὲ τῆς ὁδοῦ ἐν δεξιᾷ μὲν ποταμός
τις οὐδενὶ ἐσβατὸς ὀξύτητι τοῦ ῥοῦ κάτεισιν, ἐν
ἀριστερᾷ δὲ οὐ πολλῷ ἄποθεν πέτρα ἀνέχει
ἀπότομός τε καὶ ὕψους ἐς τόσον διήκουσα, ὥστε
τοῖς κάτω οὖσι φαινόμενοι ἄνθρωποι, οἳ ἐν τῇ
ἄκρᾳ, ἂν οὕτω τύχοι, ἑστήκασιν, ὄρνισι τοῖς
12 μικροτάτοις μεγέθους πέρι εἰκάζονται. προϊόντι
τε διέξοδος οὐδεμία τὸ παλαιὸν ἦν. λήγουσα
γὰρ ἡ πέτρα ἐς αὐτόν που μάλιστα τοῦ ποταμοῦ
τὸν ῥοῦν διήκει, διάβασιν τοῖς ταύτῃ ἰοῦσιν
13 οὐδεμίαν παρεχομένη. διώρυχα τοίνυν ἐνταῦθα
οἱ πάλαι ἄνθρωποι ἐργασάμενοι, πυλίδα τῷ χω-
14 ρίῳ ταύτῃ πεποίηνται. φράξαντες δὲ καὶ τῆς
ἑτέρας εἰσόδου τὸ πλεῖστον, πλήν γε δὴ ὅσον
πυλίδα κἀνταῦθα λελεῖφθαι, φρούριόν τε αὐτο-
φυὲς ἀπειργάσαντο καὶ Πέτραν αὐτὸ λόγῳ τῷ
15 εἰκότι ἐκάλεσαν. οἱ οὖν ἀμφὶ Μαρτῖνόν τε καὶ
Ἰλδίγερα πρῶτον μὲν ἐς τῶν πυλίδων τὴν ἑτέραν
μαχόμενοί τε καὶ πολλὰ βάλλοντες οὐδὲν ἤνυτον,
καίπερ ἥκιστα σφᾶς ἀμυνομένων τῶν ταύτῃ
βαρβάρων, ἔπειτα δὲ διὰ τοῦ κρημνώδους κατό-
πισθεν τὴν ἄνοδον βιασάμενοι κατὰ κοφυφὴν
16 λίθοις ἔβαλον ἐνθένδε τοὺς Γότθους. οἱ δὲ ἐς
τὰς οἰκίας δρόμῳ τε καὶ θορύβῳ πολλῷ ἐσελ-
θόντες ἡσύχαζον. καὶ τότε Ῥωμαῖοι, ἐπεὶ τῶν
πολεμίων οὐδενὸς ἐπιτυγχάνειν οἷοί τε ἦσαν ταῖς
17 τῶν λίθων βολαῖς, ἐπενόουν τάδε. τμήματα
μεγάλα ἐκ τοῦ σκοπέλου ποιούμενοι πολλοί θ'
ἅμα ὠθοῦντες αὐτὰ ἐπὶ τὰς οἰκίας σταθμώμενοι
18 ἐρρίπτουν. τὰ δὲ ὅπη ἂν τῆς οἰκοδομίας καὶ
κατὰ βραχὺ προσπίπτοντα ψαύοι, κατέσειέ τε

the place ; for the road passes through an extremely mountainous country at that place. On the right of this road a river descends which no man can ford because of the swiftness of the current, and on the left not far away rises a sheer rock which reaches to such a height that men who might chance to be standing on its summit, as seen by those below, resemble in size the smallest birds. And in olden times there was no passage through as one went forward. For the end of the rock reaches to the very stream of the river, affording no room for those who travel that way to pass by. So the men of ancient times constructed a tunnel at that point, and made there a gate for the place.[1] And they also closed up the greatest part of the other[2] entrance, leaving only enough space for a small gate there also, and thus rendered the place a natural fortress, which they call by the fitting name of Petra. So the men of Martinus and Ildiger first made an attack upon one of the two gates,[3] and shot many missiles, but they accomplished nothing, although the barbarians there made no defence at all ; but afterwards they forced their way up the cliff behind the fortress and hurled stones from there upon the heads of the Goths. And they, hurriedly and in great confusion, entered their houses and remained quiet. And then the Romans, unable to hit any of the enemy with the stones they threw, devised the following plan. They broke off large pieces from the cliff and, many of them pushing together, hurled them down, aiming at the houses. And wherever these in their fall did no more than just graze the building,

[1] The tunnel was made by the Emperor Vespasian, 76 A.D. This gate was at the southern end.
[2] *i.e.* northern.   [3] The upper, or southern, gate.

ἱκανῶς ἅπαντα καὶ τοὺς βαρβάρους ἐς μέγα
19 τι δέος καθίστη. διὸ δὴ χεῖράς τε οἱ Γότθοι τοῖς
ἔτι ἀμφὶ τὴν πυλίδα οὖσιν ὤρεγον καὶ ξὺν τῷ
φρουρίῳ σφᾶς αὐτοὺς ὁμολογίᾳ παρέδοσαν, ἐφ᾽
ᾧ κακῶν ἀπαθεῖς μείνωσι, βασιλέως τε δοῦλοι
20 καὶ Βελισαρίου κατήκοοι ὄντες. καὶ αὐτῶν
Ἰλδίγερ τε καὶ Μαρτῖνος τοὺς μὲν πλείστους
ἀναστήσαντες ἐπὶ τῇ ἴσῃ καὶ ὁμοίᾳ ξὺν αὐτοῖς
ἦγον, ὀλίγους δέ τινας ξὺν τοῖς παισί τε καὶ
γυναιξὶν αὐτοῦ εἴασαν. ἐλίποντο δέ τινα καὶ
21 Ῥωμαίων φρουράν. ἐνθένδε τε ἐς Ἀγκῶνα ἐλ-
θόντες καὶ πολλοὺς ἀπαγαγόμενοι τῶν ἐκείνῃ
πεζῶν ἐς Ἀρίμινον τριταῖοι ἀφίκοντο, τήν τε
22 Βελισαρίου γνώμην ἀπήγγελλον. Ἰωάννης δὲ
οὔτε αὐτὸς ἕπεσθαι ἤθελε καὶ Δαμιανὸν ξὺν τοῖς
τετρακοσίοις κατεῖχεν. οἱ δὲ τοὺς πεζοὺς αὐτοῦ
ἀπολιπόντες κατὰ τάχος ἐνθένδε ξὺν τοῖς Βελι-
σαρίου δορυφόροις τε καὶ ὑπασπισταῖς ἀνεχώ-
ρησαν.

XII

Καὶ Οὐίττιγις οὐκ ἐς μακρὰν παντὶ τῷ στρα-
τῷ ἐς Ἀρίμινον ἦλθεν, οὗ δὴ ἐνστρατοπεδευσάμε-
νοι ἐπολιόρκουν. αὐτίκα τε πύργον ξύλινον τοῦ
τῆς πόλεως περιβόλου καθυπέρτερον τεκτηνάμε-
νοι τροχοῖς τέσσαρσιν ἀνεχόμενον ἐπὶ τὸ τεῖχος
ἦγον, ᾗ μάλιστα ἐπιμαχώτατον αὐτοῖς ἔδοξεν
2 εἶναι. ὅπως δὲ μὴ πάθωσιν ὅπερ αὐτοῖς πρὸ
τοῦ Ῥώμης περιβόλου ξυνηνέχθη παθεῖν, οὐ
διὰ τῶν βοῶν τὸν πύργον ἦγον, ἀλλ᾽ αὐτοὶ ἔνδον

they yet gave the whole fortress a considerable
shock and reduced the barbarians to great fear.
Consequently the Goths stretched out their hands to
those who were still about the gate and surrendered
themselves and the fort, with the condition that they
themselves should remain free from harm, being slaves
of the emperor and subject to Belisarius. And Ildiger
and Martinus removed the most of them and led them
away, putting them on a basis of complete equality
with themselves, but some few they left there, to-
gether with their wives and children. And they also
left something of a garrison of Romans. Thence they
proceeded to Ancon, and taking with them many of
the infantry in that place on the third day reached
Ariminum, and announced the will of Belisarius. But
John was not only unwilling himself to follow them,
but also proposed to retain Damianus with the four
hundred.[1] So they left there the infantry and retired
thence with all speed, taking the spearmen and guards
of Belisarius.

XII

AND not long afterward Vittigis and his whole army
arrived at Ariminum, where they established their
camp and began the siege. And they immediately
constructed a wooden tower higher than the circuit-
wall of the city and resting on four wheels, and drew
it toward that part of the wall which seemed to them
most vulnerable. But in order that they might not
have the same experience here which they had before
the fortifications of Rome, they did not use oxen to
draw the tower, but hid themselves within it and thus

[1] Cf. Chap. vii. 26.

3 κρυπτόμενοι ἐφεῖλκον. κλῖμαξ δὲ ἦν τις τοῦ
πύργου ἐντὸς εὐρεῖα ἐς ἄγαν, δι' ἧς τὸ τῶν βαρ-
βάρων πλῆθος ἀναβήσεσθαί εὐπετῶς ἔμελλον,
ἐλπίδα ἔχοντες ὡς, ἐπειδὰν τάχιστα τὸν πύργον
τῷ περιβόλῳ ἐρείσωσιν, ἐνθένδε πόνῳ οὐδενὶ
ἐπιβήσονται[1] κατὰ τὰς τοῦ τείχους ἐπάλξεις·
οὕτω γὰρ αὐτοῖς ἡ τοῦ πύργου ὑπερβολὴ[2]
4 εἴργαστο. ἐπειδὴ τοίνυν τοῦ περιβόλου ἄγχιστά
πη ξὺν τῇ μηχανῇ ταύτῃ ἐγένοντο, τότε μὲν
ἡσυχῇ ἔμενον, ἐπεὶ καὶ ξυνεσκόταζεν ἤδη, φύ-
λακας δὲ ἀμφὶ τὸν πύργον καταστησάμενοι
ηὐλίσαντο ἅπαντες, ἐναντίωμα οὐδ' ὁτιοῦν ἔσεσθαι
5 σφίσιν ἐν νῷ ἔχοντες. οὐδὲ γὰρ οὐδέ τι ἄλλο
ἐμπόδιον, οὐδὲ τάφρος ἐν μέσῳ ὅτι μὴ βραχεῖα
παντάπασιν ἐτύγχανεν οὖσα.

Οἵ τε Ῥωμαῖοι ξὺν δέει πολλῷ ὡς ἡμέρᾳ τῇ
6 ἐπιούσῃ ἀπολούμενοι ἐνυκτέρευσαν. Ἰωάννης δὲ
οὔτε ἀπογνοὺς πρὸς τὸν κίνδυνον οὔτε τῷ δέει
ξυνταραχθεὶς ἐπενόει τάδε. τοὺς μὲν ἄλλους ἐν
τοῖς φυλακτηρίοις ἀπολιπών, αὐτὸς δὲ ξὺν τοῖς
Ἰσαύροις δικέλλας τε καὶ ἄλλα ἄττα τοιαῦτα
ὄργανα φέρουσιν, ἀωρὶ τῶν νυκτῶν, οὐδενὶ τῶν
πάντων προειρημένον, ἔξω τοῦ περιβόλου γενό-
7 μενος ἐκέλευσε σιωπῇ τὴν τάφρον ὀρύσσειν. οἱ
δὲ κατὰ ταῦτα ἐποίουν, καὶ τὸν[3] χοῦν ὅνπερ
ἐνθένδε ἀνῃροῦντο ἐπὶ θάτερα τῆς τάφρου ἐς τὰ
πρὸς τῷ τείχει ἐς ἀεὶ ἐτίθεσαν,[4] ὃς δὴ ἐνταῦθα
8 αὐτοῖς ἀντὶ τοίχου ἐγίνετο. λαθόντες τε ἐπὶ
πλεῖστον τοὺς πολεμίους καθεύδοντας βαθεῖάν

---

[1] ἐπιβήσονται L : ἀποβήσονται K.
[2] ὑπερβολὴ K : περιβολὴ L.   [3] καὶ τὸν L : τὸν K.
[4] ἐτίθεσαν L : ἐντιθέντες K.

hauled it forward. And there was a stairway of great breadth inside the tower on which the barbarians in great numbers were to make the ascent easily, for they hoped that as soon as they should place the tower against the fortifications, they would have no trouble in stepping thence to the parapet of the wall; for they had made the tower high with this in view. So when they had come close to the fortifications with this engine of war, they remained quiet for the time, since it was already growing dark, and stationing guards about the tower they all went off to pass the night, supposing that they would meet with no obstacle whatever. And indeed there was nothing in their way, not even a trench between them and the wall, except an exceedingly small one.

As for the Romans, they passed the night in great fear, supposing that on the morrow they would perish. But John, neither yielding to despair in face of the danger nor being greatly agitated by fear, devised the following plan. Leaving the others on guard at their posts, he himself took the Isaurians, who carried pickaxes and various other tools of this kind, and went outside the fortifications; it was late in the night and no word had been given beforehand to anyone in the city; and once outside the wall, he commanded his men in silence to dig the trench deeper. So they did as directed, and as they dug they kept putting the earth which they took out of the trench upon the side of it nearer the city-wall, and there it served them as an earthwork. And since they were unobserved for a long time by the enemy, who were sleeping,

τε καὶ εὔρους ἱκανῶς ἔχουσαν τὴν[1] τάφρον δι'
ὀλίγου πεποίηνται, οὗ δὴ μάλιστα ἐπιμαχώτατός
τε ὁ περίβολος ἦν καὶ προσβάλλειν ξὺν τῇ
9 μηχανῇ οἱ βάρβαροι ἔμελλον. οἱ δὲ πολέμιοι
πόρρω που τῶν νυκτῶν αἰσθόμενοι τοῦ ποιου-
μένου ἐπὶ τοὺς ὀρύσσοντας ἐβοήθουν δρόμῳ, καὶ
Ἰωάννης ξὺν τοῖς Ἰσαύροις, ἐπεί οἱ τὰ ἀμφὶ τῇ
τάφρῳ ὡς ἄριστα εἶχεν, ἐντὸς τοῦ περιβόλου
ἐγένετο.
10 Οὐίττιγις δὲ ἅμα ἡμέρᾳ τά τε πεπραγμένα
κατανοήσας καὶ περιαλγήσας[2] τοῖς ξυμπεσοῦσι
διεχρήσατο μὲν τῶν φυλάκων τινάς, οὐδὲν δὲ
ἧσσον ἐπάγειν τὴν μηχανὴν ἐν σπουδῇ ἔχων
ἐκέλευε φακέλλων πλῆθος τοὺς Γότθους ἐν τῇ
τάφρῳ κατὰ τάχος ῥίπτειν, οὕτω τε τὸν πύργον
11 ἐνταῦθα ἐφέλκοντας ἄγειν. καὶ οἱ μὲν ταῦτα,
ὥσπερ Οὐίττιγις ἐπέτελλεν,[3] ἔπρασσον προθυμίᾳ
τῇ πάσῃ, καίπερ τῶν ἐναντίων καρτερώτατα ἐκ
τοῦ τείχους ἀμυνομένων. οἱ δὲ φάκελλοι, ἐμ-
πεσόντος σφίσι τοῦ πύργου, βαρυνόμενοι, ὡς τὸ
12 εἰκός, ὑπεχώρουν κάτω. διὸ δὴ οἱ βάρβαροι
πρόσω ἰέναι ξὺν τῇ μηχανῇ οὐδαμῇ εἶχον, ἐπεὶ
ἄναντες σφίσι πολλῷ ἔτι μᾶλλον ἐγίνετο, οὗ δὴ
ξυννήσαντες τὸν χοῦν ἔτυχον, ὥσπερ μοι ἐρρήθη,
13 Ῥωμαῖοι. δείσαντες οὖν μὴ νυκτὸς ἐπιγινομένης
ἐπεξελθόντες οἱ πολέμιοι τὴν μηχανὴν καύσωσιν,
14 ὀπίσω αὐτὴν αὖθις ἐφεῖλκον. ὅπερ Ἰωάννης
κωλύειν δυνάμει τῇ πάσῃ ἐν σπουδῇ ἔχων τούς
τε στρατιώτας ἐξώπλισε καὶ ξυγκαλέσας ἅπαν-
τας τοιάδε παρεκελεύσατο·

---

[1] τὴν K: om. L. [2] περιαλγήσας K: ὑπεραλγήσας L.
[3] ἐπέτελεν K, ἔστελλεν L.

ey soon made the trench both deep and sufficiently
de, at the place where the fortifications were es-
cially vulnerable and where the barbarians were
ing to make the assault with their engine of war.
t far on in the night the enemy, perceiving what
s being done, charged at full speed against those
o were digging, and John went inside the fortifi-
tions with the Isaurians, since the trench was now
a most satisfactory condition.

But at daybreak Vittigis noted what had been
complished and in his exceeding vexation at the
currence executed some of the guards; however, he
s as eager as before to bring his engine to bear,
d so commanded the Goths to throw a great number
faggots as quickly as possible into the trench, and
en by drawing the tower over them to bring it into
sition. This they proceeded to do as Vittigis
nmanded, with all zeal, although their opponents
pt fighting them back from the wall with the utmost
our. But when the weight of the tower came upon
e faggots they naturally yielded and sank down.
r this reason the barbarians were quite unable to
forward with the engine, because the ground
ame still more steep before them, where the
mans had heaped up the earth as I have stated.
ring, therefore, that when night came on the
my would sally forth and set fire to the engine,
y began to draw it back again. This was precisely
at John was eager to prevent with all his power,
so he armed his soldiers, called them all to-
her, and exhorted them as follows:

15 "Ἄνδρες, οἷς τοῦδε τοῦ κινδύνου ξὺν ἡμῖ
μέτεστιν, εἴ τῳ ὑμῶν πρὸς ἡδονήν ἐστι βιῶνα
τε καὶ τοὺς οἴκοι ἀπολελειμμένους ἰδεῖν, μὴ ἐπ
ἄλλῳ τῳ κεκτημένος τὴν τούτων ἐλπίδα ἢ ε

16 ταῖς χερσὶ ταῖς αὑτοῦ γνώτω. ἡνίκα μὲν γὰ
Βελισάριος ἡμᾶς τὸ [1] ἐξ ἀρχῆς ἔστελλε, πολλὰ
ἡμᾶς ἐλπίς τε καὶ ἔρως ἐς τὴν τοῦ ἔργου πρ

17 θυμίαν ἐνῆγον. οὔτε γὰρ ἐν γῇ τῇ παραλ
πολιορκηθήσεσθαι ὑπωπτεύομεν, οὕτω δὴ θα
λασσοκρατούντων Ῥωμαίων, οὔτε τοσοῦτον ἡμα
περιόψεσθαι τὸν βασιλέως στρατὸν ὑπετόπησα

18 ἄν τις. χωρὶς δὲ τούτων τότε μὲν ἡμᾶς ἐς εὐτολμία
ὥρμα ἐπίδειξίς τε τῆς ἐς τὴν πολιτείαν εὐνοίας κ
τὸ ἐκ τῶν ἀγώνων ἐσόμενον κλέος ἐς πάντας ἀ

19 θρώπους. νῦν δὲ οὔτε περιεῖναι ἡμᾶς, ὅτι μὴ δ
τῆς εὐψυχίας, οἷόν τέ ἐστιν, ἐπάναγκές τε ο
ἄλλου του ἢ τοῦ βιώσεσθαι ἡμᾶς αὐτοὺς ἕνεκ

20 τοῦτον ὑποστῆναι τὸν κίνδυνον. ὥστε εἰ μ
τισιν ὑμῶν ἀρετῆς τι μεταποιεῖσθαι ξυμβαίνε
πάρεστιν αὐτοῖς ἀνδραγαθιζομένοις, εἴπερ τι

21 καὶ ἄλλοις, ἐνδόξοις γενέσθαι. κτῶνται γ
εὔκλειαν οὐχ οἱ τῶν καταδεεστέρων κρατήσαντ
ἀλλ' οἳ ἂν τῇ παρασκευῇ ἐλασσούμενοι τῷ τ

22 ψυχῆς μεγέθει νικῶεν. οἷς δὲ τὸ φιλόψυχ
ἐμπέφυκε μᾶλλον, τούτοις δὴ μάλιστα τὸ εὐτό
μοις εἶναι ξυνοίσει,[2] ἐπεὶ ἅπαντες ἐκ τοῦ ε
πλεῖστον, οἷς τὰ πράγματα ἐπὶ ξυροῦ ἀκμ
ὥσπερ ἡμῖν τανῦν, ἵσταται, μόνῳ ἂν τῷ τ
κινδύνων ὑπερφρονεῖν διασώζοιντο."

23 Τοσαῦτα μὲν Ἰωάννης εἰπὼν ἐξῆγεν ἐπὶ το
πολεμίους τὸ στράτευμα, ὀλίγους τινὰς ἐς τ

[1] ἡμᾶς τὸ K : τὸ L.　　　[2] ξυνοίσει KL : ξυμβαίνει V₁.

"My men, who share this danger common to us all, if
would please any man among you to live and see
those whom he has left at home, let him realize that
the only hope he has of obtaining these things lies in
nothing but his own hands. For when Belisarius sent
us forth in the beginning, hope and desire for many
things made us eager for the task. For we never sus-
pected that we should be besieged in the country along
the coast, since the Romans command the sea so com-
pletely, nor would one have supposed that the em-
peror's army would so far neglect us. But apart from
these considerations, at that time we were prompted
to boldness by an opportunity to display our loyalty to
the state and by the glory which we should acquire in
the sight of all men as the result of our struggles. But
as things now stand, we cannot possibly survive save
by courage, and we are obliged to undergo this danger
with no other end in view than the saving of our own
lives. Therefore, if any of you perchance lay claim
to valour, all such have the opportunity to prove
themselves brave men, if any men in the world have,
and thereby to cover themselves with glory. For they
achieve a fair name, not who overpower those weaker
than themselves, but who, though inferior in equip-
ment, still win the victory by the greatness of their
souls. And as for those in whom the love of life has
been more deeply implanted, it will be of advantage
to these especially to be bold, for it is true of all men,
as a general thing, that when their fortunes stand on
the razor's edge, as is now the case with us, they may
be saved only by scorning the danger."

With these words John led his army out against
the enemy, leaving some few men to guard the

24 ἐπάλξεις ἀπολιπών. ἀνδρείως δὲ αὐτοὺς ὑφιστα
μένων τῶν πολεμίων γέγονε καρτερὰ ἐς ἄγαν
μάχη. καὶ τὸν μὲν πύργον μόλις τε καὶ ὀψὲ τῆ
ἡμέρας ἐς τὸ σφέτερον οἱ βάρβαροι στρατόπεδα

25 ἐνεγκεῖν ἴσχυσαν. τοσούτους μέντοι τὸ πλῆθα
ἀπέβαλον τῶν ἐν σφίσι μαχίμων, ὥστε οὐκέτ
τειχομαχεῖν τὸ λοιπὸν ἔγνωσαν, ἀλλ' ἀπογνόντε
ἡσυχῇ ἔμενον, λιμῷ πιεζομένους προσχωρήσει
αὐτοῖς τοὺς πολεμίους καραδοκοῦντες. λίαν γὰ
αὐτοὺς ἅπαντα ἤδη τὰ ἐπιτήδεια ἐπελελοίπε.
ἐπεὶ οὐχ εὗρον ὅθεν αὐτὰ διαρκῶς ἐσκομίσονται.

26 Ταῦτα μὲν οὖν ἐγίνετο τῇδε. Βελισάριος δ
τοῖς ἐκ Μεδιολάνου ἥκουσι χιλίους ἔπεμψε

27 Ἰσαύρους τε καὶ Θρᾷκας. ἡγεῖτο δὲ τῶν Ἰσαύ
ρων Ἔννης, τῶν δὲ Θρᾳκῶν Παῦλος, Μουνδίλα
τε ἅπασιν ἐφειστήκει καὶ αὐτὸς ἦρχεν ὀλίγου
τινὰς τῶν Βελισαρίου ὑπασπιστῶν ἔχων. ξυνῆ
δὲ αὐτοῖς καὶ Φιδέλιος, ὃς ἐγεγόνει τῆς αὐλῆ

28 ἔπαρχος. ἐκ Μεδιολάνου γὰρ ὁρμώμενος ἐπιτή
δειος τούτῳ ἔδοξε τῷ στρατῷ ἔπεσθαι ἅτε δύνα

29 μίν τινα ἐν Λιγούροις ἔχων. πλεύσαντες οὖν ἐ
τοῦ Ῥωμαίων λιμένος Γενούᾳ προσέσχον,
Τουσκίας μέν ἐστιν ἐσχάτη, παράπλου δὲ καλῶ

30 Γάλλων¹ τε καὶ Ἱσπανῶν κεῖται. ἔνθα δὴ τά
τε ναῦς ἀπολιπόντες καὶ ὁδῷ πορευόμενοι πρόσα
ἐχώρουν, τοὺς λέμβους τῶν νηῶν ἐν ταῖς ἁμάξαι
ἐνθέμενοι, ὅπως ἂν Πάδον τὸν ποταμὸν διαβαίνουσ

31 μηδὲν σφίσιν ἐμπόδιον εἴη. οὕτω γοῦν τοῦ ποτα
μοῦ τὴν διάβασιν ἐποιήσαντο. ἐπεὶ δὲ τὸν Πάδον
διαβάντες ἐς Τικηνὸν² πόλιν ἀφίκοντο, Γότθο

¹ παράπλου . . . Γάλλων Κ : περίπου δὲ τὰς ἀρχὰς τῆς γάλων L.
² Τικηνὸν Maltretus : πικηνὸν Κ, πιγκηνῶν L.

battlement. But the enemy withstood them bravely, and the battle became exceedingly fierce. And with great difficulty and late in the day the barbarians succeeded in bringing the tower back to their own camp. However, they lost so great a number of their fighting men that they decided thenceforth to make no further attacks upon the wall, but in despair of succeeding that way, they remained quiet, expecting that their enemy would yield to them under stress of famine. For all their provisions had already failed them completely, since they had not found any place from which they could bring in a sufficient supply.

Such was the course of events here. But as for Belisarius, he sent to the representatives of Milan[1] a thousand men, Isaurians and Thracians. The Isaurians were commanded by Ennes, the Thracians by Paulus, while Mundilas was set over them all and commanded in person, having as his guard some few of the guardsmen of Belisarius. And with them was also Fidelius, who had been made praetorian prefect. For since he was a native of Milan, he was regarded as a suitable person to go with this army, having as he did some influence in Liguria. They set sail, accordingly, from the harbour of Rome and put in at Genoa, which is the last city in Tuscany and well situated as a port of call for the voyage to Gaul and to Spain. There they left their ships and travelling by land moved forward, placing the boats of the ships on their waggons, in order that nothing might prevent their crossing the river Po. It was by this means, in any event, that they made the crossing of the river. And when they reached the city of Ticinum,[2] after crossing the Po, the Goths came out against them and

---

[1] Cf. Chap. vii. 35. [2] Modern Pavia.

32 αὐτοῖς ἀπαντήσαντες ἐς χεῖρας ἦλθον. ἦσαν δὲ
πολλοί τε καὶ ἄριστοι, ἐπεὶ τῶν χρημάτων τὰ
τιμιώτατα βάρβαροι ἅπαντες οἱ ταύτῃ ᾤκηντο ἐν
Τικηνῷ[1] καταθέμενοι ἅτε ἐν χωρίῳ ὀχύρωμα ἰσχυ-
ρὸν ἔχοντι, φρουρὰν ἐνταῦθα λόγου ἀξίαν ἐλί-
33 ποντο. μάχης οὖν καρτερᾶς γενομένης ἐνίκων
Ῥωμαῖοι, καὶ τοὺς ἐναντίους τρεψάμενοι διέ-
φθειράν τε συχνοὺς καὶ τὴν πόλιν ἐν τῇ διώξει
ἑλεῖν παρ' ὀλίγον ἦλθον. μόλις γὰρ ἐπιθεῖναι
τὰς πύλας οἱ βάρβαροι ἴσχυσαν, ἐγκειμένων
34 σφίσι τῶν πολεμίων. Ῥωμαίων δὲ ὀπίσω ἀπε-
λαυνόντων Φιδέλιος εὐξόμενος ἔς τινα τῶν ἐκείνῃ
νεὼν ὕστατος ἔμεινε. τύχῃ δέ τινι ὀκλάσαντός
35 οἱ τοῦ ἵππου ἔπεσε. καὶ αὐτὸν κατιδόντες Γότθοι,
ἐπεὶ τοῦ περιβόλου ἄγχιστα ἐπεπτώκει, ἐπεξ-
ελθόντες ἔκτεινάν τε καὶ ἔλαθον τοὺς πολεμίους.
οὗ δὴ ὕστερον Μουνδίλας τε καὶ Ῥωμαῖοι αἰσθό-
μενοι ἠσχαλλον.

36 Ἔνθεν τε ἐς Μεδιόλανον πόλιν ἀφίκοντο καὶ
αὐτὴν ἀμαχητὶ ξὺν Λιγουρίᾳ τῇ ἄλλῃ ἔσχον.
37 ἅπερ ἐπειδὴ Οὐίττιγις ἔμαθε, στράτευμά τε πολὺ
κατὰ τάχος καὶ Οὐραΐαν ἄρχοντα, τὸν αὐτοῦ
38 ἀδελφιδοῦν, ἔπεμψε. καὶ Θευδίβερτος δέ οἱ, ὁ
Φράγγων ἀρχηγός, ἄνδρας μυρίους δεηθέντι ἐς
ξυμμαχίαν ἀπέστειλεν, οὐ Φράγγων αὐτῶν, ἀλλὰ
Βουργουζιώνων, τοῦ μὴ δοκεῖν τὰ βασιλέως
39 ἀδικεῖν πράγματα. οἱ γὰρ Βουργουζίωνες ἐθε-
λούσιοί τε καὶ αὐτονόμῳ γνώμῃ, οὐ Θευδιβέρτῳ
κελεύοντι ἐπακούοντες δῆθεν τῷ λόγῳ ἐστέλ-
λοντο. οἷς δὴ οἱ Γότθοι ἀναμιχθέντες ἔς τε
Μεδιόλανον Ῥωμαίων ἥκιστα προσδεχομένων

---

[1] Τικηνῷ Maltretus : πικηνῶ Κ, πιγκηνῶν L.

engaged them in battle. And they were not only numerous but also excellent troops, since all the barbarians who lived in that region had deposited the most valuable of their possessions in Ticinum, as being a place which had strong defences, and had left there a considerable garrison. So a fierce battle took place, but the Romans were victorious, and routing their opponents, they slew a great number and came within a little of capturing the city in the pursuit. For it was only with difficulty that the barbarians succeeded in shutting the gates, so closely did their enemy press upon their heels. And as the Romans were marching away, Fidelius went into a temple there to pray, and was the last to leave. But by some chance his horse stumbled and he fell. And since he had fallen very near the fortifications, the Goths seeing him came out and killed him without being observed by the enemy. Wherefore, when this was afterwards discovered by Mundilas and the Romans, they were greatly distressed.

Then, leaving Ticinum, they arrived at the city of Milan and secured this city with the rest of Liguria without a battle. When Vittigis learned about this, he sent a large army with all speed and Uraïas, his own nephew, as commander. And Theudibert, the leader of the Franks, sent him at his request ten thousand men as allies, not of the Franks themselves, but Burgundians, in order not to appear to be doing injury to the emperor's cause. For it was given out that the Burgundians made the expedition willingly and of their own choice, not as obeying the command of Theudibert. And the Goths, joined by these troops, came to Milan, made camp and began a siege

ἀφίκοντο καὶ ἐνστρατοπεδευσάμενοι ἐπολιόρκουν.
ταύτῃ γοῦν οὐδέ τι ἐσκομίσασθαι τῶν ἐπιτηδείων
Ῥωμαῖοι ἔσχον, ἀλλ' εὐθὺς ἤχθοντο τῶν ἀναγ-
40 καίων τῇ ἀπορίᾳ. οὐ μὴν οὐδὲ τοῦ περιβόλου
τὴν φυλακὴν οἱ στρατιῶται εἶχον, ἐπεὶ ὁ Μουν-
δίλας πόλεις τε καταλαβὼν ἔτυχεν ὅσαι Με-
διολάνου ἄγχιστα οὖσαι ὀχυρώματα εἶχον,
Βέργομόν τε καὶ Κῶμον καὶ Νοβαρίας καὶ ἄλλα
ἄττα πολίσματα, καὶ φρουρὰς πανταχόθι λόγου
ἀξίας καταστησάμενος, αὐτὸς δὲ τριακοσίους
μάλιστα ἔχων ἐν Μεδιολάνῳ ἔμεινε, καὶ ξὺν
41 αὐτῷ Ἔννης τε καὶ Παῦλος. ὥστε ἀνάγκῃ οἱ
τῆς πόλεως οἰκήτορες ἐκ περιτροπῆς ἀεὶ τὴν
φυλακὴν εἶχον. τὰ μὲν οὖν ἐν Λιγούροις ἐφέρετο
τῇδε καὶ ὁ χειμὼν ἔληγε, καὶ τρίτον ἔτος ἐτελεύτα
τῷ πολέμῳ τῷδε ὃν Προκόπιος ξυνέγραψε.

XIII

Βελισάριος δὲ ἀμφὶ θερινὰς τροπὰς ἐπί τε
Οὐίττιγιν καὶ τὸ Γότθων στρατόπεδον ᾔει, ὀλί-
γους μέν τινας φρουρᾶς ἕνεκα ἐν Ῥώμῃ ἀπολιπών,
τοὺς δὲ ἄλλους ξὺν αὐτῷ ἅπαντας ἐπαγόμενος.
2 πέμψας τέ τινας ἐς Τουδέραν τε καὶ Κλούσιον
χαρακώματα ἐπήγγειλε ποιεῖσθαι, οἷς δὴ ἔψεσθαί
τε ἔμελλε καὶ ξυμπολιορκήσειν τοὺς τῇδε βαρ-
3 βάρους. οἱ δέ, ἐπεὶ προσιόντα τὸν στρατὸν
ἔμαθον, οὐχ ὑποστάντες τὸν κίνδυνον πρέσβεις
τε παρὰ Βελισάριον ἔπεμψαν καὶ παραδώσειν
ὁμολογίᾳ σφᾶς τε αὐτοὺς καὶ πόλιν ἑκατέραν
ὑπέσχοντο, ἐφ' ᾧ κακῶν ἀπαθεῖς μείνωσι. παρα-
γενομένῳ τέ οἱ ἐπιτελῆ τὴν ὑπόσχεσιν ἐποιήσαντο.

when the Romans were least expecting them. At any rate the Romans, through this action, found it impossible to bring in any kind of provisions, but they were immediately in distress for want of necessities. Indeed, even the guarding of the walls was not being maintained by the regular soldiers, for it so happened that Mundilas had occupied all the cities near Milan which had defences, namely Bergomum, Comum, and Novaria,[1] as well as some other strongholds, and in every place had established a considerable garrison, while he himself with about three hundred men remained in Milan, and with him Ennes and Paulus. Consequently and of necessity the inhabitants of the city were regularly keeping guard in turn. Such was the progress of events in Liguria, and the winter drew to its close, and the third year came to an end in this war, the history of which Procopius has written.

XIII

And Belisarius at about the time of the summer solstice marched against Vittigis and the Gothic army, leaving a few men to act as a garrison in Rome, but taking all the others with him. And he sent some men to Tudera and Clusium, with orders to make fortified camps there, and he was intending to follow them and assist in besieging the barbarians at those places. But when the barbarians learned that the army was approaching, they did not wait to face the danger, but sent envoys to Belisarius, promising to surrender both themselves and the two cities, with the condition that they should remain free from harm. And when he came there, they fulfilled their

[1] Modern Bergamo, Como, and Novara.

4 ὁ δὲ Γότθους μὲν ἅπαντας ἐνθένδε ἀναστήσας
ἐπὶ Σικελίας τε καὶ Νεαπόλεως ἔπεμψεν, ἐν δὲ
Κλουσίῳ καὶ Τουδέρᾳ φρουρὰν καταστησάμενος
πρόσω ἦγε τὸ στράτευμα.

5 Ἐν τούτῳ δὲ Οὐίττιγις στρατιὰν ἄλλην καὶ
ἄρχοντα Οὐάκιμον ἐς Αὔξιμον πέμψας τοῖς ἐκείνῃ
Γότθοις ἐκέλευεν ἀναμίγνυσθαι, καὶ ξὺν αὐτοῖς
ἐπὶ τοὺς ἐν Ἀγκῶνι πολεμίους ἰόντας ἀποπει-

6 ράσασθαι τοῦ ταύτῃ φρουρίου. ὁ δὲ Ἀγκὼν
οὗτος πέτρα τίς ἐστιν ἐγγώνιος, ἀφ' οὗ καὶ τὴν
προσηγορίαν εἴληφε ταύτην· ἀγκῶνι γὰρ ἐπὶ

7 πλεῖστον ἐμφερής ἐστιν. ἀπέχει δὲ σταδίους
ὀγδοήκοντα πόλεως μάλιστα Αὐξίμου, ἧς δή ἐστιν
ἐπίνειον. καὶ τὸ μὲν τοῦ φρουρίου ὀχύρωμα ἐπὶ
πέτρας τῆς ἐγγωνίου ἐν ἀσφαλεῖ κεῖται, τὰ δὲ
ἐκτὸς ἅπαντα οἰκοδομήματα, καίπερ ὄντα πολλά,

8 ἐκ παλαιοῦ ἀτείχιστα ἦν. Κόνων δέ, ὃς τῇ τοῦ
χωρίου φυλακῇ ἐφειστήκει, ἐπειδὴ τάχιστα τοὺς
ἀμφὶ τὸν Οὐάκιμον ἤκουσεν ἐπιέναι τε καὶ ἤδη
που οὐκ ἄποθεν εἶναι, ἐπίδειξιν πεποίηται ἀλο-

9 γίστου γνώμης. παρὰ φαῦλον γὰρ ἡγησάμενος
τό τε φρούριον καὶ τοὺς τοῦ φρουρίου οἰκήτορας
ξὺν τοῖς στρατιώταις κακῶν ἀπαθεῖς διασώσα-
σθαι, τὸ μὲν ὀχύρωμα εἴασε παντάπασι στρατιω-
τῶν ἔρημον, ἅπαντας δὲ ἀπαγαγὼν ὅσον ἀπὸ
σταδίων πέντε ὡς ἐς παράταξιν διεκόσμησεν, οὐ
βαθεῖάν τινα τὴν φάλαγγα ποιησάμενος, ἀλλ'
ὥστε τὴν ὑπώρειαν ὅλην ὥσπερ ἐς κυνηγέσιον

10 περιβάλλεσθαι. οἵπερ ἐπειδὴ τοὺς πολεμίους
πλήθει πολλῷ ὑπεραίροντας εἶδον, στρέψαντες

11 τὰ νῶτα ἐπὶ τὸ φρούριον εὐθὺς ἔφυγον. ἐπιδιώ-
ξαντές τε οἱ βάρβαροι πλείστους μὲν αὐτῶν, ὅσοι

promise. And Belisarius removed all the Goths from these towns and sent them to Sicily and Naples, and after establishing a garrison in Clusium and in Tudera, he led his army forward.

But meanwhile Vittigis had sent another army, under command of Vacimus, to Auximus, commanding it to join forces with the Goths there, and with them to go against the enemy in Ancon and make an attempt upon that fortress. Now this Ancon is a sort of pointed rock, and indeed it is from this circumstance that it has taken its name; for it is exceedingly like an "elbow." And it is about eighty stades distant from the city of Auximus, whose port it is. And the defences of the fortress lie upon the pointed rock in a position of security, but all the buildings outside, though they are many, have been from ancient times unprotected by a wall. Now as soon as Conon, who was in command of the garrison of the place, heard that the forces of Vacimus were coming against him and were already not far away, he made an exhibition of thoughtless folly. For thinking it too small a thing to preserve free from harm merely the fortress and its inhabitants together with the soldiers, he left the fortifications entirely destitute of soldiers, and leading them all out to a distance of about five stades, arrayed them in line of battle, without, however, making the phalanx a deep one at all, but thin enough to surround the entire base of the mountain, as if for a hunt. But when these troops saw that the enemy were greatly superior to them in number, they turned their backs and straightway fled to the fortress. And the barbarians, following close upon them, slew on the spot

οὐκ ἔφθασαν ἐντὸς τοῦ περιβόλου εἰσιέναι,[1] αὐτοῦ
ἔκτειναν, κλίμακας δὲ τῷ τείχει ἐρείσαντες, τῆς
ἀνόδου ἀπεπειράσαντο. τινὲς δὲ τὰ ἐκτὸς τοῦ
12 φρουρίου οἰκία ἔκαιον. Ῥωμαῖοι δὲ οἳ καὶ πρό-
τερον τὸ φρούριον ᾤκουν, τοῖς παροῦσιν ἐκπε-
πληγμένοι, προανακλίναντες τὴν πυλίδα, κόσμῳ
13 οὐδενὶ φεύγοντας τοὺς στρατιώτας ἐδέχοντο. ἐπεὶ
δὲ τοὺς βαρβάρους ἄγχιστα ἐγκειμένους τοῖς
φεύγουσιν εἶδον, ὅπως μὴ συνεισβάλλωσι δείσαν-
τες, τὰς μὲν πύλας κατὰ τάχος ἐπέθεντο, ἐκ δὲ
τῶν ἐπάλξεων βρόχους καθέντες, ἄλλους τέ τινας
14 καὶ Κόνωνα αὐτὸν ἀνέλκοντες διεσώσαντο. ταῖς
μέντοι κλίμαξιν ἀνιόντες οἱ βάρβαροι παρ' ὀλίγον
ἦλθον τὸ φρούριον κατὰ κράτος ἑλεῖν, εἰ μὴ
ἄνδρες δύο, ἔργα θαυμάσια ἐνδεικνύμενοι, ἤδη
αὐτοὺς τοὺς ἐν ταῖς ἐπάλξεσι γενομένους ἀρετῇ
ὤσαντο, ὧν ὁ μὲν Βελισαρίου δορυφόρος ἦν ἐκ
Θρᾴκης, Οὐλιμοὺθ ὄνομα, ὁ δὲ Βαλεριανοῦ, Γου-
15 βουλγουδοῦ, Μασσαγέτης γένος. τούτω γὰρ τὼ
ἄνδρε τύχῃ μέν τινι καταπεπλευκότε ὀλίγῳ πρό-
τερον ἐς τὸν Ἀγκῶνα ἐτυχέτην· ἐν δὲ τῷ πόνῳ
τούτῳ τοὺς ἀνιόντας τοῖς ξίφεσιν ἀμυνόμενοι τὸ
μὲν φρούριον παρὰ δόξαν ἔσωσαν, αὐτοὶ δὲ ἡμι-
θνῆτες καὶ τὸ σῶμα κρεουργηθέντες ὅλον ἐνθένδε
ἀπεκομίσθησαν.
16 Τότε Βελισαρίῳ Ναρσῆς ξὺν πολλῇ στρατιᾷ
ἐκ Βυζαντίου ἥκειν καὶ ἐν Πικηνοῖς εἶναι ἠγγέλ-
λετο. ὁ δὲ Ναρσῆς οὗτος εὐνοῦχος μὲν ἦν καὶ

---

[1] εἰσιέναι K : γενέσθαι L.

most of their number—those who did not succeed in getting inside the circuit-wall in time—and then placed ladders against the wall and attempted the ascent. Some also began burning the houses outside the fortress. And the Romans who resided habitually in the fortress, being terror-stricken at what was taking place, at first opened the small gate and received the soldiers as they fled in complete disorder. But when they saw the barbarians close at hand and pressing upon the fugitives, fearing that they would charge in with them, they closed the gates as quickly as they could, and letting down ropes from the battlement, saved a number by drawing them up, and among them Conon himself. But the barbarians scaled the wall by means of their ladders and came within a little of capturing the fortress by storm, and would have succeeded if two men had not made a display of remarkable deeds by valorously pushing off the battlements those who had already got upon the wall; one of these two was a bodyguard of Belisarius, a Thracian named Ulimuth, and the other a bodyguard of Valerian, named Gouboulgoudou, a Massagete by birth. These two men had happened by some chance to come by ship to Ancon a little before; and in this struggle, by warding off with their swords those who were scaling the wall, they saved the fortress contrary to expectation, but they themselves were carried from the battlement half dead, their whole bodies hacked with many wounds.

At that time it was reported to Belisarius that Narses had come with a great army from Byzantium and was in Picenum. Now this Narses[1] was a eunuch

---

[1] He was an Armenian of Persia; see Book I. **xv.** 31.

τῶν βασιλικῶν χρημάτων ταμίας, ἄλλως δὲ ὀξὺς
17 καὶ μᾶλλον ἢ κατ᾽ εὐνοῦχον δραστήριος. στρα-
τιῶται δὲ αὐτῷ πεντακισχίλιοι εἵποντο, ὧν ἄλλοι
τε κατὰ συμμορίας ἡγοῦντο καὶ Ἰουστῖνος ὁ τῶν
Ἰλλυριῶν στρατηγὸς καὶ Ναρσῆς ἕτερος, ἐξ Ἀρ-
μενίων τῶν Πέρσαις κατηκόων αὐτόμολος ἐς τὰ
Ῥωμαίων ἤθη πρότερον ξὺν Ἀρατίῳ τἀδελφῷ[1]
ἧκων, ὃς ὀλίγῳ ἔμπροσθεν ξὺν ἑτέρῳ στρατῷ
18 παρὰ Βελισάριον ἐλθὼν ἔτυχεν. εἵποντο δέ οἱ
καὶ τοῦ Ἐρούλων ἔθνους δισχίλιοι μάλιστα, ὧν
Οὐίσανδός τε καὶ Ἀλουὶθ καὶ Φανίθεος ἦρχον.

XIV

Οἵτινες δὲ ἀνθρώπων εἰσὶν Ἔρουλοι καὶ ὅθεν
Ῥωμαίοις ἐς ξυμμαχίαν κατέστησαν ἐρῶν ἔρχο-
μαι. ὑπὲρ μὲν Ἴστρον ποταμὸν ἐκ παλαιοῦ
ᾤκουν πολύν τινα νομίζοντες θεῶν ὅμιλον, οὓς δὴ
καὶ ἀνθρώπων θυσίαις ἱλάσκεσθαι ὅσιον αὐτοῖς
2 ἐδόκει εἶναι. νόμοις δὲ πολλοῖς οὐ κατὰ ταὐτὰ
τοῖς ἀνθρώπων ἑτέροις ἐχρῶντο. οὔτε γὰρ γηρά-
σκουσιν οὔτε νοσοῦσιν αὐτοῖς βιοτεύειν ἐξῆν, ἀλλ᾽
ἐπειδάν τις αὐτῶν ἢ γήρᾳ ἢ νόσῳ ἁλῷ, ἐπάναγκές
οἱ ἐγίνετο τοὺς ξυγγενεῖς αἰτεῖσθαι ὅτι τάχιστα
3 ἐξ ἀνθρώπων αὐτὸν ἀφανίζειν. οἱ δὲ ξύλα πολλὰ
ἐς μέγα τι ὕψος ξυννήσαντες καθίσαντές τε τὸν
ἄνθρωπον ἐν τῇ τῶν ξύλων ὑπερβολῇ, τῶν τινα
Ἐρούλων, ἀλλότριον μέντοι, ξὺν ξιφιδίῳ παρ᾽

---

[1] τἀδελφῷ L: om. K.

and guardian of the royal treasures, but for the rest keen and more energetic than would be expected of a eunuch. And five thousand soldiers followed him, of whom the several detachments were commanded by different men, among whom were Justinus, the general of Illyricum, and another Narses, who had previously come to the land of the Romans as a deserter from the Armenians who are subject to the Persians; with him had come his brother Aratius,[1] who, as it happened, had joined Belisarius a little before this with another army. And about two thousand of the Erulian nation also followed him, commanded by Visandus and Aluith and Phanitheus.

XIV

Now as to who in the world the Eruli are, and how they entered into alliance with the Romans, I shall forthwith explain.[2] They used to dwell beyond the Ister[3] River from of old, worshipping a great host of gods, whom it seemed to them holy to appease even by human sacrifices. And they observed many customs which were not in accord with those of other men. For they were not permitted to live either when they grew old or when they fell sick, but as soon as one of them was overtaken by old age or by sickness, it became necessary for him to ask his relatives to remove him from the world as quickly as possible. And these relatives would pile up a quantity of wood to a great height and lay the man on top of the wood, and then they would send one of the Eruli, but not a relative of the man, to his side

[1] Book I. xv. 31. [2] Cf. Book IV. iv. 30.
[3] Modern Danube.

4 αὐτὸν ἔπεμπον· ξυγγενῆ γὰρ αὐτῷ τὸν φονέα
εἶναι οὐ θέμις. ἐπειδὰν δὲ αὐτοῖς ὁ τοῦ ξυγγε-
νοῦς φονεὺς ἐπανῄει, ξύμπαντα ἔκαιον αὐτίκα τὰ
5 ξύλα, ἐκ τῶν ἐσχάτων ἀρξάμενοι. παυσαμένης
τε αὐτοῖς τῆς φλογὸς ξυλλέξαντες τὰ ὀστᾶ ἐν τῷ
6 παραυτίκα¹ τῇ γῇ ἔκρυπτον. Ἐρούλου δὲ ἀνδρὸς
τελευτήσαντος ἐπάναγκες τῇ γυναικὶ ἀρετῆς τε
μεταποιουμένῃ καὶ κλέος αὑτῇ ἐθελούσῃ λείπε-
σθαι βρόχον ἀναψαμένῃ παρὰ τὸν τοῦ ἀνδρὸς
7 τάφου οὐκ εἰς μακρὰν θνήσκειν. οὐ ποιούσῃ τε
ταῦτα περιειστήκει τὸ λοιπὸν ἀδόξῳ τε εἶναι
καὶ τοῖς τοῦ ἀνδρὸς συγγενέσι προσκεκρουκέναι.
τοιούτοις μὲν ἐχρῶντο Ἔρουλοι τὸ παλαιὸν νόμοις.

8   Προϊόντος δὲ χρόνου δυνάμει τε καὶ πολυαν-
θρωπίᾳ τῶν περιοίκων βαρβάρων ἁπάντων καθ-
υπέρτεροι γεγενημένοι, ἐπιόντες τε, ὡς τὸ εἰκός,
9 ἑκάστους ἐνίκων καὶ βιαζόμενοι ἐληΐζοντο. καὶ
τελευτῶντες Λαγγοβάρδας τε Χριστιανοὺς ὄντας
καὶ ἄλλα ἄττα ἔθνη ὑπήκοα σφίσιν ἐς ἀπαγωγὴν
φόρου πεποίηνται, οὐκ εἰθισμένον τὸ πρᾶγμα
τοῦτο τοῖς ἐκείνῃ βαρβάροις, ὑπὸ δὲ φιλοχρημα-
10 τίας τε καὶ ἀλαζονείας ἐνταῦθα ἠγμένοι. ἡνίκα
μέντοι Ἀναστάσιος Ῥωμαίων τὴν βασιλείαν παρ-
έλαβεν, οὐκ ἔχοντες Ἔρουλοι ἐφ' οὕστινας ἀν-
θρώπους τὸ λοιπὸν ἔλθοιεν, καταθέμενοι τὰ ὅπλα
ἡσυχῇ ἔμενον, χρόνος τε αὐτοῖς ἐνιαυτῶν τριῶν ἐν
11 ταύτῃ δὴ τῇ εἰρήνῃ ἐτρίβη. καὶ αὐτοὶ ἐς ἄγαν
ἀχθόμενοι Ῥοδοῦλφον ἀνέδην σφῶν τὸν ἡγεμόνα
ἐκάκιζον, φοιτῶντές τε ἀεὶ παρ' αὐτὸν μαλθακόν
τε καὶ γυναικώδη² ἐκάλουν, ἄλλοις τέ τισιν

¹ ἐν τῷ παραυτίκα Krašeninnikov : om. K, τῷ παραυτίκα L.
² γυναικώδη L : γυναῖκα K.

with a dagger; for it was not lawful for a kinsman to be his slayer. And when the slayer of their relative had returned, they would straightway burn the whole pile of wood, beginning at the edges. And after the fire had ceased, they would immediately collect the bones and bury them in the earth. And when a man of the Eruli died, it was necessary for his wife, if she laid claim to virtue and wished to leave a fair name behind her, to die not long afterward beside the tomb of her husband by hanging herself with a rope. And if she did not do this, the result was that she was in ill repute thereafter and an offence to the relatives of her husband. Such were the customs observed by the Eruli in ancient times.

But as time went on they became superior to all the barbarians who dwelt about them both in power and in numbers, and, as was natural, they attacked and vanquished them severally and kept plundering their possessions by force. And finally they made the Lombards, who were Christians, together with several other nations, subject and tributary to themselves, though the barbarians of that region were not accustomed to that sort of thing; but the Eruli were led to take this course by love of money and a lawless spirit. When, however, Anastasius took over the 491 A.D. Roman empire, the Eruli, having no longer anyone in the world whom they could assail, laid down their arms and remained quiet, and they observed peace in this way for a space of three years. But the people themselves, being exceedingly vexed, began to abuse their leader Rodolphus without restraint, and going to him constantly they called him cowardly and effeminate, and railed at him in a

αὐτὸν ἐρεσχελοῦντες ὀνόμασι κόσμῳ οὐδενὶ ἐλοι-
12 δοροῦντο. Ῥοδοῦλφός τε τὴν ὕβριν ὡς ἥκιστα
φέρων ἐπὶ Λαγγοβάρδας οὐδὲν ἀδικοῦντας ἐστρά-
τευσεν, οὔτε τινὰ σφίσιν ἁμαρτάδα ἐπενεγκὼν
οὔτε λύσιν τινὰ τῶν ξυγκειμένων σκηψάμενος,[1]
13 ἀλλὰ πόλεμον ἐπιφέρων αἰτίαν οὐκ ἔχοντα. ὅπερ
ἐπειδὴ Λαγγοβάρδαι ἀκοῇ ἔλαβον, πέμψαντες
παρὰ τὸν Ῥοδοῦλφον ἀνεπυνθάνοντο καὶ τὴν
αἰτίαν ἠξίουν εἰπεῖν ἧς δὴ ἕνεκα Ἔρουλοι ἐν
ὅπλοις ἐπ᾽ αὐτοὺς ἴοιεν, ὁμολογοῦντες, εἰ μέν τι
ἀπεστερήκασι τοῦ φόρου,[2] ἀλλ᾽ αὐτίκα μάλα ξὺν
μεγάλῳ αὐτὸ ἀποτίσειν· εἰ δὲ μέμφονται μέτριον
σφίσι τετάχθαι τὸν φόρον, ἀλλὰ μείζω ποιήσειν
αὐτὸν οὐ μήποτε Λαγγοβάρδαι ὀκνηροὶ ἔσονται.
14 ταῦτα μὲν τοὺς πρέσβεις προτεινομένους ξὺν
ἀπειλῇ ὁ Ῥοδοῦλφος ἀποπεμψάμενος πρόσω
ἤλαυνεν. οἱ δὲ καὶ αὖθις πρέσβεις ἑτέρους πρὸς
αὐτὸν στείλαντες περὶ τῶν αὐτῶν πολλὰ λιπα-
15 ροῦντες ἱκέτευον. οὕτω δὲ καὶ τῶν δευτέρων
ἀπαλλαγέντων τρίτοι πρέσβεις παρ᾽ αὐτὸν ἥκον-
τες ἀπεῖπον[3] Ἐρούλους πόλεμον ἀπροφάσιστον
16 μηδαμῶς σφίσιν ἐπενεγκεῖν. ἢν γὰρ ἐκεῖνοι γνώμῃ
τοιαύτῃ ἐπ᾽ αὐτοὺς ἴωσι, καὶ αὐτοὶ οὐχ ἑκούσιοι,
ἀλλ᾽ ὡς μάλιστα ἠναγκασμένοι, ἀντιτάξονται
τοῖς ἐπιοῦσι, μαρτυράμενοι τὸν θεόν, οὗπερ τῆς
ῥοπῆς καὶ βραχεῖά τις τὸ παράπαν ἱκμὰς πάσῃ
τῇ ἀνθρώπων δυνάμει ἀντίξους ἔσται· αὐτόν τε
εἰκὸς ταῖς τοῦ πολέμου αἰτίαις ἠγμένον ἀμφοτέ-
17 ροις πρυτανεῦσαι τῆς μάχης τὸ πέρας. οἱ μὲν
ταῦτα εἶπον, δεδίσσεσθαι ταύτῃ τοὺς ἐπιόντας

---

[1] σκηψάμενος K : σκεψάμενος L.
[2] τοῦ φόρου K : τῆς εἰσφορᾶς L.
[3] ἀπεῖπον Kraŝeninnikov : ἀπειπεῖν K, ἐπείπουν L.

most unruly manner, taunting him with certain
other names besides. And Rodolphus, being quite
unable to bear the insult, marched against the Lom-
bards, who were doing no wrong, without charging
against them any fault or alleging any violation of
their agreement, but bringing upon them a war
which had no real cause. And when the Lombards
got word of this, they sent to Rodolphus and made
enquiry and demanded that he should state the
charge on account of which the Eruli were coming
against them in arms, agreeing that if they had de-
prived the Eruli of any of the tribute, then they
would instantly pay it with large interest; and if
their grievance was that only a moderate tribute had
been imposed upon them, then the Lombards would
never be reluctant to make it greater. Such were
the offers which the envoys made, but Rodolphus
with a threat sent them away and marched forward.
And they again sent other envoys to him on the same
mission and supplicated him with many entreaties.
And when the second envoys had fared in the same
way, a third embassy came to him and forbade the
Eruli on any account to bring upon them a war with-
out excuse. For if they should come against them
with such a purpose, they too, not willingly, but
under the direst necessity, would array themselves
against their assailants, calling upon God as their
witness, the slightest breath of whose favour, turning
the scales, would be a match for all the strength of
men; and He, in all likelihood, would be moved by
the causes of the war and would determine the issue
of the fight for both sides accordingly. So they
spoke, thinking in this way to terrify their assailants,

οἰόμενοι, Ἔρουλοι δέ, ὑποστειλάμενοι τῶν πάντων
οὐδέν, Λαγγοβάρδαις ἔγνωσαν ἐς χεῖρας ἰέναι.

18 ἡνίκα δὲ ἀμφότεροι ἄγχιστά πη ἀλλήλων ἐγέ-
νοντο, τὸν μὲν ὕπερθεν Λαγγοβαρδῶν ἀέρα ξυνέ-
βαινε μελαίνῃ τινὶ νεφέλῃ καὶ ἐς ἄγαν παχείᾳ
καλύπτεσθαι, ὑπὲρ δὲ τοὺς Ἐρούλους αἰθρίαν

19 ὑπερφυῶς εἶναι. οἷς δὴ τεκμηριούμενος εἴκασεν
ἄν τις ἐπὶ τῷ σφῶν πονηρῷ ἐς τὴν ξυμβολὴν
Ἐρούλους ἰέναι· οὐ γάρ τι τούτου πικρότερον
βαρβάροις τέρας εἰς μάχην καθισταμένοις οἷόν τε

20 εἶναι. οὐ μέντοι οὐδὲ τούτῳ Ἔρουλοι προσεῖχον
τὸν νοῦν, ἀλλὰ παντάπασιν ἀφροντιστήσαντες
πολλῷ τῷ καταφρονήματι ἐπὶ τοὺς πολεμίους
ἐχώρουν, πλήθει ὁμίλου τὸ τοῦ πολέμου σταθμώ-

21 μενοι πέρας. ἐπεὶ δὲ ἡ μάχη ἐν χερσὶ γέγονε,
θνήσκουσι μὲν τῶν Ἐρούλων πολλοί, θνήσκει δὲ
καὶ Ῥοδοῦλφος αὐτός, οἵ τε ἄλλοι πάντες φεύ-
γουσιν ἀνὰ κράτος, οὐδεμιᾶς ἀλκῆς μεμνημένοι.

22 καὶ τῶν πολεμίων σφίσιν ἐπισπομένων οἱ μὲν
πλεῖστοι αὐτοῦ ἔπεσον, ὀλίγοι δέ τινες διεσώ-
θησαν.

23 Διὸ δὴ ἐνδιατρίβειν ἤθεσι τοῖς πατρῴοις οὐκέτι
εἶχον, ἀλλ' ἐνθένδε ὅτι τάχιστα ἐξαναστάντες
ἐπίπροσθεν ἀεὶ ἐχώρουν, τὴν γῆν ξύμπασαν ἣ
ἐκτὸς[1] Ἴστρου ποταμοῦ ἐστι ξύν τε παισὶ καὶ

24 γυναιξὶ περιόντες. ἐπεὶ δὲ ἀφίκοντο ἐς χώραν
οὗ δὴ Ῥογοὶ τὸ παλαιὸν ᾤκηντο, οἳ τῷ Γότθων
στρατῷ ἀναμιχθέντες ἐς Ἰταλίαν ἐχώρησαν, ἐν-

25 ταῦθα ἱδρύσαντο. ἀλλ' ἐπεὶ τῷ λιμῷ ἐπιέζοντο
ἅτε ἐν χώρᾳ ἐρήμῳ ἐνθένδε οὐ πολλῷ ὕστερον
ἐξαναστάντες, ἄγχιστά που τῆς Γηπαίδων χώρας

---

[1] ἐκτὸς Maltretus : ἐν τοῖς K, ἐντὸς L.

but the Eruli, shrinking from nothing whatever, decided to meet the Lombards in battle. And when the two armies came close to one another, it so happened that the sky above the Lombards was obscured by a sort of cloud, black and very thick, but above the Eruli it was exceedingly clear. And judging by this one would have supposed that the Eruli were entering the conflict to their own harm; for there can be no more forbidding portent than this for barbarians as they go into battle. However, the Eruli gave no heed even to this, but in absolute disregard of it they advanced against their enemy with utter contempt, estimating the outcome of war by mere superiority of numbers. But when the battle came to close quarters, many of the Eruli perished and Rodolphus himself also perished, and the rest fled at full speed, forgetting all their courage. And since their enemy followed them up, the most of them fell on the field of battle and only a few succeeded in saving themselves.

For this reason the Eruli were no longer able to tarry in their ancestral homes, but departing from there as quickly as possible they kept moving forward, traversing the whole country which is beyond the Ister River, together with their wives and children. But when they reached a land where the Rogi dwelt of old, a people who had joined the Gothic host and gone to Italy, they settled in that place. But since they were pressed by famine, because they were in a barren land, they removed from there not long afterward, and came to a place close to the country of the

PROCOPIUS OF CAESAREA

26 ἀφίκοντο. καὶ αὐτοὺς Γήπαιδες τὰ μὲν πρῶτα
ἱκέτας γενομένους ἐνοικίζεσθαί τε καὶ προσοίκους
27 σφίσι ξυνεχώρουν εἶναι. ἔπειτα δὲ ἤρξαντο ἐξ
αἰτίας οὐδεμιᾶς ἀνόσια ἔργα ἐς αὐτοὺς ἐνδείκνυ-
σθαι. γυναῖκάς τε γὰρ ἐβιάζοντο καὶ βοῦς τε καὶ
ἄλλα χρήματα ἥρπαζον, καὶ ἀδικίας οὐδ᾽ ὁτιοῦν
ὑπελείποντο, καὶ τελευτῶντες ἀδίκων χειρῶν ἐς
28 αὐτοὺς ἦρχον. ἅπερ Ἔρουλοι φέρειν τὸ λοιπὸν
οὐχ οἷοί τε ὄντες Ἴστρον τε ποταμὸν διαβαίνουσι
καὶ τοῖς ἐκείνῃ Ῥωμαίοις προσοικεῖν ἔγνωσαν,
Ἀναστασίου τὴν αὐτοκράτορα¹ ἀρχὴν ἔχοντος,
ὅσπερ αὐτοὺς πολλῇ φιλοφροσύνῃ δεξάμενος
29 ἱδρύεσθαι αὐτοῦ εἴασε. χρόνῳ δὲ οὐ πολλῷ
ὕστερον προσκεκρούκασιν αὐτῷ οἱ βάρβαροι
οὗτοι, ἀνόσια ἔργα ἐργασάμενοι τοὺς ταύτῃ Ῥω-
μαίους· διὸ δὴ στράτευμα ἐπ᾽ αὐτοὺς ἔπεμψε.
30 νικήσαντες δὲ τῇ μάχῃ Ῥωμαῖοι πλείστους μὲν
ἔκτειναν, ἐν ἐξουσίᾳ δὲ πολλῇ ξύμπαντας δια-
31 φθεῖραι γεγόνασιν. ἀλλ᾽ εἰς ἱκετείαν τῶν στρα-
τηγῶν οἱ κατάλοιποι αὐτῶν γεγονότες ἐδέοντο
διασώσασθαί τε αὐτοὺς καὶ ξυμμάχους τε καὶ
32 βασιλέως ὑπηρέτας τὸ λοιπὸν ἔχειν. ταῦτά τε
μαθόντα τὸν Ἀναστάσιον ἤρεσκε, καὶ ἀπ᾽ αὐτοῦ
λειφθῆναι μέν τισιν Ἐρούλων ξυνέβη, οὐ μέντοι
οὔτε ξύμμαχοι Ῥωμαίοις γεγένηνται οὔτε τι εἰρ-
γάσαντο αὐτοὺς ἀγαθόν.
33 Ἐπεὶ δὲ Ἰουστινιανὸς τὴν βασιλείαν παρέλαβε,
χώρᾳ τε ἀγαθῇ καὶ ἄλλοις χρήμασιν αὐτοὺς
δωρησάμενος, ἑταιρίζεσθαί² τε παντελῶς ἴσχυσε
34 καὶ Χριστιανοὺς γενέσθαι ἅπαντας ἔπεισε. διό-

---

¹ αὐτοκράτορα L : αὐτοκράτορος K.
² ἑταιρίζεσθαι K : ἑταιρίαν λέγεσθαι L.

Gepaedes.[1] And at first the Gepaedes permitted
them to dwell there and be neighbours to them,
since they came as suppliants. But afterwards for no
good reason the Gepaedes began to practise unholy
deeds upon them. For they violated their women
and seized their cattle and other property, and ab-
stained from no wickedness whatever, and finally
began an unjust attack upon them. And the Eruli,
unable to bear all this any longer, crossed the Ister
River and decided to live as neighbours to the Romans
in that region; this was during the reign of the
Emperor Anastasius, who received them with great
friendliness and allowed them to settle where they
were. But a short time afterwards these barbarians
gave him offence by their lawless treatment of the
Romans there, and for this reason he sent an army
against them. And the Romans, after defeating
them in battle, slew most of their number, and
had ample opportunity to destroy them all. But the
remainder of them threw themselves upon the mercy
of the generals and begged them to spare their lives
and to have them as allies and servants of the em-
peror thereafter. And when Anastasius learned this,
he was pleased, and consequently a number of the
Eruli were left; however, they neither became allies
of the Romans, nor did they do them any good.

But when Justinian took over the empire, he 527 A.D.
bestowed upon them good lands and other possess-
ions, and thus completely succeeded in winning
their friendship and persuaded them all to become

[1] Cf. Book III. ii. 2-6, VII. xxiv. 10.

περ τὴν δίαιταν ἐπὶ τὸ ἡμερώτερον μεταβαλόντες
τοῖς Χριστιανῶν νόμοις ἐπὶ πλεῖστον προσχωρεῖν
ἔγνωσαν, καὶ Ῥωμαίοις κατὰ τὸ ξυμμαχικὸν τὰ
35 πολλὰ ἐπὶ τοὺς πολεμίους ξυντάσσονται. ἔτι
μέντοι αὐτοῖς εἰσιν ἄπιστοι καὶ πλεονεξίᾳ ἐχό-
μενοι βιάζεσθαι τοὺς πέλας ἐν σπουδῇ ἔχουσιν,
36 οὐ φέροντος αὐτοῖς αἰσχύνην τοῦ ἔργου. καὶ
μίξεις οὐχ ὁσίας τελοῦσιν, ἄλλας τε καὶ ἀνδρῶν
καὶ ὄνων, καί εἰσι πονηρότατοι ἀνθρώπων ἁπάν-
των καὶ κακοὶ κακῶς ἀπολούμενοι.
37   Ὕστερον δὲ αὐτῶν ὀλίγοι μέν τινες ἔνσπονδοι
Ῥωμαίοις διέμειναν, ὥσπερ μοι ἐν τοῖς ὄπισθεν[1]
λόγοις γεγράψεται· οἱ δὲ λοιποὶ ἄπαντες ἀπέστη-
38 σαν ἐξ αἰτίας τοιᾶσδε. Ἔρουλοι τὸ τοῦ τρό-
που θηριῶδές τε καὶ μανιῶδες ἐνδειξάμενοι ἐς τὸν
αὐτῶν ῥῆγα (ἦν δὲ οὗτος ἀνὴρ Ὄχος ὄνομα),
ἐξαπιναίως τὸν ἄνθρωπον ἀπ’ οὐδεμιᾶς αἰτίας
ἔκτειναν, ἄλλο οὐδὲν ἐπενεγκόντες ἢ ὅτι ἀβασί-
39 λευτοι τὸ λοιπὸν βούλονται εἶναι. καίτοι καὶ
πρότερον ὄνομα μὲν αὐτοῖς ὁ βασιλεὺς εἶχεν,
ἰδιώτου δὲ ὁτουοῦν οὐδέν τι σχεδὸν ἐφέρετο πλέον.
40 ἀλλὰ καὶ ξυγκαθῆσθαι αὐτῷ ἄπαντες καὶ ξύσσι-
τοι εἶναι ἠξίουν, καὶ ἀνέδην ὅστις βούλοιτο ἐς
41 αὐτὸν ὕβριζεν· ἀσυνθετώτεροι γὰρ ἢ ἀσταθμη-
τότεροι Ἐρούλων εἰσὶν ἀνθρώπων οὐδένες. τοῦ
δὲ κακοῦ σφίσιν ἐξειργασμένου μετέμελεν ἤδη.
42 ἔφασκον γὰρ ἄναρχοί τε καὶ ἀστρατήγητοι βιο-
τεύειν οὐχ οἷοί τε εἶναι· πολλὰ γοῦν σφίσι βου-
λευσαμένοις ἄμεινον τῷ παντὶ ἔδοξεν εἶναι τῶν
τινα γένους τοῦ βασιλείου μεταπέμψασθαι ἐκ
Θούλης τῆς νήσου. ὅ τι δὲ τοῦτό ἐστιν αὐτίκα
δηλώσω.

[1] ὄπισθεν Haury : ἔμπροσθεν MSS.

Christians. As a result of this they adopted a gentler manner of life and decided to submit themselves wholly to the laws of the Christians, and in keeping with the terms of their alliance they are generally arrayed with the Romans against their enemies. They are still, however, faithless toward them, and since they are given to avarice, they are eager to do violence to their neighbours, feeling no shame at such conduct. And they mate in an unholy manner, especially men with asses, and they are the basest of all men and utterly abandoned rascals.

Afterwards, although some few of them remained at peace with the Romans, as will be told by me in the following narrative,[1] all the rest revolted for the following reason. The Eruli, displaying their beastly and fanatical character against their own " rex," one Ochus by name, suddenly killed the man for no good reason at all, laying against him no other charge than that they wished to be without a king thereafter. And yet even before this, while their king did have the title, he had practically no advantage over any private citizen whomsoever. But all claimed the right to sit with him and eat with him, and whoever wished insulted him without restraint ; for no men in the world are less bound by convention or more unstable than the Eruli. Now when the evil deed had been accomplished, they were immediately repentant. For they said that they were not able to live without a ruler and without a general ; so after much deliberation it seemed to them best in every way to summon one of their royal family from the island of Thule. And the reason for this I shall now explain.

[1] Book VII. xxxiv. 42.

XV

Ἡνίκα Ἔρουλοι Λαγγοβαρδῶν ἡσσηθέντες τῇ
μάχῃ ἐξ ἠθῶν τῶν πατρίων ἀνέστησαν,[1] οἱ μὲν
αὐτῶν, ὥσπερ μοι ἔμπροσθεν δεδιήγηται, ᾠκή-
σαντο ἐς τὰ ἐν Ἰλλυριοῖς χωρία, οἱ δὲ δὴ ἄλλοι
Ἴστρον ποταμὸν διαβαίνειν οὐδαμῇ ἔγνωσαν,
ἀλλ' ἐς αὐτάς που τὰς ἐσχατιὰς τῆς οἰκουμένης
2 ἱδρύσαντο· οὗτοι γοῦν πολλῶν ἐκ τοῦ βασιλείου
αἵματος ἡγουμένων σφίσιν ἤμειψαν μὲν τὰ Σκλα-
βηνῶν ἔθνη ἐφεξῆς ἅπαντα, ἔρημον δὲ χώραν
διαβάντες ἐνθένδε πολλὴν[2] ἐς τοὺς Οὐάρνους
3 καλουμένους ἐχώρησαν. μεθ' οὓς δὴ καὶ Δανῶν
τὰ ἔθνη παρέδραμον οὐ βιαζομένων σφᾶς τῶν
4 τῇδε βαρβάρων. ἐνθένδε τε ἐς ὠκεανὸν ἀφικό-
μενοι ἐναυτίλλοντο, Θούλῃ τε προσχόντες τῇ
νήσῳ αὐτοῦ ἔμειναν.

Ἔστι δὲ ἡ Θούλη μεγίστη ἐς ἄγαν· Βρετ-
τανίας γὰρ αὐτὴν πλέον ἢ δεκαπλασίαν ξυμ-
5 βαίνει εἶναι. κεῖται δὲ αὐτῆς πολλῷ ἄποθεν
πρὸς βορρᾶν ἄνεμον. ἐν ταύτῃ τῇ νήσῳ γῆ
μὲν ἔρημος ἐκ τοῦ ἐπὶ πλεῖστον τυγχάνει οὖσα,
ἐν χώρᾳ δὲ τῇ οἰκουμένῃ ἔθνη τριακαίδεκα
πολυανθρωπότατα ἵδρυται· βασιλεῖς τέ εἰσι
6 κατὰ ἔθνος ἕκαστον. ἐνταῦθα γίνεταί τι ἀνὰ

---

[1] ἀνέστησαν Herwerden : ἀνεστήσαντο K, ἔστησαν L.
[2] πολλὴν L : πολλοὶ K.

---

[1] This has not been stated before by Procopius.
[2] Or Varini, a tribe living on the coast near the mouth of
the Rhine.
[3] A group of tribes inhabiting the Danish Peninsula.

XV

WHEN the Eruli, being defeated by the Lombards in the above-mentioned battle, migrated from their ancestral homes, some of them, as has been told by me above,[1] made their home in the country of Illyricum, but the rest were averse to crossing the Ister River, but settled at the very extremity of the world; at any rate, these men, led by many of the royal blood, traversed all the nations of the Sclaveni one after the other, and after next crossing a large tract of barren country, they came to the Varni,[2] as they are called. After these they passed by the nations of the Dani,[3] without suffering violence at the hands of the barbarians there. Coming thence to the ocean, they took to the sea, and putting in at Thule,[4] remained there on the island.

Now Thule is exceedingly large; for it is more than ten times greater than Britain. And it lies far distant from it toward the north. On this island the land is for the most part barren, but in the inhabited country thirteen very numerous nations are settled; and there are kings over each nation. In that place a very wonderful thing takes

[4] Probably Iceland or the northern portion of the Scandinavian peninsula, which was then regarded as an island and called "Scanza." The name of Thule was familiar from earlier times. It was described by the navigator Pytheas in the age of Alexander the Great, and he claimed to have visited the island. It was variously placed, but always considered the northernmost land in the world—"ultima Thule."

πᾶν ἔτος θαυμάσιον οἷον. ὁ γὰρ ἥλιος ἀμφὶ
θερινὰς μὲν τροπὰς μάλιστα ἐς ἡμέρας τεσσαρά-
κοντα οὐδαμῆ δύει, ἀλλὰ διηνεκῶς πάντα τοῦτον
7 τὸν χρόνον ὑπὲρ γῆς φαίνεται. μησὶ δὲ οὐχ
ἧσσον ἢ ἐξ ὕστερον ἀμφὶ τὰς χειμερινάς που
τροπὰς ἥλιος μὲν ἐς ἡμέρας τεσσαράκοντα τῆς
νήσου ταύτης οὐδαμῆ φαίνεται, νὺξ δὲ αὐτῆς
ἀπέραντος κατακέχυται· κατήφειά τε ἀπ' αὐτοῦ
ἔχει πάντα τοῦτον τὸν χρόνον τοὺς τῇδε ἀνθρώ-
πους, ἐπεὶ ἀλλήλοις ἐπιμίγνυσθαι μεταξὺ οὐδεμιᾷ
8 μηχανῇ ἔχουσιν. ἐμοὶ μὲν οὖν ἐς ταύτην ἰέναι
τὴν νῆσον τῶν τε εἰρημένων αὐτόπτῃ γενέσθαι,
καίπερ γλιχομένῳ, τρόπῳ οὐδενὶ ξυνηνέχθη.
9 τῶν μέντοι ἐς ἡμᾶς ἐνθένδε ἀφικομένων ἐπυνθα-
νόμην ὅπῃ ποτὲ οἷοί τέ εἰσι τῶν ἡμερῶν λογί-
ζεσθαι τὸ μέτρον οὔτε [1] ἀνίσχοντος οὔτε [2] δύοντος
τοῖς καθήκουσι χρόνοις ἐνταῦθα ἡλίου. οἵπερ
10 ἐμοὶ λόγον ἀληθῆ τε καὶ πιστὸν ἔφρασαν. τὸν
γὰρ ἥλιόν [3] φασι τὰς τεσσαράκοντα ἡμέρας
ἐκείνας οὐ δύειν μέν, ὥσπερ εἴρηται, φαίνεσθαι
δὲ τοῖς ταύτῃ ἀνθρώποις [4] πῇ μὲν πρὸς ἕω, πῇ
11 δὲ πρὸς ἑσπέραν. ἐπειδὰν οὖν ἐπανιὼν αὖθις
ἀμφὶ τὸν ὁρίζοντά τε γινόμενος ἐς τὸν αὐτὸν
ἀφίκηται χῶρον, οὗπερ αὐτὸν ἀνίσχοντα τὰ πρό-
τερα ἑώρων, ἡμέραν οὕτω καὶ νύκτα μίαν παρῳ-
12 χηκέναι διαριθμοῦνται. καὶ ἡνίκα μέντοι ὁ τῶν
νυκτῶν χρόνος ἀφίκηται, τῆς τε σελήνης τῶν τε
ἄστρων [5] ἀεὶ τοῖς δρόμοις τεκμηριούμενοι τὸ τῶν
13 ἡμερῶν λογίζονται μέτρον. ὁπηνίκα δὲ πέντε

---

[1] εἰσι τῶν ἡμερῶν λογίζεσθαι τὸ μέτρον οὔτε Haury : om. MSS.
[2] οὔτε K : εἴτε L.   [3] ἥλιόν L : om. K.
[4] φαίνεσθαι . . . ἀνθρώποις K : φῶς δὲ τ. τ. ἀνθρ. ἐνιέναι L.

416

place each year. For the sun at the time of the
summer solstice never sets for forty days, but appears
constantly during this whole time above the earth.
But not less than six months later, at about the
time of the winter solstice, the sun is never seen
on this island for forty days, but never-ending
night envelops it; and as a result of this dejection
holds the people there during this whole time,
because they are unable by any means to mingle with
one another during this interval. And although I
was eager to go to this island and become an eye-
witness of the things I have told, no opportunity ever
presented itself. However, I made enquiry from
those who come to us from the island as to how in
the world they are able to reckon the length of the
days, since the sun never rises nor sets there at the
appointed times. And they gave me an account
which is true and trustworthy. For they said that
the sun during those forty days does not indeed set
just as has been stated, but is visible to the people
there at one time toward the east, and again toward
the west. Whenever, therefore, on its return, it
reaches the same place on the horizon where they
had previously been accustomed to see it rise, they
reckon in this way that one day and night have
passed. When, however, the time of the nights
arrives, they always take note of the courses of the
moon and stars and thus reckon the measure of the
days. And when a time amounting to thirty-five

---

⁵ τε σελήνης τῶν τε ἄστρων Haury: τε σελήνης τῶν τε
ἄλλων K, γε σελήνης τῶ ὁρᾶσθαι L.

καὶ τριάκοντα ἡμερῶν χρόνος τῇ μακρᾷ ταύτῃ
διαδράμοι νυκτί, στέλλονταί τινες ἐς τῶν ὀρῶν
τὰς ὑπερβολάς, εἰθισμένον αὐτοῖς τοῦτό γε, τόν
τε ἥλιον ἀμηγέπη ἐνθένδε ὁρῶντες ἀπαγγέλλουσι
τοῖς κάτω ἀνθρώποις, ὅτι δὴ πέντε ἡμερῶν ἥλιος
14 αὐτοὺς καταλάμψοι. οἱ δὲ πανδημεὶ πανηγυρί-
ζουσιν εὐαγγέλια καὶ ταῦτα ἐν σκότῳ. αὕτη τε
15 Θουλίταις ἡ μεγίστη τῶν ἑορτῶν ἐστι· δοκοῦσι
γάρ μοι περιδεεῖς ἀεὶ γίνεσθαι οἱ νησιῶται οὗτοι,
καίπερ ταὐτὸ συμβαῖνον σφίσιν ἀνὰ πᾶν ἔτος,
μή ποτε αὐτοὺς ἐπιλείποι τὸ παράπαν ὁ ἥλιος.
16 Τῶν δὲ ἱδρυμένων ἐν Θούλῃ βαρβάρων ἓν μόνον
ἔθνος, οἳ Σκριθίφινοι ἐπικαλοῦνται, θηριώδη τινὰ
βιοτὴν ἔχουσιν. οὔτε γὰρ ἱμάτια ἐνδιδύσκονται
οὔτε ὑποδεδεμένοι βαδίζουσιν οὔτε οἶνον πίνουσιν
17 οὔτε τι ἐδώδιμον ἐκ τῆς γῆς ἔχουσιν. οὔτε γὰρ
αὐτοὶ γῆν γεωργοῦσιν οὔτε τι αὐτοῖς αἱ γυναῖκες
ἐργάζονται, ἀλλὰ ἄνδρες ἀεὶ ξὺν ταῖς γυναιξὶ
18 τὴν θήραν μόνην ἐπιτηδεύουσι. θηρίων τε γὰρ
καὶ ἄλλων ζῴων μέγα τι χρῆμα αἵ τε ὗλαι
αὐτοῖς φέρουσι, μεγάλαι ὑπερφυῶς οὖσαι, καὶ
19 τὰ ὄρη ἃ ταύτῃ¹ ἀνέχει. καὶ κρέασι μὲν θηρίων
ἀεὶ τῶν ἁλισκομένων σιτίζονται, τὰ δέρματα
δὲ ἀμφιέννυνται, ἐπεί τε αὐτοῖς οὔτε λίνον οὔτε
ὄργανον ὅτῳ ῥάπτοιέν ἐστιν, οἱ δὲ τῶν θηρίων
τοῖς νεύροις τὰ δέρματα ἐς ἄλληλα ταῦτα ξυνδέ-
οντες οὕτω δὴ ἐς τὸ σῶμα ὅλον ἀμπίσχονται.
20 οὐ μὴν οὐδὲ τὰ βρέφη αὐτοῖς κατὰ ταὐτὰ τιθη-
21 νοῦνται τοῖς ἄλλοις ἀνθρώποις. οὐ γὰρ σιτίζον-
ται Σκριθιφίνων παιδία γυναικῶν γάλακτι οὐδὲ
μητέρων ἅπτονται τιτθοῦ, ἀλλὰ ζῴων τῶν ἁλι-

¹ τὰ ὄρη ἃ ταύτῃ L : ταύτῃ τὰ ὄρη K.

days has passed in this long night, certain men are sent to the summits of the mountains—for this is the custom among them—and when they are able from that point barely to see the sun, they bring back word to the people below that within five days the sun will shine upon them. And the whole population celebrates a festival at the good news, and that too in the darkness. And this is the greatest festival which the natives of Thule have; for, I imagine, these islanders always become terrified, although they see the same thing happen every year, fearing that the sun may at some time fail them entirely.

But among the barbarians who are settled in Thule, one nation only, who are called the Scrithiphini, live a kind of life akin to that of the beasts. For they neither wear garments of cloth nor do they walk with shoes on their feet, nor do they drink wine nor derive anything edible from the earth. For they neither till the land themselves, nor do their women work it for them, but the women regularly join the men in hunting, which is their only pursuit. For the forests, which are exceedingly large, produce for them a great abundance of wild beasts and other animals, as do also the mountains which rise there. And they feed exclusively upon the flesh of the wild beasts slain by them, and clothe themselves in their skins, and since they have neither flax nor any implement with which to sew, they fasten these skins together by the sinews of the animals, and in this way manage to cover the whole body. And indeed not even their infants are nursed in the same way as among the rest of mankind. For the children of the Scrithiphini do not feed upon the milk of women nor do they touch their mother's breast, but they are nourished upon

22 σκομένων τοῖς μυελοῖς ἐκτρέφονται μόνοις. ἐπει-
δὰν οὖν γυνὴ τάχιστα τέκοι, δέρματι τὸ βρέφος
ἐμβαλομένη κρεμᾷ μὲν εὐθὺς ἐπὶ δένδρου τινός,
μυελὸν δέ οἱ ἐπὶ τοῦ στόματος ἐνθεμένη ξὺν τῷ
ἀνδρὶ ἐπὶ τὴν εἰωθυῖαν στέλλεται θήραν.[1] ἐπὶ
κοινῇ γὰρ τά τε ἄλλα δρῶσι καὶ[2] τὸ ἐπιτήδευμα
23 μετίασι τοῦτο. τούτοις μὲν οὖν δὴ τοῖς βαρ-
βάροις τὰ ἐς τὴν δίαιταν ταύτῃ πῃ ἔχει.

Οἱ μέντοι ἄλλοι Θουλῖται ὡς εἰπεῖν ἅπαντες
οὐδέν τι μέγα διαλλάσσουσι τῶν ἄλλων ἀνθρώ-
πων, θεοὺς μέντοι καὶ δαίμονας πολλοὺς σέβου-
σιν, οὐρανίους τε καὶ ἀερίους, ἐγγείους τε καὶ
θαλασσίους, καὶ ἄλλα ἄττα δαιμόνια ἐν ὕδασι
24 πηγῶν τε καὶ ποταμῶν εἶναι λεγόμενα. θύουσι
δὲ ἐνδελεχέστατα ἱερεῖα πάντα καὶ ἐναγίζουσι,
τῶν δὲ ἱερείων σφίσι τὸ κάλλιστον ἄνθρωπός
ἐστιν ὅνπερ δορυάλωτον ποιήσαιντο πρῶτον·
25 τοῦτον γὰρ τῷ Ἄρει θύουσιν, ἐπεὶ θεὸν αὐτὸν
νομίζουσι μέγιστον εἶναι. ἱερεύονται δὲ τὸν
αἰχμάλωτον οὐ θύοντες μόνον, ἀλλὰ καὶ ἀπὸ
ξύλου κρεμῶντες, καὶ[3] ἐς τὰς ἀκάνθας ῥιπτοῦντες,
ταῖς ἄλλαις τε κτείνοντες θανάτου ἰδέαις οἰκτί-
26 σταις.[4] οὕτω μὲν Θουλῖται βιοῦσιν. ὧν ἔθνος
ἓν πολυάνθρωπον οἱ Γαυτοί εἰσι, παρ᾿ οὓς δὴ
Ἐρούλων τότε οἱ ἐπηλύται ἱδρύσαντο.

27 Νῦν δὲ Ἔρουλοι οἳ δὴ παρὰ Ῥωμαίοις ᾤκηνται,
φόνου σφίσι τοῦ βασιλέως ἐξειργασμένου, ἔπεμ-
ψαν τῶν λογίμων τινὰς ἐς Θούλην τὴν νῆσον,

---

[1] ξὺν . . . θήραν K : εὐθὺς στέλλεται ἐπὶ θήραν L.
[2] τά τε . . . καὶ K : τοῖς ἀνδράσι L.
[3] καὶ K : ἢ L.
[4] οἰκτίσταις K : om. L.

the marrow of the animals killed in the hunt, and upon this alone. Now as soon as a woman gives birth to a child, she throws it into a skin and straightway hangs it to a tree, and after putting marrow into its mouth she immediately sets out with her husband for the customary hunt. For they do everything in common and likewise engage in this pursuit together. So much for the daily life of these barbarians.

But all the other inhabitants of Thule, practically speaking, do not differ very much from the rest of men, but they reverence in great numbers gods and demons both of the heavens and of the air, of the earth and of the sea, and sundry other demons which are said to be in the waters of springs and rivers. And they incessantly offer up all kinds of sacrifices, and make oblations to the dead, but the noblest of sacrifices, in their eyes, is the first human being whom they have taken captive in war; for they sacrifice him to Ares, whom they regard as the greatest god. And the manner in which they offer up the captive is not by sacrificing him on an altar only, but also by hanging him to a tree, or throwing him among thorns, or killing him by some of the other most cruel forms of death. Thus, then, do the inhabitants of Thule live. And one of their most numerous nations is the Gauti, and it was next to them that the incoming Eruli settled at the time in question.

On the present occasion,[1] therefore, the Eruli who dwelt among the Romans, after the murder of their king had been perpetrated by them, sent some of

[1] Cf. Chap. xiv. 42.

τοὺς διερευνησομένους τε καὶ κομιοῦντας, ἤν τινα
ἐνταῦθα εὑρεῖν αἵματος τοῦ βασιλείου οἷοί τε
28 ὦσιν. ἐπεί τε οἱ ἄνδρες οὗτοι ἐν τῇ νήσῳ ἐγέ-
νοντο, πολλοὺς μὲν ἐνταῦθα γένους τοῦ βασιλείου
εὗρον, ἕνα μέντοι ἀπολέξαντες ὅσπερ αὐτοῖς
μάλιστα ἤρεσκεν, ὀπίσω ἀναστρέφοντες ξὺν αὐτῷ
29 ᾔεσαν. ὃς δὴ ἐπεὶ ἐν Δανοῖς ἐγένετο,[1] τελευτᾷ
νόσῳ. διὸ δὴ αὖθις οἱ ἄνδρες οὗτοι ἐν τῇ νήσῳ
γενόμενοι ἕτερον ἐπηγάγοντο Δάτιον ὄνομα. ᾧ
δὴ ὅ τε ἀδελφὸς Ἄορδος εἵπετο καὶ τῶν ἐν Θούλῃ
30 Ἐρούλων νεανίαι διακόσιοι. χρόνου δὲ αὐτοῖς
ἐν τῇ πορείᾳ ταύτῃ τριβέντος συχνοῦ Ἐρούλοις
τοῖς ἀμφὶ Σιγγίδονον ἔννοια γέγονεν ὡς οὐ τὰ
ξύμφορα σφίσιν αὐτοῖς ποιοῖεν ἐκ Θούλης ἀρχη-
γὸν ἐπαγόμενοι Ἰουστινιανοῦ βασιλέως οὔτι
31 ἐθελουσίου. πέμψαντες οὖν ἐς Βυζάντιον βασι-
λέως ἐδέοντο ἄρχοντα σφίσι πέμψαι, ὃν ἂν αὐτῷ
32 βουλομένῳ εἴη. ὁ δὲ αὐτοῖς τῶν τινα Ἐρούλων
ἐκ παλαιοῦ διατριβὴν ἐνταῦθα ἔχοντα εὐθὺς
33 ἔπεμψε, Σουαρτούαν ὄνομα. ὅνπερ Ἔρουλοι
εἶδον μὲν τὰ πρῶτα καὶ προσεκύνησαν ἄσμενοι
ἐπιστέλλοντί τε τὰ εἰωθότα ἐπήκουον· ἡμέραις
δὲ οὐ πολλαῖς ὕστερον ἧκέ τις ἀγγέλλων τοὺς
34 ἐκ Θούλης νήσου ἄγχιστά πη εἶναι. καὶ Σου-
αρτούας μὲν ὡς ἀπολέσων[2] αὐτοὺς ὑπαντιάζειν
ἐκέλευεν, Ἔρουλοι δὲ τὸ βούλευμα ἐπαινέσαντες
35 εὐθὺς εἵποντο. ἐπεὶ δὲ ἡμέρας ὁδῷ ἀλλήλων
διεῖχον, νύκτωρ μὲν ἀφέντες αὐτὸν ἅπαντες ἐς
τοὺς ἐπηλύτας αὐτόμολοι ἦλθον, αὐτὸς δὲ μόνος
35 ἐς Βυζάντιον ἀποδρὰς ᾤχετο. καὶ βασιλεὺς μὲν

---

[1] ἐπεὶ ... ἐγένετο Κ : ἐπειδὰν ἐγγὺς ἐγένετο L.
[2] ὡς ἀπολέσων Κ : τοὺς ἀπολέσαντας L.

their notables to the island of Thule to search out
and bring back whomsoever they were able to find
there of the royal blood.   And when these men
reached the island, they found many there of the
royal blood, but they selected the one man who
pleased them most and set out with him on the return
journey.   But this man fell sick and died when he
had come to the country of the Dani.   These men
therefore went a second time to the island and se-
cured another man, Datius by name.   And he was
followed by his brother Aordus and two hundred
youths of the Eruli in Thule.   But since much time
passed while they were absent on this journey, it
occurred to the Eruli in the neighbourhood of Sing-
idunum that they were not consulting their own in-
terests in importing a leader from Thule against the
wishes of the Emperor Justinian.   They therefore
sent envoys to Byzantium, begging the emperor to
send them a ruler of his own choice.   And he
straightway sent them one of the Eruli who had
long been sojourning in Byzantium, Suartuas by
name.   At first the Eruli welcomed him and did
obeisance to him and rendered the customary
obedience to his commands ; but not many days later
a messenger arrived with the tidings that the men
from the island of Thule were near at hand.   And
Suartuas commanded them to go out to meet those
men, his intention being to destroy them, and the
Eruli, approving his purpose, immediately went with
him.   But when the two forces were one day's
journey distant from each other, the king's men all
abandoned him at night and went over of their own
accord to the newcomers, while he himself took to
flight and set out unattended for Byzantium.   There-

πάσῃ δυνάμει κατάγειν ἐς τὴν ἀρχὴν αὐτὸν ἐν
σπουδῇ ἐποιεῖτο, Ἔρουλοι δὲ δύναμιν τῶν
Ῥωμαίων δειμαίνοντες Γήπαισι προσχωρεῖν ἔγνω-
σαν. αὕτη μὲν Ἐρούλοις αἰτία τῆς ἀποστάσεως
γέγονε.

upon the emperor earnestly undertook with all his power to restore him to his office, and the Eruli, fearing the power of the Romans, decided to submit themselves to the Gepaedes.   This, then, was the cause of the revolt of the Eruli.[1]

---

[1] Chap. xiv. 37 introduces this topic.

INDEX

INDEX

Acarnania, a Roman fleet winters there, V. xxiv. 20

Acylinus, body-guard of Belisarius; performs a remarkable feat, VI. v. 18, 19

Adegis, body-guard of Belisarius, VI. vii. 27

Adriatic Sea, of which the modern Adriatic was an inlet, V. xv. 16

Aegypt, traversed by the Nile, V. xii. 2; ancient statues of the Aegyptians, V. xv. 13

Aemilia, district in northern Italy, on the right of the Po, V. xv. 30

Aeneas, son of Anchises, meets Diomedes at Beneventus and receives from him the Palladium, V. xv. 9

Aeschmanus, a Massagete, body-guard of Belisarius, V. xvi. 1

Aetolia, a Roman fleet winters there, V. xxiv. 20

Africa, mentioned in the oracle regarding Mundus, V. vii. 6, 7

Alamani, barbarian people of Gaul, V. xii. 11

Alani, a Gothic nation, V. i. 3

Alaric, leader of the Visigoths, V. i. 3; deposited plunder of Rome in Carcasiana, V. xii. 41

Alaric the Younger, ruler of the Visigoths; betrothed to Theodichusa, daughter of Theoderic, V. xii. 22; attacked by the Franks, V. xii. 33; appeals to Theoderic, V. xii. 34; meets the Franks in battle and is slain, V. xii. 35–40; father of Giselicus, V. xii. 43

Alba, town in Picenum, VI. vii. 25

Albani, a people north of Liguria, V. xv. 29

Albani, town near Rome, V. vi. 7; occupied by Gontharis, VI. iv. 8, vii. 20, 23

Albanum, VI. vii. 23, see Albani

Albilas, Gothic commander of Urviventus, VI. xi. 1

Albis, a Goth sent as envoy to Belisarius, V. xx. 7

Alexander, Roman senator, envoy of Justinian, V. iii. 13, vi. 26; meets Amalasuntha in Ravenna, V. iii. 16; his report, V. iii. 29; brother of Athanasius, V. vi. 26

Alexander, commander of cavalry, VI. v. 1

Aluith, Erulian commander, VI. xiii. 18

Alps, form boundary between Gaul and Liguria, V. xii. 4, 20; distance from Milan, VI. vii. 37, 38; definition of the word "alps," V. xii. 3, 4.

Amalaberga, daughter of Amalafrida, betrothed to Hermenefridus, V. xii. 22; sister of Theodatus, V. xiii. 2

Amalafrida, sister of Theoderic and mother of Theodatus, V. iii. 1; mother of Amalaberga, V. xii. 22

Amalaric, grandson of Theoderic and son of Theodichusa, V. xii. 43, 46; becomes king of the Visigoths, with Theoderic as regent, V. xii. 46; marries the daughter of the Frankish king, and divides Gaul with the Goths and his cousin Atalaric, V. xiii. 4; receives back the treasures of Carcasiana, V. xiii. 6; gives offence to Theudibert by his treatment of his wife, V. xiii. 9,

429

10 ; defeated by him in battle and slain, V. xiii. 11

Amalasuntha, daughter of Theoderic, V. ii. 23, xxiv. 25 ; mother of Atalaric, V. ii. 1 ; acts as regent for him, V. ii. 3 ; her plan for his education frustrated by the Goths, V. ii. 6 ff. ; allows him to be trained according to the ideas of the Goths, V. ii. 18 ff. ; her conflict with the Gothic nobles, V. ii. 20–22 ; sends a ship to Epidamnus, V. ii. 26 ff., iii. 14 ; later recalls it, V. ii. 29 ; her concern at the failing health of Atalaric, V. iii. 10, 11 ; plans to hand over Italy to Justinian, V. iii. 12 ; accused by Justinian, V. iii. 15–18 ; meets Alexander in Ravenna, V. iii. 16 ; receives Justinian's letter, V. iii. 16–18 ; her reply, V. iii. 19–27 ; sends envoys agreeing to hand over all Italy to Justinian, V. iii. 28, 29 ; hears accusations against Theodatus, V. iv. 1 ; compels him to make restitution, V. iv. 2 ; attempts to gain his support, V. iv. 4 ff. ; deceived by him, V. iv. 10 ; imprisoned, V. iv. 13–15 ; compelled by him to write Justinian, V. iv. 16 ; the envoy Peter sent to treat with her, V. iv. 18 ; championed by Justinian, V. iv. 22 ; her death, V. iv. 25–27, 31 ; her death foreshadowed by the crumbling of a mosaic in Naples, V. xxiv. 25 ; her noble qualities, V. iv. 29 ; her ability and justice as a ruler, V. ii. 3–5 ; mother of Matasuntha, V. xi. 27

Anastasius, Roman Emperor, VI. xiv. 10 ; makes alliance with the Eruli, VI. xiv. 28, 32

Anchises, father of Aeneas, V. xv. 9

Ancon, fortress on the Ionian Gulf, VI. xi. 4, 21 ; its strong position, VI. xiii. 6 ; taken by Belisarius, VI. xi. 5 ; attacked by the Goths, VI. xiii. 5 ff. ; port of Auximus, VI. xiii. 7 ; distance from Ariminum, VI. xi. 4 ; and from Auximus, VI. xiii. 7

Antae, a people settled near the

Ister River ; serve in the Roman army, V. xxvii. 2

Anthium, used as a harbour by the Romans, V. xxvi. 17 ; distance from Ostia, ibid.

Antiochus, a Syrian, resident in Naples, favours the Roman party, V. viii. 21

Antonina, wife of Belisarius, V. xviii. 43 ; departs for Naples, VI. iv. 6 ; arriving in Taracina, proceeds to Campania, VI. iv. 14, where she assists Procopius, VI. iv. 20 ; assists in shipping provisions from Ostia to Rome, VII. vii. 4 ff. ; mother of Photius, V. v. 5, xviii. 18 ; mother-in-law of Ildiger, VI. vii. 15

Aordus, an Erulian, brother of Datius, VI. xv. 29

Appian Way, built by Appius, V. xiv. 6 ; description of the road, V. xiv. 6–11 ; travelled by refugees from Rome, V. xxv. 4 ; Gothic camp near it, VI. iii. 3, iv. 3, 17

Appius, Roman consul, builder of the Appian Way, V. xiv. 6–9

Apulians, a people of Southern Italy, V. xv. 21 ; voluntarily submit to Belisarius, V. xv. 3

Aquilea, city in northern Italy, V. i. 22

Aratius, commander of Armenians, who had deserted from the Persians, VI. xiii, 17 ; joins Belisarius in Italy with an army, ibid.

Arborychi, barbarians in Gaul, formerly subject to the Romans, V. xii. 9 ; become Roman soldiers, V. xii. 13 ; absorbed by the Germans, V. xii. 13–15 ; receive land from Roman soldiers, V. xii. 17

Ares, worshipped by the inhabitants of Thule, VI. xv. 25

Argos, Diomedes repulsed thence, V. xv. 8

Arians, their views not held by the Franks, V. v. 9 ; not trusted by Roman soldiers in Gaul, V. xii. 17 ; Arian heresy espoused by Amalaric, V. xiii. 10

Ariminum, city of northern Italy,

INDEX

occupied by John, VI. x. 5 ff.; abandoned by the Goths, VI. x. 6; besieged by Vittigis, VI. xi. 3, xii. 1 ff.; Ildiger and Martinus sent thither, VI. xi. 4, 21; distance from Ravenna, VI. x. 5; from Ancon, VI. xi. 4

Armenians. Narses an Armenian, VI. xiii. 17

Artasires, a Persian, body-guard of Belisarius, VI. ii. 10

Arzes, body-guard of Belisarius; his remarkable wound, VI. ii. 16–18; treatment of his wound, VI. ii. 25–29; of the household of Belisarius, VI. ii. 25

Asclepiodotus, of Naples, a trained speaker; with Peter opposes the plan to surrender the city, v. viii. 22 ff.; they address the Neapolitans, v. viii. 29–40; bring forward the Jews, v. viii. 41; his effrontery after the capture of the city, v. x. 39, 43–45; bitterly accused by Stephanus, v. x. 40–42; killed by a mob, v. x. 46

Asia, the continent adjoining Libya, v. xii. 1

Asinarian Gate, in Rome, V. xiv. 14

Asinarius, Gothic commander in Dalmatia, v. vii. 1, xvi. 8; gathers an army among the Suevi, v. xvi. 12, 14; joins Uligisalus and proceeds to Salones, v. xvi. 15, 16

Assyrians, v. xxiv. 36

Atalaric, grandson of Theoderic; succeeds him as king of the Goths, v. ii. 1; reared by his mother Amalasuntha, ibid.; who attempts to educate him, v. ii. 6 ff.; corrupted by the Goths, v. ii. 19 ff.; receives the envoy Alexander, v. vi. 26; divides Gaul with his cousin Amalaric, v. xiii. 4, 5; returns the treasures of Carcasiana to him, v. xiii. 6; attacked by a wasting disease, v. iii. 10, iv. 5; his death, v. iv. 4, 19; his quaestor Fidelius, v. xiv. 5; his death foreshadowed by the crumbling of a mosaic in Naples, v. xxiv. 24

Athanasius, brother of Alexander,

v. vi. 26; envoy of Justinian, v. vi. 25, vii. 24

Athena, her statue stolen from Troy, v. xv. 9; given to Aeneas, v. xv. 10; different views as to the existence of the statue in the time of Procopius, v. xv. 11–14; a copy of it in the temple of Fortune in Rome, v. xv. 11; Greek statues of, v. xv. 13

Athenodorus, an Isaurian, body-guard of Belisarius, v. xxix. 20, 21

Attila, leader of the Huns, v. i. 3

Augustulus, name given to Augustus, Emperor of the West, v. i. 2; dethroned by Odoacer, v. i. 7, VI. vi. 16

Augustus, first emperor of the Romans; allowed the Thuringians to settle in Gaul, v. xii. 10; builder of a great bridge over the Narnus, v. xvii. 11

Augustus, see Augustulus

Aulon, city on the Ionian Gulf, v. iv. 21

Aurelian Gate, in Rome, called also the Gate of Peter, v. xix. 4, xxviii. 15; near the Tomb of Hadrian, v. xxii. 12

Auximus, city in Picenum; its strong position, VI. x. 3; strongly garrisoned by the Goths, VI. xi. 2; metropolis of Picenum, ibid.; distance from its port Ancon, VI. xiii. 7

Balan, barbarian name for a white-faced horse, v. xviii. 6, 7

Ballista, description of, v. xxi. 14–18; could shoot only straight out, v. xxii. 21

Bandalarius, see Visandus

Belisarius, his victory over the Vandals, V. v. 1; sent by sea against the Goths, v. v. 2; commander-in-chief of the army, v. v. 4; sent first to Sicily, v. v. 6, 7, xiii. 14; takes Catana and the other cities of Sicily, except Panormus, by surrender, v. v. 12; takes Panormus, v. v. 12–16; enjoys great fame, v. v. 17 ff.; lays down the consulship in Syracuse, v. v. 18, 19; given

431

INDEX

power to make settlement with Theodatus, v. vi. 25, 26, 27 ; ordered to hasten to Italy, crosses from Sicily, v. vii. 27, viii. 1 ; Ebrimous comes over to him as a deserter, v. viii. 3 ; reaching Naples, attempts to bring about its surrender, v. viii. 5 ff. ; failing in this, begins a siege, v. ix. 42 ; does not succeed in storming the walls, v. viii. 43 ; cuts the aqueduct, v. viii. 45, ix. 12 ; despairs of success in the siege, v. ix. 8, 10 ; learns of the possibility of entering Naples by the aqueduct, v. ix. 10 ff. ; makes necessary preparations for the enterprise, v. ix. 18–21 ; makes final effort to persuade the Neapolitans to surrender, v. ix. 22 ff. ; carries out the plan of entering the city by the aqueduct, v. x. 1 ff. ; captures the city, v. x. 21 ff. ; addresses the army, v. x. 29–34 ; guards the Gothic prisoners from harm, v. x. 37 ; addressed by Asclepiodotus, v. x. 39 ff. ; forgives the Neapolitans for killing him, v. x. 48 ; prepares to march on Rome, leaving a garrison in Naples, v. xiv. 1, 4 ; garrisons Cumae, v. xiv. 2 ; invited to Rome by the citizens, v. xiv. 5 ; enters Rome, v. xiv. 14 ; sends Leuderis and the keys of Rome to Justinian, v. xiv. 15 ; repairs and improves the defences of the city, *ibid.* ; prepares for a siege in spite of the complaints of the citizens, v. xiv. 16, 17 ; places ballistae and " wild asses " on the wall, v. xxi. 14, 18 ; guards the gates with " wolves," v. xxi. 19 ; smallness of his army in Rome, v. xxii. 17, xxiv. 2 ; receives the submission of part of Samnium, Calabria, and Apulia, v. xv. 1–3 ; in control of all southern Italy, v. xv. 15 ; sends troops to occupy many strongholds north of Rome, v. xvi. 1 ff. ; Vittigis fearful that he would not catch him in Rome, v. xvi. 20, 21, xvii. 8 ; recalls

some of his troops from Tuscany, v. xvii. 1, 2 ; fortifies the Mulvian bridge, v. xvii. 14 ; comes thither with troops, v. xviii. 2 ; unexpectedly engages with the Goths and fights a battle, v. xviii. 3 ff. ; his excellent horse, v. xviii. 6 ; shut out of Rome by the Romans, v. xviii. 20 ; drives the Goths from the moat, v. xviii. 26, 27 ; enters the city, v. xviii. 28 ; disposes the guards of the city, v. xviii. 34 ; receives a false report of the capture of the city, v. xviii. 35–37 ; provides against a second occurrence of this kind, v. xviii. 38, 39 ; ridiculed by the Romans, v. xviii. 42 ; persuaded to take a little food late in the night, v. xviii. 43 ; arranges for the guarding of each gate, v. xix. 14–18 ; his name given in play to one of the Samnite children, v. xx. 1–4 ; omen of victory for him, v. xx. 4 ; stops up the aqueducts, v. xix. 18, vi. xix. 6 ; operates the mills on the Tiber, v. xix. 19 ff. ; reproached by the citizens, v. xx. 6, 7 ; receives envoys from Vittigis, v. xx. 8 ; his reply to them, v. xx. 15–18 ; appoints Fidelius praetorian prefect, v. xx. 20 ; report of the Gothic envoys regarding him, v. xxi. 1 ; as the Goths advance against the wall, shoots two of their number with his own bow, v. xxii. 2–5 ; checks their advance, v. xxii. 7–9 ; assigns Constantinus to the Aurelian Gate, v. xxii. 15 ; prevented from rebuilding " Broken Wall," v. xxiii. 5 ; summoned to the Vivarium, v. xxiii. 13 ; directs the defence there with signal success, v. xxiii. 14–23 ; praised by the Romans, v. xxiii. 27 ; writes to the emperor asking for reinforcements, v. xxiv. 1 ff. ; receives from him an encouraging reply, v. xxiv. 21 ; sends women, children, and servants to Naples, v. xxv. 2 ; uses Roman artisans

INDEX

as soldiers on the wall, v. xxv. 11, 12 ; exiles Silverius and some senators from Rome, v. xxv. 13, 14 ; precautions against corruption of the guards, v. xxv. 15, 16 ; against surprise at night, v. xxv. 17 ; unable to defend Portus, v. xxvi. 18 ; encouraged by the arrival of Martinus and Valerian, v. xxvii. 2 ; outwits the Goths in three attacks, v. xxvii. 4–14 ; and likewise when they try his tactics, v. xxvii. 18–23 ; publicly praised by the Romans, v. xxvii. 25 ; explains his confidence in the superiority of the Roman army, v. xxvii. 26–29 ; compelled by the impetuosity of the Romans to risk a pitched battle, v. xxviii. 2, 3 ; addresses the army, v. xxviii. 5–14 ; leads out his forces and disposes them for battle, v. xxviii. 15–19 ; commands in person at the great battle, v. xxix. 16 ff. ; grieves at the death of Chorsomantis, vi. i. 34 ; provides safe-conduct of Euthalius, vi. ii. 1–24 ; appealed to by the citizens to fight a decisive battle, vi. iii. 12 ff. ; his reply, vi. iii. 23–32 ; sends Procopius to Naples, vi. iv. 1 ; garrisons strongholds near Rome, vi. iv. 4 ff. ; provides for the safe entry of John's troops into Rome, vi. v. 5 ff. ; opens the Flaminian Gate, vi. v. 8 ; outgenerals the Goths and wins a decisive victory, vi. v. 9 ff. ; his dialogue with the envoys of the Goths, vi. vi. 3 ff. ; arranges an armistice with the Goths, vi. vi. 22 ; goes to Ostia, vi. vii. 3, 4 ; receives envoys from the Goths, vi. vii. 21 ff. ; sends out cavalry from Rome, vi. vii. 25 ff. ; appealed to for help from Milan, vi. vii. 35, 38 ; his disagreement with Constantinus, vi. viii. 1 ff. ; puts him to death, vi. viii. 17, 18 ; hearing of the strange lights in the aqueduct, makes investigation, vi. ix. 9–11 ; learns of the

stratagem planned by Vittigis, vi. ix. 20 ; punishes his accomplice, vi. ix, 22 ; writes to John to begin operations in Picenum, vi. x. 1, 7 ; arms his men and attacks the departing Goths, vi. x. 14 ff. ; sends messengers to John in Ariminum, vi. xi. 4–7 ; sends assistance to Milan, vi. xii. 26 ; moves against Vittigis, vi. xiii. 1 ; takes Tudera and Clusium by surrender, vi. xiii. 2, 3 ; garrisons them, vi. xiii. 4 ; receives reinforcements, vi. xiii. 16–18

Beneventus (Beneventum), city in Samnium, called in ancient times Maleventus, v. xv. 4 ; its strong winds, v. xv. 7 ; founded by Diomed, v. xv. 8 ; relics of the Caledonian boar preserved in, *ibid.* ; meeting of Diomed and Aeneas at, v. xv. 9

Bergomum, city near Milan ; occupied by Mundilas, vi. xii. 40

Bessas, of Thrace, Roman general, v. v. 3 ; by birth a Goth, v. xvi. 2 ; his ability, v. xvi. 2, 3 ; at the capture of Naples, v. x. 2, 5, 10, 11, 12, 20 ; sent against Narnia, v. xvi. 2 ; takes Narnia by surrender, v. xvi. 3 ; recalled to Rome, v. xvii. 1, 2 ; returning slowly, meets the Goths in battle, v. xvii. 4, 5 ; arrives in Rome, v. xvii. 6 ; in command of the Praenestine Gate, sends a false report of the capture of the city, v. xviii. 35, xix. 15 ; summons Belisarius to the Vivarium, v. xxiii. 13 ; sent out against the Goths by Belisarius, v. xxvii. 18 ; his remarkable fighting, vi. i. 3 ; saves Belisarius from Constantinus, vi. viii. 15

Black Gulf, modern Gulf of Saros, v. xv. 18

Bochas, a Massagete, bodyguard of Belisarius, vi. ii. 10 ; sent to the Plain of Nero, vi. ii. 20 ; helps to rout the Goths, but is surrounded and wounded, vi. ii. 21–23 ; after inflicting great losses upon the Goths, vi. ii. 36 ; rescued by Valerian and Martinus,

433

VI. ii. 24 ; dies of his wound, VI. ii.
32

Boetius, a Roman senator, son-in-
law of Symmachus, V. i. 32 ; his
death, V. i. 34 ; his children
receive from Amalasuntha his
property, V. ii. 5

Britain, compared in size with
Thule, VI. xv. 4 ; offered to the
Goths by Belisarius, VI. vi. 28 ;
much larger than Sicily, *ibid.*

Britons, V. xxiv. 36

Broken Wall, a portion of the
defences of Rome, V. xxiii. 3, 4 ;
not rebuilt by Belisarius, V.
xxiii. 5 ; never attacked by the
Goths, V. xxiii. 6, 7 ; never
rebuilt, V. xxiii. 8

Bruttii, a people of Southern Italy,
V. xv. 22, 23

Bruttium, V. viii. 4

Burgundians, a barbarian people
of Gaul, V. xii. 11 ; attacked by
the Franks, V. xii. 23 ; alliance
formed against them by the
Franks and Goths, V. xii. 24, 25 ;
driven back by the Franks, V.
xii. 26, 28–30 ; and completely
subjugated, V. xiii. 3 ; sent by
Theudibert as allies to the Goths,
VI. xii. 38, 39

Burnus, town in Liburnia, V. xvi.
13, 15

Byzantines, their identification of
the Palladium, V. xv. 14

Byzantium, ashes from Vesuvius
once fell there, VI. iv. 27 ; senate
house of, V. v. 19

Cadmean victory, V. vii. 5

Caesar, see Augustus

Caesena, fortress in northern Italy,
V. i. 15 ; distance from Ravenna,
ibid. ; garrisoned by Vittigis,
VI. xi. 3

Calabria, in southern Italy, VI. v. 2

Calabrians, their location, V. xv.
21, 22 ; voluntarily submit to
Belisarius, V. xv. 3

Calydonian boar, its tusks preserved
in Beneventus, V. xv. 8

Campani, a people of southern
Italy, V. xv. 22

Campania, its cities : Naples, V.
viii. 5 ; and Cumae, V. xiv. 2 ;

sought by Roman fugitives, V.
xvii. 20 ; by refugees from Rome,
V. xxv. 4, 10 ; by Procopius,
VI. ix. 1 ff. ; by Antonina, VI. iv.
14 ; Roman forces unite there,
VI. v. 2 ; Procopius gathers
soldiers and provisions in, VI. iv.
19 ; offered to Belisarius by the
Goths, VI. vi. 30

Cappadocians, Theodoriscus and
George, V. xxix. 20

Capua, terminus of the Appian
Way, V. xiv. 6

Carcasiana, city in Gaul ; battle
fought near it, V. xii. 35 ff. ;
besieged by the Franks, V. xii.
41 ; siege raised at the approach
of Theoderic, V. xii. 44 ; its
treasures conveyed to Ravenna,
V. xii. 47 ; later returned to
Amalaric, V. xiii. 6

Carnii, a people of central Europe,
V. xv. 27

Carthage, the ostensible destination
of Belisarius' expedition, V. v. 6

Catana, in Sicily ; taken by
Belisarius, V. v. 12

Celtica, at the headwaters of the
Po, V. i. 18

Centenarium, a sum of money,
V. xiii. 14 ; cf. Book I. xxii. 4

Centumcellae, town in Italy ;
occupied by the Romans, VI.
vii. 23 ; abandoned by the Goths,
VI. vii. 18 ; distance from Rome,
VI. vii. 19

Charybdis, the story of, located at
the Strait of Messina, V. viii. 1

Chersonnesus (Thracian), the size
of its isthmus, V. xv. 18

Chorsamantis, a Massagete, body-
guard of Belisarius ; alone pur-
sues the Goths to their camp,
VI. i. 21–25 ; wounded in a
second encounter, VI. i. 26, 27 ;
goes out alone against the Goths
and is killed, VI. i. 28–33

Chorsomanus, a Massagete, body-
guard of Belisarius, V. xvi. 1

Christ, His Apostle Peter, V. xix. 4

Christians, their disagreement re-
garding doctrine, V. iii. 5, 6 ; the
following are mentioned as
Christians : the Neapolitans, V.
ix. 27 ; the Arborychi and

INDEX

Germans, **v.** xii. 15; the Lombards, **VI.** xiv. 9; the Eruli, **VI.** xiv. 33, 34; Christian teachings held in especial favour by the Romans, **v.** xxv. 23

Circaeum, mountain near Taracina, **v.** xi. 2; considered to be named from the Homeric Circe, *ibid.*; its resemblance to an island, **v.** xi. 3, 4

Circe, her meeting with Odysseus, **v.** xi. 2

Cloadarius, ruler of the Franks; sanctions treaty with Theodatus, **v.** xiii. 27

Clusium, city in Tuscany; garrisoned by Vittigis, **VI.** xi. 1; surrenders to Belisarius, **VI.** xiii. 2, 3; garrisoned by him, **VI.** xiii. 4

Comum, city near Milan; occupied by Mundilas, **VI.** xii. 40

Conon, commander of Isaurians, **VI.** v. 1; proceeds to Ostia by sea, **VI.** v. 3; captures Ancon, **VI.** xi. 5; nearly loses it by a blunder, **VI.** xiii. 8 ff.

Constantianus, commander of the royal grooms; sent to Illyricum, **v.** vii. 26; his successful campaign in Dalmatia, **v.** vii. 27–36; in control of the territory as far as Liburnia, **v.** xv. 15; prepares to defend Salones, **v.** xvi. 14, 15

Constantine I, said to have discovered the Palladium in Byzantium, **v.** xv. 14; his forum there, *ibid.*

Constantinus, of Thrace, Roman general, **v.** v. 3; sent into Tuscany, **v.** xvi. 1; takes Spolitium and Perusia and certain other strongholds, **v.** xvi. 3; defeats a Gothic army and captures the commanders, **v.** xvi. 6, 7; recalled to Rome, **v.** xvi. 1–3; leaves garrisons in Perusia and Spolitium, **v.** xvii. 3; assigned to guard the Flaminian Gate, **v.** xix. 16; assigned to the Aurelian Gate and the adjoining wall, **v.** xxii. 15, 16; leaves the gate during an attack, **v.** xxii. 18; returns, **v.** xxii. 25; leads the Huns in a signally

successful skirmish, **VI.** i. 4–10; his disagreement with Belisarius, **VI.** viii. 1 ff.; killed by his order, **VI.** viii. 17

Consul, this office held by Romans during the Gothic rule, **VI.** vi. 20; held by Appius, **v.** xiv. 6; by Theoderic, **VI.** vi. 16; by Belisarius, **v.** v. 19

Corinth, near the head of the Crisaean Gulf, **v.** xv. 17

Crisaean Gulf (the Corinthian Gulf), **v.** xv. 17

Croton, city in southern Italy, **v.** xv. 23

Cumae, coast city in Campania, **v.** xiv. 3; distance from Naples, *ibid.*; garrisoned by Belisarius, **v.** xiv. 2; one of the only two fortresses in Campania, **v.** xiv. 2; the home of the Sibyl, **v.** xiv. 3

Cutilas, a Thracian, bodyguard of Belisarius, **VI.** ii. 10; his remarkable wound, **VI.** ii. 14, 15, 18; which causes his death, **VI.** ii. 30, 31

Dacians, a people of central Europe, **v.** xv. 27

Dalmatia, east of the Ionian Gulf, adjoining Precalis and Liburnia, **v.** xv. 25; counted in the western empire, *ibid.*; its strong winds, **v.** xv. 5, 6; opposite to Italy, **v.** xv. 5, 7; Mundus sent thither by Justinian, **v.** v. 2; conquered by him, **v.** v. 11; invaded by the Goths, **v.** vii. 1 ff.; recovered for the empire by Constantianus, **v.** vii. 27–36; an army sent thither by Vittigis, **v.** xvi. 8, 9

Damianus, nephew of Valerian; sent from Rome with troops, **VI.** vii. 26; detained in Ariminum by John, **VI.** xi. 22

Dani, a barbarian nation in Europe, **VI.** xv. 3, 29

Datius, priest of Milan; asks aid of Belisarius, **VI.** vii. 35

Datius, brought as king from Thule by the Eruli, **VI.** xv. 29

December, last month in the Roman calendar, **v.** xiv. 14

435

INDEX

Decennovium, river near Rome,
v. xi. 2

Demetrius, of Philippi, envoy of
Justinian, v. iii. 5, 13, 29

Demetrius, Roman commander of
infantry, v. v. 3

Diogenes, bodyguard of Belisarius ;
sent out against the Goths, v.
xxvii. 11, 12, vi. v. 9 ; sent to
investigate the aqueduct, vi. ix. 9

Diomedes, son of Tydeus ; founder
of Beneventus, v. xv. 8 ; received
the tusks of the Caledonian boar
from his uncle Meleager, ibid. ;
meets Aeneas there, v. xv. 9 ;
gives the Palladium to him,
v. xv. 9, 10

Dryus, city in southern Italy,
called also Hydrus, v. xv. 20 ;
vi. v. 1

Ebrimous, son-in-law of Theo-
datus ; deserts to the Romans,
v. viii. 3 ; honoured by the
emperor, ibid.

Elpidius, physician of Theoderic,
v. i. 38

Ennes, commander of the Isaurians
in the Roman army, v. v. 3 ;
brother of Tarmutus, v. xxviii.
23 ; at the capture of Naples,
v. x. 1, 3, 13 ; saves his brother,
v. xxix. 42 ; sent to Milan with
Isaurians, vi. xii. 27, 40

Ephesus, priest of, v. iii. 5

Epidamnus, situated on the sea
at the limit of Epirus, v. ii. 24,
xv. 24 ; Amalasuntha sends a
ship thither, v. ii. 26, 28, iii. 14 ;
Constantianus gathers an army
there, v. vii. 27, 28

Epidaurus, on the eastern side of
the Ionian Gulf, v. vii. 28, 32

Epirotes, a people east of the
Ionian Gulf, adjoining Precalis,
v. xv. 24

Epizephyrian Locrians, among the
Bruttii, v. xv. 23

Eridanus, a name sometimes given
the Po River, v. i. 18

Eruli, serving in the Roman army,
vi. iv. 8, xiii. 18 ; their wander-
ings as a nation, alliances,
customs, etc., vi. xiv. 1–34 ;
their worthless character, vi.

xiv. 35, 36, 41 ; some of them
emigrate to Thule, vi. xv. 1 ff. ;
revolt from the Romans, vi. xiv.
37 ; kill their king and summon
another from Thule, vi. xiv. 38,
42, xv. 27, 30 ; their king a
figure-head, vi. xiv. 39, 40 ;
decide to ask Justinian to
nominate a king for them, vi. xv.
30 ff. ; welcome Suartuas as
king, vi. xv. 33 ; abandon him,
vi. xv. 34, 35 ; submit to the
Gepaedes, vi. xv. 36

Europe, the continent to the left
of Gibraltar, v. xii. 1 ; its shape,
rivers, population, etc., v. xii.
3 ff.

Euthalius, comes to Taracina with
money for the Roman soldiers,
vi. ii. 1 ; secures safe-conduct
from Belisarius, vi. ii. 2 ff. ;
arrives safely at nightfall, vi. ii.
6, 24

Fates, called "Fata" by the
Romans, v. xxv. 19, 20

Fidelius, native of Milan, v. xiv. 5 ;
previously quaestor to Atalaric,
ibid. ; envoy of the Romans to
Belisarius, ibid. ; praetorian pre-
fect, sent to Milan in company
with troops, vi. xii. 27, 28 ;
taunts the Gothic envoys, v. xx.
19, 20 ; killed by the Goths,
vi. xii. 34, 35

Flaminian Gate, in Rome ; the
Goths pass out through it, v.
xiv. 14 ; threatened by a Gothic
camp, v. xix. 2 ; next to the
Pincian, v. xix. 16, xxiii. 3 ; held
by Constantianus, v. xix. 16 ;
closed by Belisarius, ibid., vi. v.
6 ; not attacked by the Goths,
v. xxiii. 2 ; guarded by Ursicinus,
v. xxiii. 3 ; opened by Beli-
sarius, vi. v. 8, 12

Flaminian Way, road leading north-
ward from Rome, vi. xi. 8 ; the
strongholds Narnia, Spolitium,
and Perusia on it, vi. xi. 9

Foederati, auxiliary troops, v. v. 2

Fortune, temple of, in Rome, v. xv.
11

Franks, "modern" name for the
Germans, v. xi. 29, xii. 8 ;

INDEX

account of the growth of their kingdom up to the time of Procopius, v. xii. 1–xiii. 13; their ruler Theudibert, VI. xii. 33; persuaded by Justinian to ally themselves with him, v. v. 8–10, xiii. 28; their war with the Goths, v. xi. 17, 18, 28; occupy the Visigothic portion of Gaul, v. xiii. 11, 12; invited to form alliance with Theodatus, receiving the Gothic portion of Gaul, v. xiii. 14; Vittigis advises forming of such an alliance with them, v. xiii. 19–24; make the treaty with some reserve, v. xiii. 26–28; send Burgundians as allies, VI. xii. 38; have the Suevi subject to them, v. xv. 26; the nations north of Langovilla subject to them, v. xv. 29

Gadira, the strait of Gibraltar, v. xii. 1

Gaul, extending from the Pyrenees to Liguria, v. xii. 4; separated from Liguria by the Alps, v. xii. 4, 20, VI. vii. 37; its great extent, v. xii. 5, 6; its rivers, lakes, and population, v. xii. 7–11; formerly subject to the Romans, v. xii. 9; occupied by the Goths, v. xii. 16, 28; how the Franks became established there, v. xi. 29, xii. 1 ff.; partly occupied by the Visigoths, v. xii. 12, 20; guarded by Roman soldiers, v. xii. 16; divided between the Franks and Goths, v. xiii. 32, 45; really under the sway of Theoderic, v. xii. 47; divided between the Goths and Visigoths, v. xiii. 4, 5; the Visigothic portion taken over by the Franks, v. xiii. 12; Visigoths retire thence to Spain, v. xiii. 13; the Gothic portion offered to the Franks as the price of alliance with Theodatus, v. xiii. 14; held by the Goths under Marcias, v. xiii. 15, xvi. 7; threatened by the Franks, v. xiii. 16; given to them by Vittigis, v. xiii. 26, 27

Gauti, nation on the island of Thule, VI. xv. 26

Gelimer, king of the Vandals, v. v. 1, vi. 2, xxix. 8

Genoa, its location, VI. xii. 29

George, a Cappadocian, bodyguard of Martinus, conspicuous for his valour, v. xxix. 20, 21

Gepaedes, a people of southern Europe; their war with the Goths, v. iii. 15, xi. 5; their relations with the Eruli, VI. xiv. 25–27; who submit to them, VI. xv. 36

Germans, called also Franks, q.v.

Getic, the "Getic peril," v. xxiv. 29, 30; equivalent to "Gothic," v. xxiv. 30

Gibimer, Gothic commander, stationed in Clusium, VI. xi. 1

Giselicus, illegitimate son of Alaric; chosen king over the Visigoths, v. xii. 43; his death, v. xii. 46

Gladiators, VI. i. 5

Gontharis, Roman commander; occupies Albani, VI. iv. 8

Goths, used throughout to indicate the Ostro-Goths; called also "Getic," v. xxiv. 30; their fortunes previous to the war with Justinian, v. i. 1 ff.; form alliance with the Franks against the Burgundians, v. xii. 24, 25; their crafty hesitation, v. xii. 26, 27; reproached by their allies, v. xii. 31; secure a portion of Gaul, v. xii. 32; mingle with the Visigoths, v. xii. 49; divide Gaul with the Visigoths, v. xiii. 4, 5, 7, 8; remit the tribute imposed by Theoderic, v. xiii. 6; ruled formerly over the peoples north of the Ionian Gulf, v. xv. 28; led into Italy by Theoderic, v. xvi. 2, VI. xiv. 24; prevented by Amalasuntha from injuring the Romans, v. ii. 5; their leaders hostile to her, v. iii. 11; oppose her in her effort to educate Atalaric, v. ii. 8 ff.; grieve at the death of Amalasuntha, v. iv. 28; defeated in Dalmatia, v. v. 11; enter Dalmatia again, v. vii. 1 ff.; again defeated, v. vii. 27–36; garrison Naples strongly, v. viii. 5; lose Naples, v. x. 26; dissatisfied with Theodatus,

437

declare Vittigis king, v. xi. 1, 5; their war with the Franks, v. xi. 17, 18, 28; yield Gaul to them, v. xiii. 26; withdraw from Rome, v. xi. 26, xiv. 12–14; defeat the Romans at the Mulvian bridge, v. xviii. 3 ff.; establish seven camps about Rome and begin the siege, v. xix. 2–5, 11, xxiv. 26; cut the aqueducts, v. xix. 13; assault the wall, v. xxi–xxiii.; capture Portus, v. xxvi. 14; outwitted in three attacks, v. xxvii. 6–14; again defeated when they try Belisarius' tactics, v. xxvii. 15–23; inferiority of their soldiers to the Romans, v. xxvii. 27; defeat the Romans in a pitched battle, v. xxix. 16 ff.; but suffer great losses in the Plain of Nero, vi. ii. 19 ff.; respect the church of Paul, vi. iv. 10; suffer famine and pestilence, vi. iv. 16, 17; retire from the camp near the Appian Way, vi. iv. 18; decide to abandon the siege, vi. vi. 1, 2; send envoys to Rome, vi. vi. 3; arrange an armistice with Belisarius, vi. vi. 36, vii. 13; abandon Portus, vi. vii. 16, 22; and Centumcellae, vi. vii. 18; and Albani, vi. vii. 20; attempt to enter Rome by stealth, vi. ix. 1 ff.; assault the Pincian Gate, vi. ix. 12 ff.; abandon Ariminum, vi. x. 6; raise the siege of Rome, vi. x. 8, 12, 13; defeated at the Mulvian Bridge, vi. x. 15 ff.; besiege Ariminum, vi. xii. 1 ff.; defeated at Ticinum, vi. xii. 31, 33; besiege Milan, vi. xii. 39, 40; no new laws made by the Gothic kings in Italy, vi. vi. 17; tolerant in religious matters, vi. vi. 18; respect the churches, vi. vi. 19; allowed all offices to be filled by Romans, ibid.; Gothic language, v. x. 10; a Goth makes trouble for the Romans at the Salarian Gate, v. xxiii. 9; killed by a well-directed missile, v. xxiii. 10, 11
Gouboulgoudou, a Massagete, bodyguard of Valerian; renders

signal service at Ancon, vi. xiii. 14, 15
Gratiana, city at the extremity of Illyricum, v. iii. 15, 17
Greece, v. xxiv. 20, xxv. 13; Magna Graecia, v. xv. 23
Greeks (Hellenes), include the Epirotes, v. xv. 24; their capture of Troy, v. xv. 9; Greek statues of Athena, v. xv. 13; Greek language, v. xviii. 6
Greeks, contemptuous term for the eastern Romans, v. xviii. 40, xxix. 11
Gripas, Gothic commander, in Dalmatia, v. vii. 1; defeated by Constantianus, v. vii. 27–36; retires to Ravenna, v. vii. 36

Hadrian, tomb of, near the Aurelian Gate, v. xxii. 12; its excellent construction and decoration, v. xxii. 13, 14; attacked by the Goths, v. xxii. 19 ff.; statues thereon torn down by the Romans and hurled upon the Goths, v. xxii. 22
Hebrews, treasures of their king Solomon taken from Rome by Alaric, v. xii. 42; a certain Hebrew makes a prophecy to Theodatus by the actions of swine, v. ix. 3–6; see also Jews
Hellespont, v. xv. 18
Hermenefridus, ruler of the Thuringians, betrothed to Amalaberga, v. xii. 22; killed by the Franks, v. xiii. 1; wife of, escapes to Theodatus, v. xiii. 2
Herodian, Roman commander of infantry, v. v. 3; left in command of the Roman garrison in Naples, v. xiv. 1
Homer, his testimony as to the place where Odysseus met Circe, v. xi. 2, 4
Huns, in the Roman army, v. iii. 15, v. 4, xxvii. 2, 27; led by Constantinus in a signally successful skirmish, vi. i. 4–10; encamp at the church of Paul, vi. iv. 16; harass the Goths, vi. iv. 16; return to Rome, vi. iv. 18; see also Massagetae

INDEX

Hydrus, name of Dryus in Procopius' time, v. xv. 20

Hypatius, priest of Ephesus; envoy of Justinian, v. iii. 5, 13, 29

Iberia, home of Peranius, v. v. 3

Ildibert, ruler of the Franks, sanctions treaty with Theodatus, v. xiii. 27

Ildiger, son-in-law of Antonina; comes to Rome, vi. vii. 15; with Valerian, seizes Constantinus, vi. viii. 16; on guard at the Pincian Gate, vi. ix. 13; meets a Gothic attack, vi. ix. 14; sent by Belisarius with Martinus to Ariminum, vi. xi. 4, 8, 21; they capture Petra, vi. xi. 10–19; leave Ariminum, vi. xi. 22

Ilium, capture of, v. xv. 8, 9; entered by Diomedes and Odysseus as spies, v. xv. 9

Illyricum, Mundus general of, v. v. 2; Constantinus sent to, v. vii. 26; Justinus general of, vi. xiii. 17; Eruli settled in, vi. xv. 1; the city of Gratiana at its extremity, v. iii. 15; home of Peter, v. iii. 30

Innocentius, Roman commander of cavalry, v. v. 3, xvii. 17

Ionian Gulf, the modern Adriatic, v. i. 13, etc.; ends at Ravenna, v. xv. 19

Isaurians, in the army of Belisarius, v. v. 2; commanded by Ennes, v. v. 3, x. 1; render signal service at the capture of Naples, v. ix. 11 ff., 17–21, x. 1; a force of, reaches Naples, vi. v. 1; arrives in the harbour of Rome, vi. vii. 1; they fortify a camp, vi. vii. 12; guard ships at Ostia, vi. vii. 9; remain in Ostia, vi. vii. 12, 16; occupy Portus, vi. vii. 16, 22; occupy Ancon, vi. xi. 5; with John at Ariminum, vi. xii. 6, 9; sent to Milan under command of Ennes, vi. xii. 26, 27; Isaurian javelins, v. xxix. 42

Ister River, the modern Danube; boundary of Pannonia, v. xv. 27,

etc.; Antae settled near its banks, v. xxvii. 2

Istria, adjoining Liburnia and Venetia, v. xv. 25

Italians, often coupled with "Goths," v. i. 1, etc.; their love for Theoderic, v. i. 29; grieve at the death of Amalasuntha, v. iv. 28

Italy, its inhabitants enumerated, v. xv. 16, 21–25; claimed by the barbarians, v. i. 4, vi. vi. 15, 17; neglected by the Romans until the Goths held it, vi. vi. 21; Amalasuntha agrees to hand it over to Justinian, v. iii. 28, iv. 18; offered to Justinian by Theodatus, v. vi. 21

Janus, his temple in Rome, v. xxv. 18, 19; one of the older gods, v. xxv. 19; his double-faced statue, v. xxv. 20, 21

Jerusalem, its capture by the Romans, v. xii. 42

Jews, supporting the Gothic party in Naples, v. viii. 41; offer stubborn resistance to the Romans at its capture, v. x. 24–26; see also Hebrews

John, nephew of Vitalian, commander of Thracians, vi. v. 1; reaches Campania, vi. v. 2; approaches Rome, vi. v. 5; reaches Ostia, vi. vii. 1; forms a barricade of wagons, vi. vii. 2; sent out from Rome by Belisarius, vi. vii. 25 ff.; instructed by Belisarius to begin operations, vi. x. 1; defeats and kills Ulitheus, vi. x. 2; passes by Auximus and Urbinus, vi. x. 3–5; enters Ariminum, vi. x. 5, 7, 11; wins great fame, vi. x. 9; receives proposal of marriage from Matasuntha, vi. x. 11; directed by Belisarius to leave Ariminum, vi. xi. 4; refuses, vi. xi. 22; prevents the approach of a tower to the wall of Ariminum, vi. xii. 6 ff.; addresses his soldiers, vi. xii. 14 ff.; attacks and inflicts severe losses on the Goths, vi. xii. 23–25; his excellent qualities, vi. x. 10

439

INDEX

July, called "Quintilis," as being the fifth month from March, v. xxiv. 31; mentioned in the Sibyl's prophecy, v. xxiv. 28, 30, 31

Justinian, becomes emperor, v. ii. 2; appealed to by Amalasuntha, v. ii. 23; makes a friendly reply, v. ii. 24; Theodatus purposes to hand over Tuscany to him, v. iii. 4; Amalasuntha plans to hand over Italy to him, v. iii. 12; sends Alexander to learn of Amalasuntha's plans, v. iii. 14; but ostensibly to make complaints against the Goths, v. iii. 15–17; his letter to Amalasuntha v. iii. 16–18; her reply, v. iii. 19–27; sends Peter as envoy, v. iii. 30; receives envoys from Amalasuntha, v. iv. 11; receives envoys and a letter from Theodatus, v. iv. 15, 16; sends Peter as envoy to Theodatus and Amalasuntha, v. iv. 17; champions Amalasuntha against Theodatus, v. iv. 22; hears the report of the Italian envoys, v. iv. 23 ff.; inaugurates the Gothic war, v. v. 1 ff.; sends Belisarius with a fleet to Sicily, v. v. 2, 6, 7; recovers all Sicily, v. v. 17; persuades the Franks to ally themselves with him, v. v. 8–10, xiii. 28; Theodatus proposes an agreement with him, v. vi. 2–13; receives a letter from Theodatus, v. vi. 14–21; his reply, v. vi. 22–25; addresses a letter to the Gothic nobles, v. vii. 22–24; sends Constantianus to Illyricum and Belisarius to Italy, v. vii. 26; honours the deserter Ebrimous, v. viii. 3; receives the keys of Rome, v. xiv. 15; sends relief to Belisarius, v. xxiv. 18; writes encouragingly to Belisarius, v. xxiv. 21; wins the friendship of the Eruli, vi. xiv. 33; appoints a king over the Eruli at their request, vi. xv. 30 ff.; attempts to restore Suartuas, vi. xv. 36; year of reign noted, v. v. 1, xiv. 14

Justinus, general of Illyricum; arrives in Italy, vi. xiii. 17

Langovilla, home of the Albani, north of Liguria, v. xv. 29

Latin language, v. xi. 2, xv. 4; Latin literature, v. iii. 1; Latin Way, running southward from Rome, v. xiv. 6, vi. iii. 3, v. 2

Lechaeum, at the head of the Crisaean Gulf, v. xv. 17

Leuderis, a Goth; left in command of the garrison in Rome, v. xi. 26; his reputation for discretion, *ibid.*; remains in Rome after the withdrawal of the garrison, v. xiv. 13; sent to the emperor, v. xiv. 15, xxiv. 1

Liberius, Roman senator; envoy of Theodatus, v. iv. 15, 21; makes a true report to Justinian, v. iv. 23, 24

Liburnia, adjoining Dalmatia and Istria, v. xv. 25; subdued by Constantianus, v. vii. 36; invaded by the Goths, v. xvi. 12

Libya, the continent to the right of Gibraltar, v. xii. 1; character of the country, v. xii. 2; Huns escape from the army there, v. iii. 15; Ildiger comes thence, vi. vii. 15

Liguria, on the boundary of Gaul, v. xii. 4; separated from Gaul by the Cottian Alps, v. xii. 20; its chief city Milan, vi. vii. 37, 38, v. xiv. 5; bounded by the Po, v. xv. 28; occupied by the Romans, vi. xii. 36

Lilybaeum, in Sicily, subject of complaint by Justinian, v. iii. 15 ff.; iv. 19

Locrians, see Epizephyrian Locrians

Lombards, a Christian people, subjugated by the Eruli, vi. xiv. 9; attacked wantonly by Rudolphus, vi. xiv. 12 ff.; rout his army and kill him, vi. xiv. 21, 22; defeat the Eruli, vi. xv. 1

Longinus, an Isaurian, bodyguard of Belisarius; distinguished for his valour, vi. vii. 19, 20

Lucani, a people of southern Italy, v. xv. 22

Lucania, v. viii. 4

Lysina, island off the coast of Dalmatia, v. vii. 32

INDEX

Macedonia, v. iii. 5

Magna Graecia, v. xv. 23

Magnus, Roman commander of cavalry, v. v. 3 at the capture of Naples, v. x. 1, 3, 7, 8, 13; sent to Tibur with Sinthues, vi. iv. 7; repairs the defences, vi. iv. 15

Maleventus, ancient name of "Beneventus," city in Samnium, v. xv. 4

Marcentius, commander of cavalry, vi. v. 1

March, the first month in the early Roman calendar, v. xxiv. 31

Marcias, commands a Gothic garrison in Gaul, v. xiii. 15; summoned thence by Vittigis, v. xiii. 29, xix. 12; his absence prevents Vittigis from leaving Ravenna, v. xvi. 7; commands a Gothic camp in the Plain of Nero, v. xix. 12, xxix. 2

Martinus, Roman commander sent to Italy, v. xxiv. 18–20; arrives in Rome, v. xxvii. 1; sent out against the Goths by Belisarius, v. xxvii. 22, 23; his bodyguards Theodoriscus and George, v. xxix. 20; sent to the Plain of Nero by Belisarius, vi. ii. 8; fights there with varying fortune, vi. ii. 19 ff.; with Valerian rescues Bochas, vi. ii. 24; sent to Taracina, vi. iv. 6, 14; summoned back to Rome, vi. v. 4; sent by Belisarius with Ildiger to Ariminum, vi. xi. 4, 8–21; they capture Petra, vi. xi. 10–19; leave Ariminum, vi. xi. 22

Massagetae, in the Roman army; their savage conduct at the capture of Naples, v. x. 29; see also Huns

Matasuntha, daughter of Amalasuntha, wedded by Vittigis, v. xi. 27; opens negotiations with John, v. xi. 11

Mauricius, Roman general, son of Mundus; slain in battle, v. vii. 2, 3, 12

Maxentiolus, bodyguard of Constantinus, vi. viii. 3, 13

Maxentius, a bodyguard of the household of Belisarius, v. xviii. 14

Maximus, slayer of Valentinian, v. xxv. 15

Maximus, descendant of the above Maximus; exiled by Belisarius, v. xxv. 15

Medes, see Persians

Melas, see Black Gulf

Meleager, uncle of Diomedes, slayer of the Calydonian boar, v. xv. 8

Messana, city in Sicily, v. viii. 1

Milan, chief city of Liguria, vi. vii. 37, 38; second only to Rome among the cities of the West, ibid.; receives assistance from Belisarius against the Goths, vi. xii. 26 ff.; occupied by the Romans, vi. xii. 36; besieged by Uraïas, vi. xii. 39, 40; its priest Datius, vi. vii. 35; distance from Rome and from the Alps, vi. vii. 38

Monteferetra, town in Italy; garrisoned by Vittigis, vi. xi. 3

Moors, allies in the Roman army, v. v. 4; their night attacks upon the Goths, v. xxv. 9; sent outside the walls at night by Belisarius, v. xxv. 17; in the battle in the Plain of Nero, v. xxix. 22

Moras, Gothic commander in Urbinus, vi. xi. 2

Mulvian Bridge, guarded by the Goths, v. xix. 3

Mundilas, bodyguard of Belisarius; distinguished for his valour, vi. x. 19; sent out against the Goths, v. xxvii. 11, 12; accompanies Procopius to Naples, vi. iv. 3; returns to Rome, vi. iv. 4; kills a brave Goth, vi. v. 15; sent in command of troops to Milan, vi. xii. 27, 36; grieves at the death of Fidelius, vi. xii. 35; occupies cities near Milan, vi. xii. 40

Mundus, a barbarian, general of Illyricum; sent against Salones, v. v. 2; secures Salones, v. v. 11; slain in battle, v. vii. 4, 5, 12; the Sibyl's prophecy concerning him, v. vii. 6–8; father of Mauricius, v. vii. 6–8

441

INDEX

Naples, city in Campania, on the sea, V. viii. 5; commanded by Uliaris, V. iii. 15; strongly garrisoned by the Goths, V. viii. 5; Belisarius attempts to bring about its surrender, V. viii. 6 ff.; strength of its position, V. viii. 44; besieged by Belisarius, V. viii. 43 ff.; its aqueduct cut by Belisarius, V. viii. 45; its aqueduct investigated by one of the Isaurians, V. ix. 11 ff.; the city captured thereby, V. x. 1–26; slaughter by the soldiers, V. x. 28, 29; garrisoned by Belisarius, V. xiv. 1; women, etc., sent thither by Belisarius, V. xxv. 2; Procopius sent thither, VI. iv. 1; Antonina retires thither, VI. iv. 6; Isaurian soldiers arrive there from Byzantium, VI. v. 1; offered to Belisarius by the Goths, VI. vi. 30; Goths sent thither by Belisarius, VI. xiii. 4; one of the only two fortresses in Campania, V. xiv. 2; distance from Cumae, V. xiv. 3; from Vesuvius, VI. iv. 2; its mosaic picture of Theodoric, V. xxiv. 22 ff.; its inhabitants Romans and Christians, V. ix. 27

Narnia, strong city in Tuscany; Bessas sent against it, V. xvi. 2; named from the Narnus River, V. xvii. 9; distance from Rome, V. xvii. 6; surrenders to Bessas, V. xvi. 3; battle fought there, V. xvii. 4, 5; garrisoned by Bessas, V. xvii. 6; avoided by Vittigis, V. xvii. 8, VI. xi. 9

Narnus River, flows by Narnia, V. xvii. 9; its great bridge, V. xvii. 10, 11

Narses, a eunuch, imperial steward, VI. xiii. 16; arrives in Italy, *ibid.*

Narses, an Armenian; deserted to the Romans, VI. xiii. 17

Neapolitans, send Stephanus to Belisarius, V. viii. 7; reject proposals of Belisarius, V. viii. 42; appeal to Theodatus for help, V. ix. 1; Belisarius' final appeal to them, V. ix. 22 ff.; their obduracy, V. ix. 30; saved

by Belisarius from abuse by the Romans, V. x. 29, 34–36; kill Asclepiodotus, V. x. 46; impale the body of Pastor, V. x. 47; forgiven by Belisarius, V. x. 48; see also Naples

Nero, Plain of, near Rome; a Gothic camp established there, V. xix. 3, 12, xxviii. 17; troops sent thither by Belisarius, V. xxviii. 15 ff.; operations there on the day of the great battle, V. xxix. 22 ff.; Marcias ordered by Vittigis to remain there, V. xxix. 2; Constantinus wins a signal success in, VI. i. 4–10; skirmish in, VI. i. 21; Martinus and Valerian sent to, VI. ii. 8; Goths victorious in, VI. ii. 19 ff.; but with heavy losses, VI. ii. 36; its "stadium," VI. i. 5

Nile River, its source unknown, V. xii. 2

Norici, a people of central Europe, V. xv. 27

Novaria, city near Milan; occupied by Mundilas, VI. xii. 40

Numa, early Roman king, V. xxiv. 31

Ochus, king of the Eruli, VI. xiv. 38

Odoacer, bodyguard of the emperor, V. i. 6; his tyranny, V. i. 7, 8, xii. 20, VI. vi. 21; divides lands in Tuscany among his followers, V. i. 28; allows the Visigoths to occupy all of Gaul, V. xii. 20; Zeno unable to cope with him, VI. vi. 15, 16; Theodoric persuaded to attack him, V. i. 10, VI. vi. 23; his troops defeated by Theodoric, V. i. 14, V. xii. 21; besieged in Ravenna, V. i. 15, 24; his agreement with Theodoric, V. i. 24; killed by Theodoric, V. i. 25

Odysseus, his meeting with Circe, V. xi. 2; with Diomedes stole the Palladium from Troy, V. xv. 9

Oilas, bodyguard of Belisarius, V. xxvii. 13

Opilio, Roman senator, envoy of Theodatus, V. iv. 15, 21; makes

INDEX

a false report to Justinian, v. iv.
25

Optaris, a Goth; his hostility to
Theodatus, v. xi. 7, 8; pursues
and kills him, v. xi. 6, 9

Orestes, father of Augustus, acts as
regent for his son, v. i. 2; his
death, v. i. 5

Ostia, city at the mouth of the
Tiber; neglected in Procopius'
time, v. xxvi. 8; no good road
thence to Rome, v. xxvi. 13,
vi. vii. 6; the only port on the
Tiber left to Rome, v. xxvi. 16,
vi. iv. 2; distance from Anthium,
v. xxvi. 17; Paulus and Conon
sent to Rome, vi. v. 3; reached
by John, vi. vii. 1; provisions
brought into Rome by way of
Ostia, vi. vii. 1 ff.

Pancratian Gate, in Rome, across
the Tiber, v. xxviii. 19; false
report of its capture, v. xviii. 35;
threatened by the Goths, v.
xxiii. 1; guarded by Paulus, v.
xxiii. 2

Pancratius, a saint; the Pan-
cratian Gate named from him,
v. xviii. 35

Pannonians, a people of central
Europe, v. xv. 27

Panormus, city in Sicily; Goths in,
defy Belisarius, v. v. 12; taken
by him, v. v. 13–16; garrisoned
by him, v. viii. 1

Parian marble, used in building
Hadrian's Tomb, v. xxii. 13

Pastor, of Naples, a trained
speaker; with Asclepiodotus
opposes the proposal to surrender
the city, v. viii. 22 ff.; they
address the Neapolitans, v. viii.
29–40; bring forward the Jews,
v. viii. 41; his death, v. x. 38;
his body impaled by the mob,
v. x. 47

Patrician rank, how conferred, v.
vi. 3; some of the patricians
consult the Sibylline prophecies,
v. xxiv. 28 ff.; patrician rank
conferred upon Theoderic, v. i. 9,
vi. vi. 16; upon Ebrimous, v.
viii. 3

Patrimonium, used to denote the
lands of the royal house, v.
iv. 1

Paucaris, an Isaurian, bodyguard of
Belisarius, v. ix. 17; prepares
the channel of the aqueduct of
Naples for the passage of Roman
troops, v. ix. 19–21

Paul the Apostle, Church of, on the
Tiber, vi. iv. 9; respected by
the Goths, vi. iv. 10; its site
fortified by Valerian, vi. iv. 11;
Gate of Rome named from him,
vi. iv. 3

Paulus, Roman commander of
cavalry, v. v. 3; on guard at
the Pancratian Gate, v. xxiii. 2;
sent to Milan with Thracians,
vi. xii. 27, 40

Paulus, commander of Isaurians,
vi. v. 1; proceeds to Ostia by
sea, vi. v. 3; remains in Ostia,
vi. vii. 12, 16; occupies Portus,
vi. vii. 16, 22

Peloponnesus, its resemblance to
Spain, v. xii. 3

Penates, the ancient gods of Rome,
v. xxv. 19

Peranius, of Iberia, Roman general,
v. v. 3; of the family of the king
of Iberia, ibid.; had come as a
deserter to the Romans, ibid.;
summons Belisarius to the Vi-
varium, v. xxiii. 13; leads a sally
against the Goths, vi. i. 11

Persia, adjoining Iberia, v. v. 3

Persians, frequently referred to,
also under the name of Medes,
v. v. 3, etc.; their long shields,
v. xxii. 20; Artasires a Persian,
vi. ii. 10

Perusia, the first city of Tuscany,
v. xvi. 4; submits to Constan-
tinus, v. xvi. 4; battle fought
near it, v. xvi. 6; garrisoned by
Constantinus, v. xvii. 3; avoided
by Vittigis, v. xvii. 7, vi. xi. 9

Peter, the Apostle, buried near
Rome; one of the gates of the
city named after him, v. xix. 4;
his church, v. xxii. 21, vi. ix. 17;
his promise to guard "Broken
Wall," v. xxiii. 5; reverenced
by the Romans above all others,
v. xxiii. 5

INDEX

Peter, an Illyrian, envoy of Justinian to Italy, v. iii. 30, iv. 17 ; his excellent qualities, v. iii. 30 ; learns of events in Italy and waits in Aulon, v. iv. 20, 21 ; sent on with a letter to Amalasuntha, v. iv. 22 ; arrives in Italy, v. iv. 25 ; denounces Theodatus, v. iv. 30 ; who tries to prove his innocence, v. iv. 31 ; tries to terrify Theodatus, v. iv. 1 ; who suggests to him an agreement with Justinian, v. vi. 2–6 ; recalled and given further instructions, v. vi. 7–13 ; reports to Justinian, v. vi. 14 ; sent again to Italy, v. vi. 25, 26, vii. 24 ; reproaches Theodatus, v. vii. 13 ; who makes a public speech of warning, v. vii. 14–16 ; his reply thereto, v. vii. 17–20 ; delivers a letter from Justinian to the Gothic nobles, v. vii. 22

Petra (Pertusa), on the Flaminian Way ; allowed by Vittigis to retain its original garrison, VI. xi. 2 ; attacked and captured by the Romans, VI. xi. 10 ff. ; its natural position and defences, VI. xiii. 10–14

Phanitheus, Erulian commander, VI. xiii. 18

Philippi, in Macedonia, home of Demetrius, v. iii. 5

Photius, step-son of Belisarius ; accompanies him to Italy, v. v. 5 ; at the capture of Naples, v. x. 5, 8, 9, 20 ; his groom Valentinus, v. xviii. 18

Piceni, a people of central Italy, v. xv. 21

Picenum, John sent thither, VI. vii. 28 ; raided by John, VI. x. 1 ff. ; its metropolis Auximus, VI. xi. 2 ; its strongholds : Petra, Auximus, and Urbinus, VI. xi. 2 ; Caesena and Monteferetra, VI. xi. 3 ; its town Alba, VI. vii. 25

Pincian Gate, in Rome ; next to the Flaminian, v. xix. 16, xxiii. 3 ; held by Belisarius, v. xix. 14 ; often mentioned in the fighting, v. xxviii. 15, etc.

Pisidian, Principius the guardsman, v. xxviii. 23

Pissas, Gothic commander ; sent into Tuscany, v. xvi. 5 ; defeated and captured, v. xvi. 6, 7

Pitzas, a Goth ; surrenders part of Samnium to Belisarius, v. xv. 1, 2

Platonic teachings, espoused by Theodatus, v. iii. 1, vi. 10

Po River, called also the "Eridanus," v. i. 18 ; boundary of Liguria, v. xv. 28 ; and of Aemilia, v. xv. 30 ; crossed by Mundilas, VI. xii. 30, 31

Portus, harbour of Rome, v. xxvi. 3 ; its situation, v. xxvi. 4–7 ; distance from Rome, v. xxvi. 1 ; a good road between it and Rome, v. xxvi. 9, VI. vii. 6 ; captured by the Goths and garrisoned by them, v. xxvi. 14, 15, xxvii. 1, VI. vii. 11 ; strength of its defences, v. xxvi. 7, 19 ; abandoned by the Goths and occupied by Paulus, VI. vii. 16, 22

Praenestine Gate, in Rome ; commanded by Bessas, v. xviii. 35, xix. 15 ; threatened by a Gothic camp, v. xix. 2 ; near the Vivarium, v. xxii. 10

Precalis, a district east of the Ionian Gulf adjoining Epirus and Dalmatia, v. xv. 25

Presidius, a Roman of Ravenna, VI. viii. 2 ; escapes to Spolitium, ibid. ; robbed of two daggers by Constantinus, VI. viii. 3 ; appeals to Belisarius in Rome, VI. viii. 4 ff.

Principius, a Pisidian, bodyguard of Belisarius ; persuades him to allow his infantry troops a share in the fighting, v. xxviii. 23–29 ; fights valiantly, v. xxix. 39, 40 ; killed in battle, v. xxix. 41

Procopius, writer of the history of the Gothic war, v. vii. 37, VI. ii. 38, xii. 41 ; sent to Naples to procure provisions and soldiers, VI. iv. 1 ff. ; gathers soldiers and provisions in Campania, VI. iv. 19 ; assisted by Antonina, VI. iv. 20 ; religious views, v. iii. 6–9

Pyrenees Mountains, on the northern boundary of Spain, v. xii. 3

444

INDEX

Quaestor, office held by Fidelius, v. xiv. 5

Quintilis, name given early to July as being the fifth month from March, v. xxiv. 31

Ram, an engine of war; its construction, v. xxi. 6-11

Ravenna, its situation, v. i. 16 ff.; besieged by the Goths, v. i. 14, 24; surrendered to Theoderic, v. i. 24; treasures from Carcasiana brought to, v. xii. 47; occupied by Vittigis and the Goths, v. xi. 26; Roman senators killed there by order of Vittigis, v. xxvi. 1; distance from Ariminum, VI. x. 5; from Caesena, v. i. 15; from Milan, VI. vii. 37, 38; from the Tuscan Sea, v. xv. 19; limit of the Picene territory, v. xv. 21; the priest of, v. i. 24

Regata, distance from Rome, v. xi. 1; Goths gather at, v. xi. 1, 5

Reges, a body of infantry commanded by Ursicinus, v. xxiii. 3

Reparatus, brother of Vigilius, escapes execution by flight, v. xxvi. 2

Rex, title used by barbarian kings, and preserved by Theoderic, v. i. 26, VI. xiv. 38

Rhegium, city in southern Italy, v. viii. 1; Belisarius departs thence with his army, v. viii. 4

Rhine, one of the rivers of Gaul, v. xii. 7

Rhone, one of the rivers of Gaul, v. xii. 7; boundary of the Visigothic power, v. xii. 12, xiii. 5; boundary of Roman power, v. xii. 20; boundary between the Franks and the Goths, v. xii. 45

Rodolphus, leader of the Eruli, VI. xiv. 11; forced by his people to march against the Lombards, VI. xiv. 12 ff.

Rogi, a barbarian people, allies of the Goths, VI. xiv. 24

Romans, subjects of the Roman Empire both in the East and in the West, mentioned constantly throughout; captured Jerusalem in ancient times, v. xii. 42; Roman senators killed by order of Vittigis, v. xxvi. 1; Roman dress of ancient times, preserved by descendants of soldiers stationed in Gaul, v. xii. 18, 19; Roman soldiers, their importance greatly lessened by the addition of barbarians, v. i. 4; superiority of their soldiers to the Goths, v. xxvii. 27; small importance of their infantry, v. xxviii. 22

More particularly of the inhabitants of Rome: exhorted by Vittigis to remain faithful to the Goths, v. xi. 26; decide to receive Belisarius into the city, v. xiv. 4; admire the forethought of Belisarius, but object to his holding the city for a siege, v. xiv. 16; compelled by Belisarius to provide their own provisions, v. xiv. 17; deprived of the baths, v. xix. 27; distressed by the labours of the siege, reproach Belisarius, v. xx. 5 ff.; applaud his marksmanship, v. xxii. 5; prevent him from rebuilding "Broken Wall," v. xxiii. 5; their allegiance feared by Belisarius, v. xxiv. 14, 16; send women, children, and servants to Naples, v. xxv. 2, 10; some of the, attempt to open the doors of the Temple of Janus, v. xxv. 18-25; praise Belisarius publicly, v. xxvii. 25; eager to fight a pitched battle, v. xxviii. 1, 3; many of the populace mingle with the army, v. xxviii. 18, 29, xxix. 23, 25, 26; reduced to despair, VI. iii. 8; resort to unaccustomed foods, VI. iii. 10, 11; try to force Belisarius to fight a decisive battle, VI. iii. 12 ff.; lived in luxury under Theoderic, v. xx. 11; held in especial honour the teachings of the Christians, v. xxv. 23

Rome, first city of the West, VI. vii. 38; captured by Alaric the elder, v. xii. 41; visited by envoys from Justinian, v. iii. 5, 16; garrison left therein by Vittigis, v. xxv. 25, 26; Goths withdraw from, v. xi. 26; abandoned by the Gothic gar-

445

rison, v. xiv. 12, 13; entered by Belisarius at the same time that the Gothic garrison left it, v. xiv. 14; keys of, sent to Justinian, v. xiv. 15; its defences repaired and improved by Belisarius, v. xiv. 15; ill-situated for a siege, v. xiv. 16; had never sustained a long siege, v. xxiv.13; its territories secured by Belisarius, v. xvi. 1; provisioned for the siege, v. xvii. 14; account of the building of the wall on both sides of the Tiber, v. xix. 6–10; its siege begun by the Goths, v. xxiv. 26; not entirely shut in by them, v. xxv. 6; mills operated in the Tiber by Belisarius, v. xix. 19 ff.; visited by famine and pestilence, vi. iii. 1; abandoned by the Goths, vi. x. 12 ff.; garrisoned by Belisarius, vi. xiii. 1; terminus of the Appian Way, v. xiv. 6; its boundaries adjoin Campania, v. xv. 22; the palace, vi. viii. 10, ix. 5; its aqueducts, vi. iii. 3–7, ix. 1, 2; cut by the Goths, v. xix. 13; their number and size, ibid.; stopped up by Belisarius, v. xix. 18; water of one used to turn the mills, v. xix. 8; its chief priest Silverius, v. xi. 26, xiv. 4, xxv. 13; Vigilius v. xxv. 13, xxvi. 2; its gates fourteen in number, v. xix. 1; the Asinarian, v. xiv. 14; the Pancratian, v. xviii. 35; the Salarian, v. xviii. 39; the Flaminian, v. xix. 2; the Praenestine, ibid.; the Aurelian, v. xix. 4; the Transtiburtine, ibid.; of Peter, ibid.; of Paul, vi. iv. 3; the Pincian, v. xix. 14; its church of Peter the Apostle, vi. ix. 17; its sewers, v. xix. 29; its "stadium" in the Plain of Nero vi. i. 5; excavations for storage outside the walls, vi. i. 11; its harbour Portus, v. xxv. 4, xxvi. 3, 7, 9; Ostia, vi. iv. 2; distance from Centumcellae, vi. vii. 19; from Narnia, v. xvii. 6; from Portus and the sea, v. xxvi. 4; from

Tibur, vi. iv. 7; description of the engines of war used against it by Vittigis, v. xxi. 3–12; a priest of, v. xvi. 20

Rusticus, a Roman priest, sent with Peter to Justinian, v. vi. 13, 14

Sacred Island, at the mouth of the Tiber, v. xxvi. 5

Salarian Gate, in Rome, v. xviii. 19, etc.; held by Belisarius, v. xix. 14; attacked by the Goths, v. xxxii. 1–9; Goths repulsed from, v. xxiii. 24, 25

Salones, city in Dalmatia; Mundus sent against, v. v. 2; taken by him, v. v. 11; battle near, v. vii. 2 ff.; its inhabitants mistrusted by the Goths, v. vii. 10, 31; weakness of its defences, v. vii. 31; occupied by the Goths, v. vii. 27; abandoned by them, v. vii. 32; occupied by Constantianus, v. vii. 33–36; Vittigis sends an army against, v. xvi. 9, 10; strengthened by Constantianus, v. xvi. 14, 15; invested by the Goths, v. xvi. 16

Samnites, a people of central Italy, v. xv. 21; children among: their gruesome play, v. xx. 1–4

Samnium, vi. v. 2; a portion of, surrendered to Belisarius, v. xv. 1, 15; the remainder held by the Goths, v. xv. 2

Scardon, city in Dalmatia, v. vii. 32, xvi. 13

Sciri, a Gothic nation, v. i. 3

Sclaveni, a barbarian nation, vi. xv. 2; in the Roman army, v. xxvii. 2

Scrithiphini, nation on the island of Thule; their manner of life, customs, etc., vi. xv. 16–25

Scylla, the story of, located at the strait of Messina, v. viii. 1

Sibyl, The, her prophecy regarding Mundus, v. vii. 6–8; prophecies of, consulted by patricians, v. xxiv. 28; difficulty of understanding them, v. xxiv. 34–37; her cave shewn at Cumae, v. xiv. 3

INDEX

Sicilians, applaud Belisarius, v. v. 18; find the Romans faithful to their promises, v. viii. 18, 27

Sicily, Belisarius sent thither with a fleet, v. v. 6, xiii. 14; taken by him, v. v. 12 ff., 18; garrisoned by him, v. xxiv. 2; Theodatus proposes to withdraw from, v. vi. 2; grain brought thence by Belisarius, v. xiv. 17; Roman refugees resort to, v. xxv. 10; offered to Belisarius by the Goths, VI. vi. 27; Goths sent thither by Belisarius, VI. xiii. 4; smaller than Britain, VI. vi. 28

Silverius, chief priest of Rome, v. xi. 26; influences the citizens to yield to the Romans, v. xiv. 4; dismissed by Belisarius, v. xxv. 13

Singidunum, city in Pannonia, v. xv. 27, VI. xv. 30

Sinthues, bodyguard of Belisarius; sent to Tibur with Magnus, VI. iv. 7; repairs the defences, VI. iv. 15; wounded in battle, *ibid.*

Siphilas, bodyguard of Constantianus, at the taking of Salones, v. vii. 34

Sirmium, city of the Gepaedes in Pannonia, v. iii. 15, xi. 5, xv. 27

Siscii, a people of central Europe, v. xv. 26

Solomon, king of the Jews; his treasures taken from Rome by Alaric, v. xii. 42

Spain, first country of Europe beginning from Gibraltar, v. xii. 3; its size compared with that of Gaul, v. xii. 5; formerly subject to the Romans, v. xii. 9; occupied by the Visigoths, v. xii. 12; really under the sway of Theoderic, v. xii. 47; Theudis establishes an independent power in, v. xii. 50–54; Spanish woman of great wealth married by him, v. xii. 50; Visigoths retire to, v. xii. 13

Spaniards, situated beyond Gaul, v. xv. 29

Spolitium, city in Italy; submits to Constantinus, v. xvi. 3; garrisoned by him, v. xvi. 4; xvii. 3; avoided by Vittigis, v.

xvii. 7, VI. xi. 9; Presidius takes refuge in, VI. viii. 2

Stephanus, a Neapolitan; remonstrates with Belisarius, v. viii. 7–11; urged by Belisarius to win over the Neapolitans, v. viii. 19; his attempts to do so, v. viii. 20, 21; assisted by Antiochus, v. viii. 21; opposed by Pastor and Asclepiodotus, v. viii. 22–24; goes again to Belisarius, v. viii. 25; summoned once more by Belisarius, v. ix. 23; returns to the city, v. ix. 29; bitterly accuses Asclepiodotus before Belisarius, v. x. 40–43

Suartuas, an Erulian; appointed king of the Eruli by Justinian, VI. xv. 32; attempts to destroy the Eruli sent to Thule, VI. xv. 34; flees to Byzantium, VI. xv. 35; Justinian attempts to restore him, VI. xv. 36

Suevi, barbarian people in Gaul, v. xii. 11; in two divisions, v. xv. 26; Asinarius gathers an army among them, v. xvi. 9, 12

Suntas, bodyguard of Belisarius, VI. vii. 27

Symmachus, a Roman senator and ex-consul, father-in-law of Boetius, v. i 32; his death, v. i. 34; his children receive from Amalasuntha his property, v. ii. 5

Syracuse, surrenders to Belisarius, v. v. 12; entered by him on the last day of his consulship, v. v. 18, 19; garrisoned by him, v. viii. 1

Syria, home of Antiochus of Naples, v. viii. 21

Taracina, city near Rome, v. xi. 2; at the limit of Campania, v. xv. 22; Euthalius stops in, VI. ii. 1; Belisarius sends a hundred men thither, VI. ii. 3; occupied by Martinus and Trajan, VI. iv. 6, 14; left by them, VI. v. 4

Tarmutus, an Isaurian, brother of Ennes; persuades Belisarius to allow his infantry troops a share in the fighting, v. xxviii. 23–29; fights valiantly, v. xxix. 39, 40;

447

INDEX

his remarkable escape, v. xxix.
42, 43; his death, v. xxix. 44

Taulantii, a people of Illyricum, v. i.
13

Theoctistus, a physician; his
successful treatment of Arzes'
wound, vi. ii. 26 ff.

Theodatus, son of Amalafrida and
nephew of Theoderic, v. iii. 1;
opposed by Amalasuntha in his
oppression of the people of
Tuscany, v. iii. 2, 3; plans to
hand over Tuscany to Justinian,
v. iii. 4, 29; meets the envoys of
Justinian secretly, v. iii. 9;
accused by the Tuscans, v. iv. 1;
compelled by Amalasuntha to
make restitution, v. iv. 2; her
attempts to gain his support, v.
iv. 9 ff.; becomes king, v. iv. 10,
19; imprisons Amalasuntha, v.
iv. 13–15; sends envoys and a
letter to Justinian, v. 15, 16;
receives the envoy Peter from
Justinian, v. iv. 17; opposed by
Justinian, v. iv. 22; defended
by Opilio, v. iv. 25; persuaded
to kill Amalasuntha, v. iv. 26,
27; denounced by Peter, v. iv.
30; his excuses, v. iv. 31;
terrified by Peter, suggests an
agreement with Justinian, v. vi.
1–5; recalls Peter and consults
him further, v. vi. 6–13; his
letter to Justinian, v. vi. 14–21;
reply of Justinian, v. vi. 22–25;
receives envoys from Justinian,
v. vi. 26; refuses to put his
agreement into effect, v. vii. 11,
12; makes a speech regarding
rights of envoys, v. vii. 13–16;
receives a letter addressed to the
Gothic nobles, v. vii. 22; guards
the envoys Peter and Athanasius,
v. vii. 25; proposes an alliance
with the Franks, v. xiii. 14, 24;
kept the wives and children of
the garrison of Naples, v. viii. 8;
appealed to in vain by the
Neapolitans, v. ix. 1; the story
of the swine whose fortune fore-
shadowed the outcome of the
war, v. ix. 2–7; dethroned by
the Goths, v. xi. 1; flees toward
Ravenna, pursued by Optaris,

v. xi. 6; the cause of Optaris'
hatred of him, v. xi. 7, 8; killed
on the road, v. xi. 9, xiii. 15,
xxix. 6; brother of Amalaberga,
v. xiii. 2; father of Theo-
degisclus, v. xi. 10; father-in-law
of Ebrimous, v. viii. 3; father of
Theodenanthe, ibid.; his un-
stable character, v. vii. 11;
accustomed to seek oracles, v. ix.
3

Theodegisclus, son of Theodatus;
imprisoned by Vittigis, v. xi. 10

Theodenanthe, daughter of Theo-
datus, wife of Ebrimous, v. viii. 3

Theoderic, Gothic king, patrician
and ex-consul in Byzantium, v.
i. 9, vi. vi. 16; leads the Goths
in rebellion, v. i. 9; persuaded
by Zeno to attack Odoacer, v. i.
10, vi. vi. 16, 23; leads the
Gothic people to Italy, v. i. 12;
not followed from Thrace by all
the Goths, v. xvi. 2; besieges
Ravenna, v. i. 24; his agree-
ment with Odoacer, v. i. 24;
kills him, v. i. 25; his war with
the Gepaedes, v. xi. 5; forms
close alliance with the Thu-
ringians and Visigoths, v. xii.
21, 22; feared by the Franks,
v. xii. 23; forms an alliance
with them, v. xii. 24; craftily
refrains from participation in the
war against the Burgundians and
gains part of their land, v. xii.
26–28, 31, 32; disregarded by
the Franks, v. xii. 33; appealed
to by Alaric and sends him an
army, v. xii. 34; reproached by
the Visigoths, v. xii. 37; drives
the Franks from besieging Carca-
siana, v. xii. 44; recovers
eastern Gaul, v. xii. 45; makes
Amalaric king of the Visigoths,
acting as regent himself v. xii.
46; sends Theudis to Spain with
an army, v. xii. 50; tolerates
his tyranny, v. xii. 51–54;
virtual ruler over Gaul and Spain
as well as Italy, v. xii. 47–49;
imposed a tribute on the Visi-
goths, v. xii. 47, 48, xiii. 6;
removed the treasures of Carca-
siana, v. xiii. 6; kills Symmachus

448

INDEX

and Boetius, v. i. 34; terrified thereafter by the appearance of a fish's head, v. i. 35 ff.; his death, v. i. 39, xiii. 1; succeeded by Atalaric, v. ii. 1; made no new laws in Italy, VI. vi. 17; mosaic picture of, in Naples, v. xxiv. 22; kept the Romans in luxury, v. xx. 11; did not allow the Goths to educate their children, v. ii. 14; his own ignorance of letters, v. ii. 16; his character as a sovereign, v. i. 26 ff., xi. 26; beloved by his subjects, v. i. 29–31; brother of Amalafrida, v. iii. 1; father of Amalasuntha, v. ii. 23, xxiv. 25; father of Theodichusa, v. xii. 22; grandfather of Amalaric, v. xii. 43, 46; of Atalaric, v. ii. 1, xxiv. 24; of Matasuntha, v. xi. 27, xxix. 8; uncle of Theoditis, v. iii. 1; the family of, v. iv. 6

Theodichusa, daughter of Theoderic, betrothed to Alaric the younger, v. xii. 22; mother of Amalaric, v. xii. 43

Theodoriscus, a Cappadocian, guardsman of Martinus; conspicuous for his valour, v. xxix. 20, 21

Thessalonica, home of Peter, v. iii. 30

Theudibert, king of the Franks; gives his sister in marriage to Amalaric, v. xiii. 4; appealed to by her, v. xiii. 10; defeats Amalaric in battle, v. xiii. 11; takes possession of the Visigothic portion of Gaul, v. xiii. 12; sanctions treaty with Theodatus, v. xiii. 27; sends allies to Vittigis, VI. xii. 38, 39

Theudis, a Goth, marries a woman in Spain and sets up an independent power there, v. xii. 50–54; tyrant in Spain, v. xiii. 13

Thrace, ancient home of the Goths, v. xvi. 2; home of Constantinus and Bessas, v. v. 3; of Cutilas, VI. ii. 10; of Ulimuth, VI. xiii. 14

Thracians, a force of, reaches Dryus, VI. v. 1; with the Roman army, VI. xi. 5; sent to Milan under command of Paulus, VI. xii. 26, 27

Thule, description of the island, its inhabitants, long nights, etc., VI. xv. 4 ff.; Eruli settled there, VI. xv. 29; the Eruli send thither for a king, VI. xiv. 42, xv. 27, 30; their messengers return from, VI. xv. 33

Thurii, a city in southern Italy, v. xv. 23

Thuringians, barbarians in Gaul, v. xii. 10, 11; form close alliance with Theoderic, v. xii. 21, 22; their ruler Hermenefridus, v. xii. 22; subjugated by the Franks, v. xiii. 1

Tiber River, an obstacle to Vittigis, v. xvii. 13–15; defended by Belisarius, v. xvii. 18, xviii. 2 ff.; crossed by Vittigis, v. xviii. 1 ff.; xxiv. 3; crossed by the Goths to storm the wall, v. xviii. 18, 25; used by Belisarius to turn the mills, v. xix. 19 ff.; Romans bring in provisions by it, VI. vii. 8 ff; description of its mouths, v. xxvi. 5–8; navigable, v. xxvi. 6; freight traffic on, v. xxvi. 10–12; its tortuous course, v. xxvi. 11; flowed by the wall near the Aurelian Gate, v. xxii. 16, VI. ix. 16; sewers of Rome discharged into it, v. xix. 29; bridged in building the wall of Rome, v. xix. 10; included in the fortifications of Rome, v. xix. 6–10; bridge over, distance from Rome, v. xvii. 13; fortified by Belisarius, v. xvii. 14; abandoned by the garrison, v. xvii. 19

Tibur, occupied by Sinthues and Magnus, VI. iv. 7; distance from Rome, ibid.

Ticinum, strongly fortified city, VI. xii. 32; battle fought near, VI. xii. 31, 33

Totila, ruler of the Goths, v. xxiv. 32

Trajan, bodyguard of Belisarius;

makes a successful attack upon the Goths, v. xxvii. 4 ff. ; sent to Taracina, VI. iv. 6 ; which he occupies with Martinus, VI. iv. 14 ; summoned back to Rome, VI. v. 4 ; sent against the Goths, VI. v. 9, 10 ; in the battle at the Pincian Gate, VI. v. 21; his strange wound, VI. v. 24–27

Transtiburtine Gate, threatened by a Gothic camp, v. xix. 4

Tria Fata, near the temple of Janus in Rome, v. xxv. 19

Tripolis, ashes from Vesuvius fell in, VI. iv. 27

Troy, a man of Troy, v. xv. 10 ; see also Ilium

Tudera, town in Italy, garrisoned by Vittigis, VI. xi. 1 ; surrenders to Belisarius, VI. xiii. 2, 3 ; garrisoned by him, VI. xiii. 4

Tuscan Sea, south of Gaul, v. xii. 6, 7 ; distance from Ravenna, v. xv. 19

Tuscans, accuse Theodatus before Amalasuntha, v. iv. 1 ; welcome Constantinus into their cities, v. xvi. 4

Tuscany, extending from Aemilia to the boundaries of Rome, v. xv. 30 ; most of its lands owned by Theodatus, v. iii. 2, 29 ; who plans to hand it over to Justinian, v. iii. 4, iv. 17 ; invaded by Constantinus, v. xvi. 1 ff. ; its cities : Genoa, VI. xii. 29 ; Narnia, v. xvi. 2 ; Spolitium and Perusia, v. xvi. 3 ; Clusium, VI. xi. 1 ; Centumcellae, VI. vii. 18, 19 ; its lake Vulsina, v. iv. 14

Tydeus, father of Diomedes, v. xv. 8

Uliaris, a Goth, in command of Naples, v. iii. 15

Ulias, a Goth, given as a hostage, VI. vii. 13

Uligisalus, sent to Dalmatia, v. xvi. 8 ; enters Liburnia alone, v. xvi. 12 ; defeated, retires to Burnus, v. xvi. 13 ; proceeds with Asinarius to Salones, v. xvi. 16 ; stationed in Tudera, VI. xi. 1

Ulimuth, of Thrace, bodyguard of Belisarius ; renders signal service at Ancon, VI. xiii. 14, 15

Ulitheus, uncle of Vittigis, defeated and killed by John, VI. x. 2

Unilas, Gothic commander ; sent into Tuscany, v. xvi. 5 ; defeated and captured, v. xvi. 6, 7

Uraias, Gothic commander ; sent into Liguria, VI. xii. 37 ; nephew of Vittigis. *ibid.*

Urbinus, city in Picenum, VI. x. 5 ; passed by John, VI. x. 5, 7 ; garrisoned by Vittigis, VI. xi. 2

Ursicinus, Roman commander of infantry, v. v. 3, xxiii. 3

Urviventus, town near Rome ; garrisoned by Vittigis, VI. xi. 1

Vacimus, Gothic commander ; sent against Ancon, VI. xiii. 5, 8

Vacis, a Goth, sent to the Salarian Gate to harangue the Romans, v. xviii. 39–41

Valentinian, Roman emperor ; slain by Maximus, v. xxv. 15

Valentinus, Roman commander of cavalry, v. v. 3 ; sent to the Plain of Nero by Belisarius, v. xxviii. 16, 19 ; unable to control his troops, v. xxix. 28

Valentinus, groom of Photius ; fights valiantly, v. xviii. 18

Valerian, Roman commander ; sent to Italy, v. xxiv. 19 ; winters in Aetolia, v. xxiv. 20 ; ordered to hasten to Rome, v. xxiv. 18 ; arrives in Rome, v. xxvii. 1 ; sent out against the Goths by Belisarius, v. xxvii. 22 ; sent to the Plain of Nero, VI. ii. 8 ; fights there with varying fortune, VI. ii. 19 ff. ; with Martinus rescues Bochas, VI. ii. 24 ; establishes a camp at the church of Paul, v. iv. 11 ; returns to the city, VI. iv. 12 ; with Ildiger seizes Constantinus, VI. viii. 16 ; uncle of Damian, VI. vii. 26 ; his bodyguard Gouboulgoudou, VI. xiii. 14

Vandals in Africa ; their overthrow, v. iii. 22, v. 1, xxix. 8

Varni, a barbarian nation, VI. xv. 2

Veneti, their territory adjoining Istria, and extending to Ravenna, v. xv. 25

Venetia, held by the Goths, v. xi. 16

Vergentinus, Roman senator ; escapes execution by flight, v. xxvi. 2

Vesuvius, threatens an eruption, VI. iv. 21 ; description of the mountain, VI. iv. 22–24 ; distance from Naples, VI. iv. 22 ; its heavy ash showers, VI. iv. 25–27 ; periodicity of its eruptions, VI. iv. 28 ; its fertility, VI. iv. 29 ; its salubrious atmosphere, VI. iv. 30

Vigilius, appointed chief priest of Rome, v. xxv. 13 ; brother of Reparatus, v. xxvi. 2

Visandus Bandalarius, a Goth ; distinguished for his bravery at the battle of the Mulvian bridge, v. xviii. 29 ; his unexpected recovery, v. xviii. 30–33 ; stationed at Auximus, VI. xi. 2

Visandus, Erulian commander, VI. xiii. 18

Visigoths, occupy all of Spain and part of Gaul, v. xii. 12 ; their ruler Alaric the younger, v. xii. 22 ; form close alliance with Theoderic, v. xii. 21, 22 ; attacked by the Franks, v. xii. 33 ; encamp against them, v. xii. 35 ; compel Alaric to fight, v. xii. 36–38 ; defeated in battle, v. xii. 40 ; choose Viselicus as king, v. xii. 43 ; Amalaric becomes king over them, v. xii. 46 ; mingle with the Goths, v. xii. 49 ; separate from them, v. xiii. 7, 8 ; defeated by the Franks, v. xiii. 11 ; withdraw from Gaul to Spain, v. xiii. 13

Vitalian, the tyrant, uncle of John, VI. v. 1, vii. 25

Vittigis, chosen king of the Goths, v. xi. 5 ; his good birth and military achievements, *ibid.* ; sends Optaris in pursuit of Theodatus, v. xi. 6 ; imprisons the son of Theodatus, v. xi. 10 ; advises withdrawal to Ravenna, v. xi. 11 ff. ; withdraws to Ravenna, leaving a garrison in Rome, v. xi. 26 ; unable to recall the Goths from Gaul, v. xiii. 16 ; addresses the Goths, v. xiii. 17–25 ; forms an alliance

with the Franks, v. xiii. 26–28 ; summons Marcias from Gaul, v. xiii. 29 ; sends an army against the Romans in Tuscany, v. xvi. 5 ; eager to leave Ravenna, but prevented by the absence of Marcias, v. xvi. 7, 11 ; sends an army to Dalmatia, v. xvi. 8, 9 ; finally moves against Rome, v. xvi. 19 ; his feverish haste, v. xvi. 20, 21, xvii. 8 ; refrains from attacking Perusia, Spolitium, and Narnia, v. xvii. 7, 8 ; advances through Sabine territory, v. xvii. 12 ; halts at the Tiber, v. xvii. 13 ; sends Vacis to the Salarian Gate, v. xviii. 39 ; commands one Gothic camp, v. xix. 12 ; his name given in play to one of the Samnite children, v. xx. 1–4 ; sends envoys to Belisarius, v. xx. 7 ; hears their report, v. xxi. 1 ; prepares to storm the wall, v. xxi. 2, 3 ; constructs engines of war, v. xxi. 4–12 ; makes a general assault on the wall, v. xxii. 1 ff. ; leads an attack on the Vivarium, v. xxii. 10 ff. ; where he presses the Romans hard, v. xxiii. 13 ; breaks down the outer wall, v. xxiii. 17, 19 ; his attacking force cut to pieces, v. xxiii. 20–22 ; kills Roman senators, v. xxvi. 1 ; seizes Portus, v. xxvi. 3, 14 ; tries to use Roman tactics on Belisarius, v. xxvii. 15–23 ; prepares for battle and addresses his army, v. xxix. 1–15 ; commands in person at the great battle, v. xxix. 16 ff. ; allows Portus to be abandoned, VI. vii. 16, 22 ; investigates the aqueduct, VI. ix. 1 ff. ; tries a new stratagem, VI. ix. 16 ff. ; alarmed for Ravenna, abandons Rome, VI. x. 8, 12, 13 ; marches to Ariminum, leaving garrisons in certain towns VI. xi. 1–3 ; besieges Ariminum, VI. xii. 1 ff. ; sends an army into Liguria, VI. xii. 37 ; receives Frankish allies, VI. xii. 38 ; Belisarius marches against him, VI. xiii. 1 ; sends an army

INDEX

against Ancon, VI. xiii. 5 ; uncle of Uraïas, VI. xii. 37 ; nephew of Ulitheus, VI. x. 2 ; husband of Matasuntha, V. xi. 27, VI. x. 11

Vivarium, an enclosure in the walls of Rome, V. xxii. 10 ; built for the keeping of wild animals, V. xxiii. 16 ; a very vulnerable point in the wall, V. xxiii. 13, 15 ; attacked by Vittigis, V. xxii. 10, 11, xxiii. 13–23 ; successfully defended under the direction of Belisarius, V. xxiii. 14–23

Vulsina, lake in Tuscany ; Amalasuntha imprisoned there, V. iv. 14

Wild ass, an engine used for throwing stones, V. xxi. 18, 19

Wolf, a contrivance used by Belisarius for guarding the gates of Rome, V. xxi. 19–22

Zarter, a Massagete, bodyguard of Belisarius, sent into Tuscany, V. xvi. 1

Zeno, emperor of the East, V. i. 2 ; persuades Theoderic to attack Odoacer, V. i. 10, VI. vi. 16, 23

Zeno, a Roman commander of cavalry, VI. v. 2 ; given as a hostage, VI. vii. 13

MAP

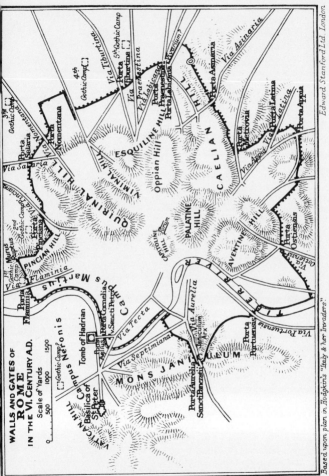

WALLS AND GATES OF
ROME
IN THE VI. CENTURY A.D.

Scale of Yards

0   500   1000   1500

VATICAN HILL

Basilica of
St. Peter

□ Gothic Camp
Campus Neronis

Tomb of Hadrian

Porta Cornelia
v. Sancti Petri

Via Tecta

Porta Aurelia
Sancti Pancrati
Arx

Porta Aurelia
Sanci Bancrati

Via Aurelia
Janiculum

MONS JANICULUM

Via Septimiana

Porta Portuensis

Via Portuensis

Campus Martius

Via Flaminia

Porta Flaminia

R. Gothic Camp
Via Murus Ruptus

Camp 1st Gothic Camp

2nd Gothic Camp

Porta Pinciana

PINCIAN HILL

Via Salaria

Porta Salaria

Via Salaria

Porta Nomentana

Via Nomentana

3rd Gothic Camp

QUIRINAL HILL

VIMINAL HILL

ESQUILINE HILL

Oppian Hill

Via Tiburtina

4th Gothic Camp

5th Gothic Camp

Porta Tiburtina

Porta Praenestina
Porta Labicana Tiburtina ?

Via Praenestina

Porta Labicana

Porta Asinaria

Via Asinaria

CAELIAN HILL

CAPITOLINE HILL Forum

PALATINE HILL

AVENTINE HILL

Via Appia

Via Appia

Porta Metrovia

Porta Latina

Via Latina

Porta Appia

Porta Ostiensis

Via Ostiensis

R. TIBER

Edward Stanford Ltd. London

Based upon plan in Hodgkin's "Italy & her Invaders."